新时代公共管理学教材系列　TEXTBOOK SERIES OF PUBLIC ADMINISTRATION IN A NEW ERA

公共行政学

（第四版）

PUBLIC ADMINISTRATION

◇ 竺乾威　主编

复旦大学出版社

"新时代公共管理学教材系列"编委会

主 任
苏长和　李瑞昌

委 员
（按姓氏音序排列）

陈水生　顾丽梅　李春成　李瑞昌

唐　莉　唐贤兴　唐亚林　叶　超

张　平　郑　磊　朱春奎　竺乾威

"新时代公共管理学教材系列"总序

当前,世界正处于百年未有之大变局。世界大变局不只是表现在物质和生产方式层面,同时也体现在知识和文化层面。一方面,各门学科知识的新陈代谢在加快;另一方面,世界知识格局的多极化也在推进。与此同时,中华民族也处于伟大复兴重要征程上。中国开辟了一条新的现代化道路模式,中国与世界的相互联系、相互依靠前所未有,彼此之间相互理解的需求也更加迫切。这些都对高等教育特别是哲学社会科学教育和育人提出了新的要求。就育人而言,其中一个重要环节就是建设和完善教材体系,以适应新时代人才培养的需求。

复旦大学国际关系与公共事务学院历来重视教材建设,"卓越为公,作育国士"是学院在育人上的共识。从20世纪80年代开始,国际政治系教师们就投入了很大精力,集体合作,接力工作,编写了政治学、国际关系、行政管理等一系列教材,总计有几十种,蔚为大观。这些教材在社会上产生了较大的影响,也为我国政治学、国际关系、公共管理的人才培养发挥了重要的作用。

近些年来,学院除了组织教师对经典教材进行修订完善以外,随着时代的变化以及课程育人的新要求,愈来愈认识到建设一批新教材尤为迫切。学院在科研上重视中国公共管理学自主知识体系建构,在教学教材上则同步将较为成熟的中国公共管理学自主知识转化到新教材中,发挥科研和教材同步同向育人的效应。

学院拥有政治学、公共管理学、国家安全学、区域国别学等多个一级学科。多年来,这些学科共为一体、互相支持、各有分工,形成了较好的学科融合发展生态和文化,构成复旦大学大政治学学科集群的独特特点。为了传承学院融合发展的学科和育人文化,承担一流学科为党育人、为国育才的使命,更好地将习近平新时代中国特色社会主义思想、党的创新理论、当代中国公共管理学理论成果、世界上前沿的公共管理学知识等融入教材,我们组织了以中青年教师为主体的写作力量,计划在"十四五"期间完成"新时代公共管理学教材系列"的建设工作。

复旦大学出版社向来支持院系教材建设,过去为学院教师们出版了一批优秀教材,深受读者喜爱。学院很高兴能够再次与复旦大学出版社合作,希望双方共同努力,把这套教材编写好、建设好,更好地服务新时代育人工作。

复旦大学国际关系与公共事务学院
"新时代公共管理学教材系列"编委会
2024年5月

第四版序言

本书第三版于2008年出版,一晃十多年过去了。这十多年无论在西方国家还是在中国,公共行政的实践和理论都有了进一步的发展。由于本书自第一版出版以来一直为许多高校作为教科书采用,直至今天这本书还有较高的发行量,因此,这些新变化和发展应该尽可能在教科书中得到反映。

这一次修订保持了原来的框架,一些章节进行了重新撰写(比如,第一章、第六章、第八章、第九章),一些做了较大的修改(比如,第十三章"行政发展"),一些在文献规范上做了较大的修改(比如,第五章"行政心理"),还有一些做了较小的改动。修订的原则是框架不变,保持与前几版的连贯性,在内容上尽可能反映一些公共行政理论和实践上的新变化(比如,中国公务员制度的改革,西方国家新出现的、在第三版中没有得到反映的一些新的理论和观点)。

在这里,我要对参与这次修订的几位主要作者表示感谢。他们是陈水生(第一章)、李春成(第五章)、唐亚林(第八章)、张平(第九章)、朱春奎(第七章)、李瑞昌(第六章)、顾丽梅(第十三章)以及周帆(第十章)。李瑞昌在此次修订中做了许多组织方面的工作。在当前教学繁忙、科研任务缠身的情况下,他们能抽出时间对本书进行修订,是一件不容易的事。

我也要对本书的编辑邬红伟和孙程姣表示感谢,他们一如既往的尽责和专业使本书得以付梓。

本书存在的缺点和不足请大家不吝指正。

竺乾威

2024 年 5 月 18 日于复旦大学

国际关系与公共事务学院

第三版序言

本书第三版在全书章节结构上做了调整,增加了"行政伦理"一章。此外,对"人事行政"一章进行了较大幅度的修改,及时反映了《公务员法》颁布后公务员管理的一些新变化。另外,对书中其他一些部分的内容、案例也进行了修正、补充和调整,以反映行政理论和行政实践的一些新的发展。

我们很高兴本书再次被教育部确定为普通高等教育"十一五"国家级规划教材,这对我们既是一个鼓励,也是一种鞭策。我们将一如既往地把学术质量作为我们的第一追求。

在本书第三版的修订中,我要对"行政伦理"一章的作者、复旦大学国际关系与公共事务学院年轻的副教授李春成,对第六章"行政监督"作了部分修改的暨南大学的陈耀忠先生,以及书中所附各案例的作者表示感谢,同时也要对责任编辑邬红伟表示感谢,他的始终如一的尽力和尽责使本书得以付梓。

欢迎大家对本书的第三版提出批评。

竺乾威

2007 年 10 月于复旦大学

国际关系与公共事务学院

第二版序言

本书第一版第五次印刷之后,我们对其中一些章节做了一定程度的修改,以反映公共行政领域的一些新发展。

本书第二版保留了第一版的章节结构,只是在体例方面做了一些变化,以使它更具教科书的特征。这一体例的变化主要是增加了复习题和案例。复习题涉及的基本上是每章节的一些主要内容,包括基本概念、基本理论和基本知识,旨在帮助学生理解和掌握每一章节的主要内容。我们选择案例的指导思想首先是采用中国的案例,因为它贴近实际。尽管从案例规范的意义上讲,这些案例并不一定成熟,但它至少在某些方面能说明问题。其次是尽可能地与理论结合,使学生通过案例的分析,对有关理论有更好的把握,并在考虑问题的广度和深度上有所收获。

我们很高兴本书的第一版被不少兄弟院校选为教材,这既是对本书的肯定,也是对我们的鞭策。本书很荣幸地被教育部确定为普通高等教育"十五"国家级规划教材,作为主编的我不免诚惶诚恐。事实上,本书还有很多不足之处,尽管学术质量是我们写作此书的最高追求。

周帆、顾丽梅、刘圣中、扶松茂、邹珊珊在本书的第二版中作出了可贵的努力,在此我要对他们表示感谢。当然,我也对本书第一版的其他诸位作者表示感谢。我还要特别对编辑邬红伟表示感谢,他的勤勉和尽责使本书得以付梓。

正如我在第一版序言中所说的,行政学的基础研究还是一个可以继续深化的领域。我们在这里只是抛砖引玉而已。欢迎大家对本书的第二版提出批评。

竺乾威

2003 年 9 月于复旦大学

国际关系与公共事务学院

序　言

　　公共行政学导论一类的著作和教材在国内已有不少版本。本书力图在反映最新的行政学研究成果以及最新的行政发展方面有所贡献。本书的写作正值我国MPA(公共管理硕士)项目的启动,因而本书也可以作为MPA学生的教材。

　　本书由竺乾威组织撰写。各章的作者分别是竺乾威(绪论)、汪向阳(第一章)、刘建军(第二章)、刘文富(第三章)、谭晓梅(第四章)、李春成(第五章)、谢岳(第六章)、孙君明(第七章)、唐亚林(第八章)、陈晓原(第九章)、周帆(第十章)、陈尧(第十一章)、顾丽梅(第十二章)。各章由竺乾威审订并最后由竺乾威定稿。

　　作为主编,我对参与本书写作的各位作者在写作过程中表现出来的勤勉、钻研精神和才干深表敬意。本书是集体合作的成果。

　　行政学的基础研究还是一个可以继续深化的领域,希望读者对本书的不足提出批评,以利于进一步推动这方面的研究。

竺乾威

1999年12月于复旦大学国际政治系

目 录

绪论 ·· 1
 第一节 公共行政概述 ··· 1
  一、公共行政的含义 ··· 1
  二、公共行政的产生及功能 ··· 3
  三、公共行政的原则 ··· 5
 第二节 公共行政的理论与实践 ······································ 6
  一、西方的公共行政理论与实践 ·································· 6
  二、转型时期中国的公共行政 ···································· 17
  三、知识经济社会与公共行政 ···································· 19
 第三节 公共行政学研究 ··· 20
  一、研究的对象与范围 ··· 20
  二、研究的方法及研究的意义 ···································· 22
  三、研究的趋向 ·· 23
 复习题 ·· 25

第一章 行政组织 ··· 26
 第一节 行政组织概述 ··· 26
  一、组织的含义和组织理论演变 ································ 26
  二、行政组织的含义 ·· 31
  三、行政组织的目标 ·· 32
  四、行政组织的设计原则 ·· 34
  五、行政组织的类型 ·· 36
 第二节 静态的行政组织 ·· 37
  一、行政组织的结构 ·· 37
  二、行政组织的结构变革 ·· 40
  三、行政组织的体制 ·· 41
 第三节 动态的行政组织 ·· 46
  一、行政组织的冲突 ·· 46

　　　　　二、行政组织的发展 …………………………………………… 49
　　第四节　非正式组织 …………………………………………………… 53
　　　　　一、非正式组织的含义与成因 ………………………………… 53
　　　　　二、非正式组织的特征和类型 ………………………………… 54
　　　　　三、非正式组织的功能与管理 ………………………………… 55
　　第五节　学习型组织与学习型政府 …………………………………… 57
　　　　　一、学习型组织的概念与特征 ………………………………… 57
　　　　　二、学习型组织的构成要素 …………………………………… 58
　　　　　三、学习型政府 ………………………………………………… 59
　　复习题 …………………………………………………………………… 61

第二章　行政领导 ……………………………………………………………… 62
　　第一节　行政领导概述 ………………………………………………… 62
　　　　　一、行政领导的含义 …………………………………………… 62
　　　　　二、行政领导的独特性 ………………………………………… 69
　　第二节　行政领导的结构与过程 ……………………………………… 71
　　　　　一、行政领导的结构 …………………………………………… 71
　　　　　二、行政领导的过程 …………………………………………… 75
　　第三节　行政领导的方式、类型和内容 ……………………………… 80
　　　　　一、行政领导的方式 …………………………………………… 80
　　　　　二、行政首长的领导类型 ……………………………………… 82
　　　　　三、行政领导活动的内容 ……………………………………… 83
　　复习题 …………………………………………………………………… 85

第三章　行政决策 ……………………………………………………………… 86
　　第一节　行政决策概述 ………………………………………………… 86
　　　　　一、行政决策的含义 …………………………………………… 86
　　　　　二、行政决策的要素 …………………………………………… 87
　　　　　三、行政决策的理论与模式 …………………………………… 89
　　第二节　行政决策过程 ………………………………………………… 90
　　　　　一、行政决策过程的阶段 ……………………………………… 90
　　　　　二、若干条件下的行政决策 …………………………………… 91
　　　　　三、信息技术的运用 …………………………………………… 95
　　　　　四、影响行政决策的因素 ……………………………………… 99
　　第三节　行政决策的执行 ……………………………………………… 100

一、执行的基本原则 …………………………………… 100
　　　二、执行的一般过程 …………………………………… 101
　　　三、执行绩效的评估 …………………………………… 103
　　第四节　行政决策的趋势 ………………………………… 105
　　　一、民主化趋势 ………………………………………… 105
　　　二、综合化趋势 ………………………………………… 105
　　　三、科学化趋势 ………………………………………… 106
　　复习题 ……………………………………………………… 107

第四章　行政沟通 ……………………………………………… 108
　　第一节　行政沟通概述 …………………………………… 108
　　　一、行政沟通的含义 …………………………………… 108
　　　二、行政沟通的理论基础 ……………………………… 109
　　　三、行政沟通的意义与目的 …………………………… 110
　　第二节　行政沟通的种类、方式与形态 ………………… 111
　　　一、行政沟通的种类 …………………………………… 111
　　　二、行政沟通的方式 …………………………………… 113
　　　三、行政沟通的形态 …………………………………… 115
　　第三节　行政沟通的关系与过程 ………………………… 116
　　　一、行政沟通的关系 …………………………………… 116
　　　二、沟通过程 …………………………………………… 118
　　第四节　行政沟通的障碍及克服 ………………………… 120
　　　一、行政沟通的障碍 …………………………………… 120
　　　二、沟通障碍的克服 …………………………………… 121
　　　三、行政沟通的要领与准则 …………………………… 122
　　复习题 ……………………………………………………… 124

第五章　行政心理 ……………………………………………… 125
　　第一节　行政心理概述 …………………………………… 125
　　　一、行政心理的含义 …………………………………… 125
　　　二、行政心理三个取向的分析 ………………………… 126
　　第二节　行政个体的心理分析 …………………………… 129
　　　一、关于人的本质的假说与管理理论 ………………… 129
　　　二、行政个体的心理需求 ……………………………… 131
　　　三、现代行政人员的心理素质 ………………………… 133

第三节　行政行为的心理机制 …… 136
一、个体行政行为的动机 …… 136
二、个人动机模型与激励 …… 137
三、行政个体的角色冲突 …… 141

第四节　行政组织的心理分析 …… 142
一、组织的心理需求 …… 142
二、组织对其成员的心理供给与影响 …… 144
三、组织成员对组织变革的心理抵制及其克服 …… 146

复习题 …… 148

第六章　行政监督 …… 149

第一节　行政监督概述 …… 149
一、行政监督的含义 …… 149
二、不同视角下的行政监督 …… 150
三、行政监督的功能 …… 153
四、行政监督的意义 …… 154

第二节　行政监督的系统构成 …… 154
一、一般监督系统 …… 154
二、专门监督系统 …… 156
三、监察委员会系统 …… 157
四、影响行政监督体制的因素 …… 160

第三节　行政监督的层次和内容 …… 161
一、行政监督的层次 …… 161
二、行政监督的内容 …… 161

第四节　行政监督的方式和原则 …… 164
一、行政监督的方式 …… 164
二、行政监督的原则 …… 166

第五节　中国行政监督的新发展 …… 168
一、行政监督制度的变化 …… 168
二、行政监督依据的完善 …… 171
三、行政监督技术的变革 …… 172
四、政治监督工作继续加强 …… 172

复习题 …… 172

第七章　行政机关管理 … 173

第一节　机关管理概述 … 173
一、行政机关管理的含义 … 173
二、机关管理的地位与作用 … 174
三、机关管理的原则 … 175

第二节　机关管理的内容 … 176
一、机关管理的工作程序 … 176
二、环境设计和生活管理 … 177
三、文书档案管理 … 178
四、会议管理 … 181
五、其他机关事务管理 … 182

第三节　机关管理的现代化 … 184
一、完善机构设置 … 184
二、提高人员的办事能力 … 185
三、加强制度建设 … 187
四、运用现代技术方法 … 188

复习题 … 190

第八章　人事行政 … 191

第一节　人事行政概述 … 191
一、人事行政的含义 … 191
二、人事行政的地位和作用 … 192
三、人事行政的基本原则 … 193

第二节　人事行政制度的历史沿革 … 194
一、中国古代人事行政制度的历史演变 … 194
二、西方文官制度的发展历程 … 197
三、中国公务员制度的发展历程 … 202

第三节　中国公务员制度的主要内容 … 205
一、公务员及公务员制度的内涵 … 205
二、中国公务员制度的内容体系 … 206

复习题 … 218

第九章　财务行政 … 219

第一节　财务行政概述 … 219
一、财务行政的含义与特点 … 219

二、财务行政的作用 ·· 221
　　　三、财务行政的任务 ·· 223
　第二节　预决算管理 ·· 224
　　　一、预算管理的含义 ·· 224
　　　二、政府间预算关系与预算管理体制 ·················· 227
　　　三、预算编制 ··· 229
　　　四、预算执行 ··· 233
　　　五、决算管理 ··· 235
　第三节　会计管理 ·· 238
　　　一、会计管理的含义 ·· 238
　　　二、会计管理的作用和基本要求 ························· 240
　　　三、会计管理的体制和机构 ······························· 243
　　　四、会计管理的内容 ·· 243
　第四节　审计管理 ·· 245
　　　一、审计管理的含义 ·· 245
　　　二、审计管理的体制和机构 ······························· 248
　　　三、审计管理的内容 ·· 250
　　　四、审计管理的程序 ·· 252
　复习题 ·· 253

第十章　行政立法 ·· 254
　第一节　行政立法概述 ··· 254
　　　一、行政立法的含义 ·· 254
　　　二、行政立法的产生和发展 ······························· 257
　　　三、行政立法的原则与作用 ······························· 259
　第二节　行政立法主体 ··· 261
　　　一、行政立法体制 ··· 261
　　　二、中国的行政立法主体 ··································· 262
　　　三、行政立法权限 ··· 263
　第三节　行政立法的类型 ·· 264
　　　一、主动立法 ··· 264
　　　二、受托立法 ··· 265
　　　三、补充立法 ··· 267
　第四节　行政立法程序 ··· 267
　　　一、立项 ·· 268

二、起草 ………………………………………………… 268
　　　三、审查 ………………………………………………… 269
　　　四、决定与公布 ………………………………………… 269
　　　五、解释 ………………………………………………… 270
　复习题 ……………………………………………………… 270

第十一章　行政伦理 ………………………………………… 271
　第一节　行政伦理概述 …………………………………… 271
　　　一、行政伦理的定义 …………………………………… 271
　　　二、现代行政的基本伦理 ……………………………… 274
　　　三、发达国家的行政伦理 ……………………………… 276
　第二节　行政组织伦理 …………………………………… 280
　　　一、行政组织伦理的含义 ……………………………… 280
　　　二、行政组织变革与伦理发展 ………………………… 284
　　　三、行政组织伦理建设的模式 ………………………… 287
　第三节　行政人员的个体伦理 …………………………… 288
　　　一、行政人员的义务与责任 …………………………… 288
　　　二、道德发展与道德教育 ……………………………… 290
　　　三、行政人员的道德自律 ……………………………… 294
　复习题 ……………………………………………………… 297

第十二章　行政文化 ………………………………………… 298
　第一节　行政文化概述 …………………………………… 298
　　　一、行政文化的含义 …………………………………… 298
　　　二、行政文化的内容 …………………………………… 300
　　　三、行政文化的分类 …………………………………… 304
　第二节　行政文化与行政组织 …………………………… 306
　　　一、行政文化的总体功能 ……………………………… 306
　　　二、行政文化对行政组织的影响 ……………………… 307
　　　三、行政组织文化的发展 ……………………………… 308
　第三节　行政文化与行政行为 …………………………… 310
　　　一、行政文化与行政人员行为 ………………………… 310
　　　二、行政文化与行政领导行为 ………………………… 311
　　　三、行政文化与行政组织行为 ………………………… 313
　第四节　行政文化的比较 ………………………………… 314

一、西方行政文化举要……………………………………………………… 314
　　二、中国传统行政文化与行政文化的现代化……………………………… 315
　复习题……………………………………………………………………………… 319

第十三章　行政发展……………………………………………………………… 320
第一节　行政发展概述…………………………………………………………… 320
　　一、行政发展的含义………………………………………………………… 320
　　二、行政发展的原则………………………………………………………… 321
第二节　行政发展的模式及其特征……………………………………………… 323
　　一、基于区域的行政发展模式及其特征…………………………………… 323
　　二、基于内容的行政发展模式及其特征…………………………………… 325
第三节　行政发展的动力及路径：行政改革…………………………………… 328
　　一、行政改革及其内容……………………………………………………… 328
　　二、行政改革的阻力与动力分析…………………………………………… 333
第四节　行政发展的前景与趋势………………………………………………… 336
　　一、信息社会与行政发展…………………………………………………… 336
　　二、政府治理理念的重构…………………………………………………… 338
　　三、行政现代化的模式建构………………………………………………… 340
　复习题……………………………………………………………………………… 341

绪 论

公共行政学是一门研究行政活动规律的学科。今天,无论在西方国家,还是在发展中国家,政府的行政管理对于促进社会发展、推动社会进步都起到越来越重要的作用,这一点对于转型时期的中国来说尤其如此。科学地理解行政现象和活动,准确地把握行政活动及其发展的规律,既是公共行政学研究的任务,也是这一学科所能为人们作出的贡献。

第一节 公共行政概述

一、公共行政的含义

现代意义上的公共行政,西方学者一般是从以下三个角度加以考察的。

一是从政府的组织结构角度来考察。众所周知,西方现代资本主义国家是按照"三权分立"的原则建立起来的,立法、行政、司法三者之间互相平衡、互相制约。"三权分立"原则不一定具有普遍意义,但是从政府的组织结构来考察公共行政,可以分析西方学者关于小政府和大政府的两种观点。从小政府的观点看,公共行政就是政府组织中行政部门所进行的管理社会事务的活动。美国行政学者威廉·魏洛比(William Willoughby)是持这一观点的代表,他认为"行政是政府组织中行政机关所管辖的事务"[1]。从大政府的观点看,公共行政则是政府组织中包括立法、行政和司法三大部门在内的机构管理社会事务的活动。美国行政学者菲利克斯·尼格罗(Felix Nigro)和劳埃德·尼格罗(Lloyd Nigro)认为,公共行政"包括所有三个部门——执行的、立法的和司法的——以及它们的相互作用"[2]。

二是从政治与行政的关系角度来加以考察。美国行政学者弗兰克·古德诺

---

[1] William F. Willoughby, *Principles of Public Administration*, Baltimore: The Johns Hopkins Press, 1927, p. 1.

[2] 转引自[美]菲利克斯·A.尼格罗、[美]劳埃德·G.尼格罗:《公共行政学简明教程》,郭晓来等译,中共中央党校出版社1997年版,第1页。

（Frank Goodnow）认为，政治是政策的制定，行政是政策的执行。这一著名的政治-行政二分法是从这一角度分析的典范。

三是从管理角度来加以考察。从这一角度出发，公共行政被视作一种协调众人力量以达到共同目标的活动。美国行政学者卢瑟·古利克（Luther Gulik）将这一活动过程具体分解为计划（planning）、组织（organizing）、人事（staffing）、指挥（directing）、协调（coordinating）、报告（reporting）和预算（budgeting），即著名的POSDCORB七功能说。赫伯特·西蒙（Herbert Simon）也认为，"行政即为达到共同目的时合作的集体行动。"①

以上三种典型的观点都有其合理的部分。第一种定义至少指出了公共行政的主体，尽管对这一主体的确切身份有争议。第二种定义指出了行政与政治相比时所具有的地位，定义明确表明行政是执行性的，即执行政治的意志，而这一政治的意志在现代西方国家是由立法机构来体现的。事实上，这也是西方公务员是事务性人员，并在政治上保持中立的理论基础。第三种定义则指出了公共行政作为管理活动所具有的一系列特征，这对于从技术角度去理解和研究行政活动是很有裨益的。

但这些定义也存在一些缺陷。第一种定义尽管指出了公共行政的主体，但对客体的说明却比较含糊。第二种定义事实上在提出不久后就受到批评，理由之一是政治和行政不能脱离，两者必须紧密联系、互相配合，因为属于政治范畴的政策的制定首先必须基于对实际状况的了解。因此，政策的制定是脱离不了政策的执行的，两者在相当程度上是互为一体的。第三种定义涉及的管理的技术特征忽略了公共行政特定的对象，可用于一切管理，例如企业的管理。

在采用以上观点合理部分的基础上，我们认为，公共行政就是国家行政机构依法管理社会公共事务的有效活动。这一定义包含以下几个方面的含义。首先，我们把公共行政看作一种活动，这一活动的主体是国家行政机构，即通常所说的政府或行政当局，不将立法和司法机构列入此内。尽管后两者与政府行政机构的关系极为密切，但它们的活动内容不一样，它们活动的要求、标准、功能、运作程序、方法手段等也不一样。其次，这一活动的客体是社会公共事务，与管理社会公共事务的主体相应的必然是具有社会公共权威的机构，而这一机构在现代社会中非政府莫属。反过来，这一客体也限制了作为公共权威的政府的活动范围，即政府在公共事务的管理上才是权威，私人事务不属于它的管辖范围。在私人事务上政府不是权威，这也就是为什么我们通常在行政前面加上"公共"两字的原因所在。最后，作为一种活动，它必须依法进行，而且必须是有效的。依法进行，顾名思义就是政府必须以它的法定身份和地位、法定权力和程序进行活动。在这里，与政治相比，政府

---

① Herbert A. Simon, et al., *Public Administration*, New York: Alfred A. Knopf, Inc., 1950, pp.1-2.

的从属性地位和执行性特征是显而易见的。有效包含两层意思,即有效性和效率。如果政府的管理活动违反了法律的规定,那么它的活动是无效的,没有合法性基础。因此,有效性要求政府依法行政。此外,政府的活动又必须是有效率的,这表现在政府的具体运作功能(如 POSDCORB 七个功能)上,必须使这些功能得到最佳发挥。

二、公共行政的产生及功能

现代公共行政的产生首先是与民族国家的建立和大工业革命联系在一起的。民族国家的建立,尤其是资本主义国家体制的确立,为公共行政奠定了基本框架。这具体表现为三个方面。第一,在国家体制的结构上,确立了立法、行政、司法分权和制衡的原则。这一原则在立法和行政的关系上,确立了行政是立法机构意志的执行,从而也就确立了公共行政的承担者——政府的地位和作用。第二,在官僚制度上,确立了通过选举和考试择优录用的方式来选拔官员的制度,以及政务官的任期有限制、文官的常任制和功绩至上的管理制度。它既体现了国家体制的共和特征,也使公共行政的具体承担者具备较高的素质。官吏的权利和义务以及非人格化的管理有效地排斥了封建专制君主时期的官吏之间的一种"君要臣死,臣不得不死"的人身依附关系。第三,工业大革命的大生产方式造成的劳动分工和专业化为现代公共行政的产生提供了又一个重要的条件。劳动的专业化是区别现代管理和传统管理的一个主要特征。现代公共行政是一种专业化的管理。这既表现在政府组织的结构是根据职能的分工来设计的,职能化和部门化的结构方式有效地行使了对社会的管理;又表现在政府公务人员的背景和从事的工作是专业化的,政府公务人员得以娴熟地处理有关的行政事务。

现代公共行政的产生同时又是与一种现代公共行政精神的培育联系在一起的。有一种公共行政精神在支撑现代国家的结构方式、官僚制度以及公共行政的运作方式的产生,反过来,这一方式、制度与运作又为这种公共行政精神的培育和发扬不断注入新的内容。在现代公共行政产生的过程中,公共行政精神的三个方面体现得是比较明显的。

(1)主权在民思想。可以说,现代行政的政府组织结构在相当程度上是 17 世纪、18 世纪一些思想家的主权在民、人民至上思想的实现形式。首先,这一结构设计是对封建专制君主时期国家的管理从属于一个人的意志的彻底否定,是对皇权、君权至上的一种彻底否定。它将人民及其权力提高到一种前所未有的高度,尽管在后来实际的公共行政中,人民的意志在不同程度上受到曲解甚至压迫,但这一历史的巨大进步是值得肯定的。把政府行政置于结构中的从属部分也至少在理论上表明,政府是由人民组织的,政府的职能就是为社会公众服务。西方的文官

(civil servant)的确切表述是公仆,这至少在形式上表明了现代政府工作人员的身份及其与社会公众的关系。

(2)法治精神。法治是建立在自由经济和民主政治之上的社会管理的必然要求。否定封建专制时期人治的过程,实际上也就是确立法治的过程。现代公共行政的法治精神表现在确认法为管理的最高准则,公共行政必须具备合法性基础。这就从根本上改变了以往君权凌驾一切的状况,也在管理实践中有力地制约了人的随意性。

(3)效率概念。公共行政中的效率概念的产生是与工业大革命产生的劳动专业化带来的经济进步联系在一起的。政府的部门化和职能化结构以及政府公务人员的选拔方式体现的就是专业化和追求管理效率的思想。对效率的追求后来成了政府行政改革的恒久主题之一。

现代公共行政自产生以来,在对社会公共事务的管理中履行着如下四项功能。

(1)管制功能。公共行政的任务之一是协调和处理社会各种关系和利益,以在整体上维持社会生活的正常运行。管制功能是这一协调所必需的,它表现了公共行政机构的权威性特征,以及它所具有的强制性特征,从而使社会的各种活动得以在规范的框架中进行。

(2)服务功能。公共行政的过程也是公共产品的输出过程。行政系统承担着向社会提供各种公共产品的任务,例如,举办公共事业,提供公共设施(如公共图书馆、体育馆、公园、医院、教育)。公共产品提供的程度取决于行政系统的服务取向,当然在更大程度上取决于一个社会的经济文化发展的水平。

(3)维护功能。维护功能即维护社会的稳定,维持社会生活的正常运作。例如:国防建设,以防外敌的入侵;警察,以维护社会的公共秩序。再如,自然资源的保护、公众的医疗保健等。所有这些对于一个社会的生存是必需的,公共行政若无力履行这一功能,那么一个正常的社会将不复存在。

(4)扶助功能。行政系统有义务对社会的有关团体和组织提供某种帮助,以有助于实现他们的目标,而这些目标的实现通常有利于整个社会的发展,例如,行政系统为保护本国的民族工业而对外来有关产品征收高额税收,从而对本国的有关经济组织提供帮助。此外,行政系统还有义务对社会的弱势群体和个人提供帮助,例如,扶贫、救灾,对失业者、贫困者等提供生活保障等。

现代公共行政的产生基本上奠定了公共行政的这些功能框架,但是,行使这些功能的方式却随着时代的变化而发生了变化,这主要表现在如下三个方面。

(1)从消极的运作走向积极的运作。传统的公共行政方式主要是忠诚地执行和运用法律,而现代的公共行政除此之外,还在于创制和解释法律,以及如何以正确的、明智的和符合公共利益的方式去进行这样的创制和解释。这一转变首先是政府管理事务的日趋复杂化和专业化导致的,它在相当程度上导致公共行政管理功能的扩张,从而导致国家行政权力的集中和加强。即便在最崇尚让市场发挥作用的国家,行政权力对经济的干预也在很大程度上与这一国家的经济进步联系在一起。

(2) 从直接的运作走向间接的运作。伴随行政管理功能扩张的是行政系统一度直接行使所有管理功能。直接运作方式在扩大政府规模和权力的同时窒息了社会的活力,其结果是政府越来越大、官僚主义盛行以及行政低效和浪费。间接运作方式的明显举措是让社会的其他部分包括私人企业、其他社会组织如中介机构等来承担部分政府职能(社会事务管理)。政府不再直接行使这些职能,但并不放弃对这些职能所负有的责任。这一间接运作产生的结果是政府规模的缩小、行政费用的减少,以及运作质量的提高和成本的降低。

(3) 从集权的运作走向分权的运作。在行政系统的权力得到加强和扩张的同时,在行政系统内部的运作上都出现了一个从集权到分权的运作方式的变化。分权使第一线的管理者能对变化的环境如人民的要求和愿望、政治、经济形势等做出迅速反应,也使第一线的管理者能根据变化的情况及时做出决定。分权的运作在整体上体现了市场经济体制对行政系统提出的要求。

三、公共行政的原则

现代公共行政是在一些原则的指导下进行的,这些原则主要如下。

(一) 法治原则

依法行政是现代公共行政最基本的特征之一,也是现代公共行政的要求。依法行政是依法治国的一个核心内容。依法行政首先必须有法可依,执法必严。在这里,有关公共行政的法律和规章制度的建设是重要的,公务人员的法治意识和观念的培育也是重要的,这两者是一个互相作用的过程。其次,依法行政要求政府必须在法律的框架内行使其公共管理的职能,政府没有任何凌驾于法律之上的理由。把政府及其行为与法等同起来是一种错误的观念。政府的行为具有法律效力,但这并不等于所有政府的行为都是合法的。政府的行为也可能因违法而遭到追究。法律不仅是一种对政府权力和责任的规定,同时也是对政府行为的一种制约,以防止政府滥用权力,对公民和社会造成伤害。

(二) 服务原则

现代政府是由人民大众产生的,我国宪法也确立了人民组织政府的权力,这表明了政府与公民之间的一种基本关系,这一关系表明政府的本质是为人民服务。但是,受中国数千年的官贵民贱的封建传统影响,一些民众和官员都缺乏纳税人意识。用现代经济学的理论来说,政府服务是人民大众出钱购买的,大众与政府的关系是一种委托人和代理人之间的关系。顾客至上意识或人民大众至上意识必须是政府行为的一个起点。服务原则除了涉及一种意识之外,还涉及政府行为的两个方面,即反应和质量。政府对社会大众的愿望和要求不仅不能无动于衷和无作为,而且必须迅速做出反应,它是现代行政的基本要求之一。此外,政府提供的服务应该是高质量的,这一质量的评定者是社会大众。现代政府一旦丧失服务原则,它就会变成一个追逐自身利益的、腐败而享有特权的、与社会大众对立的利益集团。

(三) 效率原则

政府活动在任何场合下都要坚持效率的原则。这里的效率包含两层意思。一是政府活动的有效性,有效性的基本层面是活动的合法性,其次是活动体现的效益,包括社会效益和经济效益。显然,社会效益在这里是占第一位的,平衡两种效益是很重要的。二是政府活动追求的目标是以尽可能少的投入取得尽可能大的产出,成本-效益分析应当成为政府活动的极为重要的考虑内容之一。

(四) 责任原则

责任是与权力相对而言的,拥有什么样的权力,就负有什么样的责任,行政学指出权责要相称。政府拥有权力,因而它同样应当负有相应的责任。具体而言,责任原则包含两个层面的含义。一是政府的行为对社会大众负责,一个轻率的、鲁莽的、不计后果的政府注定会给社会带来灾难。二是政府对自己的行为负责,对自身的失职、失误承担相应的责任。否则,这既是对社会大众的亵渎,也是对政府本身表现的一种嘲讽,因为它使政府的表现没有了好坏之分。

第二节 公共行政的理论与实践

一、西方的公共行政理论与实践

(一) 西方的公共行政理论

西方现代公共行政理论的研究肇始于 19 世纪末和 20 世纪初。两个标志性事件预示了这一研究的开端。一是 1887 年美国学者、后来成为美国总统的伍德罗·威尔逊(Woodrow Wilson)发表了一篇题为《行政学研究》的文章。二是 1926 年罗纳德·怀特(Leonard White)撰写了美国第一本大学教科书《行政学导论》以及

1927年魏洛比撰写了另一本大学教科书《公共行政原理》。自此,公共行政的理论研究在西方国家,尤其在美国取得了长足的进展。

本书从学派的角度对西方(尤其是美国)的公共行政理论做了如下归纳。

1. 古典学派

古典学派也称程序学派和制度学派。20世纪初至30年代是这一学派鼎盛的时期,20世纪70年代又有过古典学派的复兴。今天,古典学派仍然在行政学的研究中产生着重要影响。古典学派的研究出发点和目标是"效率和经济",注重行政程序、组织结构和行政原理的研究,研究内容着重于规划、组织、人事、指挥和控制这些管理功能。古典学派的研究主旨反映了当时西方国家,尤其是美国工业的巨大进步产生的对管理的要求,包括对政府公共行政的要求。

古典学派有三位重要的人物值得一提。首先是被称为程序学派创始人的法国人亨利·法约尔(Henri Fayol)。法约尔是一位工程师,1916年他发表了名噪一时的《工业管理及一般管理》一书。法约尔的贡献在于,他首先指出了管理是企业的职能之一(其他职能为技术职能、营业职能、财务职能、安全职能和会计职能),并继而指出管理有五大功能,即计划、组织、指挥、协调和控制。其次,法约尔提出了著名的管理的十四项原则,即分工、权力与责任、纪律、命令一致、指挥统一、公利先于私利、报酬、集权、等级制、秩序、公正、人员的稳定、主动精神、集体精神,他强调了集体精神在企业管理中的重要作用。再次,法约尔提出了著名的"法约尔跳板"原理。在等级制的组织结构中,命令指示是按权力线或指挥线从上到下一层一层地传递的,报告请示也是一层一层地往上传递的。大的组织由于等级多,部门横向的联系也多,这样,如果两个部门之间发生问题都要按等级层层上报到最高层,再由最高层将决定层层往下传递,然后加以解决,这必然造成低效。"法约尔跳板"原理的解决之道在于若两个部门有问题要解决,则先由其自行协商解决,只有在解决不了的情况下,各方才向上报告,再由上级协调。"法约尔跳板"原理旨在保持命令统一的情况下,迅速而及时地解决一般事务,从而使组织最上层得以从繁杂的事务中摆脱出来,专注于一些重大问题。最后,法约尔认为,组织的效率取决于组织的一些内在要素。在他看来,一个组织选人和发挥人的所长是非常重要的,组织同时要给人以培训和教育,这一思想对后来的人际关系及行为科学的发展具有一定的影响。

德国社会学家马克斯·韦伯(Max Weber)是古典学派的又一位重要人物。他是第一位比较系统地论述官僚制度的特征,并分析它在西欧工业社会中的作用的学者。马克斯·韦伯的"官僚"概念指的是一种以管理为目标的社会组织的特定形式。韦伯的官僚理论是同他的权威理论联系在一起的。在他看来,权威的形式有三种:一是魅力权威,即权威靠自身的一些超凡脱俗的特征或天赋或一般人不及的能力,对追随者产生影响;二是传统权威,即权威的行使依赖的是传统、习俗、习惯以及公认的准则;三是合理合法的权威,也称理性权威,其行使依赖的是组织的规章制度、法律法令等。三种权威有它各自对应的组织特征。例如,魅力权威下的组织特征表现为人际关系基于一种深厚的情感之上,领导者与追随者的关系属救世主与弟子之间的关系,不存在职位、任命、升迁,无明确职权,无法规可循,一切皆随意处理。传统权威的组织特征表现为权威者的独断,由权威者决定权力分配,组织成员的行为以争取权威者的宠信为中心,因而组织内部倾轧争斗不断,组织功能不明确,权责不明,官吏的选拔依据的是忠诚而非其必备的资格。以理性权威为特征的官僚组织的特征在马克斯·韦伯看来才表现了它与工业社会相吻合的组织特征,这一特征表现在:(1)层级制结构中的每一个职位都是构成一个完整的组织形态的不可缺少的因素;(2)在此结构中有明确的分工制度,为完成工作目标,每一职位都有相应的法定权力;(3)各种工作决定有一定的记录在案的法定公式;(4)行政权和立法权分离,行政人员只是具有管理专长的管理者,而非立法者;(5)每一层级的行政人员必须具有特殊的才能和经过特殊的训练;(6)人员的选拔通过公开竞争考试实现;(7)每一职位都必须规定明确的职责范围;(8)职位不属私人所有。

作为科学管理的创始人,美国弗雷德里克·泰勒(Frederick Taylor)的科学管理思想及其管理主义从管理角度产生的影响或许是首屈一指的。泰勒通过强调研究时间和动作以获得人与机器的最高效能,开创了一个追求效率的时代。他的科学管理理论包括以下一些内容:(1)劳动方法的标准化,建立科学的作业方法来取代以往凭经验办事的方法;(2)工人培训的科学化,即按试验的作业标准、方法对工人进行培训,使他们能以最好的方法工作;(3)建立并实施一种鼓励性的计件工资报酬制度;(4)管理职能的专业化,即把计划职能(管理职能)与执行职能(实际操作)分开,设立专门的计划部门,推行职能制和直线职能制;(5)劳资双方的合作,将劳资双方的注意力从对现有利益的分配上转移到扩大现有利益上。泰勒认为,诸如计件工资制、时间动作研究、职能工长制等措施本身不是科学管理,它们是科学管理的有用附件。科学管理的实质既是在一切企业和机构中的工人们的一次完全的思想革命——也就是这些工人对待其工作责任、其同事和雇主的一次完全的思想革命,也是管理方面的厂长、雇主、董事会对其同事、工人的一次完全的思想革命。没有工人和管理人员双方在思想上的一次完全的革命,科学管理就不会存在。泰勒的科学管理开创了现代管理的新时代。

此外,古利克和林德尔·厄威克(Lyndall Uruick)在他们的《行政学散论》中归纳了古典学派提出的基本原理。(1)通过管理来协调的组织结构是合理和有效管理的关键,人应当恰如其分地适应结构。组织图是监督和控制整个程序的基本工具。(2)组织应当根据四个基本标准来建设,即组织服务的目标、任用的程序、人事的管理以及进行工作的地方。这些标准取决于特定的环境,组织应当是这些方面的合一体。然而,只要可能,分工和专业化是可行的。(3)命令统一或由一个上司指挥是至关重要的,多头指挥会产生混乱和冲突。(4)权责相符,权责通过层级授予下级,高层管理应限于提出标准和检查这一标准的执行情况。(5)较小的控制幅度。(6)系统的计划是组织必须具备的一个功能。

2. 行为学派

行为学派经历了一个从"人际关系"到人类行为科学的发展过程。早期的行政研究注重组织结构、组织程序以及行政管理原理的研究,对人的假设是"经济人",忽略了对"团体人"的研究。20世纪20年代末30年代初,著名的霍桑实验在哈佛大学教授乔治·梅奥(George Mayo)的带领下开始弥补这方面的不足。霍桑实验表明,人不是单纯追求经济利益的,生产的效率主要取决于士气的高低。这样,霍桑实验用"社会人"的概念取代了"经济人"的概念,同时将非正式组织的概念引入管理学,认为在任何正式组织中都存在非正式组织,要重视正式组织的作用,也不能忽略非正式组织的作用。霍桑实验开创的人际关系以及对人及其行为的研究在管理发展史上具有里程碑式的意义。自此以后,对管理中的一个主要因素——人的研究方兴未艾,并出现了如下一系列有影响的理论。

20世纪40年代,亚布拉罕·马斯洛(Abraham Maslow)提出"人类需要层次说"。这一理论认为人的需要可分为五大类,按先后次序分别为:(1)生理需要,这是人类最基本的需要,若得不到满足,就无法生存;(2)安全需要,满足了生理需要,接着就会产生安全需要,如摆脱失业、生活有保障等,总之,有一种安全感;(3)社交需要,人活在世上,需要友情、爱情,彼此关心和照顾;(4)尊敬需要,包括自尊和受人尊敬,例如,个人的成就和才干被承认;(5)自我实现需要,即实现自己的理想和抱负。马斯洛认为,只有当低一级的需要获得满足后,人们才会去追求高一级的需要。

20世纪60年代,道格拉斯·麦格雷戈(Douglas McGregor)提出了X理论和Y理论,这是两种分别建立在对人性不同假设基础之上的理论。X理论的人性假设是恶,认为人生来好逸恶劳,没有上进心,大多数人的行为动机建立在对生理和安全的需要上。基于这一对人的认识,X理论主张采用监督和控制的手段来进行管理。Y理论(也即麦氏主张的)则认为人性本善,人并非天生好逸恶劳,只要给予鼓励和机会,人们能负起责任,大多数人有一定程度的想象力和创造力。由此,Y理论主张实行参与管理,以创造人们发挥其智慧和能力的机会。

20世纪60年代,弗雷德里克·赫茨伯格(Frederick Herzberg)在《工作与人性》(Work and the Human)中提出双因素理论,该理论也是一种有影响的有关人的激励的理论。他把影响人们行为的因素分为保健因素和激励因素。保健因素也称为"不满因素",这些因素多数来自周围的环境,如上级的管理和监督、工作条件、人际关系、工作报酬等。激励因素也称为"满意因素",这些因素多数来自任务本身,如工作的内容、性质、工作成就、受到承认、工作责任和工作能力的提高。该理论认为，包含保健因素的事件能导致人们对工作不满意，这是因为人具有避免不满意的需要，因而它不起激励作用；而包含激励因素的事件能导致人们对工作满意，因为人具有成长和自我实现的需要。使人产生工作不满意感的因素与产生工作满意感和受到激励的因素是彼此独立、各不相同的。同时，这两种感受也不是互相对立的，即工作满意感的对立面不是工作不满意感，而是没有工作满意感。该理论提倡用工作丰富化等方式来激励人们。

此外，维克多·弗鲁姆（Victor Vroom，也译为维克多·弗洛姆）的期望理论、罗伯特·豪斯（Robert House）的目标-途径领导理论等也都是有影响的激励理论。

3. 决策学派

赫伯特·西蒙在 20 世纪 40 年代出版的《行政行为：行政组织中决策程序的研究》一书开创了对决策的研究。西蒙认为，如果把所有理论都考虑进去，那么决策是行政的中心。在他看来，管理就是决策。政治现象和决策数量从上层到下层都存在，它们在高级领导阶层尤其重要。西蒙的决策理论综合了自然科学的定量分析、社会心理学、人类学、逻辑学、社会学和政治学等多方面的成果，将它们熔于一炉，在整个管理学中独树一帜。西蒙不同意传统的理性决策模式，认为决策者在决策过程中的理性是有限的，因而主张以"满意"来取代理性决策模式追求的"最佳"。

决策理论中另一有影响的理论是查尔斯·林德布洛姆（Charles Lindblom）的渐进决策理论。林德布洛姆认为，政策的制定是对以往政策的小小修正而已。政策上大起大落的变化是不可取的，因为这会危及社会的稳定。这一渐进决策理论形成于 20 世纪 50 年代他写的一篇著名的文章《渐进调适》中。在 20 世纪 60 年代他写的《决策过程》一书中，这一渐进思想也得到了反映。

艾米泰·埃佐尼（Amitai Etzioni）的综视（也称混合扫描）模式是一种将理性模式与渐进模式结合起来的决策模式。这一模式把决定区分为根本性决定和非根本性决定，渐进方法适用于非根本性决定，而在涉及根本性决定时，理性决策模式则更适用。在埃佐尼看来，这一综视决策犹如两颗高空气象卫星，一颗是配有能审视大面积气象状况并记录主要气象模式的广角镜头（类似理性决策模式），另一颗则配有关注气象细节变化的窄角镜头（类似渐进模式）。当两颗一起使用时，能提供更多的决策信息。

4. 系统学派

切斯特·巴纳德（Chester Barnard）是第一个把组织看作一个社会系统的理论家。他认为组织是一个协作的系统，它包含三个要素：协作的意愿、共同的目标和信息联系。他把自己的贡献主要归结为一些"结构性"概念和"动态性"概念，他认为主要的结构性概念有个人、协作体系、正式组织、复合正式组织以及非正式组织。主要的动态概念有自由意志、协作、信息交流、决策过程、反动态均衡。他是非正式组织概念的提出者，也是均衡理论的提出者。他认为组织通过向个人提供刺激，以使个人回报组织,从而使组织和个人之间维持一种均衡,组织的管理在于维持这样一种均衡。

20世纪六七十年代,系统理论又引发两大理论的产生。一是生态理论,弗雷德·里格斯(Fred Riggs)是这一理论的代表人物。里格斯认为行政生态要探讨的是各国的具体国情如何影响并塑造该国的行政,反过来,公共行政又是如何影响该社会的变迁和发展的。他勾勒了三大行政模式,即农业社会、工业社会、过渡社会的行政模式(亦称融合型、衍射型和棱柱型模式),并从经济、社会、沟通网络、符号系统和政治架构五个因素分析它们与公共行政的关系。二是权变理论。权变理论认为不存在一种对所有管理者都适用的一般理论,管理都是因时、因人、因条件而发生变化的。在权变理论方面较有影响的有弗里蒙特·卡斯特(Fremont Kast)的用权变观点对组织的分析,以及弗雷德·菲德勒(Fred Fiedler)的领导权变模式。

5. 经济学家的贡献

20世纪八九十年代,经济学中的公共选择理论和新制度经济理论对西方的公共行政产生了极为重要的影响。

以詹姆斯·布坎南(James Buchanan)为首的公共选择理论家的分析出发点是人是理性的自利主义者,他的行为动机是自利的,行动是理性的,以获得自身利益最大化。该理论认为,一种良好的政治制度应达到这样一种状况:它不否认政治家存在追求自身利益的动机,但它能够保证政治家对自身利益的追求的结果是实现国家利益,而要做到这一点,要靠政治市场上看不见的手——选举制度的良性运转。这一观点也引发了对政府作用和职能的限制。此外,由企业所有权和经营权分离引发的代理理论也被引用到政治和行政领域。例如,人民与政府官员之间就是一种委托人与代理人的关系。由于双方都追求自我利益,因而委托人与代理人之间会发生冲突。因此,代理理论主张以契约的形式制约代理人的行为,以防代理人谋求自身利益而伤害委托人的利益。这样,代理理论关注代理人的选择和对代理人的激励。公共选择理论强调选择的自由、相互交易和合作的自由,国家的作用就是通过规划的制订与实施来保证人们的这种自由。如果要改变政治活动的效率,其途径只能是改变游戏规则。

新制度经济学的四大部分,即制度的构成、制度的起源、制度变迁与制度创新(包括制度需求与制度供给,制度、产权与国家理论,制度与经济发展的相互关系)的理论,同样为分析政府和行政问题提供了一种颇有价值的分析框架。新制度经济学中的一些概念,如制度变迁与路径依赖、诱致性制度变迁与强制性制度变迁、制度需求、制度供给、制度均衡与制度非均衡已经被广泛地运用到对行政问题的分析中。

（二）西方的公共行政改革实践及其理论发展

在西方尤其是美国的行政理论不断问世的同时，西方一些主要国家自 20 世纪 80 年代以来进行了大刀阔斧的改革。以新公共管理为旗号的改革时间跨度之长、力度之大，都是西方国家以往的行政改革所不能比拟的。

这场声势浩大的公共行政改革是以英国首相撒切尔在 1979 年上台为开端的，而后波及了其他西方国家。这一改革的直接推动力是当时西方社会所面临的一系列问题和挑战。首先是社会的转型（即向信息社会的转型）使原有与工业社会相适应的一套管理思路、管理方式变得不合时宜。其次是社会面临的一些问题，尤其是经济问题（例如，通货膨胀、政府开支上升、财政危机、福利制度陷入困境）使改革的呼声日益高涨。这一改革的特征在于用管理取代行政，用市场或合同取代官僚的公共行政，以缩小公共行政的规模。这一改革的表述有"管理主义""以市场为基础的公共行政""企业家政府"，新公共管理作为对上述改革的综合性描述，在表达上更具优越性。

这一以新公共管理名义出现的公共行政改革，主要有以下几个方面的特征。(1)偏离传统的公共行政，将注意力集中于取得结果和管理者的个人责任，即不再以过程为取向，而以输出为取向。(2)以市场取代官僚组织。市场的个人雇佣期限和条件比较官僚的职业制具有更多的灵活性。(3)引入私人部门的管理方法，明确组织和个人目标，以便通过表现指标来衡量其成就。(4)政府的某些功能通过市场的测试而承包出去。同样，政府管理某一领域也不一定意味着要通过官僚来进行。政府功能的减少成为一种趋势。(5)把公众视为公共管理机构的客户，向客户做出承诺，确立服务标准。例如，英国的《公民宪章》中的乘客宪章规定，如果在任何一段列车旅程中被耽误 1 小时以上，旅客便能得到铁路当局赠给的相当于该次旅行价格的 20%或以上的票券。(6)在资源使用中强调节省，以削减直接成本，提高效益，以较少的代价做较多的事情。(7)在公共部门引入更多的竞争性，包括任期合同、公开的投标程序，并使用竞争者作为降低成本和提高标准的关键。总之，这一改革表明了它的市场、企业式的管理取向，以达到这样一些目标：提高公共部门资源配置的效率，缩小政府规模，减少政府开支，提高服务质量。一句话，以企业精神改造公营部门。

戴维·奥斯本(David Osborne)和特德·盖布勒(Ted Gaebler)在《改革政府：企业家精神如何改革着公营部门》这本被称作 20 世纪 90 年代美国联邦政府改革蓝图的著作中，勾勒出了一种新的政府形象：起催化作用的政府，掌舵而不是划桨；社区拥有的政府，授权而不是服务，服务由社区提供；竞争性的政府，把竞争机制注入提供服务中；有使命感的政府，改变照章办事的组织；讲究效果的政府，按效果而不是按投入拨款；受顾客驱使的政府，满足顾客的需要，而不是官僚政府的需要；有事业心的政府,有收益而不浪费;有预见的政府,预防而不是治疗;分权的政府,从等级制到参与和协作;以市场为导向的政府,通过市场力量进行变革。

新公共管理表现了向市场和私营部门管理方式的回归,这反映了传统的宪政主义与管理主义之间的钟摆再一次摆向管理主义。宪政主义关注正义、公正,管理主义则偏向于效率、绩效,这反映了公共部门管理中常出现的两种价值的冲突。

新公共管理改革运动从一开始就受到了批评,随着改革的发展,批评的意见也日趋猛烈。在这些批评意见中,比较有代表性的是罗伯特·邓哈特(Robert Denhardt)和珍妮特·邓哈特(Janet Denhardt)的新公共服务理论。这一理论在批评新公共管理的同时,也确立了邓哈特认为的第三种公共行政模式,即建立在强调民主标准和社会标准之外的新公共服务(前两种在他们看来是建立在政治和法律之上的传统公共行政模式,以及建立在经济考虑和市场考虑之上的新公共管理模式)。新公共服务理论包含以下几方面的内容:(1)政府应该服务于公民而不是(新公共管理强调的)顾客;(2)政府应该追求公共利益;(3)重视公民权应该胜过重视企业家精神;(4)思考要有战略性,行动要有民主性;(5)强调责任的重要性;(6)服务而不是掌舵;(7)重视人而不是重视生产率。新公共服务对政治价值的强调在某种程度上表现了邓哈特试图再次将钟摆从管理主义摆向宪政主义的努力,尽管他们认为新公共服务也超越了传统的公共行政。①

除了新公共服务理论,20世纪90年代后,还有一些公共管理理论影响了公共管理的实践,其中比较重要的有整体性治理理论、善治理论、公共价值理论和新公共治理理论。

(1) 整体性治理理论。整体性治理理论经历了一个由"整体性政府"向"整体性治理"发展转变的过程。英国学者佩里·希克斯(Perri 6)首先在他的著作《整体性政府》中提出"整体性政府"的概念,认为政府内部职能部门间的过度分割是诸多社会问题产生和严重化的主要原因,而传统的官僚制模式存在诸如效率至上的执政理念、层级节制的组织结构、对问题的事后治疗而非事前预防、部门主义而缺乏协调、重视过程而不是结果等一系列问题,因此倡导"整体性政府"这一极具针对性的理念。② 希克斯还提出了一些具有针对性的解决措施,即构建四种未来的政府组织形态,包括构建跨部门协作的整体性政府、打造文化革新型政府、建设重视预防而非治理的预见性政府,以及结果导向型政府。希克斯与合作者在后来的《圆桌中的治理——整体性政府的策略》一书中将整体性政府理念演变为具体的行动策略。③ 在对新公共管理的批评中,希克斯等人指出,由于新公共管理过度强调分权

---

① 参见[美]珍妮特·邓哈特、[美]罗伯特·邓哈特:《新公共服务:服务,而不是掌舵》,丁煌译,中国人民大学出版社2004年版,第40—41页。
② 参见 Perri 6, *Holistic Government*, London: Demons, 1997。
③ 参见 Perri 6, et al., *Governing in Round: Strategies for Holistic Government*, London: Demons, 1999。

和职能划分,因而产生了管理的碎片化,进一步导致政策、顾客、组织以及部门间在目标与执行机制上的冲突,而解决这些问题的最佳途径就是整合,即构建整体性政府。进入 21 世纪后,佩里·希克斯等人在《迈向整体性治理:新的改革议程》一书中首次明确提出"整体性治理"的概念。[①] 整体性治理着眼于政府内部机构和部门的整体性运作,认为碎片化而非一般所认为的专业主义或部门主义导致了政府的运作不畅,因此,这一理论主张管理从分散走向集中,从部分走向整体,从破碎走向整合。

(2)善治理论。在政府与市场的关系上,善治理论强调政府存在的必要性,同时也承认政府作用的有限性。它提出了作为第三种社会协调机制的自组织这一概念,希望通过自组织所具有的"反思的理性"来弥补市场机制的"形式理性"和政府机制的"实质理性"的不足。自组织是善治的社会基础,没有自组织的发育,就没有善治的内在动力。善治理论同时强调政府与公民的良好合作和公民的积极参与,从而实现管理的民主化。"善治"的本质在于实现公民的利益、权利和价值,因而公民不仅是公共物品和服务的"消费者",更应是公共物品和服务的监督者,公民也只有在参与管理中才能体现自身的主人翁地位。善治的主要特征表现如下。1)合法性。合法性指的是社会秩序和权威得到社会公众的认可和支持,而不仅仅是政府的统治和管理地位获得宪法和法律的确认。2)参与。善治要求打破公共管理权力的封闭性,提供制度化的途径,开放各种渠道,让公民和各种社会组织合法地分享各种社会管理权力,鼓励他们参与公共事务,表达自己的利益愿望,并合法有序地对公共权力的运行实行有效的监督。3)法治。法治首先表现为拥有一个公正的法律框架,公共管理活动必须具有法律的依据;其次表现为法律得到公正的执行,对公民的自由权利进行妥善的保护。4)透明性。透明性意味着所有的决策及其执行都必须遵循既定规则,它同时也意味着受这些决策及其执行影响的群体,可以自由地获得尽可能充分的相关信息。5)回应性。回应性意味着公共管理人员和管理机构必须对公民的要求做出及时的负责的反应,不得无故拖延或没有下文,不能以追求公共组织自身需求满足为目的。6)一致性。善治要求对社会的各种利益进行协调,以达到一种广泛的一致性,即就社会最大利益及其实现方式达成一致。7)公平和包容性。善治要求公共部门以公平、统一、无歧视的公共管理为基础,施行各种社会管理措施。8)效力与效率。善治意味着在满足社会需求的过程中要实现资源的最优配置,同时也包含对自然资源进行合理利用、对环境进行保护的意蕴。9)责任性。不论是政府机构,还是私人部门和社会组织,都必须对公众以及利害关系人负责。

[①] 参见 Perri 6, et al., *Towards Holistic Governance: The New Reform Agenda*, New York: Palgrave, 2002。

(3) 公共价值管理理论。马克·穆尔(Mark Moore)在 20 世纪 90 年代首次提出"创造公共价值",对公共部门管理者是谁,他们应该生产什么,以及如何进行测量三个问题提出了创新性的观点。进入 21 世纪,随着公共服务提供和公共政策执行日益复杂化,"公共价值"概念引起了公共管理学者的重视,形成了以马克·穆尔为代表的创造公共价值、以巴里·波兹曼(Barry Bozeman)为代表的公共价值失灵、以杰瑞·斯托克(Gerry Stoker)为代表的网络化治理新途径等公共价值管理的观点。

以穆尔为代表的创造公共价值理论认为公共管理的目标是创造公共价值,就像私人部门管理工作的目标是创造私人价值一样。这样,他就对政府在社会中的角色、政府管理者的角色和公共管理者所需的技能这三个问题提出了挑战。在这个基础上,他提出了一个战略三角模型。战略三角(也就是公共价值、运作能力、支持与合法性三部分,它们被认为是创造公共价值的必要条件)是一个用来调整这三个截然不同但相互依存过程的框架。战略三角模型可以促进公共管理者审视授权环境潜在的集体的变化、政治期望并指导他们的行动,寻找持久的任务环境,以及评估组织的运作。以波兹曼为代表的公共价值失灵理论强调从公共价值的视角研究公共政策与公共服务,认为单纯地用"市场失灵""政府失败"作为公共政策或公共服务是否有效的标准已经落伍,应当以"公共价值失灵"来衡量公共政策与公共服务的质量与效果。在波兹曼看来,社会公共价值失灵的指标有:"1)各种社会价值的表述和集合的机制失灵;2)公共领域的垄断失灵(个人财团搞外交违反国家利益);3)少数利益集团囊括和侵夺大众利益;4)公共价值的稀缺供给;5)短期行为威胁到公共价值;6)关注到资产的可替代性威胁公共资源的保护;7)市场交易威胁到基本的人性价值。"[1]随后,波兹曼又逐一分析了公共价值失灵在不同情况下的解决方法。以斯托克为代表的网络化治理新途径理论认为,公共价值管理是与网络化治理最相适应的管理模式,两者的结合能使民主和效率以合作伙伴的关系同时存在。斯托克通过与传统公共行政和新公共管理的比较来揭示公共价值管理的特质,认为公共价值管理使公共管理者不仅要重视个人间、组织间的关系,要具备通过网络进行管理的能力、多途径学习的能力以及广泛获取资源的能力,更重要的是要能够有效解决效率、责任和平等之间的矛盾关系。

综上,公共价值管理理论的基本主张可归结为以下几个方面。1)关注集体偏好而非个人偏好。公共价值的创造就是依赖于基于政治协商的、集体性的偏好表达。这有别于新公共管理范式认为的个人偏好可以叠加,叠加的个人偏好代表公民(顾客)对政府的要求这一观点。2)重视政治在行政过程中的作用,而不只将政

---

[1] Barry Bozeman, "Public-Value Failure: When Efficient Markets May Not Do", *Public Administration Review*, 2002, Vol. 62, No. 2, pp. 145-161.

治视为初始条件或评判标准,政治是贯穿整个管理过程的重要元素。3)重视协同治理而非单一治理。在公共价值管理范式下,政府并非公共价值唯一的生产者,企业、非营利组织和公民团体都可能会扮演重要的角色,公共服务供给必须根据公众偏好的传递机制,选择合适部门以共同生产公共价值。4)关注效率与民主之间的合作伙伴关系,而不是对立关系。无论是分配还是技术上的效率都需要民主的输入,民主需要被嵌入整个公共价值管理过程之中。分配效率和民主是合作伙伴关系,而不是交易的对象。5)全面应对效率、责任与公平问题。首先是效率,传统公共行政范式主要关注分解复杂任务,要求工作人员遵守程序,以实现效率;新公共管理通过严格设定组织期望达到的绩效任务来实现效率;而公共价值管理理论则主张通过持续的检查,以保证行为符合目标,进而实现组织效率。其次是责任,传统公共行政诉诸竞争性的选举,选出可操控、监督的领袖;在新公共管理中,政治家确立公共目标,公共管理者负责目标的实现,政策的表达和执行似乎泾渭分明;公共价值管理则通过可沟通的目标对责任进行设定与监督。最后是公平,传统公共行政在应对公平的挑战时,主张通过相似案例同等对待以实现公平;新公共管理为使用者提供可获得公平服务的规则框架;公共价值管理则是通过发展个人能力实现权利与责任对等的公平。

(4)新公共治理理论。新公共治理的主要提出者是英国爱丁堡大学国际公共管理教授斯蒂芬·奥斯本(Stephen Osborne)。奥斯本认为,在21世纪之前,整个公共管理史经历了传统公共行政和新公共管理两个阶段,而在进入21世纪之后,出现的则是新公共治理,因为公共行政和新公共管理"都没有抓住21世纪公共服务的设计、提供和管理的复杂的现实"①。这一现实,就是21世纪国家在一个多组织和多元的复杂性中执行公共政策和提供公共服务。而正是这样的一个多组织和多元主义的背景,使公共政策的执行和公共服务的提供产生了新的情况。作为这两种多元形式的结果,新公共治理理论的重点在于组织间的关系以及过程的治理,强调公共服务组织与其环境互动基础上的服务效益和结果。而传统的公共行政对行政的强调和新公共管理对管理的强调,也就是行政-管理二分法无法解决在这样一种背景下的公共政策执行和公共服务提供。因此,新公共治理理论力图将政治与技术即将价值理性与工具理性结合起来,超越传统公共行政和新公共管理的两分法,建构了"服务主导"的理论和方法。在奥斯本看来,服务主导的方法在四个方面可以改变对公共管理任务的理解,并解决一些管理问题。1)战略取向。战略取向涉及一种理解公民和使用者的当前和未来需要和期望的能力。这样,公共接触就成了战略取向和运作机制的一个核心层面。这样的互动产生了当前和未来的需

---

① Stephen Osborne, "The New Public Governance: A Suitable Case for Treatment?", in Stephen Osborne, *The New Public Governance?*, London: Routledge, 2010, p.5.

要,有助于政策的制定和执行。2)公共服务市场化。公共服务主导的市场经营方法对于将公共服务的战略转化为具体的"服务承诺",或对于形成使用者对服务的期望以及人员在提供过程中的作用是至关重要的。3)共同生产。共同生产是服务提供过程的一个核心要素,一个重要的、本质的服务组织与使用者在服务提供的节点上互动的过程。公共服务的共同生产是这种服务的不可分割的一部分。4)运作管理。现有的公共管理强调用企业的方法改进公共服务的提供,但问题在于,服务组织内这些改进的运作方法是组织内取向的(产品主导的),而不是跨组织取向(服务主导)的,这种做法会产生更有效率的服务组织,但对组织的有效性的影响却有限。因此,需要考虑内部服务运作管理与外部服务提供的互动。这样,奥斯本将公共政策的执行以及公共服务的提供置于中心,从服务方而不是生产方(传统公共行政理论的出发点)的角度重新诠释了以多组织和多元主义为特点的西方国家公共服务的过程。

二、转型时期中国的公共行政

中国的公共行政自1949年中华人民共和国成立至今,经历了一个从传统向现代的转变过程,转变的基础是经济体制从原来的计划经济转向市场经济。这一转变导致了许多方面的变化。首先是政府与人民关系的变化。市场经济产生纳税人意识,这一意识的产生使官民两方对政府地位作用的认识开始具备一种现实的基础,委托人和代理人的关系日渐明确。其次是政府职能和角色的变化。传统时期的政府全能角色作用已经随着市场和社会以及其他公共空间的出现而减弱,政府独享的管理职能已部分被市场和社会分割。再次是随着社会利益的分化,有些政府部门也开始关注自身的利益。这一对自身利益的关注有的是符合社会目标的,例如,政府要给公务员提供较好的待遇,以便在劳动力市场上招募到优秀人才,从而提高政府的结构质量,为社会提供更好的服务。而有的关注和追求则带有团体性质或利己性,有时少数政府部门的这种关注和追求甚至不惜伤害社会和大众利益。《行政诉讼法》已经预设了这种状况的发生。最后是政府观念的变化,成本效益观念、服务观念、有效性和效率观念、时间观念、顾客观念、利益观念、小政府大社会观念等已经开始在政府的运作中逐步表现出来。

转型时期中国的公共行政的一个基本问题是如何适应市场经济带来的变化(当然,中国的公共行政在一个时期内还有促进市场经济发展并使之逐步成熟的功能),以及如何适应从全球来看一个新的经济社会形态带来的严峻挑战。在整个转型时期,中国的公共行政必须处理好以下几个方面的问题。

1. 政府定位问题

哪些事是需要政府做的,哪些事是不需要政府做的,哪些事是禁止政府做的,政府的定位问题涉及它扮演的角色以及它的运作方式。马克思在谈到国家与社会的关系时，主张一种社会高于国家而不是国家高于社会的模式。中国传统的管理模式是政府全能和国家高于社会的模式。随着市场和社会的出现，人们形成的一个共识是，政府并非在任何情况下都是一种管理和配置社会资源的最佳手段。因此，政府在一些职能领域的退出，或一些职能的削弱正是市场和社会成长的一个必然结果。

2. 反腐倡廉问题

市场经济的推进使得政府职位日益具有职业化的特征，伴随着这一推进过程的是政府官员地位（就其政治荣誉和经济地位而言）的相对跌落，这一跌落是同政府全能地位的逐步弱化相一致的。但是，在中国目前这一市场经济不成熟的过渡阶段，政府官员依然拥有相当大的行使权力的空间，这使权力与经济之间呈现出一种复杂的关系，从而也使整个转型期间政府官员的道德伦理逐步上升为一个不容忽视的问题。官员的腐败问题已经成为全社会关注的焦点问题之一。反腐倡廉在相当程度上决定着中国政府的命运。

3. 制度建设和创新问题

制度建设和创新在组织结构、领导体制、运作程序和非人格管理方面显得尤为重要。组织结构中的法定结构和非法定结构的同时存在问题、结构的重叠和臃肿问题、结构与功能的不相对应问题、结构的僵化问题、领导体制中的二元结构问题，以及体制运作的程序问题，都构成了转型时期制度建设和创新的重要问题。道格拉斯·诺斯（Douglass North）曾指出制度在技术和经济进步中的至关重要的作用，同样，制度在中国的公共行政从传统走向现代的过程中具有的作用也是至关重要的。

4. 依法行政问题

依法行政是依法治国的关键所在。转型时期中国的公共行政如何在运作中摆脱人格化管理，仍然是法治建设面临的一个问题。依法行政的前提是司法公正，这是依法行政的保障。依法行政集中体现了一个现代国家的基本特征，是中国的公共行政走向现代化的必然要求。

5. 观念更新问题

市场体制的确立以及世界范围内一种新的经济社会形态的出现，要求中国的公共行政有一种新的思维。这首先要求观念的更新。传统时期的一些不合时宜的观念在今天的中国仍然影响着一些人的思维方式，僵化、不思进取、迷信条条框框、崇尚权力、轻视真理和知识、官贵民贱、只唯上不唯实的现象仍然阻碍着当代中国行政的发展。没有一种新的观念、新的理念指导行动，中国的公共行政要取得进展是不可能的。其次要有世界眼光。全球化过程要求中国继续对世界开放，进而更多地了解世界。只有这样,才能更好地把握中国公共行政的发展趋势。

三、知识经济社会与公共行政

知识经济社会正在大步向我们走来。工业社会从最初的一种物质经济,逐渐地演变为一种货币经济,而现在则成了一种符号经济。这表明,知识已成为生产过程的主导方面,成了财富创造的最主要的来源。事实上,当西方国家称它们的国家已进入了后工业社会或信息社会时,这一知识经济社会的进程也就开始了。对于中国来说,在21世纪进入知识经济社会,既是一种发展的前景,也是一种历史的必然。

知识经济社会并未抵消政府的作用,因为涉及经济增长及其平衡的关键性决策仍来自政府。当然,它也在相当程度上改变着政府的运作结构和方式,并使整个公共管理呈现如下的变化。

1. 从等级行政向网络行政的发展

信息技术的发展为这一发展提供了可能,它导致政府的组织结构发生一个从纵向的权力结构向横向的网络结构的演变。伴随这一演变的是等级命令、外部控制等方式的管理的逐步削弱。首先,网络行政使命令、指示、信息等不必再完全通过等级进行传递,网络的传递方式既迅速且面又广。其次,网络行政的公开度将得到极大的提高,这有助于政府从更广的范围了解情况,也有助于社会对政府的监督。

2. 从精英行政向大众行政的发展

长期以来,公共行政职能的行使权只掌握在少数人手中,精英运作是一种封闭的运作,透明度低。一方面,随着社会的发展,人民教育程度的提高,尤其是信息技术的普及,以团体或个人形式出现的对行政系统施加的压力、对行政系统的监督会越来越普遍。精英黑箱式的操作将逐渐为公众参与式的操作所取代,这是一个社会最终走向民主的必然。另一方面,以团体或个人形式出现的参与也导致一种悖论,即由于利益和取向的不同,参与导致的这些个人和团体之间的冲突也会增加,这对在保持社会活力的同时不失对社会的控制提出了一种新的要求。

3. 从官僚式行政向企业式行政的发展

公共行政的官僚式运作是与等级结构的官僚组织联系在一起的,也是与政府作为唯一的公共产品的生产者和公共资源的唯一最佳配置者的观念联系在一起的。官僚式的运作在它表现出按部就班、准确、照章办事、注重程序的同时,也表现出它的僵硬、保守和繁文缛节、效率低下和不计成本。企业式运作注重对效率和成本效益的考虑,它把市场机制纳入公共管理,具体表现为:公共行政的某些职能不再由政府统包,而由一些更佳的配置者,如私人机构和其他的公共机构来承担;公共管理从注重过程到注重产出,而这一产出必须按照市场经济和节约原则;视公众(就企业而言,即其顾客)唯上,迅速地对公众的愿望和要求做出反应。简言之,企业式行政的精髓在于使资源获得最大限度的利用,并使其得到最大限度的产出;在于其顾客至上的取向;在于使市场机制发挥作用。

第三节 公共行政学研究

一、研究的对象与范围

本书把公共行政定义为国家行政机关依法管理社会公共事务的有效活动。很显然,公共行政学的研究对象就是这一活动的规律。由于构成这一活动的因素是人、结构和过程,每一活动的结果是这三种因素互相作用的结果,因而这三者又构成了行政研究的具体对象。

人的因素指的是国家行政机关的行政人员(通常称为政府公务员),也就是进行这一行政活动的主体,在政府公务员中构成一种上下关系,因而对政府公务员的管理构成了这一整个行政活动的有机组成部分。公共行政学研究的主题之一就是如何使政府拥有并保持一支素质精良的公务员队伍的问题(简单地说,就是官僚——此处无贬义——问题)。行政学中的许多理论就是围绕着如何完善公务员的管理进行的,它涉及公务员的管理过程(从选拔、录用、考核、奖惩、工资福利待遇到退休等)、公务员的激励以及管理方法等。

结构是行政活动赖以进行的形式。行政体制和组织结构的设计和再设计构成了行政学研究中组织理论的主要内容。结构的重要性在于,尽管结构的形成和确定依赖于组织活动的内容,但结构在形成后会对这一活动起一种制约作用,因为活动是在一定的结构形式中进行的。结构不同,活动的方式也不同。例如,联邦体制下的行政运作与单一体制下的行政运作显然是不同的。首长负责制结构的领导活动与合议制结构下的领导活动也是不一样的。

过程表现为活动的动态层面,它通常是由行政活动的功能构成的,这些功能包括计划、组织、指挥、协调、沟通、监督、决策、激励、预算、报告等。这些功能构成了行政学的技术性层面的研究对象。功能在行使过程中会以一种关系的形式表现出来,例如,计划涉及的全局和局部关系,指挥涉及的权限关系,协调、沟通和激励涉及的人际关系,决策涉及的决定和执行的关系,预算涉及的行政与政治的关系等,所有这些都构成了公共行政学的具体的研究对象。

研究对象的确立也就基本上确定了公共行政学的研究范围。基于上面的分析,本书认为这一范围可以包括以下几个方面。

(1) 绪论。绪论涉及对公共行政以及行政学的一些基本内容的阐述,包括公共行政的定义、起源及发展,公共行政的原则,西方的公共行政理论及实践,转型时期中国的公共行政面临的问题,知识经济社会与公共行政,以及公共行政学研究的对象、范围、方法、意义及趋势。

(2) 行政组织。行政组织是公共行政活动得以进行的载体。它主要涉及行政组织的目标、设计原则、类型、结构和体制,行政组织的动态过程以及非正式组织的特征及其作用。

(3) 行政领导。行政领导既涉及一种重要的组织行为,包括行政领导的特征、结构、过程、方式、类型和内容,也涉及对作为人的领导者的论述。

(4) 行政决策。公共行政活动在某种程度上就是决策。行政决策涉及决策的理论与模式、决策的过程以及行政决策的发展趋势。

(5) 行政沟通。公共行政也是通过沟通得以实施的。行政沟通涉及沟通的理论基础,沟通的种类、方式与形态,沟通的关系与过程以及沟通的障碍及其克服。

(6) 行政心理。公共行政涉及行政者个体和行政组织的心理行为。行政心理包括行政个体的心理分析和行政行为的心理机制,以及行政组织的心理分析。

(7) 行政监督。行政监督是控制公共行政活动的一种重要手段。行政监督涉及行政监督的功能、系统构成、内容以及方式和原则。

(8) 行政机关管理。行政机关管理是行政系统的自身管理。它涉及管理的原则、内容(如管理的程序、范围)以及管理的现代化。

(9) 人事行政。人事行政即政府公务员的管理。它涉及的内容有人事行政的地位和作用、人事行政的基本原则、中外人事制度的历史沿革以及中国的公务员制度。

(10) 财务行政。财务行政涉及与公共行政有关的财务方面的活动,主要包括预算管理、审计管理和会计管理。

(11) 行政立法。行政立法是公共行政的重要组成部分。它涉及立法体制、主体权限、类型以及程序等。

(12) 行政伦理。行政伦理指行政人员的职业伦理。它涉及公共管理的伦理准则和价值选择、行政组织伦理,以及行政人员的义务与责任等。

(13) 行政文化。行政文化是公共行政活动的环境条件之一,对行政活动产生着重要的影响。它涉及行政文化的功能、与行政组织的关系、与行政行为的关系,以及不同行政文化的比较。

(14) 行政发展。行政发展是公共行政的一项经常性活动。它涉及行政发展的原则、模式、环境以及行政改革。

二、研究的方法及研究的意义

工欲善其事，必先利其器。方法对于研究来说永远是重要的。理解行政活动及行政现象的指导思想应是辩证唯物主义和历史唯物主义，这一指导思想要求我们把行政活动放在一定的客观条件下去加以理解，以找出行政活动的规律。公共行政学的研究方法甚多，这里择其要者述之。

1. 规范方法

规范方法也称理论方法。这是一种早期较流行的方法，古典学派是这一方法论的典型代表。这一方法在对行政现象进行探讨时，着眼于建立一般理论和一般原则（即放之四海皆准的原则），认为这些理论和原则可以解释所有的行政现象。这一方法的特点是偏重价值考虑，论及的是"应当如何"和"应当是什么"，往往追寻的是一种理想状态的东西。由于公共行政的问题的主客观条件不同，环境不同，这一方法在20世纪40年代在西方开始受到挑战，并自那时起不再作为一种主流的方法。但是，对价值的考虑并非完全没有道理。此外，该方法确立的一些应然的东西，不管怎样总是可以给我们的分析提供某种参照。事实上，今天的行政学研究在相当程度上还受到一般理论和原则的影响。

2. 经验方法

经验方法（或实证方法），也称行为主义方法。自20世纪40年代以来，这一方法在西方的社会科学包括行政学的研究中成为一种主流的方法。这一方法的特点是专注于寻找事实，只提供事实。它关注"是什么"，而非"应当是什么"，即认为要解决问题，首先要了解问题，正如医生看病，首先要知道病情，才可对症下药，并非一片阿司匹林可以医好所有毛病。该方法在研究中还主张价值中立，因为价值的渗透会妨害对事物的客观理解。着眼于发现事实是这一方法的优点，因为这是任何科学研究的前提，这也是这一方法为何自20世纪40年代以来一直成为西方一种主流的研究方法的原因。但是，首先，事实可能是动态的，当你在发现一个事实，要作结论时，这一事实可能已经发生变化。其次，在事实的发现中完全摆脱价值的影响也不现实。20世纪60年代末出现的后行为主义方法尤其对后一点曾提出批评。

3. 案例方法

案例方法强调公共行政的特殊性方面，它把公共行政更多地看作艺术而非科学。案例的积累有助于区分某些类型的不同事件，以便采取相应的方法加以解决。其依据是，有了这样的案例以及相应成功的解决方法，可以在今后碰到类似问题时有一个参照。案例方法的思路显然不同于一般理论和原则的思路，但这并不妨碍在案例的分析中采用一些理论甚至一般理论。

4. 比较方法

比较方法是公共行政学中常用的一种方法，它既包括历时性比较，也包括共时性比较。通过比较，可以了解和提供相对较优的公共行政的思想、方法、手段和运作，或一些相对较好的公共政策等。这为借鉴提供了可能。不过，比较中的可比性往往是一个引起争议的问题。但这一争议并不影响比较方法所具有的价值，因为比较提供的是一种参照，它并非要求刻意模仿或照搬照抄可参照的东西。

公共行政学研究自20世纪以来取得了长足的进展，这是与公共行政在社会发展中的重要性联系在一起的。可以从几个方面来理解公共行政学研究的意义。

首先，公共行政学研究旨在从行政活动中寻找规律，这些规律可以在不同程度上为行政活动提供指导，这是这一研究的理论意义和学术意义。

其次，公共行政学研究尤其对处在转型时期的中国的公共行政可作出较多的贡献。转型时期的一些变革措施需要理论的指导，需要学术的论证，这对于减少行政改革的成本、推进行政改革的顺利进行是非常必要的。

最后，公共行政学研究对于培养政府公务员、提高其行政管理的水平又是很有现实意义的。现代社会的发展已使公共行政成为一门专业。政府公务员应该是从事行政管理的专门人才，公共行政学的研究有助于向他们提供这方面的知识。

三、研究的趋向

公共行政学研究大致经历了以下几个方面的变化。

(1) 从演绎分析转向归纳分析。传统行政学关注于确定基本原则，并把这些基本原则和基本观念作为行政学研究的规范标准，而现代行政学则从现实的行政活动出发，在大量事实材料的基础上产生行政原则并用以分析行政活动。

(2) 从价值分析转向实证分析。传统行政学注重"应然"的分析，偏重对价值的考虑，而当代行政研究则从"实然"出发，注重事实的调查和收集，以发现行政活动和行政关系的问题。

(3) 从静态分析转向动态分析。传统行政学注重组织的结构、规章制度、职权规范、原理等静态的制度、结构研究，而当代行政学研究还注重行政活动中人和行政过程的研究，例如，行政心理、行政沟通、决策过程、预算过程等。

(4) 从生理分析转向心理分析。在对行政人员的研究上，传统的行政学关注人员的生理活动和生理需要，并把满足这种需要作为提高行政效率的重要手段，而现代行政学研究还注重人的心理层面的研究，如人的心理需要和情感需要。

(5) 从间接分析转向直接分析。传统行政学较多地采用已有的二手资料进行理论分析和逻辑分析，而现代行政研究还偏向于经验的作用，偏向于依据第一手资料(包括调查研究等手段)来进行研究。

(6) 从单科分析转向多科分析。传统行政学较少利用其他学科来研究行政活动涉及的问题。随着研究领域的扩展,多学科的渗透变得非常明显,行政学研究日益成为一种带有多学科特征的研究,其中政治学、管理学、经济学、社会学、心理学与行政学的联系尤其密切。

(7) 从比较分析转向生态分析。这是比较方法中的一个新发展。生态研究把不同生态的行政体系的特点作为比较的重要考虑内容,这使比较具备了较为合理的基础,防止将一些行政模式简单地套用。①

以上的转变在行政学研究过程中已经在不同程度上发生了,并在未来的研究中还会进一步继续。从中国的行政学研究情况来看,未来的研究趋向还会在以下几个方面表现得比较明显。

(1) 分析西方行政理论,使之本土化的趋向。到目前为止,中国行政研究所采用的基本概念、基本观点和基本理论以及研究的基本体系都是西方的。这当然与行政学理论最早形成于西方国家,随后被传播到世界各国有关,但在这个过程中,有两个问题是要加以解决的。一是西方行政理论的本土化问题,即如何使西方行政理论能更恰当地被用来分析中国的行政问题,因为不少行政理论的分析前提与中国的情形是不一致的。二是如何产生自己的概念和本土化的语境,并用它不仅来分析中国的行政问题,同时也分析一般的行政问题。这尤其是行政学基础研究所面临的一项艰巨的任务。

(2) 公共行政学研究的技术化和专业化趋向。由于公共行政学的研究越来越多地偏向了管理方面,专业问题和技术问题自然成为研究的一个重要方面。公共行政学所涉范围极广,而每一领域的管理都有它自身的特点,尤其是随着科学技术的发展,这些管理所含的技术成分越来越多,例如,环境管理、信息管理、社会保障管理、政府项目管理。这一技术化和专业化的趋向使公共行政学的研究越来越多地要求其他学科包括自然科学技术的介入。

(3) 公共行政学研究的国际合作化趋向。随着全球经济一体化的进展,尤其是随着中国逐步地、更加开放地走向世界,公共行政需要形成及遵循一些共同的国际规范。这给公共行政研究的国际合作提供了可能。从某种意义上说,这不仅有益于促进中国的公共行政学研究,提高中国的公共行政学研究的水平,也有益于推动中国的公共行政的现代化。

---

① 王沪宁、竺乾威主编:《行政学导论》,上海三联书店1988年版,第24—27页。

复习题

1. 公共行政的原则及主要功能是什么,这些功能发生了什么变化?
2. 公共行政理论受到了哪些主要学派和思想的影响,这些学派的主要特征是什么?
3. 新公共管理有哪些特征,如何理解对它的批评?
4. 20世纪90年代,有哪些公共行政理论对实践产生了影响,这些理论又包括哪些内容?
5. 转型时期中国公共行政的基本问题是什么,如何解决这些问题?

第一章
行 政 组 织

彼得·德鲁克（Peter Drucker）曾言："社会已成为一个组织的社会。在这个社会里，不是全部也是大多数社会任务是在一个组织里和由一个组织完成的。"[①]作为众多组织类型的一种，狭义的行政组织是国家行政职能的承担者，其行政效率的高低直接影响公共目标的实现程度。因此，本章首先分别论述行政组织的含义、目标、设计原则、组织类型和组织体制，其次分析行政组织的冲突和行政组织的发展，再次阐述非正式组织的成因、类型、特征和影响，最后介绍学习型组织和学习型政府的最新理论发展。

第一节 行政组织概述

一、组织的含义和组织理论演变

组织的历史与人类社会的历史一样悠久，是人类社会的重要组成部分。英文中，"组织"来源于"器官"一词，是指自成系统的、具有特定功能的细胞结构；而在汉语中，"组织"则被解释为"丝麻织成布帛"，即"组合编织"。随着"组织"一词被引入管理领域，其内涵也发生了重大转向。"现代管理理论之父"切斯特·巴纳德对组织的界定被广为认可，他认为组织是有意识地协调两个或两个以上的人的活动或力量的合作互动的系统，并且组织无论大小，其存在和发生必须依赖于三大要素——明确的目标、协作的意愿和良好的信息交流。[②] 也有学者认为：组织是由功能相关且具有共同明确目标的群体所组成的人群集合体；[③]组织存在于特定的社会环境中，是为了达成共同目标，基于责权分配和层次结构所形成的一个完整有

[①] [美]彼得·德鲁克：《后资本主义社会》，张星岩译，上海译文出版社 1998 年版，第 52 页。
[②] [美]C. I. 巴纳德：《经理人员的职能》，孙耀君译，中国社会科学出版社 1997 年版，第 110 页。
[③] 胡君辰、杨永康：《组织行为学》，复旦大学出版社 2002 年版，第 2 页。

机体。①

以组织为研究对象的组织理论,从 20 世纪初发展至今衍生了诸多理论派别,包括古典组织理论、新古典组织理论和现代组织理论三个主要阶段。

(一) 古典组织理论

古典组织理论形成于 19 世纪末 20 纪初,彼时西方各主要资本主义国家先后完成了工业革命,由于生产力的迅速发展与生产关系的日益复杂,劳资关系严重对立,强烈冲击着旧的组织结构与管理方式。在此背景下,泰勒、法约尔、韦伯、古利克和厄威克等学者开始以科学的方法来探讨管理和组织问题,致力于研究管理与组织的职能、原则、过程和方法等最基础、最本质的问题,这被称为"古典组织理论"。

在泰勒的科学管理理论中,其关注的焦点在于如何提高组织基层员工的工作效率。泰勒主张业务流程的标准化,科学地选拔和培训工人,并且推行计件工资制度。就组织管理而言,泰勒提出了四点重要原则:一是管理职能与作业职能分离,要求组织管理者和工人各司其职,但同时也要密切协作;二是计划职能与执行职能分离,设置专门的管理部门并强调计划职能的重要性;三是组织工作的计划化、标准化和程序化;四是组织管理中的例外原则,主张高层管理人员下放部分权力,只保留例外事项的决定权或控制权,以便集中精力处理最主要的事情。②

与泰勒相比,法约尔从宏观角度提出了适用于一般组织的管理理论,包括组织管理的五要素和十四条组织管理原则。其中,组织管理的五要素是指"计划、组织、指挥、协调和控制";十四条组织管理原则包括劳动分工、权责一致、纪律、统一指挥、统一领导、个人利益服从整体利益、人员的报酬、集权、等级链、秩序、平等、人员的稳定、主动性和团队精神。③

在韦伯的官僚制(科层制)组织理论中,他将权威分为三种类型:基于习俗惯例的传统型权威、基于领袖个人魅力的魅力型权威和基于理性法规的法理型权威。其中,基于法理型权威的官僚制是最适宜的组织形式。韦伯还进一步提出了理想的行政组织管理体制所要遵循的基本原则:明确的组织目标;权责清晰的职能分工;层级节制的权力链条;专业的培训机制;合理合法的人事制度和薪酬制度;组织管理的非人格化;严格遵守规章制度和办事程序;业务处理和传递以书面文件为准。④

---

① 孙成志、孙天隽:《组织行为学》,中国金融出版社 2004 年版,第 3 页。
② 参见 Frederick Taylor, *The Principles of Scientific Management*, London: Harper & Brothers, 1911。
③ 参见[法]法约尔:《工业管理与一般管理》,周安华等译,中国社会科学出版社 1982 年版。
④ 金东日:《现代组织理论与管理》,天津大学出版社 2003 年版,第 4 页。

古利克和厄威克则进一步发展了法约尔关于管理过程的观点，在其 1937 年合编的《管理科学论文集》中，提出了管理的七职能说（POSDCoRB），即计划（planning）、组织（organizing）、人事（staffing）、指挥（directing）、协调（coordinating）、报告（reporting）和预算（budgeting）。

（二）新古典组织理论

由于古典组织理论多从静态视角强调管理体制、组织机构、规章制度和职能权责等组织要素，并未重视人在组织中的关键作用，因而漠视了组织中人的需要。进入 20 世纪 30 年代，以霍桑实验为代表的对人及行为的研究，开辟了新古典组织理论（也叫行为科学组织理论）。这一时期的组织理论从组织的静态描述转向了组织的动态过程研究，以行为主义的研究方法将人的行为和人际关系作为研究重点，从而揭示组织的社会心理特征及其本质，主要理论代表人物有梅奥、福莱特、巴纳德、西蒙、麦格雷戈等。

梅奥等人基于霍桑实验验证了人的社会性及人与人之间的相互关系，因而主张组织成员不仅有追求金钱的需求，还有社会及心理方面的需要，处在组织中的人是"社会人"，满足组织成员社会需要能够提高其生产效率。此外，组织不仅承担技术和经济功能，也具有社会和非正式功能，对个人履行职责发挥着重要作用。① 福莱特进一步研究了组织的冲突现象，认为个人与个人之间、个人与组织之间都存在各种冲突，但只要正视冲突并采用正确的方法予以解决，冲突也会产生积极的和建设性的效果。此外，福莱特还主张用"共享的权力"来代替"统治的权力"，用共同行动来代替赞成和压制，通过协作和控制来达成组织目标。② 巴纳德从协作系统视角出发，将组织视为"有意识地协调两个以上的人的活动或力量的一个系统"，"共同目标、协作意愿和信息沟通"是组织作为一个协作系统所必须具备的三个基本要素。巴纳德关于组织的重要论述还包括组织平衡论、非正式组织和组织决策：组织平衡论将维持组织内部和外部的平衡视作组织存在和发展的基本条件，其中，内部平衡是指组织的诱因与贡献之间的平衡，外部平衡则是指组织与外部环境的平衡；非正式组织是指处在组织中的人们基于个人接触、相互影响、自由结合而形成的组织集合体，这一组织集合体没有正式的组织结构和共同目标，但其遵循特定的社会规范和既有惯例，能够对正式组织产生深刻影响；决策活动是组织的核心内容，又可分为个人决策和组织决策，组织决策主要受目标和环境两大客观因素的影响。③

该时期另一位重要的理论贡献者是西蒙，其所著的《管理行为——管理组织决

---

① 梅奥的理论，可参见［美］乔治·梅奥：《工业文明的人类问题》，陆小斌译，电子工业出版社 2013 年版。
② 福莱特的理论，可参见 Mary Follet, *Creative Experience*, London: Longmans, Green and Co, 1924.
③ 巴纳德的理论，可参见［美］C. I. 巴纳德：《经理人员的职能》，孙耀君等译，中国社会科学出版社 1997 年版。

策过程的研究》(1947年)和《管理决策的新科学》(1960年)被视为西方决策理论管理学派的经典。西蒙的组织理论可归纳为以下几个方面。(1)组织的基本功能就是决策,决策贯穿于组织管理的全过程,管理就是决策。(2)组织目标在于追求决策的合理性,但是在决策活动中,由于人的有限理性,以及知识、信息和时间等因素的限制,决策行为往往追求"满意"而非"最优"。(3)组织是由人组成的集体平衡系统,组织成员的贡献与组织提供的诱因之间相互依赖,并且组织中某一类群体的贡献即是组织为其他群体提供诱因的重要来源。(4)组织能够影响个人决策,这种影响源于权威、沟通、组织认同、训练和效率。(5)组织设计要服务于组织决策,便于决策所需的信息传递和信息处理,具体而言,组织结构包括上层、中层和基层三个层级;组织设计应基于专业分工将整个决策系统分解为若干相对独立的子系统,以便最大限度地分散决策;组织设计需要正确处理集权与分权的关系,建立适度的集权、分权和协调机制。①

麦格雷戈的组织理论主要集中于人事管理领域。他将传统的管理观点称为"X理论","X理论"认为人天性懒惰,缺乏抱负和上进心,不愿承担责任,因而主张"胡萝卜加大棒"式的管理方式。麦格雷戈基于人们追求自尊和自我实现等高层次需要这一前提,提出了另一种人性假设——"Y理论"。"Y理论"与"X理论"截然相反,认为人并非天生厌恶工作,控制和惩罚并非实现组织目标的唯一方法,人能够实行自我指挥和自我控制,并且能够主动承担责任,管理者的主要职责在于创造某种适当的环境与条件,从而激发人的智慧和潜力。②

(三) 现代组织理论

在20世纪60年代,随着系统方法的不断发展,组织理论研究开始步入第三个阶段即现代组织理论。区别于古典组织理论的"静态视角"和新古典组织理论的"动态视角",现代组织理论强调应用系统论以全面分析组织的管理活动、内部结构、成员的相互作用以及组织与外部环境的关系,主要理论代表人物有帕森斯(Talcott Parsons)、卡斯特(Fremont Kast)、罗森茨韦克(James Rosenzwei)、卢桑斯(Fred Luthans)、菲德勒(Fred Fiedler)、豪斯(Robert House)、里格斯(Fred Riggs)等学者。

帕森斯认为,任何一种组织都处在社会系统的子系统内,而作为社会系统的组织,必须具备适应环境、达成目标、统一协调和形态维持等功能,这些功能的实现依

---

① 西蒙的理论,可参见[美]赫伯特·西蒙:《管理行为——管理组织决策过程的研究》,杨砾等译,北京经济学院出版社1988年版。
② Douglas McGregor and Joel Cutcher-Gershenfeld, *The Human Side of Enterprise*, New York: McGraw-Hill Book Company, 1960, pp.33-45. 麦格雷戈的理论,还可参见[美]道格拉斯·麦格雷戈:《企业的人性面》,[美]乔·卡彻-格尔圣菲尔德注释,韩卉译,浙江人民出版社2017年版。

赖于三个层级系统——决策层级、管理层级和技术层级的支撑。① 继帕森斯之后，卡斯特和罗森茨韦克基于系统权变视角，提出了"组织是一个开放系统""组织是一个整体系统，包括目标与价值子系统、技术子系统、社会心理子系统、结构子系统和管理子系统""组织具有权变性"等重要观点。② 作为权变学派的主要代表人物，卢桑斯认为权变理论能够统一各种管理理论，而权变管理理论就是通过研究和建立环境变量与管理变量之间的权变关系，从而更有效地实现组织目标的理论体系。③ 菲德勒和豪斯则聚焦于领导方式的权变理论，前者认为领导者的个性及其所处的环境条件是决定领导方式的根本因素，并创造性地设计了 LPC（Least Preferred Co-worker）量表；后者提出了"目标-途径"理论，将领导者激励下属达成组织目标的程度作为对领导效率的测度，主张领导的核心在于寻求具体情境下领导者影响下属行为和目标的有效途径。④ 里格斯则将生态理论与系统理论相结合，在其《行政生态学》一书中提出了三种行政组织模式，即融合型（传统农业社会的行政组织形态）、棱柱型（农业社会向工业社会过渡时期的行政组织形态）、衍射型（高度发达工业社会的行政组织形态）组织形态，并考察了经济机制、社会机制、社会沟通网络、政治制度、意识形态等外部生态环境与公共行政之间的制约关系。

20 世纪 70 年代，由于西方主要发达国家普遍陷入公共财政负担过重、国有资产运作不良、财政赤字严重的困境，如何提升政府行政效率成为组织理论研究的焦点。在此背景下，涌现了公共选择理论、企业家政府理论、无缝隙政府理论等现代组织理论。公共选择理论的代表性学者布坎南主张用经济学的方法研究政治问题，其理论基点在于"经济人"假说，即每一个个体遵循的是个人利益最大化取向，因而由个人组成的政府并不必然以实现公共利益为目标，其政治行为也会受到个人效用最大化的利己主义影响。基于此，布坎南指出，公共决策失误在于政府机构决策者的利己本性，决策的依据是不充分的信息和个人效用最大化原则；而缺乏竞争和激励机制、监督信息不全、政府机构自我膨胀和政府的寻租行为则是导致政府机构行政效率低下的主要诱因。⑤ 企业家政府理论由奥斯本和盖布勒提出。所谓"企业家政府"，是指在既有的行政体制中培育政府的企业家精神与企业型官僚，以讲效率、重质量和顾客导向的企业家精神和科学管理方法改革政府机构和重塑政府形象。奥斯本和盖布勒总结了企业家政府建设的十大原则：掌舵而不是划桨；授

---

① 转引自苏忠林：《公共组织理论》，武汉大学出版社 2013 年版，第 35 页。
② 参见［美］弗里蒙特·E. 卡斯特、詹姆斯·E. 罗森茨韦克：《组织与管理——系统方法与权变方法》，李柱流、刘有锦、苏沃涛译，中国社会科学出版社 1985 年版。
③ 参见 Fred Luthans, *Introduction to Management: A Contingency Approach*, New York: McGraw-Hill Book Company, 1976。
④ 邵冲：《管理学概论》，中山大学出版社 1996 年版，第 279—281 页。
⑤ 苏忠林：《公共组织理论》，武汉大学出版社 2013 年版，第 40 页。

权而不是事必躬亲;把竞争机制注入服务提供;改变照章办事的组织;按效果而不是按投入拨款;满足顾客的需要,而不是官僚的需要;有收益而不是浪费;预防而不是治疗;从等级制到参与和协作;通过市场机制进行变革。① 随着私营部门的商业流程再造被广泛运用于公共部门,拉塞尔·林登(Russell Linden)提出了"无缝隙政府"这一概念。"无缝隙政府"通过整合部门、人员和其他资源,以满足顾客无缝隙的需要为目标,遵循结果导向为公众提供优质且高效的公共产品与服务。就组织设计而言,"无缝隙政府"理论认为,职能划分的假设——"执行同样职能的人应该共事"应该被抛弃,新的假设——"处于同一工作进程中的人应该共事"才能打破传统的部门界限和功能分割的局面,进而将官僚制下互不协作的组织关系变为相互沟通、通力合作的协作关系。②

二、行政组织的含义

行政组织有广义和狭义之分:广义的行政组织一般包括所有政治组织系统,既包括立法、司法系统,也包括国家行政机关;狭义的行政组织则只涉及国家的行政机关,即根据宪法和法律组建,为行使国家权力和管理公共事务而基于权责分配、层级结构和人员配置所构成的国家行政机关的完整体系,也就是通常所说的政府机关。行政组织具有两层内涵:一是静态层面的行政组织结构与体制,包括组织机构设置、权责划分、人员配置等;二是动态层面的行政组织运行机制,涵盖非正式组织的运作、组织的冲突行为以及组织发展等。③

就构成要素而言,组织目标、职能范围、权责体系、机构设置、岗位设置、组织成员和规章制度是行政组织的主要构成要素,④亦有学者将其归纳为物质要素、精神要素、环境要素和目的要素,而组织成员和职位则是行政组织的基本单位。我们认为行政组织的构成要素主要包括:(1)组织目标。组织目标决定组织的行为方式和发展方向,是组织存在和发展的前提和基础。(2)职能范围。职能范围旨在确定行政组织的工作任务与活动范围,是组织目标的具体化,决定组织规模、职位设置等。(3)机构设置。机构设置指基于组织目标和职能范围在行政组织内部进行分工,机构设置问题是行政组织的核心问题,也是决定行政组织行政效率的关键。(4)权责体系。权责体系是指行政组织各个层次、部门之间的权力分工和职责关系,包括中

---

① David Osborne and Ted Gaebler, *Reinventing Government: How the Entrepreneurial Spirit is Transforming the Public Sector*, New York: Addison-Wesley, 1992, pp. 25—310.
② [美]拉塞尔·林登:《无缝隙政府:公共部门再造指南》,汪大海等译,中国人民大学出版社 2013 年版,第 40—42 页。
③ 杨代贵:《论行政组织对行政效能的影响》,《江西社会科学》2003 年第 1 期。
④ 彭和平:《公共行政管理》,中国人民大学出版社 1995 年版,第 64—66 页。

央政府和地方政府之间的事权和财权关系、地方政府间的竞合关系以及职能部门间的协作关系等。(5)职位设置。职位设置是在机构设置的基础上将组织目标、工作任务、权力职责严格落实到具体岗位的活动,科学设置职位是有效行政的前提。(6)人员构成。行政人员是行政组织的主体,高效合理的行政组织需要实现人岗匹配和能岗匹配。(7)运行程序。运行程序是指行政组织所要遵循的一整套法定办事流程,依法行政是现代政府的重要原则。(8)规章制度。规章制度是指通过正式文件明确组织目标、职能范围、权责关系、工作程序及内部分工,也是区别于非正式组织的主要标志。

三、行政组织的目标

目标是组织的基本要素之一,规定了组织活动的方向,是组织奋力争取所希望达到的结果。组织管理效果=目标方向×工作效率,其中,目标方向可正可负,一旦目标方向为负,工作效率越高反而组织管理效果越差,因此,目标方向是影响组织管理效果的关键要素。①

为了革除传统组织管理中不注重目标管理的弊端,德鲁克提出目标管理的概念和方法。"任何企业都必须成为一个真正的协作体,把个人的努力凝聚成共同的努力。尽管企业中的每一个成员的贡献有所不同,但是他们都必须是为了一个共同的目标。"② 目标管理是指通过组织管理者和员工共同参与制定和实现目标的管理方式。目标管理将组织目标的实现与个人成就感的满足相结合,并把目标管理的实施分为目标制定、目标实施和成果检测三个阶段。③ 此外,德鲁克还强调目标管理的内部控制,即管理中的员工自我控制,主张以更加严格、精确和有效的内部控制取代外部控制。④

继德鲁克提出目标管理后,其他学者进一步拓展了目标管理理论。目标管理是这样一个过程:组织的上级管理人员和下级管理人员共同参与组织目标的确定,并基于目标设定规定组织成员的责任范围,从而指导其组织行为和评价每个成员作出的贡献。⑤ 目标管理使得目标设定的参与和互动成为可能,加强了不同责任者之间的沟通,从而能够保证个体和组织目标的实现。⑥ 日本管理学家小仓光雄

---

① 林秉贤:《管理心理学》,群众出版社1990年版,第280页。
② [美]彼得·德鲁克:《管理实践》,帅鹏等译,中国工人出版社1989年版,第145页。
③ 李睿祎:《论德鲁克目标管理的理论渊源》,《学术交流》2006年第8期。
④ 转引自许一:《目标管理理论述评》,《外国经济与管理》2006年第9期。
⑤ George Odiorne, *Management by Objectives: A System of Managerial Leadership*, Massachusetts: Pitman Press, 1965, p. 26.
⑥ Douglas McGregor, "An Uneasy Look at Performance Appraisal", *Harvard Business Review*, 1957, 35(5/6), pp. 89-94.

比较了现代"目标管理"与传统"任务管理"之间的差异(如图 1-1 所示),任务管理的逻辑起点是"体力",组织成员不需要思考,也不需要创造性,按照规定行动即可,缺乏责任意识和工作主动性;目标管理则与之相反,以"体力加能力"为基点,组织成员需要自主思考,充分调动自身的创造性和主动性,能够参与目标制定并积极承担责任。

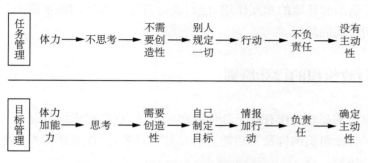

图 1-1 "任务管理"与"目标管理"对比图

资料来源　李建设:《现代组织学》,浙江教育出版社 1998 年版,第 80 页。

目标管理作为一种以人为中心的管理方法,在调动组织成员积极性和创造性的同时,也改善了领导与下属的关系,加强了组织内部的协调与合作,使整个组织过程具有整体性和严密性。然而,目标管理也存在一些局限,如过分执着于少数目标反而会降低组织工作的整体性进而触发组织矛盾。基于此,20 世纪 80 年代,一种新的目标管理方式——方针管理在日本企业组织中得到广泛运用。"方针＝目标值＋措施"是方针管理的核心内涵,方针管理以质量(产品质量和工作质量)为核心开展组织经营管理,在汲取目标管理核心要义的基础上,要求围绕企业方针开展质量管理小组活动,把完成个人目标与实现企业方针结合起来,不仅要求目标值层层细化,还辅以可实现的措施,通过评价、诊断等方法,为企业目标的最终实现夯实基础。具体而言,日本的方针管理分为九个步骤,如图 1-2 所示。

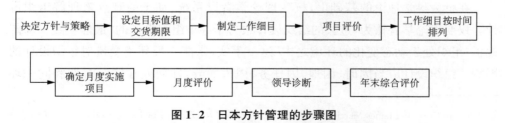

图 1-2 日本方针管理的步骤图

资料来源　李建设:《现代组织学》,浙江教育出版社 1998 年版,第 86 页。

目标的设置是进行目标管理的前提,需要把握明确性、统一性、社会性、适中性、层次性、差异性和参与原则。但组织目标并非一成不变,而是处于不断变化与发展之中,既表现为目标的比重变化和目标的增减,也表现为目标之间的相互继承与替代。促成目标变化的原因可分为组织内部因素和组织外部因素。西耶特(Richard Cyert)和马奇(James March)认为组织目标由不同个人和集团所构成的联合体协商而成,因此组织的联合结构的变化是促成组织目标变化的根本原因。① 汤普森(James Thompson)和麦克伊文(William McEwen)则将组织目标的变动归因于组织和环境的相互作用,他们认为目标的选择问题本质上是设定组织和环境之间关系的问题。②

四、行政组织的设计原则

行政组织的高效运作有赖于合理的组织设计,行政组织设计是基于特定的理论和原则对行政组织结构及其功能进行设计的过程,力图实现组织要素的合理配置和组织的协调运行。③

古典组织理论学者多从静态结构角度研究组织,因此,他们提出的组织设计原则又称为组织结构设计原则。穆尼(James Mooney)和雷利(Alan Reiley)指出,组织结构设计应遵循四项原则:(1)递阶原则,即组织设计应当基于层级结构和权责划分,从而使组织上下有序和命令统一;(2)功能原则,即基于工作性质的不同将组织划分为若干单位;(3)幕僚原则,即承担参谋职能的单位应以专业知识为拥有指挥权和决策权的领导成员提供建议和咨询;(4)协调原则,即各部门和单位应以良好的沟通实现协调一致,而集中权威和共同目标则是组织协调的基础。④

行为科学理论学者从组织内部成员关系视角,将组织设计的焦点从组织结构硬件转向组织内部人际关系、信息沟通等组织软件。巴纳德认为,组织权威并非建立在某种等级系列或组织职位的权力之上,而是建立在下级同意的基础上,上级命令只有在下级服从的条件下才能生效。他还提出维持组织内外部平衡和重视非正式组织的作用。⑤

在行为科学理论的基础上,权变理论学者以系统、动态的观点来理解组织设计。权变理论学者认为,过去的组织设计致力于寻求组织设计的"最佳实践",却忽视了"组织处于动态变化的环境之中"这一事实,未能正视环境变量对组织设计的影响。组织设计应当因时、因地、因任务、因人而异,即使处在同一时期和同一环

---

① Richard Cyert and James March, *A Behavioral Theory of the Firm*, Englewood Cliffs, N. J.: Prentice-Hall, 1963, pp. 26-43.
② James Thompson and William McEwen, "Organizational Goals and Environment: Goal-Setting as an Interaction Process", *American Sociological Review*, 1958, 23(1), pp. 23-31.
③ 唐兴霖:《公共行政组织原理、体系与范围》,中山大学出版社 2002 年版,第 85 页。
④ 参见 James Mooney and Alan Riley, *The Principles of Organization*, New York, London: Harper & Brothers, 1939.
⑤ 参见[美]C. I. 巴纳德:《经理人员的职能》,孙耀君译,中国社会科学出版社 1997 年版。

境,但由于任务、人员的不同,最佳的组织结构形式也往往不同。① 权变组织设计应当把握以下几点:(1)以组织结构的有效性为根本准则;(2)重视输入次级环境、输出次级环境、技术次级环境和知识次级环境及其对组织产生的影响;(3)分析四个次级环境之间的关系并确定最具支配作用的次级环境;(4)比较四个次级环境的变动率、稳定性、反馈周期等具体特征;(5)组织形态应与组织所处环境相适应;(6)确立适用于组织各部门的协调方式。②

在具体实践中,我国行政组织设计形成了如下基本原则。(1)需要原则。即行政组织设计服务和适应经济、社会和文化发展的需要。(2)精简原则。我国宪法第27条规定:"一切国家机关实行精简的原则。"(3)统一原则。我国宪法第3条规定:"中华人民共和国的国家机构实行民主集中制的原则。"与之对应的行政组织设计应当实行统一的领导指挥,做到"上下"贯通、"左右"协调。(4)服务原则。行政组织设计应该服务于人民,这是由我国社会主义国家性质决定的。(5)法治原则。国家行政机关的设置均须遵照相关法律法规,践行规范化和法治化原则。

《中华人民共和国地方各级人民代表大会和地方各级人民政府组织法》规定了我国政府建设的原则:(1)地方各级人民政府应当维护宪法和法律权威,坚持依法行政,建设职能科学、权责法定、执法严明、公开公正、智能高效、廉洁诚信、人民满意的法治政府;(2)地方各级人民政府应当坚持以人民为中心,全心全意为人民服务,提高行政效能,建设服务型政府;(3)地方各级人民政府应当严格执行廉洁从政各项规定,加强廉政建设,建设廉洁政府;(4)地方各级人民政府应当坚持诚信原则,加强政务诚信建设,建设诚信政府;(5)地方各级人民政府应当坚持政务公开,全面推进决策、执行、管理、服务、结果公开,依法、及时、准确公开政府信息,推进政务数据有序共享,提高政府工作的透明度;(6)地方各级人民政府应当坚持科学决策、民主决策、依法决策,提高决策的质量;(7)地方各级人民政府应当依法接受监督,确保行政权力依法正确行使。③

综上所述,我们总结以下几点组织设计原则。

(1)完整统一原则。国家各层级和各部门的组织需构成一个完整统一的行政体系,包括政府职能的完整统一、行政目标的完整统一、机构设置的完整统一和领导指挥的完整统一。④

(2)精干高效原则。经济性和有效性是行政组织设置的重要原则。所谓"精

---

① 唐卫东、程勇、陈祖新、韩培立:《组织设计的系统理论与权变理论的统一》,《合肥工业大学学报》(社会科学版)1991年第1期。
② 参见 James Gibson, *Organizations: Behavior, Structure, Processes*, 14th edn., New York: McGraw-Hill, 2011.
③ 《中华人民共和国地方各级人民代表大会和地方各级人民政府组织法》第62—68条。
④ 高培勇:《公共行政学》,经济科学出版社2002年版,第94页。

干"是指行政组织成员人数和组织管理层次保持在最低限度,实现机构数量和规模的精干化;而"高效"则是指行政效率和效能的提升。

（3）分工协作原则。一方面,基于专业分工原则将各部门任务和目标职责以制度化形式确立;另一方面,分工必须与协作相结合,重视各部门间的沟通与联系,实现自动协调。

（4）权责一致原则。行政组织内各部门和成员的职责与权限必须协调一致,既要明确每一管理层次的职责范围,又要赋予其完成职责所必须具有的管理权限。

（5）幅度适中原则。上级的控制幅度具有一定限度,行政组织设计要兼顾管理幅度与组织层级的适度。

（6）人本原则。公共行政的核心和动力是人及其积极性与创造性。行政组织设计需要正视人的首创精神,通过合理授权、促进参与、重视非正式组织等途径将个人利益满足与组织目标实现联结起来。

（7）权变原则。行政组织应根据组织任务、目标和组织外部环境的变化做出相应调整和改革,行政组织设计要因人、因事、因环境而变。

（8）法治原则。即根据宪法、政府组织法以及相关编制规定进行机构设置和规定各机构的职能权限。无论是机构设置、撤销、合并、调整还是编制审定和财政划拨,均须依法进行。

五、行政组织的类型

现代社会管理的复杂性决定了行政组织的多样性。就类型划分而言,根据管辖地域范围的不同,行政组织可以分为中央行政组织和地方行政组织;基于权限性质的差异,行政组织又可分为一般权限机关和专门权限机关。[①] 根据行政组织的工作性质,本书将行政组织划分为如下几种类型。

1. 中枢机关

中枢机关又称首脑机关,是中央政府和地方各级政府统辖全局的指挥中枢和决策监督核心,其主要职能包括制定组织目标和战略规划、颁布大政方针和政策、对辖区进行统一指挥和领导。我国中央人民政府和地方各级人民政府的中枢机关的功能,主要通过行政首长在民主集中制的基础上行使其职权来实现。中央人民政府实行国务院总理负责制,地方各级人民政府实行省长（自治区主席）、市长、县长、乡长负责制。中枢机关统辖全局,运筹决策,是决定政府运作效能的关键。

2. 职能机关

职能机关是受中枢机关直接领导的、在各级政府下设的、负责分管专业行政事

[①] 高培勇:《公共行政学》,经济科学出版社 2002 年版,第 75—76 页。

务的执行机关。职能机关是行政组织系统中规模最大、机构数量最多的行政组织类型,根据政务管理的需要、依照法定程序得以设置和建立。我国的职能机关有国务院的各部、委及直属机构,各级政府负责专业行政管理的厅(局)、处、科等。职能机关的主要任务是:对上听命于中枢机关,贯彻中枢机关的政策和决定,接受行政首长的指挥和监督;对下行使政府管理职能,负责领导或指导业务上相同的下属行政部门的工作。

3. 辅助机关

辅助机关服务于中枢机关和职能机关,承担辅助性业务工作,具体又可分为综合性(如我国各级政府设置的办公厅、办公室)、专业性(如各机关内的人事、财务等部门)、政务性(如政策研究室)、事务性(如机关事务管理局)辅助机关。辅助机关直接听从行政首长的指挥和要求,它对各专业职能部门没有指挥和监督权力,但在授权条件下,可以代表行政首长。辅助机关的职责包括参与决策与协调、处理纠纷、管理日常事务,因此,它的状态直接影响中枢机关效率的发挥。

4. 幕僚机关

幕僚机关又称咨询或参谋机关,指为政府出谋划策、提供政策方案论证的行政机关,通常由具有专业权威的专家学者和富有经验的政府官员组成,也被称为"智囊团""智库""思想库"。幕僚机关具有很强的独立性,其基本职能是研究咨询、协调政策、参与决策等。随着现代公共管理事务的复杂性加剧,现代政府对幕僚机关的依赖程度也日渐加深。

5. 派出机关

派出机关是指一级政府为有效行使职权而基于法律规定和管辖地区授权委派所设立的代表机构。派出机关不构成一级国家行政机关,其权力是委派机关的延伸,以委派机关的名义行使行政权力,其行为的法律责任也由委派机关承担。派出机关主要负责检查并监督下级行政机关对上级决定和政策的贯彻执行情况并如实反馈。我国的主要派出机关包括省(自治区)人民政府下设的地区行政公署和盟行政公署,市辖区、不设区的市的人民政府下设的街道办事处等。

第二节 静态的行政组织

一、行政组织的结构

行政组织的结构是指行政组织的构成要素及其组合方式,尽管构成要素相似,但由于组合方式的差异,行政组织的性质也由此而不同。具体而言,组织结构包括如下七种结构形式(见表1-1)。

表1-1 组织结构形式概述

组织结构形式	简介
简单结构	其目标较为单一,人员数量较少且可替代性较高,技术专业化程度低,管理主要依靠直接指挥。该种结构形式主要存在于小型组织,是小规模手工作坊时期的主要组织形式。
科层结构	是现代组织最主要的结构形式之一。韦伯将科层结构特征归纳为:明确分工;权力分层;管理的非人格化;任职基于考核和任命;依靠正式规章。
职能结构	也被称为一体化结构,是指按照功能进行组织设计。职能结构也是现代组织的重要类型之一,其出现缘于组织复杂化、目标及其实现途径的多元化。
多分部结构	是职能结构的一种变体,存在于大型的私人组织。多分部结构是指按地理市场或产品市场建立分部,每个分部的设立则是基于职能结构形式进行组织。多分部结构的优点在于能够分散风险,有利于提高组织对未来的适应能力。
矩阵结构	矩阵结构受职能部门和项目部门的双重领导,其优势在于集中优势力量解决困难问题,高效率完成特定的工作任务。
无定型结构	无定型结构是组织为了应对动荡的环境以及由此产生的目标不清晰等问题而发展出的结构形式。在无定型结构中,管理者设计出可以实现重组功能的各个部件,这些部件的不同组合便构成了不同的无定型结构。无定型结构的最大优势在于较强的灵活性和适应性。
网络结构	网络结构是组织为应对外部环境的剧烈变化而发展出来的一种新型组织结构。网络结构主要以虚拟的形式存在,不受时空限制,使得部门间或组织间的沟通与协调更为方便快捷,从而提高组织效率和组织适应能力。

资料来源 整理自田凯等:《组织理论:公共的视角》,北京大学出版社2020年版,第79—82页。

行政组织的结构是指行政组织中各部门及其层次之间所建立的一种相互关系的模式。它包括正式组织结构和非正式组织结构两种类型。正式组织结构是经过人为设计,由法律确认的各部门正式关系的模式。非正式组织结构是未经正式规则设计,组织内部成员之间的一种活动关系模式,如组织内一些人际关系小团体和为解决某些重要问题而设置的临时机构。正式组织结构和非正式组织结构相互依存、密不可分,共同依存于组织之中。本节主要分析正式组织结构,非正式组织结构将在"非正式组织"一节中论述。

行政组织的结构可从纵向结构与横向结构两个方面展开分析。

1. 行政组织的纵向结构

纵向结构又称组织的层级化。行政组织的纵向结构指的是行政组织的纵向分工,是行政组织内部各层级之间的纵向等级模式,即在行政组织各机构内按上下层次关系,设立若干层次,上下层次之间构成领导与被领导的垂直关系。具体而言,行政组织的纵向结构包括两层内涵:一是不同层级政府的构成;二是各级政府或各个部门内部层级的构成。

行政组织纵向结构的关键在于确立各层级之间的隶属关系,这就需要实现行政层次与行政幅度的平衡。行政层次指的是行政组织中的层级数目。按层级组建的行政组织,被划分为若干层次,形成一个等级分明的金字塔结构,处在塔尖的行政高层通过一个等级垂直链控制整个行政组织体系。一般来讲,纵向结构的等级层次有四个,即高、中、低、基层。组织的高层负责总目标、方针政策的制定;中层负责分目标的制定,执行上层决策,协调下层活动;低层负责完成上级的决定,协调基层组织;基层组织落实上级决定和政策。层级化的主要问题是行政层次的数目必须适当。就提高行政组织的运作效率而言,要尽量减少行政层次的数目。层次过多,既造成人力、物力、财力的浪费,又影响整个行政管理的运营,从而降低行政效率,产生官僚主义弊端。当然,这并不是提倡层次越少越好,而应本着精简、效率的原则,以取得最佳的行政效能为尺度,合理设置行政层次。

行政幅度又称行政控制幅度,指的是一个层次的行政机构或一位行政领导所能直接、有效控制的下级机构或人员的数量。科学的行政幅度没有统一的标准。它的宽窄与四个因素有关。①行政层次。在一个特定的组织内行政幅度与行政层次成反比关系,行政层次越多,则每一行政机构的行政幅度就小;反之,行政层次越少,则每一行政机构的行政幅度就会增大。②组织内权责划分程度。权责明确,监督范围就可以扩大;权责不清,则行政幅度相应会减小。③组织成员的素质。如果成员受过良好训练,有良好判断力和创造力,行政幅度可适当增宽。④组织机构的合理化程度以及物资设备和技术的先进程度也会影响行政幅度。

2. 行政组织的横向结构

行政组织的横向结构又称行政组织的部门化,是指行政组织的横向分工,是行政组织内同级行政机构之间和机构内部各同级部门之间平衡分工、相互合作与协调的关系模式。横向分工的形成是由于行政工作的日益复杂、行政组织的日趋庞大所造成的。

行政组织的横向结构主要有以下几种划分形式。

(1) 按地域划分。地域划分是根据政治、经济、文化、人口、环境、历史等不同因素划分行政区域。如我国全国分为若干个省、自治区、直辖市和特别行政区;省、自治区、直辖市分为若干个地级市、自治州和区;地级市和自治州划分为若干区、县、自治县;县、自治县分为若干个乡、镇、民族乡等。

(2) 按管理职能划分。按管理职能划分是将行政组织职能进行组合分解,具体可分为综合部门、职能部门和直属部门。如我国的国务院办公厅是综合部门,各部委则是职能部门,统计局、税务局等属直属部门。区别于纵向结构,这些部门之间地位平等,不存在隶属关系。

(3) 按管理程序划分。按管理程序划分是基于行政管理流程的各个环节进行划分,包括咨询、决策、执行、信息反馈和监督等环节。如我国各级政府的政策研究室负责决策咨询,监察部负责执行监督。

整体而言,行政组织的纵向结构实现了行政组织权力的垂直分布,保持了政令和指挥的统一,但也潜藏着一些负面影响,如各级行政首长责重事繁、地方保护主义、中央对地方的宏观控制受到影响等;①行政组织的横向结构则基于职能分工形成了从上至下的归口管理,符合管理的专业化、程序化原则,但在提高行政效率的同时也面临部门林立、机构臃肿、压抑地方积极性等问题。

二、行政组织的结构变革

传统行政组织结构以等级分明、分工严密为典型特征,将"效率至上"作为主要价值追求。然而,自20世纪70年代以来,传统的层级制结构形式受到严峻挑战,层级制结构下组织机构臃肿、官僚作风盛行、行政效率低下,使得公共行政的合法性遭遇严重危机。加之新技术革命的兴起和管理信息系统的建立,行政组织结构改革已是大势所趋。从20世纪80年代开始,组织结构的改革首先从企业领域开始,并迅速波及政府管理领域,主要呈现扁平化和团队化两大特征。

组织结构扁平化是指通过减少行政层次,裁减冗余人员,从而建立一种紧凑、干练的组织结构。行政组织朝向扁平化发展,意味着行政组织需要进一步转变自身职能,通过权力下放、租赁承包、合作生产等方式将一部分职能移交给社会,更多地承担安排者而非生产者的角色,提高公共行政效率。扁平化结构具有自身的优势:行政幅度增宽,行政层次减少,组织成员积极性提高;组织内信息畅通;管理成本降低,工作效率大大提高。但扁平化组织结构也可能造成权力分散、行政控制减弱等弊端。

组织结构团队化是将组织结构从层级制的垂直结构转向以"团队"为中心的过程化组织模式。② 团队化组织结构不以严格的部门横向分工为界限,而是直接以顾客需求满足和组织目标实现为行动指南,充分发挥组织成员的协作优势来实现组织的高效率。团队化组织分为专案团队和具体工作团队两种类型。专案团队成员来自组织中具有专业技术的专家,为完成特定任务而建立"任务组",这种任务组将依据有机模式而不是机械模式组建。具体工作团队主要从事日常工作,一般长期存在。团队化组织结构形式具有以下特征:①目标明确,即共同的目标是"团队"得以存在的基础;②界限不明,即"团队"是不同部门、不同专业的成员构成的,成员一旦进入团队后,就不再受原职能部门的管辖,而是依据"团队"目标自主开展工

---

① 傅明贤:《行政组织理论》,高等教育出版社2000年版,第118页。
② 王兴喜编:《公共行政管理学》,福建人民出版社2003年版,第88页。

作;③角色分工,即有效"团队"成员必须在清晰的组织框架中,做好角色定位与分工;④规模适中,"团队"成员人数适中,便于成员间沟通交流。

值得注意的是,扁平化组织结构和团队化组织结构只是一定程度上消除了传统层级制组织结构过度发展所致的弊端,但其本身只具有纠错功能而不具备替代功能。

三、行政组织的体制

行政组织体制是指行政组织中各层级、各部门之间行政关系法律化、制度化的表现形式,[①]其核心是行政权力的划分和配置,载体是行政组织机构和行政管理制度,由行政职能结构、行政权力结构、行政组织结构、行政领导体制和行政运行机制等要素构成,受经济、社会、文化等环境因素制约。[②]

行政组织体制依据不同维度,可划分为不同的类型,本书主要介绍如下几种划分维度及其类型。

(一)首长制、委员会制和混合制

按照行政组织行使最高决策权人数的多寡,行政组织体制可分为首长制、委员会制和混合制。[③]

首长制又称独任制、一长制。首长制下,行政组织最高决策权由行政首长个人行使并负责,组织内其他决策参与者和管理者只有建议权而无决策权。美国的总统制是首长制的典型代表,总统掌握行政事务的最后决定权并对其承担全部责任。首长制具备事权集中、权责明确、指挥有力、行动迅速、避免推诿、减少冲突等优势;缺点在于:行政首长知识、经验、精力有限,决策和处理问题可能欠周到和难以胜任,影响行政效能;权力高度集中、缺乏监督制约、行政首长独断专行而违背民主精神。

委员会制又称合议制。委员会制是指行政组织最高决策权归属于若干人组成的委员会,按照少数服从多数或协调一致的原则集体决议和共同负责。瑞士联邦政府即实行委员会制,行政权由合议机构行使,政府由行政委员会组成,共同执政。委员会制有利于实现民主决策、集思广益、分工协作和监督制约,但也存在权力分散、责任不明、行动迟缓、争功诿过等弊端。

混合制又称委员会和首长并立制。混合制实质是首长制和委员会制的混合体

[①] 吴长春等:《公共行政学》,大连海事大学出版社2003年版,第79—80页。
[②] 党秀云:《公共行政学》,辽宁人民出版社2005年版,第70—71页。
[③] 傅明贤:《行政组织理论》,高等教育出版社2000年版,第136—137页。

制，一部分行政组织最高决策权由委员会集体行使，另一部分则由行政首长个人决定。混合制下同时设有委员会和行政首长，一般而言，委员会就重大问题进行集体讨论，而具体事项的决策权则由行政首长个人行使。作为首长制和委员会制的联合产物，混合制既利于权责集中统一，又便于集思广益，能够有效避免个人独裁和相互推诿。但若运用不当，混合制将同时面临个人专断和权责不清的双重困境。

我国行政组织体制经历了从委员会制到混合制再到民主集中制下的首长制的演变历程。在中华人民共和国建立初期，我国最高行政机关——政务院实行委员会制。1949年通过的《中华人民共和国中央人民政府组织法》规定："政务院会议，须有政务委员过半数的同意始得开会，须有出席政务委员过半数的同意始得通过决议。"1954年，我国开始实行委员会制与首长制相结合的混合制。国务院与地方各级人民委员会实行委员会集体领导制度，一切重大事务均由集体讨论决定，同时国务院所属各部、委，及省、市人民委员会的工作部门（厅、局、处、科等）则实行首长制。而到了"文革"时期，此种混合体制遭到严重破坏，反而暴露出委员会制和首长制的种种弊端。鉴于此，1982年宪法规定，各级国家行政机关实行行政首长负责制；国务院实行总理负责制，国务院各部、委员会实行部长、主任负责制，地方各级人民政府实行省长、市长、县长、区长、乡长、镇长负责制。与此同时，为了防止行政首长独揽大权和实现民主、科学决策，《中华人民共和国国务院组织法》和《中华人民共和国地方各级人民代表大会和地方各级人民政府组织法》分别规定："国务院工作中的重大问题，必须经国务院常务会议或者国务院全体会议讨论决定"；"政府工作中的重大事项应当经集体讨论决定"。以上表明行政首长虽然拥有最后决策权，但不是传统意义上的行政首长个人独裁制，对于重大问题必须经由集体讨论，然后由行政首长基于集体决定进行最后决策，并且行政首长对其任期内的行政决策负有完全责任。

（二）集权制、分权制与均权制

依据行政组织上下级权力分配关系和集中程度的不同，行政组织体制可分为集权制、分权制与均权制。

集权制又称中央集权制。集权制下行政权力集中于中央政府或上级机关，地方政府或下级在授权范围内依据上级的行政指令处理辖区内公共事务。法国是实行集权制的典型代表，其地方政府的重要事务皆由中央政府决定，地方主官须经总理和内政部长提名、总理任命，是中央政府的代表，并且中央政府还通过财政援助对地方政府进行严格控制。集权制的优点在于政令统一、目标一致，层级节制、指挥灵便，权力集中和统筹兼顾，有利于提高组织应变能力和命令的贯彻执行。其缺点包括缺乏权力制约而易于专制独裁，管理单一而难以适应环境变化，层级链条过长而决策迟缓，以及压抑地方积极性、创造性和主动性。

分权制亦称地方分权制。分权制是指行政组织中的下级机关在其管辖范围内有较大自主权,上级机关一般不对其干涉,仅负检查监督之责的组织体制。分权制又可细分为单一体制下的分权制和联邦体制下的分权制。在单一体制下,中央授权具有明确范围,地方政府可在授权范围内自主行事,中央仅行使监督权;而在联邦体制下,联邦(中央)和各邦(地方)均享有一定的专有权力,两者存在明显的权力界限,以美国、瑞士等联邦国家为代表。[1] 相较于集权制,分权制实现了分权分工、分层授权、分级治事和分层负责,能够有效避免权力过于集中,也有利于发挥下级组织的主动性和积极性,从而增强行政组织应变能力。但过度分权也容易导致本位主义和各自为政,权力过于分散而不利于内部协调与整合,从而影响组织整体功能的发挥,甚至走向失控。

均权制试图维持中央行政组织与地方行政组织的权力平衡,既不偏于集权也不偏于分权,其核心在于根据事权性质进行权责划分,从而维持中央与地方之间的协调、配合关系。[2] 均权制出自孙中山先生的"均权"学说——"权之分配,不当以中央或地方为对象,而当以权之性质为对象。权之宜属于中央者,属之中央可也;权之宜属于地方者,属之地方可也。"[3]均权制旨在扬集权制和分权制之长,既可保证中央政府的政令统一与指挥灵便,又可因地制宜地调动地方政府的积极性和主动性。但若均权不当,则将聚集权制和分权制之短,既无法实现中央的统一指挥,也难以发挥地方积极性。

我国宪法第3条规定:"中央和地方的国家机构职权的划分,遵循在中央的统一领导下,充分发挥地方的主动性、积极性的原则。"一方面,我国行政权力集中在上级机关,下级必须按上级机关的法令或指示办事;另一方面,行政集权的同时也保有地方政府的自由裁量权,下级机关可在其管辖范围内行使一定的自主权。但在实际运行过程中,权力过分集中而压抑地方积极性是当前我国央地关系的突出矛盾,经历了"集中—分散—集中"的摇摆,容易陷入"一放便乱,一控便死"的死循环。从我国具体国情和现阶段经济社会发展与改革开放需要出发,正确处理集权与分权的关系应以保证中央的统一领导、实行有限集权和适度分权为根本原则。

(三) 完整制与分离制

依照同一层级各个行政组织所隶属领导的差异,可将行政组织体制划分为完整制与分离制。

---

[1] 党秀云:《公共行政学》,辽宁人民出版社2005年版,第76页。
[2] 傅明贤:《行政组织理论》,高等教育出版社2000年版,第130—134页。
[3] 孙中山:《中华民国之基础》,载曹锦清编选:《民权与国族:孙中山文选》,上海远东出版社1994年版,第240页。

完整制又称集约制或一元制。完整制下，同一层级的各行政组织或同一行政组织的各部门只受同一上级组织或同一首长的指挥、控制与监督。一般而言，凡是采用分权制的国家一般实行完整制，以美国为例，其州级各行政部门只受州政府领导，而不受联邦即中央政府各部门的领导。完整制的主要优点是上级机关或行政首长能够统筹全局，从而实现统一指挥、权力集中和步调一致；其缺点主要表现为缺乏监督制约机制，容易专断擅权和滋生官僚作风，同时也会阻碍下级积极性的发挥。

分离制又称独立制或多元制。分离制下同一层级的各行政组织或同一行政组织各部门同时分属两个及以上的行政组织领导，面临多重指挥、控制与监督。也就是说，地方政府中的各行政部门面临同级政府和上级政府同类部门的双重领导。我国行政组织体制基本上属于分离制，实行"双重领导"和"双重负责"。《中华人民共和国地方各级人民代表大会和地方各级人民政府组织法》第83条规定："省、自治区、直辖市的人民政府的各工作部门受人民政府统一领导，并且依照法律或者行政法规的规定受国务院主管部门的业务指导或者领导。自治州、县、自治县、市、市辖区的人民政府的各工作部门受人民政府统一领导，并且依照法律或者行政法规的规定受上级人民政府主管部门的业务指导或者领导。"分离制有利于行政组织相互牵制，从而防止一级行政首长的独裁专断，其二元领导和事权分散模式也有利于下级主动性的发挥。但与此同时，分离制所致的多头指挥和政令冲突容易陷入指挥不灵的窘境，政出多门也往往使得下级无所适从和激发"条块"矛盾。

由于行政组织体制强调行政决策与行政执行的统一，主张明晰权责划分，因而当代行政组织一般都实行完整制，分离制多作为完整制的补充以加强行政监督和行政分权。我国实行"双重领导"的行政组织体制是出于维护中央统一领导的需要，来自上级"条条"的垂直权力线和来自同级"块块"的水平权力线有利于中央政府对地方政府进行调控和制约，从而贯彻维护中央权威。

（四）层级制与职能制

从行政组织内部各机构功能与性质的差异出发，行政组织体制还可分为层级制与职能制。

层级制又称等级制、直线制或科层制。层级制将整个行政组织体系按照纵向分工划分为具有统属关系的若干个层级，每个层级的工作性质和基本职能相同，但管辖范围从上到下依次缩小，实行对上负责。层级制的优点是组织系统简明、职责权限完整明确，便于组织沟通与联系、政令统一和快速行动；缺点是各层级管辖事务过多、责任过繁，容易罔顾行政组织变革与发展，其过严的层级节制也容易造成信息传递失真和决策失误。

职能制又称分职制或分部制。职能制对行政组织进行横向划分，使之分成不相统属的若干部门,各部门掌管业务的性质不同,但所管辖的范围大体一致。职能制的优点是各部门业务专一,责任明确,有利于提高行政效率,同时行政首长不必疲于日常行政事务的处理,留有精力研究组织战略与组织发展。但职能制如运用不当,也会排斥集中领导和统一指挥而形成多头领导和部门各自为政,难以形成组织合力。

在行政实践中,层级制和职能制往往结合并用,形成以层级制为基础的直线职能制。直线职能制内设两套系统:一套是按命令统一原则组织的垂直指挥系统;另一套是按专业分工原则组织的横向职能系统。我国行政组织体制就是层级制和职能制结合的双轨体制。就层级而言,从中央到地方,分为"中央—省—市—县—乡"五级制;在职能维度,每一层级下设若干职能部门,如国务院分设各部、委、署,省、自治区政府一般设有若干厅、委,市、州、县政府一般设若干局,乡(镇)政府一般设若干所。

(五) 新的划分

随着公共事务的复杂性与协调性日益凸显,现代组织进一步形成了矩阵组织体制、立体多维组织体制和网络型组织体制。

矩阵组织体制又称项目组织体制或专案组织体制,是为解决某项特殊任务而从不同的组织机构中选派人员所组成的临时性组织。矩阵组织体制由纵横两套管理系统构成,包括纵向的职能系统和为完成某项特定任务而组成的横向管理系统。矩阵组织作为任务导向的临时性动态组织,极大地加强了各职能部门的横向联系,具有较大的机动性和适应性,有利于发挥专业技术人员的潜力以攻克复杂的技术难题。但由于矩阵组织实行双重领导,且组织人员变动大,易诱发组织冲突,造成心理不稳和成员相互推诿。

立体多维组织体制在矩阵组织结构基础上,将整个组织体系分为三维:按产品划分的事业部、按职能划分的专业参谋机构和按地区划分的管理机构。这也意味着在立体多维组织体制中,组织决策权由事业部主管、专业参谋部门和地区部门的代表共同行使,由此实现了组织机构协调一致、紧密配合。但该组织类型成功的前提在于:组织内部相对完善的决策、管理、制约和激励机制,同时还需配置高效的网络体系。

在知识经济和信息技术迅猛发展的背景下,网络型组织体制(也指虚拟组织)也涌现出来。其依托信息通信技术和网络体系将相互独立的业务过程或组织连接成暂时性联盟,处在网络中的每一组织凭借其核心能力,以联盟形式应对快速变化的外部环境。[1]

---

[1] 岳澎、黄解宇:《现代组织理论》,北京大学出版社2010年版,第44页。

第三节　动态的行政组织

一、行政组织的冲突

所谓冲突是指组织内部成员之间、成员与组织之间、组织中不同部门和单位之间，由于认知差异和利益矛盾而造成的彼此抵触、争执或攻击的组织行为。① 具体而言，冲突包括敌对者、斗争、目标或利益、交互行为四个要素。

古典组织理论将冲突视作"暴力和破坏稳定"的因素，是"管理失败或组织崩溃的前兆"，因而主张建立官僚制和制定消除冲突的各种原则，如明确职务、命令统一、选拔和培训适合于职务的人，从而回避、掩盖或压制冲突。然而，以美国著名管理学家斯蒂芬·罗宾斯（Stephen Robbins，也译为史蒂芬·罗宾斯）为代表的组织冲突相互作用论学者却认为组织冲突与组织生存和发展是相互作用的，组织的冲突能够激发组织变革，从而维系组织生存和发展；但并非所有的组织冲突都具有积极效应，消极的组织冲突或过密的组织冲突则会威胁组织的良性发展。② 现代组织学进一步强调了组织冲突的必然性，由于组织成员的个人需求与组织目标的不一致，其对组织的贡献和期待程度也不尽相同，加之成员个性差异和各部门具体目标的迥异，组织冲突也就不可避免。③

根据组织冲突相互作用论的观点，组织冲突可以分为建设性的冲突和破坏性的冲突。④ 建设性冲突是指目标一致但由于目标实现方式差异而产生的冲突，该类冲突能够促发组织变革和创新，有利于组织良性发展；破坏性冲突是指在目标不一致的前提下，组织成员为了自身利益而采取错误、消极的行为方式所致的冲突，这类冲突容易使组织内部变得冷漠、迟钝，甚而走向分裂或无秩序。福莱特的动态管理理论也认为，冲突极有可能是建设性的和有利于组织发展的，因而应对组织冲突的关键在于厘清分歧是什么以及如何应对这些分歧。⑤

了解组织冲突的类型是进行有效的冲突管理的重要前提。冲突的类型划分有多种标准，如基于冲突对组织有利还是有害，可分为积极的冲突和消极的冲突；根据行为主体所处的组织层级，可分为垂直冲突和横向冲突；依照冲突的具体表现形

---

① 朱勤军：《公共行政学》，上海教育出版社 2002 年版，第 100 页。
② 杨洪兰、张晓蓉：《现代组织学》，复旦大学出版社 1997 年版，第 203 页。
③ 李建设：《现代组织学》，浙江教育出版社 1998 年版，第 226 页。
④ ［美］斯蒂芬·P. 罗宾斯：《管理学》，中国人民大学出版社 1997 年版，第 388 页。
⑤ 转引自刘建：《管理学的预言：福莱特的政治管理哲学》，《国外社会科学》2008 年第 5 期。

式,则可分为目标冲突、认识冲突、感情冲突和程序冲突。① 依据行为主体和冲突当事人进行划分,可将组织冲突划分为组织中个人冲突、个人与组织之间的冲突、组织中群体之间的冲突三种类型,以下详细介绍这一分类。

(1) 组织中个人冲突包括个人角色冲突和个人之间的冲突。个人角色冲突源于个人扮演角色与他人预期的差距,这一差距状态与工作任务复杂程度和组织分工细化程度相关。一般而言,组织所承担的工作任务复杂程度和组织内部分工细化程度与组织个人角色冲突的密集度呈正相关关系。通常情况下,当角色的期待不一致,或是一种角色有数种期待时,都会产生角色冲突。例如在一个行政组织中科长的角色,一方面,在他的上级局长看来,他扮演的是管理科员的角色,是第一线的监督者;另一方面,他监督的科员将科长视为其工作团体的一分子,他扮演的角色应该反映科员的利益和要求。科长认为他自己介于两者之间的位置,这样,科长的角色就有数种期望集中于一身。当他的期望不一致时,就会产生角色冲突。如果科长认为自己的角色既有管理的一面,又要反映下属科员的利益,左右为难之际,则会形成角色内冲突;当他满足一方而得罪另一方时,则会发生局长、科长、科员三者的角色间冲突。组织个人之间的冲突是组织中不同个体之间所产生的冲突,其形成原因包括个人价值观的不同、信息沟通不畅、个人认知偏差、个人本位主义和工作竞争等。②

(2) 组织中个人与组织之间的冲突主要表现为个人目标与组织目标之间的冲突。古典组织理论主张通过金钱等物质诱因使个人目标与组织目标趋于一致,行为科学组织理论则将个人目标等同于个人需要,因而个人需要的满足即能通向组织目标的实现。然而,大量实践证明,组织目标与个人目标往往处于部分融合部分分离的混合状态。西蒙与马奇在其合著的《组织》一书中,总结了影响个人目标与组织目标一致性的五个因素:对组织声望的感知程度、组织成员对目标共享的认识程度、组织中个人之间的交互程度、组织中个人需要的满足程度和组织中个人之间的竞争程度。③

(3) 组织中群体之间的冲突是指,处于同一组织中的不同工作群体、职能部门,由于工作任务、可用资源和信息沟通等方面的需求、期望与处理方式的差异,往往会产生跨管理层级的"纵向式"冲突和同级之间的"横向式"群体冲突。④ 组织中群体间冲突的具体表现又包括不同层级间的冲突、不同职能间的冲突、指挥系统与参谋系统间的冲突、正式组织与非正式组织间的冲突。组织群体冲突的形成原因

---

① 金冬日:《现代组织理论与管理》,天津大学出版社 2003 年版,第 91 页。
② 李建设:《现代组织学》,浙江教育出版社 1998 年版,第 228 页。
③ [美]詹姆斯·马奇、赫伯特·西蒙:《组织》,邵冲译,机械工业出版社 2008 年版,第 60 页。
④ 朱仁崎、李泽:《组织行为学原理与实践》,湖南大学出版社 2018 年版,第 197 页。

主要包括如下因素。一是参与决策的需要。决策意味着组织资源的权威性分配，因而组织不同群体为了参与决策过程和争取更多的资源，容易产生冲突。二是目标差异。组织的专业分工导致了组织内部不同部门的具体目标差异，尽管组织总体目标是各部门目标的集合，但在具体执行过程中，不同群体容易陷入部门本位主义，从而诱发群体冲突。此外，群体间认识论和价值观的差异、各群体间的权责不明以及不甚和睦的组织氛围也会引发群体冲突。

厘清冲突的发生过程也是加强冲突管理的重要前提。斯蒂芬·罗宾斯提出了五阶段冲突理论，认为冲突需经历潜在的对立、认知和个性化、行为意向、行为、结果五个阶段（见图1-3）。在第一阶段即潜在对立阶段，此时尚未形成实际的冲突，却存在诱发冲突的各类条件，包括沟通、结构和个人因素。进入第二阶段，潜在对立阶段的敌对已经为冲突产生提供了情境条件，因此该阶段组织成员对冲突的认知和情感注入是潜在冲突演变成实际冲突的必要条件，冲突问题变得明朗化，并且个人情绪对冲突认知和冲突策略选择发挥着重要作用。第三阶段是行为意向阶段，介于个人认知和外显行为之间，行为意向是促成冲突双方采取某种特定行为的直接诱因，包括竞争、协调、迁就、回避和折中等具体意向。第四阶段即行为阶段则意味着冲突一方或双方开始采取行动妨碍对方达成目标或侵害他人利益。在这一阶段，冲突得以公开化。结果阶段是冲突过程的最后一个阶段，上一阶段的行为导致了最后的结果：一是建设性冲突所致的组织决策质量提升和激发组织革新与创造；二是破坏性冲突引发的组织沟通迟滞和组织凝聚力降低，在极端情况下甚至会威胁组织生存。

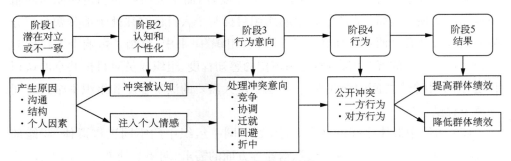

图1-3　组织冲突过程

资料来源　[美]斯蒂芬·P.罗宾斯：《组织行为学精要》（第8版），郑晓明、葛春生译，电子工业出版社2005年版，第198页。

冲突的必然性和破坏性引发了组织管理者对冲突解决策略的广泛关注。福莱特主张采取"联合统一"的冲突解决策略。联合统一策略是指通过满足各方的真实意愿来化解冲突，冲突双方首先应进行明确的需求阐述，将冲突公开化；其次应将冲突解决视为双方的共同责任，基于合作和尊重以寻求冲突双方都能接受的应对策略。① 肯尼斯·托马斯（Kenneth Thomas）考虑了冲突各方目标的重要性以及兼容性，以合作性维度（愿意满足对方目标和愿望的程度）和主见性维度（愿意满足自己目标和愿望的程度）进行划分，提出了冲突处理的五级分类模型，包括竞争、合作、妥协、回避和迁就五种策略（见图1-4）。当组织冲突的根源是沟通障碍时，约瑟夫·勒夫特（Joseph Luft）与哈里·英格拉姆（Harrington Ingram）认为"自我坦露"是有效管理冲突的重要原则，提出了著名的"约哈里窗口"观点。"约哈里视窗"按照自我知觉和他人对自己的知觉划分了四种心理区域——开放区域、秘密区域、盲目区域和未知区域（见图1-5）。这一观点强调通过适度的自我坦露，使自我从"秘密区域"走向"开放区域"，并通过对方反馈性信息透露，减少自己的"盲目区域"，从而增进相互信任和消解组织人际冲突。有学者立足于组织整体视角总结了冲突管理的重要策略，如协调组织各部门之间的相互依赖关系、以组织整体目标整合具体目标、提高组织效益从而扩充组织竞争性资源。②

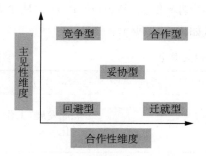

图 1-4 冲突处理的五级分类模型

资料来源 Kenneth Thomas, "Conflict and Negotiation Processes in Organizations", in Marvin Dunnette and Leaetta Hough, eds., *Handbook of Industrial and Organizational Psychology*, Palo Alto, California: Consulting Psychologists Press, 1992, p.668。

图 1-5 约哈里窗口示意图

资料来源 Charles E. Beck, "Perspectives on the Self in Communication: The Cognition Continuum and the Johari Window（Theory and the Profession）", *Technical Communication*, 1994, Vol.41, No.4, pp.753-756。

二、行政组织的发展

面对复杂变幻的外部环境，行政组织为了维持自身的竞争力，应当基于外部环境的变化和发展进行组织变革与发展，从而提高组织效能。组织发展是指运用行为科学知识和技术，结合组织目标和个人发展要求，有计划地实施组织变革并达成

---

① 参见 Mary Follet, *Creative Experience*, London: Longmans, Green and Co., 1924。
② 朱勤军：《公共行政学》，上海教育出版社2002年版，第104—105页。

组织目标的过程。① 组织发展的根本目的在于增进组织效能、提高组织自身生存能力和保持组织内外部动态平衡,其内容主要涉及组织内部各次级系统的更新调整,是组织各次级系统有效分工协调的结果。组织发展实质上是一种参与式变革,主要基于行为研究模式来引导组织内群体或整个组织参与变革,并且这一变革往往依赖于外部顾问。② 具体至组织发展的实现路径,行为理论主张变革组织成员的行为风格、价值取向、熟练程度和管理人员的认知方式、问题解决能力;系统理论则将组织视作一个开放、有机和动态的系统,组织发展是组织中各相互关联、相互影响的有机分系统的改变,而各分系统的改变则源于人的属性、行为和相互关系的变化;权变理论强调以环境变量为中介因素,组织发展的有效性在于不断分析组织的特殊情境,包括组织成员心理情境的变化,最终使管理适应于情境;组织再造理论基于技术发展情境,认为重新建立组织结构是实现组织发展的关键,为了适应互联网、人工智能和大数据等新兴技术的迅猛发展,组织结构应当朝向多维度、网络化发展,对现有的组织结构进行彻底再造。③ 沃纳·伯克(Warner Burke)从个人、集体和系统视角总结了组织发展的重要理论,如表1-2所示:

表 1-2 组织发展相关理论

角度	理论名称	重点	应用
个人	马斯洛(Abraham H. Maslow)"需求层次理论"、赫茨伯格(Frederick Herzberg)"双因素理论"	个人需求	职业发展,工作多样化
	弗鲁姆(Victor H. Vroom)"期望理论"、劳勒(Edward E. Lawler)"综合激励模型"	个人期待和价值	奖励机制的设计,业绩评估
	哈克曼(Richard Hackman)和奥尔德姆(Greg R. Oldham)"工作特征模型"	工作满意度	工作设计,工作多样化
	斯金纳(Burrhus Frederic Skinner)"正强化理论"	个人业绩	奖励制度,奖励制度设计
集体	卢因(Kurt Lewin)"群体动力论"	规范和价值	变革一致性模式
	阿吉里斯(Chris Argyris)"组织学习理论"	人与人之间的能力和价值	培训和教育
	拜昂(Wilfred Bion)"容器理论"	集体潜意识,精神分析基础	集体行为诊断

---

① 金东日:《现代组织理论与管理》,天津大学出版社2003年版,第166页。
② 胡宇辰、蔡文:《组织行为学》,复旦大学出版社2012年版,第308—309页。
③ 朱仁崎、李泽:《组织行为学原理与实践》,湖南大学出版社2018年版,第236—237页。

(续表)

角度	理论名称	重点	应用
系统	利克特(Rensis Likert)"支持关系理论"	管理风格和方法	参与式管理的变革
	劳伦斯(Paul R. Lawrence)和洛尔施(Jay W. Lorsch)"权变理论"	组织结构	组织环境可能发生的变革
	莱文森(Harry Levinson)"组织诊断"	基于家庭与精神分析的组织	按照家庭模式进行组织诊断

资料来源　整理自[美]沃纳·伯克:《哥伦比亚大学组织发展课》,徐驰译,中国青年出版社2013年版,第50—66页。

组织发展目标的实现依赖于明确的组织发展策略与方法,具体而言包括如下路径:

一是敏感性训练,也称为实验室训练或团队训练,是组织发展中最核心的方法。该方法主要通过工作团队进行,其目的在于发现团队成员的行为对其他成员或团队产生何种影响,从而增进成员相互了解、明晰团队工作过程和提高成员问题解决技能。敏感性训练强调被训练者之间的相互作用,并基于这一非定型的相互作用更好地认识自己和理解他人,从而提高自觉性和感受性。[1]

二是团队建设。团队建设是依靠团队成员(和外部咨询人员)的一种计划性地提高群体效能的活动,其目的是以群体成员的相互作用协调群体关系和提升组织效能。团队建设具体又可分为三个阶段:解冻、采取行动、再冻结。在解冻阶段,应当培养团队成员的问题意识和开诚布公、互相信任的合作精神;在采取行动阶段,运用调查反馈方法,通过收集资料和集体分析,最终决定行动计划;最后是再冻结阶段,该阶段的主要任务在于巩固组织变革成果和增强团队建设的稳定性,可采取分析讨论会、角色分析、团队过程分析等形式进行。[2]

三是过程咨询。该方法是指让外部顾问参与组织内部流程管理并提供专业性咨询,咨询范围包括组织沟通、群体成员的角色、群体决策以及组织成员关系等。过程咨询法通过与组织成员的共同工作了解组织工作流程、组织内部关系以及组织矛盾和问题,并据此提出专业性的诊断意见,旨在帮助组织解决冲突和朝向协作性组织发展。[3]

四是工作生活质量(quality of work life,QWL)。QWL是组织对组织成员工作和生活需求的反应过程,具体是指组织通过一定的组织制度设计将组织成员纳入组织决策过程,使其能够参与工作设计、目标制定,从而提高他们的工作积极

---

[1] 金东日:《组织学》,南开大学出版社2008年版,第361页。
[2] 胡宇辰、蔡文:《组织行为学》,复旦大学出版社2012年版,第310—311页。
[3] 岳澎、黄解宇:《现代组织理论》,北京大学出版社2010年版,第131页。

性和满足感,让工作与生活更加一致。QWL 的主要实现方式包括足够而公平的补偿、安全而健康的工作环境、发展个人能力的工作、促进个人成长和尊重个性、保障个人权益,以及最低限度地占用个人闲暇时间和剥夺家庭需要的工作角色。[①] 此外,组织发展也可通过变革组织结构设计(如建立扁平化组织、附属组织、平行组织、网络组织)、自上而下的管理变革和自下而上的技术变革等途径提升组织适应性。

在社会政治、经济、技术和文化环境的多重形塑下,行政组织发展呈现如下趋势。

(1) 组织结构由多层级向扁平化发展。传统的科层制组织基于工业革命背景,以理性和效率为组织最高目标,试图以条块分割的专业化单位和刚性的官僚系统缓解组织矛盾,但也面临着组织内部层级增多、机构冗余、职责不清等弊端。为此,行政组织发展致力于减少管理层次和扩大管理幅度,使原来的多层级组织结构朝向扁平化发展。扁平化组织结构的优势在于促进了组织上下级之间的有效沟通和信息的及时传递,从而提升组织对外部环境变化的适应能力和提高组织效率。

(2) 组织运作由刚性化向柔性化发展。组织运作柔性化强调以适度的专业分工代替过于细分的专业化分工,转而通过组建大量的综合性部门以减少部门冲突。其次,为克服垂直管理的缺陷,柔性化运作主张加强组织内的顾客关系和提倡"水平管理",使各部门之间发展为相互提供服务的顾客关系。最后,柔性化运作试图将行政组织从大包大揽的"全能型"模式中解放出来,强调导入市场和社会力量以弥补自身不足和加强合作。

(3) 组织信息化程度显著提升。现代信息技术在组织中的广泛运用使组织朝向信息化发展。组织信息化一定程度上弥补了组织决策者的有限理性,使决策更加科学化,从而提升了组织分析、判断和解决问题的能力。而且,组织信息化提高了公共组织运作过程的透明度,有利于外部监督。

(4) 学习型组织备受重视。学习型组织是指通过组织学习氛围的营造和组织成员创造性思维的培育而建立的一种高度柔性的、扁平的、符合人性的、可持续发展的组织。学习型组织有利于加强部门联系,以合作而非竞争实现组织利益最大化。在组织矛盾的解决策略选择上,学习型组织主张把组织程序、行动、功能以及环境之间的相互作用看作一个系统,不仅关注如何解决问题,更强调思考问题是如何产生的。[②]

然而,不可否认的是,组织发展也存在部分局限,譬如组织发展过分强调组织的弹性结构,而部分组织尤其是政府机构不能完全以弹性结构代替刚性约束的科

---

① [美]史蒂芬·P. 罗宾斯:《组织行为学精要》,郑晓明等译,机械工业出版社 2000 年版,第 398 页。
② 苏忠林:《公共组织理论》,武汉大学出版社 2013 年版,第 283—286 页。

层制；此外，组织发展往往以提升组织效率为首要目标，但就行政组织而言，兼顾民主与效率才是维系行政组织合法性的必要前提。

第四节　非正式组织

一、非正式组织的含义与成因

对非正式组织的研究起源于霍桑实验，经由这一实验，梅奥验证了非正式组织的存在。非正式组织的存在是为了维护组织成员的共同利益，避免因他人疏忽或外部干涉所造成的损失；非正式组织通常以组织成员共同认可的观念、价值标准、行为准则和道德规范等作为行为规范，在核心领袖的带领下，遵循感情逻辑而非效率逻辑。① 此后，越来越多的学者参与到非正式组织的研究中。巴纳德进一步区分了正式组织和非正式组织，正式组织是有意识地协调两个或两个以上的人的活动或力量的一种系统，而非正式组织是由无意识的社会过程产生的，是基于个人之间的相互接触、交互影响而形成的自由结合体。此外，巴纳德还指出非正式组织对正式组织具有正反两方面的效应：一方面，非正式组织的存在有利于增强组织成员的认同感、归属感和组织凝聚力，进而促进正式组织和非正式组织间的沟通与协调；另一方面，非正式组织的存在可能不利于组织变革，造成个人与组织间的冲突、降低激励和满意度，从而妨碍正式组织的正常运转。因此，他主张将正式组织和非正式组织融为一体。② 非正式组织可以被界定为：非正式组织是正式组织内的若干成员基于生活接触、感情交流、利害一致、无意识的交互行为和共同目标，自发形成的人际关系所形塑的产物，其存在既无法定地位，也缺乏固定形式和特定目的，对正式组织的目标达成会产生促进或阻碍作用。③

从形成原因来看，非正式组织的形成与下列因素有关：①个人经历——拥有类似经历的个体会产生相似的情绪和认知，从而形成非正式组织；②个人兴趣——相似的兴趣爱好能够增加不同个体的相互联系，进而形成非正式组织；③个人价值观念——拥有相同价值观念的个体容易产生共同语言，发展为非正式组织；④社会交往——各式各样的交往活动能够将具有频繁接触的组织成员联系起来，从而形成非正式组织；⑤共同利害——共同的利害关系能够加强组织成员联系，并基于共同

---

① 参见 Elton Mayo, *The Social Problems of An Industrial Civilization*, Boston: Harvard University, 1945.
② ［美］C. I. 巴纳德：《经理人员的职能》，孙耀君译，中国社会科学出版社1997年版，第66—67页。
③ 李建设：《现代组织学》，浙江教育出版社1998年版，第23—24页。

利益形成非正式组织。①

二、非正式组织的特征和类型

（一）非正式组织的特征

作为未经法定程序批准而自然形成的组织，非正式组织具备如下特征。

（1）自发性。非正式组织是由组织成员基于交互行为和彼此认同而自然产生的结合体，其初衷是满足组织成员在正式组织中难以获得的社交需要。

（2）内聚性。在非正式组织中，组织成员间相似的个人爱好、价值取向等"团体意识"替代了正式组织的正式规章制度，发挥着凝聚组织和维系成员情感联系的内聚作用。

（3）不稳定性。非正式组织的自发性直接导致了非正式组织的不稳定性，由于环境变化、观念更新、人际关系调整和活动范围改变，原本的非正式组织随时面临解散和重组的可能。

（4）领导成员的权威性。非正式组织中的领导成员具有维系团体并向正式组织表达诉求的重要职责，其权威性意见对其组织成员行为具有极强的引导性。②

（5）组织权力的非强制性。非正式组织的权力来自组织内成员的自发授予，其领导成员的权威多来源于个人魅力，权力的授予无须经由法律或正式规程的确认。③

（二）非正式组织的类型

关于非正式组织的类型划分，美国学者梅尔维尔·道尔顿（Melville Dalton）按照非正式群体成员间的关系差异将非正式组织划分为垂直型、水平型、混合型三类。其中，垂直型非正式组织是由同一组织中不同等级的成员因某种利益关系结合而成，又可分为上下级高度依赖的垂直共享型和上下级互不协调、下级寄生于上级的垂直寄生型；水平型则是由不同组织或同一组织中不同部门中相近等级的组织成员为实现共同利益组合而成，包括为改变正式组织不合理性的水平攻击型和为维护既得利益而消极抵抗的水平防守型；混合型是指不同组织或同一组织不同部门中不同等级的成员为满足相同兴趣、社交和社会满足感而组成的非正式组织。④

---

① 李建设：《现代组织学》，浙江教育出版社 1998 年版，第 22—23 页。
② 同上书，第 25—26 页。
③ 苏忠林：《公共组织理论》，武汉大学出版社 2013 年版，第 109 页。
④ Melville Dalton, *Men Who Manage: Fusions of Feeling and Theory in Administration*, New York: Wiley, 1959, pp. 57-65.

也有学者基于非正式组织的成因、非正式组织的安全作用程度和组织紧密程度进行类型划分,具体如表1-3所示。

表1-3 非正式组织的类型

划分标准	类型	含义
非正式组织的成因	利益型	基于利益一致而形成的非正式组织,该类组织具有明确的满足其成员利益要求的倾向,凝聚性较强。
	信仰型	因共同的宗教信仰或理想抱负而形成的非正式组织,以共同的信仰、理想或观点维系组织成员关系。
	兴趣型	由于个体特征和爱好相近而建立的非正式组织,其组织成员通常共同活动并共同提高。
	情感型	该类组织是出于感情、友谊或者社交的需要,以情感为纽带而形成的非正式组织。
	亲缘型	亲缘关系是这类非正式组织成立的基础,通常具有稳定性和凝聚性强的特点。
	时空型	因时空接近而自然形成的群体。
非正式组织的安全作用程度和组织紧密程度	积极型	既安全又紧密。这类非正式组织的目标和组织行为与正式组织基本一致,对实现正式组织的目标具有积极作用。
	消极型	既不安全也不紧密。这类非正式组织通常存在多个小团体,没有公认的领袖,且某些领袖并不完全认同组织,存在个人利益高于组织利益的倾向。
	中立型	很安全但不紧密。其组织行为有时与正式组织目标一致,有时又不一致,因而既能起积极作用,也能起消极作用。
	破坏型	很紧密但不安全。这类非正式组织通常为维护内部团体利益而不惜与正式组织抗衡,其内部成员不接受正式组织的领导,只听从团体内领袖的命令。

资料来源 整理自金东日:《组织学》,南开大学出版社2008年版,第151—152页。

三、非正式组织的功能与管理

(一)非正式组织的功能

从非正式组织的类型划分可以看出,非正式组织对正式组织产生的影响有正有负。

非正式组织的积极功能包含两个方面：对组织成员来说，非正式组织能够满足组织成员的社会需要，为其带来心理上的稳定，以及为组织成员提供自我发展和自我实现的机会；对组织整体而言，非正式组织可以增进组织内部沟通和提升组织凝聚力，以高度弹性和迅速反应的沟通、控制渠道提高组织的应变能力，并且通过良好的组织氛围营造提高组织成员的工作积极性和组织效率。

非正式组织的消极功能主要包括四个方面。一是容易抹杀组织成员个性。非正式组织对组织成员的约束力与控制力容易抑制组织成员的个性和创造性。二是扩散错误信息。由于非正式组织沟通的直接性、灵活性和低成本，各种未经证实的虚假消息也能够得到快速传播。三是违背正式组织的目标。非正式组织具有特定组织目标，当其目标与组织正式目标相抵触时，组织成员可能会忽略正式组织目标或与正式组织目标背道而驰。四是抵制变革。与正式组织追求创新性和适应性不同，非正式组织通常不愿变革，造成组织创新的惰性。①

（二）非正式组织的管理

如上所述，非正式组织能够弥补正式组织的不足，但也存在不利于正式组织发展的消极功能。因此，如何引导非正式组织从而发挥其积极功能应当引起重视。实现对非正式组织的规范管理首先要厘清其运作基础。非正式组织的运行基础包括基于成员交互而形成的组织结构、非正式的群体规范、领导成员的隐性权力和正式渠道之外的沟通机制。②

非正式组织管理可从以下几个方面入手。（1）找出非正式组织并进行分类管理。组织管理者要善于发现组织中存在的各种非正式组织，了解其产生原因并进行分类管理。对积极向上的非正式组织可予以信息、资金、场地等支持；而对谋取私利的非正式组织要采取行动调离其成员、调整其工作权限或解散该组织；对功能模糊的非正式组织则要密切关注其发展变化，引导其发挥正向功能。（2）正确影响非正式组织的群体规范。非正式组织的群体规范同样具有强制性，能够干预、控制组织成员行为进而影响整个组织。因此，组织管理者需正确影响非正式组织的群体规范，使其服务于正式组织目标的实现。（3）处理好与非正式组织领导成员的关系。非正式组织的领导成员凭借其个人特质对组织成员具有较强的影响力，因而要尊重领导成员的非正式权威，并与之保持联系，使其对正式组织产生信任，还可授以正式组织职位从而调动其积极性。（4）加强与非正式组织的沟通。非正式组织依托正式渠道之外的信息交流途径传递和分享组织正式活动之外的"非官方"信息，在正式沟通不畅或出现突发问题时起着关键作用。因而组织管理者应加

---

① 金东日：《现代组织理论与管理》，天津大学出版社 2003 年版，第 100—102 页。
② 金东日：《组织学》，南开大学出版社 2008 年版，第 157—159 页。

强与非正式组织的沟通,做到以诚相待和换位思考,寻求非正式组织与正式组织的共同点,培养良好的互信合作关系。①

第五节　学习型组织与学习型政府

一、学习型组织的概念与特征

20世纪80年代以来,随着信息技术变革和知识经济发展的加快,传统的组织模式与环境的不兼容性愈加凸显,如何让组织融入新的知识经济环境,增强组织竞争力和维系组织生存与发展成为关注焦点。在此背景下,以彼得·圣吉(Peter Senge)为代表的学者提出了学习型组织理念。学习型组织是一个不断创新、进步的组织,组织成员不断突破自己的能力上限并创造真心向往的结果,以全新、前瞻而开阔的思考方式实现共同抱负和探索如何共同学习,最终以持续学习的能力实现超出个人绩效之和的综合绩效。② 学习型组织通过不断创造、积累和利用知识资源,能够实现组织再造以适应不断变化的组织内外部环境,从而维持组织可持续竞争优势。③

弗雷德·考夫曼(Fred Kofman)和彼得·圣吉认为,以爱、好奇心、人道和互助等价值为基础的组织文化,强调对话和协作的工作实践,以及将组织视作生命系统并与之工作的能力是构建学习型组织的重要基础。④ 学习型组织通常具备如下特征:共同的组织愿景;不同的创造性个体;善于学习;扁平式结构;自主管理;重新界定组织边界;组织成员实现家庭和事业的平衡;领导者扮演设计师、仆人和教师等多种角色。⑤ 斯蒂芬·罗宾斯则将学习型组织的特性归结为:(1)组织成员共同认可的构想;(2)摒弃旧的思维方式和常规程序;(3)组织成员对组织过程、活动、功能和环境之间的相互作用进行系统思考;(4)坦率地沟通而不必担心受到惩罚;(5)摒弃个人利益和部门利益,以实现组织的共同构想为目标。⑥ 维多利亚·马席克(Victoria Marsick)和凯伦·沃特金斯(Karen Watkins)则认为,持续不断的学

---

① 苏忠林:《公共组织理论》,武汉大学出版社2013年版,第112页。
② [美]彼得·圣吉:《第五项修炼:学习型组织的艺术与实务》,郭进隆译,上海三联书店1997年版,第2页。
③ 陈国权:《学习型组织的过程模型、本质特征和设计原则》,《中国管理科学》2002年第4期。
④ Fred Kofman and Peter Senge, "Communities of Commitment: The Heart of Learning Organizations", *Organizational Dynamics*, 1993, 22(2), pp.5-23.
⑤ 王泽民:《西方管理思想的发展》,甘肃文化出版社2009年版,第383—385页。
⑥ 转引自陈江华:《学习型组织理论研究综述与评价》,《北京交通大学学报》(社会科学版)2014年第2期。

习、亲密合作的关系、彼此联系的网络、集体共享的观念、创新发展的精神、系统存取的方法和提升能力的目标是学习型组织的关键特征。[1]

二、学习型组织的构成要素

针对如何构建学习型组织,彼得·圣吉提出了著名的"五项修炼"模型。第一项修炼是自我超越(personal mastery),要求组织成员具有自我挑战的胸怀和明确的奋斗目标,克服情绪性的退缩反应并进行适当的反省、调整和修正;第二项修炼是改善心智模式(improving mental models),心智模式是思想方法、思维习惯、思想风格和心理素质的综合反映,而传统守旧、不合时宜的心智模式是组织发展的巨大障碍,因此需要进行适时调整和改善;第三项修炼是建立共同愿景(building shared vison),共同愿景是指建立在组织及其成员价值取向一致基础上的受到广泛认可的愿望或理想,能够凝聚组织成员为组织目标共同奋斗;第四项修炼是团队学习(team learning),是发展团队成员整体搭配与提高其实现共同目标能力的过程,旨在通过集体思考实现团队智商大于成员智商之和;最后一项修炼是系统思考(system thinking),也是上述四项修炼的基石,要求人们以整体性为视野,观察事件发生的环境因素和互动关系,用系统的观点看待组织的发展。[2]

基于全球顶级学习型组织的案例分析,迈克尔·马奎特(Michael Marquardt)于1997年提出了"学习型组织系统"模型,认为学习型组织由学习、组织、人员、知识和技术五个相互关联的子系统构成:学习子系统是学习型组织的核心系统,并渗透于其他子系统之中,包含学习的层次(个人学习、团队学习和组织学习)、类型(适应型学习、预见型学习和行为型学习)和技能(系统思考、心智模式、自我超越、自主学习和对话);组织子系统包含观念、文化、结构和战略四大要素,通常采用流线型、无边界、扁平状的组织结构以最大限度地促进组织内外的联系;人员子系统囊括所有的利益相关者,其中最重要的是组织成员和领导者,应当促进群体学习;知识子系统是对组织获取或产生的知识加以管理的系统,包括从知识的获取到传递、储存与利用的完整"知识链";技术子系统则是支持、整合学习过程和信息交流的技术、方法与网络体系,旨在提高和改善学习和知识管理的速度与效果。[3]

哈佛大学教授大卫·加尔文(David Garvin)则从学习型组织的学习内容归纳其构成要素,包括系统地解决问题、试验、从过去的经验中学习、向他人学习以及在

---

[1] 参见 Victoria Marsick and Karen Watkins, *Informal and Incidental Learning in the Workplace*, London: Routledge, 1990。
[2] [美]彼得·圣吉:《第五项修炼:学习型组织的艺术与实务》,郭进隆译,上海三联书店1997年版,第6—10页。
[3] [美]迈克尔·马奎特:《创建学习型组织五要素》,邱昭良译,机械工业出版社2003年版,第23—46页。

组织内传递知识五项内容。"系统地解决问题"是指利用科学的方法收集数据并就问题产生的原因进行系统分析,把握不同因素之间的联系,从而制定解决问题的最优方案。"试验"与"系统地解决问题"是两种互为补充的学习方式,但与"系统地解决问题"着眼于当前困境不同的是,"试验"通常面向未来,是为了把握机会、拓展空间而展开的创造和检验新知识的活动,包括持续性试验与示范性试验。"从过去的经验中学习"强调对过往经验进行反思并加以学习,通过深入分析和总结提炼,将其上升为可供组织参考的有益经验。"向他人学习"则呼吁组织向外部汲取有益知识,又可分为向同类组织学习和向顾客学习。最后,"在组织内传递知识"将组织学习视为组织成员的共同任务,要求所有成员付诸行动以促进知识传播,具体途径包括书面或口头报告、经验交流、岗位轮换、教育与培训等。[①]

三、学习型政府

学习型组织的理论与实践最先被企业界采纳,而后逐渐向公共部门扩展,中国也由此掀起了建设学习型企业、学习型城市、学习型社会、学习型政府、学习型政党的热潮。[②] 学习型政府致力于提升政府机构的总体效能和应对环境变化所致的机遇和挑战,要求权力行使既是充分的也是相互制衡的,并且通过培养弥漫于整个组织的学习气氛,使组织成员围绕政府职能重心共同学习并将学习效果转化为具体实践。[③]

学习型政府建设通常涉及两个主要过程:一是将分散的个人愿景整合为组织的共同愿景,实现个体价值目标与政府整体价值目标的统一;二是将"团队学习"寓于政府组织系统运行的整个过程,在学习、准备、计划、实施等多个环节探索政府有效运转的途径,从而提升政府行政效率和公共服务质量。[④]

综观各国的学习型政府建设实践,可以发现学习型政府呈现出如下特征。

(1) 注重政府责任和共同愿景。与"政府重塑"运动强调"建立有责任感的政府"一致,学习型政府以实现公共利益和承担公共责任为己任。共同愿景则是指由政府和社会公众共同确定政府责任并将其转化为共同愿景,从而增进公众认同和构建和谐的政民合作关系。

(2) 政府组织结构的扁平化。相较于等级森严和层级链条过长的传统官僚制组织结构,扁平化组织结构能够减少不必要的中间层级,组织成员可以平等地学习与互动,学习的效果也因结构的简洁和沟通的便捷而明显加强。

---

① David Garvin, "Building a Learning Organization", *Harvard Business Review*, 1993, 74(4), p. 78.
② 竺乾威:《学习型政府再造:国家治理能力的提升之道》,《理论与现代化》2022年第6期。
③ 施养正:《我国建设学习型政府的思考》,《管理世界》2011年第7期。
④ 马振清:《论行政体制改革过程中的学习型政府组织》,《中国行政管理》2004年第12期。

（3）政府与社会之间的平等交流与合作。学习型政府将组织视为一个开放系统，不仅注重组织内部的沟通和协作，还强调组织与外部行为对象的交互与学习，因而实现政府与社会之间的平等交流与合作也是学习型政府的重要特征。

（4）灵活有效的人事管理模式。B.盖伊·彼得斯（B. Guy Peters）认为，市场模式、参与模式、弹性模式和解制模式是政府组织变革的未来趋向。其中，弹性模式针对的是政府科层机构的永久性和僵化性，主张建立灵活的、负责任的、能力主义和绩效主义的新人事管理模式。① 学习型政府亦是如此，强调以更具灵活性和适应性的人事管理模式克服科层组织稳定性和封闭性带来的弊端。

（5）民主参与。学习型组织本质上是一种民主的组织结构，学习型政府的民主参与特征是指公共决策制定与执行过程中的专家咨询和公众参与，目的在于使政府行为最大限度地合乎公意。

（6）强调绩效管理。如前所述，提高政府效能是学习型政府的重要目标，因而学习型政府力图避免形式主义，转而以绩效作为衡量组织有效性的关键指标，通过科学合理的目标管理和绩效评估体系激发个体的工作积极性和创造性，并以绩效管理优化政府人员结构和提升政府组织绩效。

（7）以系统思考实现组织平衡。政府组织作为公共部门，其组织平衡不仅要整合好组织内部各种要素，更要考虑整个组织与其他社会子系统和环境之间的协调和匹配。因而学习型政府以系统思考为重要原则，通过系统思考实现组织内外部各元素的多向联合，以持续学习提升政府组织的适应能力，最终实现组织平衡。②

需要指出的是，尽管学习型组织展现出广阔的前景，但仍不能将其视作组织实践的"最佳形式"，事实上，学习型组织的最终目的并不在于其组织本身，而是在构建学习型组织的过程中所培育的一种持续学习和不断创新的组织观念。③ 此外，学习型组织并不局限于任何一种具体形态，正如彼得·圣吉所言，学习型组织（learning organization）直译是"学习中的组织""学习实践中的组织"或"获取（知识和能力）过程中的组织"，其重点在于强调一个持续的过程而非某一固化的理想模式。④ 因此，如何运用学习型组织的基本理念去最大限度地开发组织潜能和跨越学习障碍，从而使整个社会向学习型社会迈进更加值得深思。

---

① ［美］B.盖伊·彼得斯：《政府未来的治理模式》，吴爱明译，中国人民大学出版社2001年版，第87—94页。
② 施养正：《我国建设学习型政府的思考》，《管理世界》2011年第7期。
③ 孙君明：《现代行政管理：组织与创新》，上海社会科学院出版社2005年版，第237页。
④ ［美］彼得·圣吉：《第五项修炼：学习型组织的艺术与实践》，张成林泽，中信出版社2009年版，第468页。

复习题

1. 试简述古典组织理论、行为科学理论和权变理论的组织设计原则。
2. 首长制和委员会制、集权制和分权制、完整制和分离制以及层级制与职能制各有哪些重要特征?
3. 组织冲突可以分哪几种类型,它们的特点是什么?如何解决这些冲突?
4. 非正式组织有哪些功能?
5. 学习型政府主要有哪些特征?

第二章 行政领导

行政是人类社会中一种特殊的公共管理活动,无论是作为一种推行政治决策和实现政治目标的公共活动,还是作为一种技术化、艺术化的指挥、协调和控制活动,均需要在统一领导的前提下才能有效地展开。行政领导作为执行公共权威的基本条件是行政学研究的重要对象。本章把领导者、被领导者、客观环境和群体目标的相互作用、相互结合作为研究的整体框架,探讨行政领导的含义和特征,行政领导的结构和过程,以及行政领导的方式、类型和内容。

第一节 行政领导概述

一、行政领导的含义

(一) 领导的含义

在分析行政领导之前,首先应该明确领导的含义是什么。西方学者亨利·史密斯(Henry Smith)和列维·克鲁格尔(Levi Krueger)提出,不管人们所处的文化背景有何不同,领导这一特殊现象总是存在于任何人群之中。拉尔夫·斯道戈迪尔(Ralph Stogdill)和巴纳德·巴斯(Bernard Bass)在其编辑的《领导学手册》中,在总括各种学派和观点的基础上,提出了如下 11 种界定。

(1) 领导意味着群体过程的中心。
(2) 领导意味着人格及其影响。
(3) 领导意味着劝导服从的艺术。
(4) 领导意味着影响力的运用。
(5) 领导意味着一种行动或行为。
(6) 领导意味着一种说服的形式。
(7) 领导意味着一种权力关系。
(8) 领导意味着一种互动中逐渐形成的效果。

（9）领导意味着一种分化出来的角色。

（10）领导意味着结构的创始。

（11）领导意味着一种实现目标的手段。

由以上观之，西方学术界至少是从四个不同的角度去界定领导这一概念的。第一，领导者中心说，即领导就是领导者依靠由权力和人格所构成的影响力，去指导下属实现符合领导者意图和追求的目标。第二，互动说，即任何领导活动都是在领导者和被领导者之间的互动过程中共同实现符合他们双方追求的目标。所以约翰·舒马洪（John Schermerhorn）就提出，领导是人际相互影响中的一个特例，在这种特例中，个人或群体会仿照领导者的指示去行动。第三，结构说，即领导是在一定组织结构或人际关系结构中展开的一种特殊活动。这一结构要么是由权力、规章所构成的正式结构，要么是由人际关系、感情纽带所构成的非正式结构。第四，目标说，即领导活动的焦点在于实现一个符合群体需要的公共目标。在这种界定中，领导在道德上是中立的。罗伯特·霍根（Robert Hogan）就认为，领导实际上是说服其他人在一定时期内放弃个人目标，而去追求对群体责任和利益至关重要的组织目标。大桥武夫认为，领导指发挥集团内成员的全部力量，通过代表全体成员的集体意志，完成集团所规定的目标。故领导的实质在于为实现目标而令其成员努力进步的动力。

在中国人的理解中，领导有时是指领导者这一角色，有时是指领导职位，有时是指领导者的行为（如《说文解字》对"领"与"导"的解释就符合了这样一种理解：领者，项也；导者，引也），有时是指一种特殊的社会现象。显然，这样一种错综复杂的解释是把"lead""leader""leadership""head""headship"等概念混淆了。因此，我们必须首先要清理对"领导"这一概念混乱甚至错误的理解，从而在科学的意义上明确领导所具有的各种规定性。

我们认为，领导就是领导者在特定的结构中依靠其综合影响力的运用与扩展，通过示范、说服、命令等途径，动员下属实现群体目标的过程。这一界定涉及领导活动的结构、领导活动的手段、领导活动的目标三个环节。其中，领导者的人格、修养、能力和知识等凝聚性要素是领导活动顺利推行、领导目标顺利实现的基础所在，也是领导这一概念的核心。而职权这一强制性因素不过是保障领导活动得以推行的最后保证而已，它绝不是构成领导者影响力的唯一要素，所以"职权是保障领导活动得以推行的底线"。当然，在科层化程度日益强化的时代，职权是构成领导者影响力的一个必不可少的要素，但不能说凡占据了一个领导职位的人都注定可以成为一个真正、完整意义的领导者，故有"职权是领导者影响力的必要条件"之说。

可见，领导不仅是在正式结构中进行的一种规范化、科学化的活动，而且也是在非正式结构中得以施展领导者影响力的一种艺术化活动。

所以，领导绝不仅仅是职权这一强制性因素的单向运动。在西方领导学的研究成果中,把仅仅依靠职权推行领导活动的现象称为"headship"。我们可把这一类型的领导界定为"职位领导"或"强制性领导",而把"leadership"界定为"艺术领导"或"凝聚性领导"。巴斯认为,leadership 可以涵盖 headship,leaders 和 heads 所运用的领导途径和领导权力可以是复合的。而塞西尔·基布(Cecil Gibb)则把"leadership"和"headship"作为两种相互对立的领导类型进行了严格的区分。我们从这一区分中就可以深刻地领会领导这一概念的完整含义。

第一,职位领导或强制性领导的维持是凭借组织体系;而艺术领导或凝聚性领导的维持是凭借群体成员的自发认同和对群体的奉献。

第二,对于职位领导或强制性领导而言,目标是由职位领导者集团(head persons)按照自身的利益需求决定的;对于艺术领导或凝聚性领导而言,目标是在群体成员参与的基础上共同选择出来的。

第三,职位领导或强制性领导在实现既定目标的过程中没有情感的分享和行动的联结;而艺术领导和凝聚性领导是在充分开发和运用情感资源的基础上,通过领导者和群体成员的互动得以实现目标的。

第四,对于职位领导或强制性领导而言,在职位领导者和群体成员之间存在一道巨大的鸿沟,职位领导者的目的就是通过组织体系中的强制性来维持这一社会距离;相反,对于艺术领导或凝聚性领导而言,领导者与群体成员是一体的和互动的。

第五,对于职位领导或强制性领导而言,职位领导者的权威是从群体之外且凌驾于群体之上的权力那里获取的,职位领导者的这一权威并不能得到下属的响应和支持,人们接受他的强制性支配,根源于遭受惩罚的苦痛而不是获取收益的期望;相反,对于艺术领导或凝聚性领导而言,领导者的权威来自组织成员的自发承认,人们接受他的领导根源于他们对领导者自身价值的认可及对其需求的满足。

可见,在理论上,艺术领导(或凝聚性领导)和职位领导(或强制性领导)作为两种领导类型是尖锐对立的。本章仅仅是把职位领导(或强制性领导)和艺术领导(或凝聚性领导)视为在抽象状态中存在的理想类型。而在现实生活中,行政领导的过程往往是这两种领导类型的复合。

(二) 行政领导的含义

在明晰了领导的含义之后,本章将进入最为关键的领域,即如何界定行政领导这一概念。行政作为围绕社会公共权威而展开的活动和关系,是在人类社会发展到一定阶段才产生的社会现象。因此,行政领导也是在社会的发展中逐渐从日常管理领域分化出来的。西蒙在论述这一现象时,认为决策、计划等职能从日常的管理和生产领域中分化出来,即"决策工作专门化",就直接导致了领导这一特殊现象的产生。因此,行政领导就成为所有组织能够有计划、有秩序地运转的重要前提。

由于行政领导总是与特定的行政体制、权力分布和机构体系联系在一起,因此人们对行政领导的理解首先是从权力运用、规章制度这一体制性要素去理解的。随着人际关系学派理论的产生,人们开始透过体制性要素,试图从人际关系、感情结构这一视角去理解行政领导。当菲德勒的领导权变理论产生以后,人们便把环境因素纳入进来,试图从组织和外在环境的互动来理解行政领导的含义。这样,就产生了如下三种对行政领导的不同理解。

第一,从权力运用、规章制度的执行、与正式组织结构相吻合的角度去观察行政领导。持这种观点的人认为,行政领导就是通过命令、指挥,使整个组织活动达到其目标的行为过程。

第二,从人际关系、感情因素的角度去观察行政领导。持这种观点的人认为,行政领导是对组织内群体或成员施加影响的活动过程,是一门促使下级满怀信心地完成其任务的艺术,是一种说服他人热心于一定目标的努力。这一理解与哈罗德·孔茨(Harold Koontz)界定的"领导是一门促使其部属充满信心、满怀热情来完成任务的艺术"一脉相通。

第三,从行政组织所处的环境这一角度去观察行政领导。持这种观点的人认为,行政领导是如何使行政组织有效地适应外在环境以维持存续和发展的一项活动。正如权变理论的创始人菲德勒所说:"'权变模型'意味着领导科学领域中一个划时代的变革,它使领导科学的研究从无益地寻找最佳的领导风格、最佳的领导行为,或最佳的管理哲学中解脱出来,使人们转而去寻找这样的条件,在这些条件下各种风格、行为和哲学都可能是适宜的和有效的。"[1]

上述三种视角为我们科学地界定行政领导这一概念提供了极大的启发。总括前人的研究成果,我们把行政领导定义为:行政领导就是通过指挥和说服等途径影响组织内的个体和群体,在一定条件下实现组织某种目标的活动过程;而致力于这一过程的人,就是领导者。这样,行政领导就被理解为一个动态的过程,它是领导者、被领导者、环境相互作用和相互结合,以实现群体目标的过程。

(三)行政领导活动的要素

行政领导的要素包括领导者、被领导者、群体目标和客观环境。这四个要素之间良性的互动作用构成了领导活动的过程,换言之,这四个要素如何有效地结合在一起,就成为领导活动成败的关键。由此可见,行政领导实际上包含着以下四个方面的规定性。

第一,领导者在行政活动过程中处于一个极其重要的地位,他不仅要树立正确的领导理念,而且还要有发动和鼓励下属的能力和技巧,更为重要的是他要把领导

---

[1] 转引自[美]弗雷德·菲德勒、约瑟夫·加西亚:《领导效能新论》,何威等译,生活·读书·新知三联书店1989年版,中文版序言,第1页。

目标内化为下属为之奉献的导引力量，使整个组织在一种积极的状态中运转。与此同时，领导者还要根据组织内部和外部环境的变化，及时调整领导战略和领导手法，以提高组织抵御和抗击各种风险的能力。

第二，行政领导活动的顺利推行必然是在群体成员的积极参与和领导者与被领导者相互沟通的过程中实现的。这是领导活动不同于其他所有社会活动的一个最重要的特点，即领导行为和领导目标之间的间接性。它决定了领导目标的实现不是依靠领导者的身体力行去实现的，而是依靠群体成员的积极行动得以实现的。这样就使领导者必须将群体成员视为一种唯一能够扩大资源的资源，而不是将自身的利益需求置于首要地位。

第三，领导活动的最终目的是实现领导目标，在实现目标的过程中，绝不是领导者自身的单一化受益，而是使组织价值、群体成员的个体价值和领导者自身的价值三个方面都获得社会的肯定。豪斯1971年提出的"途径-目标理论"就指出，领导者必须引导下属走上一条能够使下属和组织双方都满意和受益的道路。只有当领导者的谋略或结构行为适应于工作的特点，适应下属的要求、能力和人格时，他们的工作绩效才能达到最佳。

第四，任何行政领导活动必须在适应或有效改造外在环境的前提下，才能获得有效性。把领导活动封闭在组织内部就能取得成功的想法已被证明是错误的。情势理论认为，任何一个优秀的领导者都会把领导方式与环境力量的相关性置于重要地位。

所以，我们决不能把行政领导理解为以领导者为原点，在单一的、自上而下的权力运动过程中进行的行为。它实际上是将领导者、被领导者、环境和组织及其成员都能接纳的目标贯通在一起的行为，其中领导者的发动作用和被领导者的执行功能都应该是等量齐观的重要因素。

（四）行政领导活动的基本关系

行政活动的基本关系包括两个方面：一是领导者与被领导者之间的关系；二是领导者的主观指导与客观环境之间的关系。这是由行政领导活动自身的特殊性所决定的。

1. 领导者与被领导者之间的关系

行政领导活动从日常的程序化管理活动中分离出来之后，就被赋予了超脱性、综合性、战略性的属性，因此领导者作为整个组织运作的发动者和主导者，就处于一个非常重要的地位。与此同时，没有被领导者的积极实践，再好的战略和设想也终究无法推行，这样就导致了领导者和被领导者之间的关系成为行政领导活动中的一对主要关系。现代行政领导活动的一个主要特点就是"制定"和"执行"的相对分工。由此观之，领导者在战略和决策制定方面就处于决定性的地位。领导者的学识、经历、风格、能力、性格和处世态度就直接关系到战略的水平和决策的质量。与此同时，被领导者尽管处于执行计划和决策的从属地位，但是他们执行的自愿程度、积极程度直接关系到整个组织的生存与发展。所以，群体成员对领导者的接受度就成为领导科学研究的一个主要内容。因为人不是物，作为被领导者的人在整个行政活动中发挥着能动的作用，他们可以在某种程度上制约领导者的行为。如他们可以赞同领导者的设想并为之努力，也可以抵制领导者的某些决策和行为并破坏其企图。总之，被领导者的行为在最终的层面上决定着组织目标的实现程度和实现质量。

2. 领导者的主观指导与客观环境之间的关系

领导者的主观指导不是出自主观臆想，更不是在真空状态中进行的。因为任何人的活动都是在一定的环境中的活动，任何人的行动都不能超越环境的限制。所谓环境是由体制、文化、心理和习俗等因素构成，在组织内部和外部形成的一种客观的、无形的压力。菲德勒就提出，人们的行为方式确实是更多地取决于环境而不是人格，人们的行为更多地依赖于环境。所以，领导者一方面在塑造有利于领导效能实现的环境，另一方面也要顺应环境变迁的规律。这样领导者的主观指导与客观环境之间就形成了一对关系。如果领导者过高估计自己驾驭环境的能力，便容易导致领导行为与环境的冲突，使领导活动不能顺利展开；如果领导者过分受制于环境，那么环境的压力就成为领导者不能主动开拓的借口，领导者便成为环境的牺牲品。所以菲德勒把"情景控制(situational control)的灵活性"作为评判领导绩效高低的一项重要指标。

这两大基本关系往往会衍生出一些派生关系，如领导者内部的关系、被领导者之间的关系、领导者的决策与客观实际的关系、被领导者的执行与客观实际的关系等。

（五）行政领导者的产生与特征

行政领导者作为从人群中逐渐分化出来的一种角色，是社会发展的客观结果。行政领导者的产生，拓展了领导科学的研究范围。那么是什么因素决定了一个人会成为一个优秀的行政领导者呢？从西方领导科学的研究来看，对这一问题的看法大致经历了如下三个阶段。

第一，"伟人论"阶段。"伟人论"的基本假设是领导者是天生的，一个人之所以会成为领导者，有其不可比拟的天赋和个人品质，如思维敏捷、能言善辩、英俊潇洒等。类似的看法在中国也存在过很长一段时间，如相貌、出身、音质等均是一个人成为领导者的先决条件。

第二，"行为论"阶段。它主要研究领导者的哪些行为会有助于他进行有效的领导。行为理论认为只有那些行为上表现为既关心生产（工作）又关心个人（下属）的领导者才是最有效的。换言之，那些天资绝顶的人不一定会成为领导者，真正决定一个人成为领导者的因素是他的行为。

第三,"权变论"阶段。由于"伟人论"和"行为论"都忽视了领导者所处情景对领导效能的影响,因此刻意追求最佳领导特质和行为模式的做法并没有把环境因素考虑在内,于是在20世纪60年代之后,进入了第三个阶段,即"权变论"阶段。提出这一理论的菲德勒认为,无论领导者的人格特质或行为风格如何,只有领导者能使自己的个人特点与领导情景因素相"匹配",他才能成为一个优秀的领导者。但后来的批评者认为菲德勒提出的"权变模型"犹如一个"黑箱"。于是菲德勒又提出了"认知资源理论"作为应答,即只有那些最佳地应用认知资源(包括知识、能力、技能以及领导者和群体成员的经验)的人,才能成为一个优秀的领导者。

领导者是怎样产生的,换言之,哪些因素决定了一个人会成为领导者?从以上分析来看,"伟人论"显然带有很强的传统主义和神秘主义色彩。斯道戈迪尔等人的研究已经清楚地证实探究领导特质是不可能有什么结果的。大量的经验研究发现没有什么事实可以证明优秀的领导寓于个人特质之中。"行为论"提出的"关怀型"行为是一个人巩固其领导地位和权威的决定性因素,但是詹姆斯·柯曼(James Coleman)的研究表明,关怀型行为与群体的内聚力和成员的满意感有关,而与工作绩效无关。也就是说,"行为论"的观点并不能完全证明行为是决定一个人成为领导者的因素。菲德勒的领导权变理论和认知资源理论虽然可以克服以上缺陷,但是它在强调环境因素的同时,也忽视了领导者本人所具有的某些素质。

那么,是什么因素决定了一个人会成为优秀的领导者呢?换言之,行政领导者必须具有哪些特征呢?我们的看法是,至少有如下三个因素是不容忽视的。

第一,经过自身修炼而具有的气质,经过学习所建立起来的完整的知识结构,以及通过实践和模仿所累积起来的经验,是决定一个人成为领导者的首要因素。即使那些天分很高的人,如果没有后天的学习和修炼,也不可能成为一个优秀的领导者。从这个角度来说领导实际上是一门"修炼之学"。

第二,敢于承担责任和敢于开拓是一个人成为领导者的又一决定性因素。那些不敢承担责任和墨守成规的人注定成不了被人赞誉的领导者。从这个角度来说领导又是一门"责任之学"。

第三,具有较强的组织和协调能力是一个人成为领导者的必不可少的条件。领导者并不是单一领域的创造型人才和再现型人才,而是居于超脱地位的"组织型人才"。如何发动下属,如何鼓舞和激励下属,如何有效地配置和组合资源,如何处理突发性事件,以及如何进行非程序化决策,决定了行政领导是有效组织下属以实现目标的一门艺术。从这个角度来说领导是一门"艺术之学"。

(六)行政领导者的失败

在现实生活中并不是所有的领导者都是成功者,领导活动的最终结局也并不都是以圆满而告终。这就是我们要研究的一个特殊问题——领导者的失败。领导者的失败有其客观的原因,也有不容忽视的人为的原因。我们从四个层面将这一问题界定如下。

一是体制的失败。任何行政领导活动均是在一定的体制中进行的。这是行政领导的独特性所在。结构主义者认为体制构成了"领导替代物",即组织中健全的任务与结构可以完全取代领导者的作用,使其成为不必要。如果是体制的原因导致了领导者的失败,那么领导者即使拥有再强的能力和魅力,都不足以挽救这一结局。因此,我们把因客观的体制力量导致的领导者的失败称为"体制的失败"。

二是能力的失败。如果健全的体制为领导者提供了有利的环境和支撑,领导者因其能力的低弱导致的失败,我们称为"能力的失败"。这样的领导者虽然由其职位提供了一种体制性的权威,但由于不符合"组织型人才"的要求,故而导致了他的失败。

三是性格的失败。在领导体制和领导能力均已具备的前提下,领导者因其性格上的缺陷而导致的失败,我们称为"性格的失败"。那些天资甚高、能力较强的领导者,因为缺乏修炼而对自身性格上的缺陷(如刚愎自用、骄傲自大、轻视他人、独断专行、缺乏反省等)熟视无睹,总是把自己视为终极真理的执掌者和垄断者,从而导致了致命性的失败。

四是人生的失败。在优良的领导体制、较强的领导能力、优秀的领导性格均已具备的前提下,因领导者对人生理解上的偏误导致的失败,我们称为"人生的失败"。因领导者在生活上的享乐、放荡,对公共资源的无限侵吞,以及对下属的恣意纵容等导致的失败,就是"人生的失败"的典型。

二、行政领导的独特性

行政领导不同于其他类型的领导活动,它有其自身的特殊性。尽管领导是存在于所有人群中的现象,但是,在那些自发组合起来的人群中,尽管有领导现象的存在,但它不属于行政领导。例如,在一群自发组合而成的儿童群体中,他们为了"有组织玩耍",会推举一个"孩子王"做他们的领导者。显而易见,孩子王所实行的领导不是我们所说的行政领导。再如,在一个家庭中,由于夫妻性格差异或其他因素(如收入高低)的存在,会很自然地形成其中一个占据主导地位的"家庭领导者",但是"家庭领导者"与我们所说的行政领导也是大相径庭。因为"孩子王"和"家庭领导者"均属于一种自然意义的领导,具有明显的"自发性"或"协商性"的特点,而行政领导则属于一种社会意义上的领导,具有明显的"设计性"或"体制性"的特点。行政领导一定是在特定的人为设计的权威结构中进行的,并且行政领导者的权威必须有其群体成员所认同的合法性基础。虽然,领导者在履行其职责的过程中,会使他的权威内化为群体成员心理结构的构成要素，并与群体成员进行必要的协商和沟通，但这均是服从于提高领导效能之需要的，是领导艺术的组成部分，而领导艺术对于任何人群中的领导活动来说，都是相通的，它不属于行政领导本身所具有的独特性。因此，我们从行政领导本身入手，把其独特性界定如下。

1. 等级性

行政领导均在特定的行政体制中进行，行政体制则是以权力分层的科层制作为其存在形式的。故行政领导与其他组织中领导活动的最大不同就在于它的等级性，即决策与计划总是遵循从高层向底层贯通这一特定的线路。此外，行政体制中科层结构决定了领导者总是处于一定的行政职位上，并且领导者与被领导者的差异首先体现为职位的高低，居于高职位的人总是要领导居于低职位的人，这样就导致了人们总是在这一科层结构中扮演固定的并有等级差异的"职位角色"。这样就导致了行政领导在形式上的等级性。

2. 权威性

行政领导的权威性来自其合法性，这是不同于那些自发型领导的一个重要区别。合法性确定了行政领导在其展开的过程中必须建立在相应的地位等级、权力容量这一基础之上。因此，按照法律规章所配置的权力就成为行政领导合法性的重要来源。当然，正如前文所述，具有强制性特征的权力仅仅是构成领导者权威的一个要素而已，行政领导的成功最终还是取决于人们对权威的接受，而如何使法律赋予的、来自上级的权力转化为人们自愿接受的权威，就成为行政领导艺术的一个重要组成部分。因为权力并不等同于权威，一个拥有权力的人不一定拥有足够强大的权威，人们接受领导者的领导，不是基于对其权力的恐惧，而是基于对其权威的肯定性认同。

行政领导的权威性是构筑在理性基础之上的。因此，现代意义上的行政领导权威是一种理性权威，其特征在于它的合理合法性，在于它的活动过程中表现的规章制度取向。法制（治）赋予了领导权威的合法性，而行政领导在其展开过程中所表现出来的法制（治）精神又维护和巩固了它自身的合法性。

3. 综合性

按照领导科学的一般原理，领导作为由"软专家"所进行的指挥、协调活动，首先表现为极强的综合性。这是领导活动不同于"硬专家"纯技术活动的一个重要特征。而行政作为公共权威的活动又是以综合性作为重要特征的。与之相适应，行政领导活动的综合性也是显而易见的。首先，行政领导的综合性是由社会的劳动分工决定的。劳动分工程度越高，担负主导和统领功能的行政领导活动的综合程度也就越高。现代社会是一个劳动高度分工、高度专业化的社会，作为公共权威的行政领导所涉及的领域也就愈加广泛。其次，现代社会也是一个利益多元化的社会。各种群体的利益表达会给行政领导造成较大的压力。这就导致行政领导活动中存在各方利益一致的一面，也存在冲突和矛盾的一面。行政领导活动的一个重要内容，就是将不同的劳动分工和不同的利益进行综合，从而将综合的结果输出给社会。

现代行政领导的这两个方面的综合性活动，前者涉及的是技术性层面，它要求行政领导者进行这一活动时采用多样化的技术方法和手段。后者涉及政治层面，它要求行政领导者从社会发展的高度，从大多数人的利益需求这一视角来思考问题。行政领导者的这一责任符合领导活动超脱性的特点，即必须超越于各种利益群体之上，在综合扫描的基础上进行整体性的统领和协调。

4. 服务性

既然行政活动从本质上来说是一种公共活动，那么行政领导就是以承载一种公共使命作为其本原的。公共就是一种聚合，一种对个人私利所不能涵盖之领域的包容。因此，服务是行政领导的本质。行政领导者不是权力的永久占有者。西方关于领导的理论就认为领导者应该是代理者、议事者和促进者的统一。与"权力神授说"不同的是，现代社会把"权力民授说"视为一个普遍的法则，尽管有时我们看到行政领导者可以运用强制性的权力以展示公共权威的威严，但是从根本上来说行政领导者仅仅是居于特定行政职位上的民意的代理者，如果他以此而推断出权力是私有的，那么也就从根本上违背了领导的本质属性。因此，行政领导的服务性并不是一种虚假的设定，而是引发领导者敬畏的法则，更是驾驭领导者行为的信念。在现实生活中，它总是通过法律或规章转化为一整套的行政规范。

第二节　行政领导的结构与过程

一、行政领导的结构

行政领导是在怎样的一种结构中展开的，这是公共行政学研究的又一重要问题。所谓结构乃是指在社会现象背后处于支配地位并赋予事物以秩序的力量。这样一种力量可以是显性的（即外化为体制或者正式组织），也可以是隐性的（即处于正式组织的幕后，构成支配人们思维和行动的约定俗成的规则）。行政领导活动在何种结构中展开，完全取决于它所面临的压力。来自上级部门的压力使其在一种正式的科层结构中展开，来自组织内部成员的压力则使其赖以展开的结构经受着多重变数的影响。我们把行政领导活动展开的结构分为两种：一是正式结构，二是非正式结构。

（一）正式结构

行政领导活动的正式结构就是科层（也称官僚）结构。这也是人们为什么总是把"leadership"和"headship"混同起来的原因。因为人们在日常生活中看到的大都是居于某一职位的领导者，于是对某一职位的占据就成为一个人成为行政领导者的必要条件。科层结构作为一种理性化的制度形式，也就相应地成为个人在组织内部制度化定位的前提。

德国思想家马克斯·韦伯认为科层制是一种现代法理型统治的理论形式。科层制至今已成为一种普遍性的制度力量，是任何现代组织进行有效管理的制度基石。科层制是最符合理性（工具合理性）的制度表达形式，它依靠正式法规确定每个机构的管辖范围，规定机构内的权力分布，把每个职位和责任联系起来并为履行职责建立规则秩序。当然，科层制运转的必然结果就是"非人化"，人的一切行动都要听命于官僚机器的某种指令，人的情感、内心精神需求、本能、愿望和创造力都要受到压抑，使人逐渐失去自我和个性，变成这架不停运转机器上的一个小小的齿轮，并按照机器指定的路线行动。科层制具有如下特点：（1）有正式规章；（2）有明确分工；（3）权力分层；（4）按正式规则发生公务关系；（5）任职资格要通过考核和任命。科层制是以个人在组织中的功能性定位作为表现形式的。可见，科层制是依照明确的规章和手续办事的等级权力结构。

科层结构的作用在于：（1）科层结构为现代组织提供现代权威；（2）科层制中权威的承载者一般是通过对现代知识的掌握和先进管理能力的具备作为组织成员对其认同的文化心理基础的，也就是说，职位权威所包含的不仅仅是权力，还有使权力能够发挥其效能的知识储备和能力支撑；（3）科层制为组织内部提供了制度化的权力-责任体系和防范越轨的制度化规范。

但是科层结构并不是保障行政领导活动圆满成功的唯一结构，相反，许多单纯依赖权力这一资源的行政领导会面临不同程度的"科层失败"。因此，行政领导活动的成功并不是单纯依赖科层结构就能达到的，科层结构仅仅为行政领导提供了权威性的制度化保障。正如前文所言，行政领导者权威的基础并不仅仅建立在"职位"这一基础之上，在职位之外还有"人格"这一凝聚性因素。故只有领导者是"职位权威"和"人格权威"的统一体，他的权威才能转化为一种建设性的力量。职位权威是以某一特定的体制性角色作为载体的，其权力是由上级主管部门按照法律和制度的规定赋予的；人格权威则是渗透在组织内部的一种文化力量，其影响力是建立在领导者的人格力量的扩展，以及下属对这一人格力量的认同这两大基础之上的。职位权威的缺陷可以由人格权威来弥补，职位权威的控制力也可由人格权威来提高，两者合为一体才能促使行政领导的成功，其中人格权威是内在的精神基础，职位权威是外在的体制保障。这样，一个结论就顺理成章地得出了：科层结构仅仅是领导活动的正式结构,而行政领导活动还必须依赖对非正式资源的开发,在非正式结构中,才能达到最为完美的效果。

(二) 非正式结构

自从梅奥的霍桑试验验证了传统的科学管理理论的缺陷之后,对组织内部人际关系的研究便成为管理学和领导学关注的内容。梅奥提出的"非正式组织"为管理学和领导学提供了更为深广的视野。按照这一理论,在任何一个组织中,既存在在正式结构中展开的领导活动,也存在在非正式结构中展开的领导活动。对于领导者来说,既存在正式领导者,也存在非正式的领导者。

首先,对于正式领导者来说,其领导活动并不是仅仅依赖正式结构就能实现的。正式结构是按照规章制度所形成的权力、职能配置体系,它为领导活动的运作提供了一种固定的制度化保障。但由于领导活动实际上是一种激发下属积极性、将组织目标转化为个人目标的艺术,因此,它必须要依赖正式结构之外的感情空间才能有效地激发起下属的动力与冲动。因为领导活动的目标并不是单一的,它不仅仅致力于组织目标的实现,更为重要的是,如何在实现组织目标的同时,也能提高员工的满足度,按照马斯洛的需要层次理论和优势需要理论,即能满足一个人在特定时段中的优势需要。可见,行政领导者并不是一种完全皈依于组织目标的"暴君",而是将各种资源组合在一起并使其总体能量大于部分之和(1+1>2)的"巧匠"。一般说来,非正式结构是以信任、尊重、爱护等因素所构筑起来的感情空间作为载体的。

其次,发生在一个组织内部的领导活动,也并不是由正式领导者完成的。由于在正式组织结构中通常还存在一个非正式结构,与此相应,也存在非正式的领导者这一极其重要的角色。非正式领导者是相对组织的正式领导者而言的。两者的区别在于,正式领导者拥有组织结构中的正式职位、权力和地位,其重要功能表现为领导组织以达成组织的目标。他通常按照组织给予他的权力、按照正式的沟通路线、按照严格的规章制度进行活动,如制订规划、方针、政策,以及授权、奖惩、控制和监督组织的活动等。而非正式领导者不拥有正式的职位、权力和地位,他的领导者地位主要是因他具有某方面的才能(例如,关心他人、技术高超、学识渊博、刚正不阿)而取得的,也就是说,他是凭借其个人魅力赢得众人拥戴的。非正式领导者总是按人们的需要进行活动,以满足人们的感情为其宗旨,例如,帮助解决私人问题、协调各种关系、提供有关信息、承担某些责任等。

正式领导者和非正式领导者的另一区别表现在:正式组织中的领导职位并不因某一领导者的去职而消失,这一职位可以由他人填补;而在非正式结构中,非正式领导者的离去很可能导致整个非正式组织的解体,因为他是整个非正式组织活动的中心和发动者。①

正式领导者和非正式领导者的相同之处在于两者对组织内的成员都具有影响力。正式领导者(即便他缺乏权威)可以运用合法的权力来影响下级的思想和行动,必要时可以采用权力的消极形式来影响下级;而非正式领导者的影响力完全基于组织内部成员对他的信赖,因此,其号召力和影响力是不可低估的。

在现实生活中,正式领导者与非正式领导者常常会发生背离。产生这一背离的原因有三。首先,某些正式领导者并不具有权威,这使非正式领导者的作用和影响力就显得尤为巨大。其次,正式领导者是由组织指定的,而非正式领导者是由组织内成员自发选择的,这一指定和选择在实际上往往发生差别而不能统一。最后,非正式领导者的身份使其比较易于适应组织和环境的变动,而这一点也正是正式领导者所缺乏的。因此,正式领导者可通过如下途径来弥补正式领导者与非正式领导者的背离。

首先,一个成功的领导者应该集正式领导与非正式领导于一身。非正式组织理论指出,非正式组织是一把双刃剑,运用或处理得当,非正式组织能够为促进组织的目标作出贡献。反之,非正式组织也能妨碍甚至破坏正式组织的目标的达成。非正式组织的这种正反两方面的作用决定了行政领导所赖以展开的结构既不能单纯依赖正式的、权威的体制结构,同时又不能将非正式结构推至无限扩展的境地,使其极大侵蚀组织目标的达成,应该充分开掘非正式组织的建设性作用,将其凝聚性力量纳入组织运作和开发能量这一轨道上来。因此,一个明智的领导者在发挥其正式领导作用的同时,要十分重视发挥非正式组织的作用和功能,即尽可能地满足下级人员的精神方面的需要,满足他们的自尊和自我归属感,充分注意人的价值,这样就能更好地行使其领导功能。

其次,注意协调同非正式领导者的关系,注意使他们的作用有助于完成组织目标。非正式领导者的可靠之处在于有雄厚的群众基础。对于那些德才兼备的非正式领导者,可以把他们吸纳到组织的正式结构中来,让其担任正式的领导职位。

再次,改善正式领导,消除潜伏在等级体制中的对抗性因素。如果一个正式领导者注意培养自己的开明的领导作风,注意在追求组织目标的同时也能满足组织成员的需要,会有助于上下等级关系的协调和融洽,有助于发挥各成员的积极性,进一步有助于组织目标的完成。

最后,在必要情况下,取代那些妨碍正式组织目标达成的非正式领导者,从而促成整个非正式组织的瓦解,或改变非正式组织的影响,使其向有利于组织目标的方向转化。

---

① 梅奥所进行的霍桑试验的结果表明,非正式组织的作用在于维护其成员的共同利益,使之免受其内部个别成员的疏忽或外部人员的干涉所造成的损失。为此,非正式组织中有自己的核心人物和领袖,有大家共同遵循的观念、价值判断、行为准则和道德规范。

总之,行政领导活动在依靠正式结构为其缔造合法性基础的同时,也必须注意如何在非正式结构中展示领导活动的真正魅力。对于独立于正式结构之外的非正式组织,也要因势利导,使其转化为有利于组织目标实现的建设性力量,成为与正式结构相补充的重要一环。

二、行政领导的过程

按照行政领导活动所依赖的资源及其内在特色,本书把行政领导的过程分为两个方面:一是科学化过程,二是艺术化过程。以下分而论之。

(一) 科学化过程

所谓科学化过程,就是指行政领导在其计划制订、控制与监督等方面,要尽可能地依赖科学管理和科学领导的知识资源和体制资源,使领导活动在一种规范的状态中展开。因为领导科学产生的首要标志就是决策和计划工作从日常的生产和管理中独立出来,为领导科学提供独具一格的研究对象。正是决策和计划工作的专门化,才导致经验领导向科学领导转变,领导活动的科学化过程便体现为行政领导者依靠科学的原则和程序进行决策和制订行动计划,以便使行政领导能够成为科学规律所支配的特殊活动,并使失误减少到最低限度。

科学化尽管不能涵盖行政领导活动的整个过程,但是领导者如果要保障领导活动的效能能够完满展现,使组织目标顺利达成,就首先要把自己的决策、计划制订、控制和监督等活动纳入科学的规范之中,否则,行政领导活动便失去了最为有力的保障。一般说来,行政领导活动的科学化过程体现为以下两个方面。

第一,领导者进行决策和制订计划必须按照科学的原则进行,即遵循科学的原则、程序,依靠科学的方法和技术进行决策和计划活动。首先,它要求领导者要建立科学的决策和计划体制,注重集体共同决策,决策过程中特别注意依靠各种智囊组织,注意与各种专家的横向联系,形成合理的人才结构,共同完成决策和计划制订活动。其次,它要求领导者将决策和计划制订建立在科学分析的基础上,从传统的依靠经验进行决策,转变为依靠科学分析进行决策,广泛运用新兴的科学方法和先进知识,将定性分析和定量分析结合起来,确保决策和计划的正确性和可靠性。

当然,科学化的决策活动和计划活动并不能完全保障其结果必然是"科学的决策和计划"。因为"科学地决策和科学地制订计划"是就其方式而言的,而"科学的决策和计划"是就其后果而言的,两者尽管不能完全相等,但是科学化的方法可以使决策和计划的失误减少到最低限度。

第二,领导者对整个组织活动的控制以及对下属的监督、考核必须纳入科学的规范体系中,才能确保组织目标的顺利实现。尽管领导活动并不都是在体制性的正式结构中展开的,但是没有权威正式结构的笼罩和包容,任何一个组织在当今社会都无从立足和发展。因此,领导者应该制订科学的控制体系、监督手段和考核指标,为行政领导活动的质量提供量化的检测指标。

(二) 艺术化过程

所谓艺术化过程,就是指行政领导活动仅仅依靠科学的原则和程序并不能最终实现组织的目标,而必须辅之以各种有效的激励机制,才能将组织的目标转化为个体的目标,使组织成员为整个组织主动贡献自己的才智。以激励为核心的领导过程就具有明显的艺术化特征。

领导活动不同于其他社会活动的一个特点就是,领导行为和领导目标之间存在间接性的关系,即制订和规划目标的领导者本人并不是目标的实现者,相反,他是依靠用人和调动下属的积极性使目标得以实现的。于是,领导活动的这一特征就集中体现为以"如何用人"为核心的艺术化过程。西蒙说:"长官"是决策者,而真正"开枪打仗"的是士兵。也就是说,没有士兵,"长官"的决策便无从实现,领导者下属的行为便成为实现领导目标的中介环节。理查德·尼克松(Richard Nixon)在《领袖们》一书中十分清楚地表达了领导活动的这一独特属性:"在单一的领域内干得好就可以人才出众,不需要领导别人。作家、画家、音乐家不领导别人,同样能搞艺术。发明家、化学家、数学家可以独自发挥他们的天才。但是政界领导人必须鼓舞拥护者。"[1]因此,鼓舞和激励下属自觉地实现组织目标便成为领导活动不同于其他社会活动的最重要的特征。

领导艺术具有经验性和非模式化的特点,即领导艺术一方面是领导者的经历、气质、学识、能力、个性等因素互相作用所构成的聚合状态,另一方面它又因时、因地、因人而异,没有统一的实践模式。但是,我们可以从这些丰富多彩的艺术化过程中抽象出它们所赖以存在的理论规定和类型划分。下文重点从权力运用和权威接受、授权艺术、用人艺术三个方面来分析行政领导活动的艺术化过程。

1. 权力运用和权威接受的艺术

正如前文所言,在当今科层化日益严重的今天,一个领导者往往是以其对某一职位的占有作为前提的。但是掌握职权的人并非注定拥有权威,即职权并不是一个人成为优秀领导者的充分条件。因为职权本身只有在灵活、巧妙的运用过程中才能产生权威并为下属所接受。马克斯·韦伯曾经提出过三种不同权威的理想类型:魅力型权威(或称为克里斯玛型权威),即领导者主要靠本人的才智、天赋来行使权威;传统型权威,即靠传统、习惯来行使权威;法理型权威,即靠法律和规章制度来行使权威。著名行政学家赫伯特·西蒙在谈到权威被接受的基础时指出,权

---

[1] [美]理查德·尼克松:《领袖们》,施燕华等译,海南出版社2008年版,第309页。

威之所以被接受的原因在于:①下级信任行使权威的人,这种信任可以建立在领导者的地位、能力或领导魅力等基础上;②下级接受并鉴别其他领导者的态度建议;③下级担心如不接受会遭到惩罚,这是权威的消极形式;④在权威被接受之前,下级往往感到必须这样做。西蒙进而指出,所有权威都有一定的接受范围,如超越这一范围,就会产生不服从,即下级只是在一定范围内接受权威。

因此,领导者所拥有的权力,并不是赋予其社会优势地位的资源,从其本源上来说,其权力来源于人民,领导者的身份从根本上来说是服务者,而不是指挥者和命令者(尽管他要行使指挥和命令的职能)。权力作为一种现实性的力量,它的来源和构成必须依赖于法律和规章制度、个人威望、多数人的支持与拥护等资源的支撑和巩固,否则权力只能是静止的,而不是扩展和增值的。我们平常所说的强制性不过是权力运用的消极形式而已,这一消极形式仅仅是保障领导活动能够顺利展开的最后一道防线。从这一角度来说,如何使下属接受领导者的权威,就成为领导活动艺术化过程的一个重要组成部分。

那么领导者如何运用权力才能使其权威顺利地被下属和组织成员所接受呢?

如果从领导者自身的行为方式着眼,可以将领导者运用权力的方式分为说服、示范和命令三种。其中说服是权力运用中的一种常见形式,也是最符合领导之本质规定的权力运用形式。领导者在与外界和组织成员的互动过程以及领导集体内部的交往中,更多的是采用说服的形式。说服的成功在很大程度上取决于一个领导者掌握的信息、技巧以及他的信誉和声望。谈判是说服的一种常见形式,它实际上是在领导者和被领导者沟通的基础上界定双方权利与义务的过程,因此以恳谈、对话、协商等作为外在表现形式的权力运用方式,要想获得成功,有赖于双方的需求和要求在沟通的过程中都能获得满足。如果达此目的,则意味着说服是有效的。故说服对领导者如何运用权力就提出了很高的要求。首先,有效说服的一个重要方法是将自己的某些提议与看法同组织的目标联系起来,以表示即将采取的行动是理性的、正当的、合乎组织内众人的愿望的。其次,也要尽可能地把即将采取的行动同组织成员的个人利益联系起来,使他们感到在完成组织目标的同时,也能得到个人利益的满足。与说服相对照的是,示范属于一种静止性的权力运用方式,它不具有说服具备的扩展性。而命令则是一种强制性的权力运用方式,是不得不采取的一种形式,所以我们说命令构成了领导活动得以展开的底线。一般说来,说服的效果要比命令好得多,因为组织内成员都有自尊的需要。故命令是一种体制性的结果,而说服更具有艺术化的特点。

如果从被领导者所承受的结果而言,可以分为奖赏和惩罚两种。奖赏是对那些对组织目标的达成有贡献者所给予的一种物质、精神的回报,它实际上是领导权力运作过程中的一种激励机制。故在物质奖赏和精神奖赏的基础上,晋升逐渐成为一种最富有激励功能的奖赏,它是领导者权力运用的一种积极形式。但是"奖赏不可多予",更不能随意给予,其原因有二:一是奖赏泛滥会导致这一形式失去积极意义;二是奖赏体现了领导者价值追求的取向,随意给予不仅会导致打破组织的程序化运作,引导人们把精力投向领导者认可和赞许的方向上去,而且还会引发群体成员之间的矛盾与冲突。惩罚作为权力运用的一种消极形式,是领导者说服失败之后采取的一种补救性领导方法,这是对阻碍完成组织目标行为的一种回应。同奖赏一样,惩罚不可滥用,更不能随意采用,因为惩罚会给人带来物质上的受损和精神上的痛苦。当然,惩罚与奖赏一样,它也是领导过程中的一种激励措施,它具有"逆反激励"的某些特点,即通过惩罚提醒人们防止阻碍组织目标实现的恶性行为的出现。从总体上来说,奖赏与惩罚应按照制度化的规则进行,同时还应把它纳入群体成员的监督之下。

2. 授权的艺术

授权是领导者普遍采用的一种领导艺术。这主要取决于以下三个因素。第一,领导活动多具有"领导行为与领导目标的间接性"特点,这决定了领导者必须依靠授权调动下属的积极性,才能有效地完成组织目标。第二,当代行政活动具有多样性和专业化的特点,任何一个行政领导者不可能是穷尽所有信息、具有完满的知识结构和具备专业能力的全才,故他必须在某些领域通过授权,依靠那些具有管理能力的专才,去完成组织目标。第三,现代行政领导不是以领导者为原点的垄断型活动,而是下属与领导者融为一体的参与型活动,下属正是通过参与和有效的管理,获得一种自我归属感和主体价值的实现,故如何将制定决策和执行决策有效地联为一体,就成为现代领导活动的重要特征。

授权的类型包括四种。(1)刚性授权,即对所授权力、责任、完成任务的要则、时间,均有明确规定与交代,被授权人必须严格遵守,不得有任何逾越。对一些重大事项宜采用这种授权类型。(2)柔性授权,即只指示一个大纲或轮廓,让被授权人有较大的自由做随机应变的处理。它宜用在事情复杂多变、领导对情况也不甚清楚、被授权人又精明强干的情境下。(3)惰性授权,即领导者将自己不愿也不必处理的繁杂事务交由下属处理,其中包括领导者本人也不知道如何处理的事务。(4)模糊授权。它与柔性授权有些相似,只是给予被授权人的权力限度和权力容量比较模糊。

领导者授权的原则主要包括以下内容。(1)因事择人,视能授权。授权并没有特定的法规和规章可以遵循,完全是凭借领导者对被授权人的认识和判断而展开的一种领导艺术,因此要将权力授予何人,必须要有所选择和权衡。择人的标准必须是他的能力与完成的任务相匹配。授权不是职务的晋升,是一种权力委托行为。领导者只有在对被授权人之能力、性格、身体条件及影响力进行综合判断的基础上,才能使授权获得令人满意的效果。(2)明确权责,适度授权。所谓明确权责就是领导者必须要向被授权人讲清所授予的权力大小和责任范围,讲清执行某项任务要达到的具体目标。所谓适度授权,就是要分层授权,只向自己的直接下属授权,而不越级授权。它包括三个方面:授权不是将自己的领导权力全部授给某人,而是将有关事项适当分别授予若干适合被授权的人;授权不能超出范围,不属于自己权力范围内的事,不能授权;授权一般是一事一授,有关任务完成了就及时收回权力。(3)授权留责,监督控制。领导者下授权力,但不下授责任,即可以充分发挥被授权人的积极性,但行动的后果必须由领导者承担,不能在下授权力的同时而逃避责任,否则授权便失去了应有的激励功能。授权留责不意味着领导者处于一种被动的局面,领导者不能干涉被授权人的工作,但也不等于放任自流,领导者对被授权人实施监督控制,以免使其偏离组织目标的方向,或出现权力的滥用。(4)防止反向授权。领导者在承担责任的同时,也要防止下级什么事情都往领导者头上推,以致领导者纵有三头六臂,也难以招架。这种反向授权已经背离了授权艺术的主旨,是组织结构不健全、授权艺术失败的必然结果。领导者必须严防成为反向授权的牺牲品。

3. 用人的艺术

领导者只有依靠用人,才能有效地促成组织目标的达成。用人并没有一定的规则和程序可以遵循,故这是体现领导艺术之真谛的奥秘所在。领导者首先要建立"人人可用"的理念,才能使其不是凭借主观臆断而将若干人排除在用人体系之外。古人所云的"智者取其谋,愚者取其力,勇者取其威,怯者取其慎"就是这个道理。美国钢铁大王戴尔·卡耐基(Dale Carnegie)的墓碑上镌刻的墓志铭——"一个知道选用比自己更强的人来为他工作的人安息于此",揭示了领导者用人的所有奥秘。领导者用人的前提是识人断人,即对人的判断。中国古人曾经提出通过"远使之而观其忠,近用之而观其敬,烦使之而观其能,卒然问焉而观其智,急与之期而观其信",以发现人才。西方管理学界提出的"经济人""社会人"假设,马斯洛的需要层次理论和优势需要理论,以及麦克格雷戈提出的X理论和Y理论,都为领导者用人提供了较为丰满的理论指导。领导者在有效地识人断人的基础上,明确了人的需要,就发展出了领导者用人过程中的激励理论,即通过满足人的需要来激发他们工作的积极性。这一激励过程就构成了领导活动中最为重要的艺术化过程。但是领导者受其自身范围的限制,他并不能发现所有的人才,况且,领导者识人断人总是受其价值偏好等主观因素的影响。因此,现代领导活动的一个重要特点就是要在组织内部缔造激发人才辈出的竞争机制,所谓"赛马而不相马"揭示的就是这个道理。故现代领导活动如果要确保组织目标的实现,就必须通过一整套机制使组织目标转化为个人自身的目标,西方在20世纪50年代之后逐渐兴起的"产权激励"[①]已经打破了原来的"领导者-被领导者"二元划分的格局,对于行政领导者的用人不无参考性价值。总之,领导活动在用人过程中展现出来的领导艺术,是评

---

① 关于产权激励,可参见[美]路易斯·凯尔萨、帕特里西亚·凯尔萨:《民主与经济力量——通过双因素经济展开雇员持股计划革命》,赵曙明译,南京大学出版社1996年版。

判行政领导者成功与否的一个重要指标。

第三节　行政领导的方式、类型和内容

一、行政领导的方式

行政领导的方式依据不同的维度，可被划分为多种类型，以下介绍常见的两种划分维度。

（一）首长负责制与合议制

以行政领导的主体为轴心进行划分，行政领导的方式可分为首长负责制与合议制。两种方式的区别在于权力分配不同。首长负责制指的是最高决策权掌握在一人手中，而合议制（也称集体领导制）的最高决策权由两人或两人以上掌握。由于行政领导是一种追求效率和速度的活动，因此行政部门一般采取首长负责制的领导方式，下文也主要围绕首长负责制展开论述。

首长负责制主要包含以下三重规定性。第一，行政首长对于本单位、本部门乃至本层级的领导和决策具有最高的领导权和最终的决策权，负有主要的或全部的行政责任。第二，首长负责制建立在一定的民主讨论基础之上，它要受制于各种民主化的规则。这也是充分发挥领导集体成员之积极性的有效保障。第三，首长负责制的运作是以分工负责的方式展开的。这种分工包括纵向分工和横向分工两个方面，即自上而下的逐层逐级的权责分工和同一层级各单位部门之间的权责分工，尽管最终的决策权力掌握在行政首长手中。这是由现代领导活动的特点及它展开的过程所决定的。

行政首长是行政领导活动能够顺利展开的关键。通常情况下，行政首长具有以下三个特点。（1）全局性，即具有提出战略思想的能力。（2）超前性，即具有能够预测本系统所潜伏的危机、面临的挑战以及确立未来发展优势的能力。（3）超脱性，即从根本上、宏观上把握行政领导活动的过程，不局限于某一群体或派系之中，对那些组织起来的群体以及没有组织起来的人员的需求，都能统筹兼顾。

现代行政领导活动并不是仅仅依赖行政首长就能顺利展开的，因为任何行政首长的活动总是在一个领导集体中进行的，因此强而有力的行政领导集体就成为领导活动能够延伸的制度化保障。系统理论指出，整体功能应大于个体功能的简单相加。要做到这一点，有赖于整体所依赖的个体之间的协调和取长补短，有赖于整体与环境的相互适应。从某种程度上讲，任何一个领导者都是某一领域中的偏

才。这是科学知识的日益专门化以及行政工作的分工所决定的。但是，偏才的集合却可以有效克服某一领导者个人的缺陷，产生一种整体效应。按照系统论的观点，偏才互相结合、协调配合得当，会产生出大于一般的全才。领导集体之所以能构成领导活动的延伸力量，关键就在于集体能量远远大于领导者个人的能量。领导活动从其功能上来讲，是一种通过资源组合谋求效果最大化的艺术。一般来说，领导集体要在以下四个方面成为资源组合得当的素质结构。(1)老中青相结合的年龄结构。领导集体年龄结构的理想状态是老中青相结合的梯次结构。不同年龄段的领导者在判断力、记忆力、反应力方面均有所差异。所以，这一梯次结构能够有利于各年龄区段的领导成员相互取长补短，它不仅能充分发挥各年龄区段领导者的最佳效能，还能提高领导集体的整体效能；其次，这一结构有利于领导集体有条不紊地实现新陈代谢，保证领导力量正常合作交替，为领导活动的稳定性和连续性提供基本保证。(2)高水平的文化知识结构，即领导集体成员在知识水平、专业方面的合理组合可以使领导集体有效应对各种新问题，使其知识组合产生一种整体效应。(3)领导集体的全面能力结构，即依据人数比例恰当、能力互相补充、专业分布合理的原则，建立一个具备全面能力结构的领导集体。中国古人把领导者分为"仁人型"和"能人型"两种类型，就是试图通过仁人型领导者的价值引导、人格感染和能人型领导者的行动效率、有效指挥，确保组织目标的顺利实现。因此，这两种领导者类型的组合就成为一个最佳领导集体的标志。(4)协调互助的性格气质结构。每一个领导者均具有特殊的性格气质，一般来说，领导集体的性格气质结构应具有互补性和相容性的特点，以避免因性格气质差异而引发冲突和内耗。故同一气质类型的成员组成的领导集体，往往会导致无休止的内部冲突，也就进一步阻碍了领导集体整体效能的发挥。

行政首长负责制和集体领导的关系主要表现如下。(1)集体领导不能代替首长负责制。集体领导并不意味着行政决策权掌握在集体手中，不意味着决定的作出改由集体以少数服从多数的表决方式进行，不能借口集体领导而剥夺行政首长应有的权力。反过来，行政首长也不能借口集体领导而推卸责任。行政首长不是以个人的名义而是以行政机关的名义作出决定，故他需要领导集体其他成员弥补其自身的不足，但行政首长一旦作出决定，按照首长负责制的规定，他又必须承担主要的责任。(2)首长负责制是一种组织领导制度，而领导集体的分工负责只是一种运作方式。从严格意义上说，在实行首长负责制的行政系统中，对整个行政机关的工作结果承担最终责任的只能是行政首长。行政首长握有权力，就要承担责任，这符合权责相称的原则。领导集体内的个人负责有两方面的含义。一是对分工领域的工作负责，这一责任通常来自行政首长下授的权力。这是工作层面上的负责。二是对行政首长负责。这是终极意义上的负责。领导集体的成员基本上都是掌握最高决策权的行政首长挑选出来的（最终的确认还需经有关部门认可和批准），因此,领导集体成员都是在执行行政首长作出的决定,故无论从逻辑上还是从道义上来说,他们必须向行政首长负责,而行政首长就成为所有重大责任的承担者。

(二) 任务取向的领导方式与人员取向的领导方式

以行政领导的取向为轴心进行划分,可以将领导方式划分为任务取向与人员取向两类。

任务取向的领导方式,主要关心组织效率,重视组织设计,明确职责关系,确定工作目标和任务。它注重任务的完成,而不注重人的因素,忽视人的情绪和需要,使下属变成了机器。

人员取向的领导方式表现为尊重下属意见,重视下属的感情和需要,强调相互信任的气氛。所以,美国著名企业家玛丽·凯(Mary Kay)提出的感情激励说认为:每一位领导者都应该知道,上帝在每个人的身上都种下了伟大的种子,每个人都是重要的。领导者的重要工作之一就是让下属感觉到自己重要,这会鼓舞他们有更出色的表现,为组织的目标作出自己的努力。从感情激励这一方式我们或许可以获得这样一个启发:一个真正优秀的领导者应该具备这样一个条件,他的下属都感觉到自己在领导者心目中的地位是最重要的。

在现实生活中,领导者只有将任务取向的领导方式和人员取向的领导方式实现有机的结合,才能保证领导目标的达成。任何偏重单一方面的领导方式都只能导致领导的失败。

二、行政首长的领导类型

每一位行政首长在行使其领导职能时,都会产生自己特有的领导行为和领导风格。这一行为和风格的形成,有赖于组织结构、人员素质、组织目标和环境等客观因素,也有赖于个人气质、经历、学识、价值偏好等主观因素。一般说来,行政首长的领导类型包括以下三种。

(一) 独断型的领导行为模式

采用独断型领导方式的领导者注重正式组织的结构、组织的规章制度,以及组织内正式的沟通程序。他以大权独揽的方式对下级进行领导,将决策权高度集中在自己手中,下属完全处于被动地位。此外,他还注意避免同下级发生比较亲密的个人关系,下级因而通常对他敬而远之。这一领导行为模式的优点在于领导者行事效率较高;其缺点是,由于缺乏上下的感情交流,下级满意程度较低,下级通常是被动地服从命令和指挥,主动性和积极性不易发挥。可见这一领导行为模式更多地接近于"headship",而不是真正意义上的"leadership"。

(二) 放任型的领导行为模式

采用放任型领导方式的领导者通常不把持决策权,对下属采取自由放任的态度,是一种弹性或自由度较大的领导方式。与第一种领导行为模式相反,这一类型的领导者重感情交往,关心下级的需要,并尽可能满足他们的某些要求,进而同下级维持一种良好的人际关系。但是,由于这一模式不强调领导者本身的权力运用,因而往往导致实际上的无人领导,工作经常处于混乱和无秩序状态,其工作效率之低是显而易见的。不过,上下之间的满意程度则大大超过第一种模式。

(三) 民主型(也称参与型)的领导行为模式

民主型领导方式是居于以上两者之间的一种领导行为模式。采用这一领导方式的领导者既注重正式组织结构的作用、规章制度的作用,又不完全大权独揽,在某种程度上还设法使下级参与一些决策,善于在决策过程中发挥下属的作用。对决策的执行采取分权的方式进行,对下属工作的检查监督主要依靠有一定自主权的部门来进行。

除以上划分方法以外,也有从另外的角度描述其他类型的领导行为模式的。如以领导者自身所追求的目标为标准进行划分,可分为避免失败型的领导行为模式(其特征为不求有功,但求无过,行事谨慎,行动消极,观念保守等)和追求成功型的领导行为模式(其特征为敢于探索,敢于承担风险与责任)。

显然,在现实生活中的领导者极少有人完全与上述行为模式相吻合,较多的情况是几种方式兼而有之。上述几种类型的划分是在抽象领域中进行的。至于一个领导者在现实生活中采取何种行为模式,可能受到各种因素的制约。任何一种领导行为模式一旦被采用,就成为塑造组织内特定气氛的主导力量。因此,领导行为模式的选择决定一个组织内部的精神气质。

三、行政领导活动的内容

行政领导活动的内容主要包括以下五个方面。

(一) 计划活动

计划是整个组织活动过程的起点和归宿。计划活动包括确定目标及先后次序、预测未来、确立行动方案和组织落实、评价和修正计划。计划活动在行政领导过程中具有不可替代的重要作用。首先,它能集中组织内所有成员和次组织对组织目标的注意,并将他们的活动与这一目标协调起来。其次,计划可以减少未来不确定因素对组织活动的干扰,尽管它不能完全消除这种干扰。最后,计划提供了对实际工作成果进行衡量的标准，提供了一个可参照的依据，为展开组织的监督活动提供了基础。

（二）组织活动

组织活动在于保持完成计划所必需的活动的连贯性和步调一致，保证执行系统内部过程发展的平衡并在必要时加以调整。它包括人员的组织、财力和物力的组织、时间的组织以及信息的组织。

（三）指挥活动

指挥活动指领导者通过与行政组织层级相一致的权力线或指挥链，实施上级对下级组织和个人的领导。指挥活动通常具有两种形式：一是行政命令，它以强制力为后盾，要求下级部门或下属按程序完成其应完成的任务，体现一种命令和服从的关系；二是行政指导，它包括战略指导和策略指导，不具有强制力。

（四）协调活动

领导者的协调与调整活动是由行政工作的专门化决定的。现代行政活动的特点之一就是分工越来越细，由此产生的协调活动也就越来越多。领导者的协调职能主要体现为两个方面：一是组织方面的协调，即使与行政组织的目标有关的所有活动协调一致，以避免事权冲突，工作重复，以及由此导致的无效劳动；二是人员方面的协调，即使个人的活动在组织的目标下高效率地进行，不至于造成人浮于事、权责不分和职责不明。行政领导的协调活动主要通过三种途径得以完成。一是通过政策与目标达到组织活动的协调。其主旨在于使整个组织的成员了解组织目标，并以此作为行动的依据与指南，作为衡量工作的标准。二是通过行政组织的层级结构获得协调。其主旨在于消除领导成员或监督人员之间的冲突与摩擦，保证整个组织的领导体系顺利运转。三是通过正式沟通（与命令、指示、政策有关的沟通）和非正式沟通（无任何强制力的感情交流）获得协调。其主旨在于使组织上下团结一致，共同行动，消除组织内部可能存在的猜疑、矛盾、流言或内耗这类有碍组织运转的消极因素。

（五）控制与监督活动

行政控制和监督涉及两大类，即系统和人。所以，行政控制包括按照行政法规和规章所进行的规范控制，对组织活动过程中的问题和缺陷加以纠正的组织行为控制，以定期考核和奖惩作为表现形式的个人行为控制，以及通过感情沟通所进行的非正式组织控制。

复习题

1. 行政领导的独特性表现在哪些方面?
2. 试比较正式领导者与非正式领导者的异同。
3. 试述首长制与集体领导的关系。
4. 行政首长有哪三种领导类型?
5. 行政领导活动包括哪些方面的内容?

第三章
行政决策

行政决策是公共行政的一种重要职能。如何提高决策质量和决策效率，进而取得良好的政策效果，是公共行政的一个核心问题。构成行政决策的要素、决策及执行过程的特征，以及行政决策的趋势构成了本章的主要内容。

第一节　行政决策概述

一、行政决策的含义

所谓决策，顾名思义，就是做出决定。随着管理科学在20世纪10年代兴起，现代意义上的决策概念首先被引入企业管理领域。一个企业家，如何选定投资项目，如何确定生产指标以及如何打通销售渠道等，无疑需要运筹谋划，在尽可能多的方案中做出最佳选择。管理学者把企业家的这种活动称为决策，并提出了有关决策的一般理论和规则，用以指导决策者的决策活动。决策理论的创始人赫伯特·西蒙认为，所谓管理决策，就是根据一定的目标，研究各种达到目标所遇问题的解决方案，由决策者运用其智能、见识、经验以及判断力，权衡环境因素及相关条件，选择一种最佳的行动方案。简言之，决策就是在两种或两种以上可能采取的行动或不行动的方案中做出选择的行为。

行政决策是政府的一种行政行为，因而它是一种体现政府职能、针对公共事务并具有公共权威性质的决定。行政决策具有一般管理决策的共性，同时还有不同于其他企事业管理决策的个性。集中的表现就是行政决策具有鲜明的政治性，具体表现为以下五点。

（1）行政决策的主体只能是国家行使行政权的行政组织及其行政人员，相关的权限必须由国家宪法和有关法律规定。

（2）行政决策的客体是整个国家和社会的公共事务。它是由行政主体代表国家和人民的利益，来处理涉及社会生活各个领域的最广泛的国家社会公共事务。

(3) 行政决策活动必须以法律为依据。各级行政组织及其负责人根据法定的决策、权限,依法制定和实施其相应的职权范围的行政决策,并依法保障各级独立的行政决策权。

(4) 行政决策通过行政方式作用于社会,具有强制力。既定的行政决策,对决策主体管辖范围内的一切有关的企业、事业、机关、团体和个人都有约束力。

(5) 行政决策者要承担政治和法律责任。当行政决策者由于主观方面的原因,造成决策活动中有违法行为并带来严重的社会后果时,要依法追究其相应的法律责任。

因此,行政决策具有明显的政治性,它属于政治决策的范畴,是政治系统中的一类决策。

二、行政决策的要素

行政决策是一个复杂的社会工程。一项全面而合理的行政决策至少应当同时具备下述五个要素,否则就不是完整的行政决策,或者不可能产生准确且切实可行的决策。

(一) 决策主体

决策主体即依据法定程序授予而拥有行政决策权的行政决策者。行政决策主体同其他社会活动主体相区别的一个重要方面是,它具有国家赋予的行政权,是以国家权力为后盾的。因此,行政决策的主体只能是具有管理国家公共事务行政权的组织和个人。这主要是指中央和地方各级国家行政机关及其行政人员。由于现代社会的规模越来越大,行政决策的面也越来越广,因此,行政决策的主体呈现出多元性和多层次性。所以,行政决策的主体除了上面所说的管理国家公共事务的行政机关领导者外,还应包括行政决策机构和参与行政决策机构的各类人员。

(二) 决策客体

决策客体是指中央和地方各级国家行政机关为履行其职能,依法处理的国家事务、社会事务和经济事务。中央和地方各级国家行政机关要履行其职能,就必须处理这些事务,行使行政权。行政决策客体通常由两部分构成。一部分是由中央国家行政机关进行决策的决策对象,一部分是由地方各级国家行政机关进行决策的决策对象。就中央国家行政机关而言,它是从整体上对全国性的相关事务进行决策,确定大政方针。这种决策带全局性,具有战略意义,必须高瞻远瞩,全盘考虑,其行政决策对象包括国民经济和社会发展计划、国家预算、经济工作和城乡建设、教育、科学、文化、卫生、体育、民政、公安、司法行政和监察等。就地方各级国家行政机关而言，它主要是根据中央国家行政机关和同级人大的命令、指示，对本行政区域内的国家公共事务进行领导和管理，做出行政决策。

（三）行政信息

行政信息是指反映整个行政管理活动的各种资料、情报、数据、指令、密码、符号、文字、语言、信号等的总称。行政信息是行政决策的基础，两者有着密不可分的联系。决策必须从信息中来，信息也只能到决策中去。决策的过程实质上是信息的输入、转换和输出的过程，决策的科学化程度与信息的准确全面程度成正比例关系。行政信息必须经过加工处理，对各种信息进行技术处理和论证分析，从中得出科学的论断或假设，作为科学决策的依据。为此，行政信息的加工处理必须遵循及时性、全面性、真实性、准确性、适用性以及经济性原则。

（四）决策方法

决策在本质上是一个复杂的思维过程，行政决策的科学方法总是以思维方式的科学化为基础的。因此，对于行政决策来说，如何掌握好科学的思维方式进行科学决策是一个十分重要的问题。由于现代行政决策对象日益复杂化且处在动态之中，所以，就必须在遵从行政决策规律的基础上，正确运用以下科学的思维方式。第一，整体性思维方式。整体性思维方式强调把决策对象看成一个整体，立足整体，从整体出发，统筹全局，从整体与部分、整体与环境的相互作用过程来认识整体和把握整体。第二，结构分析思维方式。这一方式主要分析系统中各要素的相互联系，然后对各方面进行整体概括，确定各要素的最优结合方式。第三，层次性思维方式。层次性思维方式着眼于决策对象系统多层次的等级结构，全面分析各层次的性质功能及规律，从而确定不同层次的发展目标和对象。在运用科学思维方式进行决策时，要注意增强主动进取意识，敢于打破旧框框的束缚，敢于想象，善于启动发散性思维，进行创造性决策。随着科学技术的发展，人们也开始越来越多地借助大数据、人工智能等方法来提高决策的效能。

（五）决策效果

任何决策都是为了实现一定的预期目的，任何决策也都会产生一定的或好或坏、或理想或不理想的效果，所以，效果是行政决策的要素之一。决策效果引导决策的方向，并从一定意义上决定决策的方法，同时反映决策者的决策水平，检验决策方法的科学性、可行性、时效性和决策目的的合理性、现实性、社会性。对行政决策来说，追求良好的社会效果是行政决策的出发点和评判标准，为其公共性质使然。

三、行政决策的理论与模式

自 20 世纪 40 年代美国管理学家西蒙写了《行政行为——行政组织中决策过程的研究》一书之后，在决策理论的研究中出现了好几个学派。

以切斯特·巴纳德为代表的社会系统学派。巴纳德首先指出：包括行政组织在内的社会各级组织都是一个协作系统，即由相互协作的各个人所组成的系统。参加协作的各个主体都具有一定的决策自由和功能，协作的基础是协作的意愿、共同的目标和信息联系，其中组织中经理人员的作用只在于对协作的努力进行协调，以实现协作并实现组织的功能。巴纳德的协作系统理论为行政决策理论提供了基础。

以赫伯特·西蒙为代表的决策理论学派。西蒙认为：组织中人的协作有共同的模式，协作的过程就是管理的过程，管理的过程就是决策的过程，因而组织就是由作为决策者的个人组成的协作系统，决策贯穿于管理的全过程。西蒙还分析了决策的准则、类型、过程及决策与组织结构的联系、人-机系统在决策中的作用等范畴。

以哈罗德·拉斯维尔（Harold Lasswell）为代表的行为主义政治学学派。拉斯维尔等行为主义政治学家认为，权力是国家政治现象和政治行为的核心问题，所以应是政治学的主要对象。受此影响，一部分行政学者认为，行政权力是国家基本权力之一，所以，行政权力应当是行政学研究的中心。而行使行政权力的活动过程就是积极的行政决策过程，行政决策是行政权力的最重要和最直接的体现形式。也可以说，行政权就是行政决策权，从这个意义上说，研究行政权实际上就是要研究行政决策权。

美国学者查尔斯·林德布洛姆在 20 世纪 50 年代确立的渐进决策理论。该理论把政策制定过程看作一个不断修改、调整以往政策的过程，而不像理性综合决策那样要求重新全面考虑政策方案。这一模式是林德布洛姆针对理性决策模式的缺陷，根据实际决策制定过程的特点，从决策实际上是如何运行的角度出发提出来的。其特点为：决策目标是逐渐明确的，在尚未确定清晰目标之前，先制定和实施一个初步的方案，在进一步探索中明确目标；决策方案的分析活动比较简化，评价的方案数量少、范围小；决策制定过程中注意协调和平衡各方利益以达成大多数人能共同接受的方案。

艾米泰·埃佐尼提出的混合扫描决策模式（也称综视决策模式）。这一模式试图把理性综合决策和渐进决策两种模式结合起来。混合扫描的决策是这样一种过程：首先确定一个较大的决策考虑的范围，在这里可能包括一些重要的决定，也可能包括一些不重要的决定，然后把主要力量集中于那些"重要的决定"上面。在备选方案的选择方面，集中注意似乎可能的和有希望的选择，从而创造性地选择决策方案。

最后是经验型决策模式。它是决策者凭直觉判断和经验制定政策，主要依据的是决策者的智慧、知识、经验、胆略、逻辑思维能力等。对一些简单决策、基层决策,以及一些不确定因素较多的决策,需要当机立断时,经验型决策模式仍然是需要的,不能视为不科学。

第二节　行政决策过程

一、行政决策过程的阶段

决策在西蒙看来可以由四种主要活动构成,即情报活动、设计活动、抉择活动和审查活动。这些活动在行政决策过程中,具体包括如下四个阶段。

(一)确定决策目标

确定决策目标是行政决策的第一阶段,它构成决策的前提。目标的确定包括两个方面:一是通过对整体环境的探察、研究,找出制定决策的理由;二是在探察所积累材料的基础上,分析和辨明决策的条件,进而确立决策目标。准确、完整地陈述和抽象出问题,是正确确定决策目标的前提。确定决策目标的标准是指为实现正确的决策而对政府管理过程所限定的某些规范:第一,决策目标必须建立需要与可能之间的平衡;第二,决策目标的表述应当准确;第三,决策目标系统应主次分明。当决策涉及多个目标时,可以这样做:首先,可以根据各个目标的基本性质、因果关系、层次高低或重要性进行大小排列组合,优先考虑必要的重点目标;其次,可以通过目标归并减少目标的数目,这样可以促使政策相对集中,增加决策的有效性。

(二)拟订备选方案

拟订备选方案是行政决策过程的第二个阶段,构成决策的基础。拟订备选方案的特点是预测、创新和对比,其中创新是核心。

这一阶段包含三项基本任务:第一,列出全部备选方案;第二,确定每一方案的后果;第三,对全部备选方案可能的后果进行对比性评价。

备选方案往往要经过粗放设计阶段和精致设计阶段。备选方案的设计标准是一种对现实环境做出准确反应的创造性思维规范。除了综合、整体、效用、动态等方面外,还有量化、技术监督等标准,需要在拟订备选方案时高度注意。在拟订方案过程中有两项必要的工作不可忽视:第一,对方案结果的准确估计;第二,对实施细则的明确规定。

此外,拟订决策方案必须遵循两个原则:第一,方案要详尽完备;第二,方案要互相排斥。这样才便于选择。

(三) 选定行动方案

在备选方案拟订之后,就进入选定行动方案的关键阶段,因为它直接关系行动的方向以及达到什么目标。

一个方案的价值标准包括这一方案实施后的作用、效果、利益等。抉择价值标准的核心问题具有相对性、综合性和灵活性。其中,相对性是指选定行动方案的折中性质,综合性是指抉择标准的全面性质,灵活性是指抉择标准的动态性质。

满足决策方案最优标准的条件有五点:(1)决策目标有数量指标;(2)穷尽所有的可能性方案;(3)每个方案的执行结果必须明了;(4)择优标准绝对明确;(5)决策不受时间条件限制。在实际行政决策中,任何决策方案,至多只能达到可以满意的有限目标,因而在择取方案时,依据一个满意原则即可。这个原则又被称为"有限合理性"原则,或"甚优"原则、"够好"原则。

此外,在进行行政决策时,还要注意"留有余地"或"几套方案",以便随时随地根据情况变化应变实施。

(四) 决策过程反馈

决策过程反馈是指在整个决策过程的确定目标、拟订方案和选择方案的不同阶段中,不断地通过信息反馈,对过去的抉择进行实践性评价和检验,尤其是对最后的抉择进行实践性评价和检验,验证决策的正确与否及其程度,及时修正决策方向或弥补决策遗漏,从而避免重大决策失误。

从发展序列上看,反馈通常表现为:(1)在最后抉择公布之后,实施之前的信息反馈;(2)最后抉择付诸实施之后的信息反馈。对行政决策来说,在序列上采取第一种情况作为反馈的主要形式,并配合以第二种情况下的反馈,更符合其公共性质和社会性质。因为行政决策是以公共利益为出发点的,这就要求决策者在决策时,尽可能多、尽可能快地提前通过反馈,收集社会反应,作出尽可能好的决策,并使决策获得尽可能好的结果。

二、若干条件下的行政决策

(一) 不确定条件下的行政决策

在行政活动中,很多决策方案的结果是多向的且不确定的,由于方案的实施具有某些不可控因素作用的缘故,有些决策不仅存在着不止一个不同类型的环境条件(这些环境条件的出现不以决策者主观意志为转移),而且决策者或者没有能力,或者不可能准确地预知各类环境条件出现的概率。此类决策问题就是不确定条件下的行政决策。

为了尽可能地减少决策中的不确定性，我们就需要对事件发生的概率进行预测判断。为此，有美国学者提出了预测判断的概念模型。该模型认为：预测判断与三个相互作用的因素密切相关。

第一，预测判断的环境，如政治环境、经济环境、社会环境、文化环境等。环境为行政决策者提供信息，同时也影响和制约决策者的判断活动。

第二，作预测判断的行政决策者。各级决策人员从环境获得信息，通过思考进行加工，形成自己的判断，最终确定自己相应的策略，并付诸实施。

第三，决策结果。行政决策者经过对环境的分析，以及对各种信息的加工所进行的决策必然产生结果。这种结果反馈回来，往往使决策环境有了变化，同时对决策者产生影响，使其在下一轮对获得的信息进行加工时，不得不把反馈回来的信息作为重要的考虑因素。

上述预测判断的概念模型有助于我们系统地分析预测判断产生偏差的原因及改进的途径。导致偏差的原因往往是信息采集的不完备，但人的自身能力和认识水平导致的偏差也是不可忽视的。以下是处理偏差问题的三个基本原则。

第一，可表达性原则及其偏差。这要求行政决策者善于透过现象看本质。实践表明，人们普遍对于隐含在问题中的起基本作用的因素不予重视，甚至极少有人表达出希望"表达"一下的愿望，从而造成判断的误差。

第二，易获得性原则及其偏差。在信息处理过程中，人们会重视某些信息，忽略某些信息。而人们最重视的往往是那些使人获得强烈印象的信息，这就是所谓直觉判断的易获得性法则，从而导致判断出现偏差。

第三，锚定和调整法则及其偏差。人的信息处理能力（包括计算能力、分析能力）都是有限的。在有限的时间、空间、资金、精力条件之下，人们常常不得不先对问题作一个粗略的估计，然后再进行调整，以形成较理想的判断，但这种法则同样常常引起判断偏差。

在不确定条件下，人们通常会根据自己的价值观采取不同的选择准则，如乐观的、悲观的、折中的等各种准则。

第一，乐观准则。按照这一处理准则，决策者认为：无论他选择哪一个方案，都会有最适宜的环境条件，他只需取效用值最高的就绝对没有错误，于是，他将以优中选优作为自己决策的指导思想。

第二，悲观准则。这种决策的思路是：不能把客观条件想象得那么完美，为了保险起见，不如从最不利的角度着想。既然每个方案都可能遇到最不适宜的环境条件（如不适宜的自然环境、不适宜的经济环境），那么在决策中就应该先找出各种方案的可能的结果中最不理想的，在此基础上寻求相对好一点的方案。

第三,折中准则。如果决策者既不完全乐观,也不完全悲观,而是采取中间态度,则可以取每个方案的最大效用值与最小效用值的两者之和,然后再得出一个调和的折中值,作为决策的依据。

第四,等概率准则。如果行政决策者不能确定各类环境出现的概率,可以假定所有情况出现的概率相同,取各种不同方案所有可能的结果的平均值,再从中取大。这种方法被称为等概率准则。

第五,最小悔值准则。在每一种环境条件下,都有若干备择方案待选。如果选择不当,就会降低可能获取的最大效用,以致事后后悔。这一准则要求尽量避免方案的实施结果与实际可能达到目标的机会损失,从而感到后悔,然后以最小后悔值之方案作为满意标准的方案。

(二)复杂问题条件下的行政决策

在进行行政决策时,有时会遇到非常特殊的情况,如在逆境中,在遇到危机时,以及在风险条件下。这种行政决策带有一定的特殊性。

面对复杂的行政问题,决策一般包括以下基本步骤。

第一,分析并认清情境。当遇到复杂问题需要解决时,首先要弄清你所要处理问题的情况有什么样的风险,是否处于逆境情况下,导致风险的原因是什么。

第二,提出可供选择的决策方案。在决策时,要设计多种可供选择的方案,至少要两种。

第三,比较各种方案。各种可供选择的方案各有利弊,很少有某个方案可以做到百分之百的令人满意,可以把各种方案的长处、短处都列出来,进行对比、衡量等。

第四,评估风险。任何方案都存在风险,要准确地预知决策的风险不是一件容易的事。因此,必须对各种方案的风险情况进行详细的评估,从中选出一个风险最小或可以避免风险的方案。

第五,选出最理想的备择方案。在有些情况下,各备择的方案中可能有些明显地优于其他方案,有些明显地行不通,很容易予以排除。但对有些方案需要全面考虑,绝对不可简单行事。

复杂的行政决策由于遇到较多的困难,需要克服多种心理障碍,突出的有以下几种。

第一,强迫症。这是一种心理压力使决策者表现出与自己意志相反的行动,也称为强迫性反应。其原因可能来自内在的主观意识,也可能是受外部的强烈暗示。这样的行政决策者往往受到某种心理压力而迫使自己做出某种决策,而这种决策往往是不成熟和考虑不周的。

第二,后果焦虑症。有的行政决策者在做出某种决策时,心中充满了不愉快的感觉。他们害怕由于推测错误而做出不正确的决策,并倾向于曲解或美化一个不正确决策引起的后果。

第三，无所事事症。有这种心理障碍的行政决策者不愿意采取任何行动，总是设法推诿。但又与后果焦虑症有所区别，患有这种心理障碍的人并不极度地受到焦虑的困扰，只是好像不大喜欢采取行动而已。

人的心理状态往往在变化之中，需要对有心理障碍的人及时加以引导。此外，在对一些复杂行政问题进行决策时，特别是进行风险决策或危机决策时，要邀请决策心理顾问参加。

处理复杂的行政事务，决策失误常常是难免的，但失误了要及时补救，并避免再犯同类错误。对行政决策失误的补救，一般应采取以下步骤。

第一，再认识。这是首先应当采取的步骤。有决策就有风险，就可能包含着错误。参与决策的行政领导，有失误就要承认，分析其原因，并努力尽其所能加以补救。

第二，再排序。一般情况下，行政决策是一个多步骤的过程。应该反思每一步，看清哪一步出了问题，以便找出解决问题的方案。

第三，再定位。有些行政决策表面上看是正确的，但是在某些环节出了问题，因此麻烦就出现了。如果能准确定位其中有问题的环节，并加以改正，整个行政决策还是可行的。

第四，再修订。由于情况有了较大变化，原来据以制定行政决策方案的基本信息有了变化，势必需要进行相应决策变化。这种大的修订，也许会带来某些重大的损失，但能及早修改错误的决策比拖延更好，否则损失会更大。

第五，再评估。结果好坏是评估决策好坏的依据。行政决策者应当善于从实际效果来分析在决策时有什么经验教训。

（三）专家参与条件下的行政决策

专家一般是指身怀一技之长或精通某一门业务的有识之士。由于预计行政决策的性质和决策对象日趋复杂化、专业化、动态化、社会化、未来化，专家的参与也日渐增多，其作用也日渐重要。

参与行政决策的专家就类型而言可分为三类。(1)技术专家。技术专家以技术见长，其参与行政决策的思维方式也通常以技术为原则。(2)行政专家。行政专家以政府行政的资历见长，一般有较丰富的行政工作经验，能够比较熟练地处理各类政府事务。(3)管理专家。管理专家的特长是能以人为中心，其基本职能是以合理分配公共组织的权责，调动各方面的积极性，产生合理、科学的行政决策。

当然，并非所有的行政决策都需要专家参与。专家可参与的形式主要有三种。第一，参与行政决策，提高决策的科学性。当代社会的行政决策，要求决策者具备现代科学决策的理论、程序和科学素养，而专家对决策的参与，无疑是决策科学化的必然要求。第二，为决策者提供咨询服务，开阔决策者的视野和思路。第三，对不确定条件下和复杂问题条件下的行政决策进行"会诊"。对于处理行政工作中的一些非常规事件,行政领导往往缺乏经验,也没有规定和程序可以参照。为此,行政决策者可以邀请专家进行"会诊",找出问题的症结,以寻求解决的途径。

专家在决策中的作用无疑是重要的,但专家的作用也存在某些局限性,具体表现为以下几类矛盾:第一,专家专业知识的单一性与行政决策综合性的矛盾;第二,专家专业知识的技术性与行政决策的政治性的矛盾;第三,专家意见的多元性与行政决策唯一性的矛盾;第四,专家专业知识的滞后性与行政决策的时效性的矛盾;第五,专家品格的消极性与行政决策的公共性的矛盾。

如何克服和消除专家在行政决策中的局限性,充分发挥其有效性,关键还是看行政决策者如何正确理解、把握和灵活运用专家的创造力,按照不同的决策性质和决策要求具体设计专家和专家团体在行政决策中的作用。

三、信息技术的运用

(一) 网络技术

1. 网络技术对行政决策的积极作用

网络技术作为一种最新的高科技技术,一旦被纳入行政决策的支持系统,就必然要发挥出巨大的潜能。网络技术能保证行政决策信息的高质、多量,提高决策过程的透明度,缩小决策范围,强化决策执行的监督,有利于行政决策的科学化、民主化。它主要表现在以下几个方面。

(1) 增强决策的理性选择。管理决策的基石是由西蒙提出的"有限理性"学说,而信息的不完备是影响人们进行理性判断和决策的直接原因之一。信息技术的发展可逐步实现在适当的时候,把适当的信息提供给适当的管理者,这样就改善了决策者的有限理性。网络化电子政务的实现,使公共行政决策者可以在广泛了解决策所需信息的前提下进行决策,避免靠经验决策和决策信息不完备导致的决策的盲目性现象,从而提高行政决策的科学性和合理性。

(2) 优化行政决策过程。行政决策可分为程序化决策和非程序化决策两类。以计算机为基础的信息技术完成程序化工作的效率与功能是不言而喻的。在计算机尚处于实验室阶段时,美国10年一次的人口普查只能用制表机来处理普查数据,以至于在人口普查结束4年后,数据尚未处理完毕。第一台专门设计用于商业目的的计算机 UNIVAC,[①]就因总共服役7万多个小时并成功处理了美国人口普查局

[①] 实际上,第一台生产出来的商业计算机是 BINAC,但由于 BINAC 是利用了 UNIVAC 的专门设计技术而抢先"克隆"出来的,所以第一台设计用于商业目的的计算机的桂冠应非 UNIVAC 莫属。参见叶平:《第一家电脑公司的命运》,《中国电脑教育报》1999年第14期。

的人口普查数据而被载入电脑史册。这是计算机处理程序化决策的成功范例。而对于非程序化决策,信息技术也可以提供强有力的信息支持。1952年下半年,美国朝野都忙于为次年大选做准备。候选人分别是在二战中立下赫赫战功的62岁的艾森豪威尔将军和演说家阿德莱·史蒂文森(Adlai Stevenson),由于前者早已解甲归田,新闻界舆论对后者获胜的预测几乎一边倒。出于好奇,新闻界请出UNIVAC来做个预测。数据分析结果出乎人们的意料,电脑认为获胜者是艾森豪威尔将军,而且票数与史蒂文森相差悬殊。人们对此不以为然,因为UNIVAC依据的不过是5%的选票,根本不足为据。然而,大选结果却是艾森豪威尔将军大获全胜,且选票超过对手五六倍。① UNIVAC又一次证明了信息技术在非程序化决策中的强大作用。

（3）收缩行政决策范围。从信息角度考虑,非网络时代政府对社会具有的服务、管理、协调、指挥等职能,可概括为信息不对称时的协调。信息不对称起因于信息传递工具的欠缺和信息流通渠道中人为因素的作用。政府为确保社会的秩序化运行和发展,必须承担起社会调控中心的角色,用公共服务与监督抵消消息不对称的破坏力。以前,我国网络信息的主要提供者是政府,政府对信息资源的控制与利用,是其实现调控功能的重要支撑。而社会各组织由于在信息享用上不同程度地受控于政府,从而在自身决策领域中就要接受较多的外部力量作用的影响,自主性的发挥受到限制。在网络时代,大量共享信息流通于因特网,并且信息不会因传播渠道障碍而产生失真现象,信息的公开性、共享性、保真性使信息占有上的不对称现象大量减少。信息占有的不对称向对称的发展决定了政府职能范围有所收缩,即政府因信息不对称而具有的协调作用要减小。也就是要发挥社会的功能,即某些原本由政府决策的领域或事项交由公民自己管理、自行决策,这是特定意义的决策民主化,这种民主化决策将公民对决策的影响由参与扩大为自主。

（4）提高决策过程的透明度。网络技术能提高决策过程的透明度,从而有利于公民的广泛参与。公民对决策的参与主要表现为集体决策取代个人决策,即决策过程广泛吸纳公民意见,吸收公民加入决策过程,使决策过程吸纳公民的智慧,确保公民有充分表达意愿的条件和机会;同时,决策"拍板"仍由行政领导进行。这样既保证了集体决策又能对意见进行必要集中,避免政府工作因民主扩大而失去效率。从公民的角度考虑,网络技术替代了许多以前由公民做的工作,使他们有充足的时间和精力拓展兴趣范围,关注周围生活的变化,关注国家权力特别是行政权的运作,进而寻找更多的机会,更积极地参与行政决策过程。而且,由于"网络中国"的政府运作透明度大大提高,人们可以轻易揭开行政决策的帷幕,了解决策目标、方案的选择项,确定自身立场,发表个人见解,从而使决策过程由孤立、封闭的

---

① 叶平:《第一家电脑公司的命运》,《中国电脑教育报》1999年第14期。

操作过程,变为下级、公民积极参与的开放、民主过程。总之,网络技术缩短了时间和空间距离,将集体决策参与范围扩展到一切具有网络终端的公民,扩大了智囊团的范围,使行政系统的集体决策特征更为明显,这有助于政府充分利用"外脑"的优势,保证行政决策科学、合理。

(5) 强化决策执行的监督力。网络技术能强化行政决策执行的监督,降低决策执行变形的发生率。"上有政策,下有对策"等执行变形情况是当前行政决策执行中的主要弊端,造成这些弊端的主要原因在于行政监督不力,行政监督体系的作用还未得到充分发挥,特别是公民监督,作为一种最能体现人民当家作主的重要监督形式,还"要有立法监督、司法监督和政党监督作保障,其监督权利必须通过法律及各种政治力量的活动来实现和加强"①。而政治力量对公民要求、意见的整合不一定切合原意。网络技术发展则有利于实现并强化这一监督机制的效用。

2. 网络技术对行政决策的负面影响

网络技术作为行政决策中的新因素、新力量,在与行政决策的结合中,也会出现一些非耦合点,造成一些不利于行政决策的新情况,从而对行政决策产生负面影响。② 这主要表现为以下几种情形。

(1) 过量信息会引起盲目决策。21 世纪的中国行政决策领域在网络技术支持下,改变了信息量过少的弊端,但又易导致信息量过多,而信息量过多也会产生盲目决策,其原因有二。(1)信息量过多使方案抉择困难。在过量信息下,多种方案的利弊权衡更加困难,更难决定取舍,决策层无所适从,从而使方案抉择过程呈现较多的随意色彩。(2)带有个人倾向性的过量信息,使决策者疲于应付。公众对决策层的信息输入,不可避免带有较强的个人倾向性,从而使信息出现偏差。因此,当大量信息汇聚至决策中心时,信息中的夸张成分可能使决策者疲于分辨真伪,贸然决策。

(2) 信息系统的故障会阻滞决策过程。目前,我国行政领域网络系统应用还限于单位网的较低层次,但信息系统故障的发生也会极大影响行政决策过程。可以设想,如果决策层将各种决策所需数据、材料储存在计算机中,那么,一旦网络系统出现故障,决策本身就根本无从谈起。然而,社会的日益复杂多变促使中枢核心在决策过程中对信息的依赖性愈益增大,信息成为行政决策的控制力量;网络技术的发展,又使行政系统越来越多地依赖网络进行信息的存储、利用与传输。因此,一旦行政机构集中的信息系统发生意外,就直接影响决策过程的施行,而社会生活中需行政机构发挥管理、控制职能的领域就会出现隐患。

---

① 彭和平:《公共行政管理》,中国人民大学出版社 1995 年版,第 337 页。
② 以下三点内容参考了孟华:《21 世纪网络技术对中国行政决策的影响》,《厦门大学学报》(哲学社会科学版)1999 年第 2 期。

(3) 网络技术的运用会促使决策集中。在当前的行政运行机制中，上级对下级特别是中间层级有很强的信息传递依赖性，而下级凭借对信息传递通道的控制，依据个人利益进行选择性滤波，从而削弱了行政领导的决策权。在未来的网络社会，中间层级的功能被虚化，公民和基层行政人员与行政领导可以通过网络进行直接对话，信息的集中化比以往任何时候都更加容易。信息在决策上层的集中，为决策权集中提供了可能性，这一可能性由于权力者对权力追求的无止境而现实化。决策权的集中具体表现为中间层级权力的虚化与政府对社会控制能力的增强。此时的决策过程不但缺少公民的监督，也没有了原来的中间层级的监督。

（二）计算机决策支持系统

行政决策是行政决策者为达到某一特定目标，对若干备选方案进行选择，以确定行动方案的过程。随着社会复杂程度的加深，整个社会所需要的决策的数量越来越多，政府决策的负担越来越重。计算机决策支持系统主要对政府决策产生了如下几种重要影响。

1. 决策支持系统的应用

计算机辅助决策支持系统（decision support system，DSS）以管理科学、运筹学、控制论和行为科学为基础，以计算机技术、仿真技术和信息技术为手段，辅助中、高层决策者的决策活动，是具有智能作用的人机计算机系统。

DSS 的研究起始于 20 世纪 70 年代，它的目标是提高决策的效益，将此目标分解为六个目标：(1)追求对半结构和非结构决策问题的支持；(2)为各层次的管理者提供决策支持，在需要时也可对整个管理层提供全面的支持；(3)支持相互依赖的决策和相互独立的决策；(4)支持决策过程的各个阶段；(5)支持各种各样的决策过程，而不只限于某一种或某几种；(6)容易为用户所使用。

DSS 的主要任务是：(1)分析和识别问题；(2)描述和表达决策问题以及决策知识；(3)形成候选的决策方案，包括目标、规则、方法和途径等；(4)构造决策问题的求解模型，如数学模型、运筹学模型、程序模型和经验模型等；(5)建立评价决策问题的各种准则，如价值准则、科学准则、效益准则等；(6)多方案、多目标、多准则情况下的比较和优化；(7)综合分析，包括把决策结果或方案放到特定的环境中所做的"情景分析"，决策结果或方案对实际问题可能产生的作用和影响的分析，以及各种环境因素、变量对决策方案或结果影响程度的分析等。

DSS 是一个由多种功能协调配合而构成的、以支持整个决策过程为目标的集成系统，由对话、数据和模型三个子系统组成，其中模型子系统使决策者能够提出和比较各种备选方案，从而对有关问题进行全面分析和做出决策。其软件系统由数据库管理软件、模型库管理软件及管理用户和系统接口软件组成。这是通常的二库系统，在二库系统上增加一个方法库称为三库系统，在三库系统上增加一个知识库，称为四库系统，使之成为知识化决策支持系统。这是将人工智能技术引入 DSS，使系统智能化、知识化，实现对生产规律、决策规律以及模型、方法、数据等方面知识的存储和管理，在管理判断和推论方面为决策者提供依据，提高决策的效益。

2. DSS 对行政决策的影响

DSS 对行政决策的影响是多方面的。它削弱以至取消决策者与执行者之间的严格分界。在马克斯·韦伯所设计的科层制中，组织内部层层授权，下级对上级严格负责，"只有处在金字塔顶端的人才能掌握足够的信息而做出熟悉情况的决定"。而 DSS 技术的发展使每个人都能及时获得所需要的信息，在工作现场就可以做出必要的决策，无须事事先向上司汇报，再执行上司的决策，真正做到"将在外，君命有所不受"。

此外，决策过程包括客观与主观两种因素。客观因素指的是同决策问题相关的自然规律，主观因素指的是决策者的价值观。决策过程中包括结构化、半结构化与非结构化三类问题。结构化问题，指的是人们已经完全掌握其规律的那些问题，因此可以建立模型交给计算机去处理。非结构化问题，指的是人们尚未掌握其规律的那些问题，只能由决策者处理。半结构化问题，是上述两者的混合。因此，决策的成败是同决策者的素质紧密相关的。DSS 在这过程中只能起辅助决策者的作用。决策科学与信息技术的进步与发展，为群体决策提供了强有力的理论依据与技术手段。但是，复杂决策过程的全自动化是完全不可能的，必须注意提高决策者的科学素质，建立正确的价值观，才能在 DSS 的帮助下做出正确的决策。

当前，信息技术正在进一步向人工智能方向发展。这一发展是具有革命性的。ChatGPT 的出现，为行政决策的智能化展示了广阔的前景。公共行政的决策者对此要有准备。

四、影响行政决策的因素

从理论上说，要保证实际过程中的决策质量和可接受性，必须要保证问题判断和方案拟订、选择的正确性。但是在实际操作中，有许多因素影响了决策者对问题的判断、方案的拟订和选择。其主要因素如下。

第一，政治和法律。这是行政决策者必须首先考虑的因素。该因素在拟订和选择决策备选方案时具有特别重要的影响，尤其是主要决策者在下决心的时候，要被作为可行性评估分析的首要一条。另外，决策者在权衡任务的轻重缓急和安排决策议事日程时，也必须认真考虑政治和法律的因素。

第二，决策对象的特性。各种社会公共事务和问题是行政决策的对象，其本身的重要性、紧迫性和特殊性无疑对行政决策的议事日程安排、决策方案的拟订和选择都有重要的影响。在公共行政领域中,每天都产生大量的、各种各样的问题,它们的影响面、严重性、时间要求、复杂性、解决难度、社会影响力、领导人的重视程度等都各不相同,所有这些都对决策者的情况判断、方案拟订、决策选择产生不同的影响。

第三,外部压力。外部压力指各种社会集团、政治团体、社会舆论等独立于行政决策过程之外的具有重要影响力的因素。行政决策由于牵涉各种社会利益,所以各社会团体、社会阶层会以各种方式来影响行政决策,甚至直接或间接地干预具体的行政决策过程。外部压力对行政决策的影响有正面的,也有负面的。为了提高决策的准确性、可靠性和可接受性,如何发挥外部压力的正面作用,防止外部压力的负面作用,是行政决策者需要研究处理的重要问题。

第四,信息的质量。信息是行政决策的基础,信息的准确性和可靠性,直接影响行政决策的质量与效果。影响行政决策的低质量信息通常存在以下情况:信息渠道不畅通;信息反映不及时、不准确或不全面;信息在传递过程中经过层层筛选逐渐减少或失去价值;信息沟通障碍或信息流通渠道阻塞等。这些都应是力求避免的。

第五,决策者素质。决策者素质是指与行政决策者个人或群体本身相关的各种因素。行政决策最终是通过行政决策人员来完成的,所以决策者的素质对决策结果影响很大。影响行政决策的个人素质有政治素质、专业素质、文化素质、管理素质、心理素质、生理素质六个方面。影响行政决策的群体素质是指不同素质的人员结合起来在一起的整体效应,是群体各个成员的个人素质、绩效的整体反映。素质问题直接影响决策者的政策水平、法律观念、对问题和决策方案的判断力、承受外部压力的能力、对信息的敏感性等。

以上列举的只是影响行政决策的基本因素,其他还有决策体制、决策手段、决策时机等。这些因素的存在和影响说明了行政决策过程的复杂性,有意识地利用这些因素的积极作用,克服它们的消极作用,是有效控制决策进程、提高决策质量的重要途径。

第三节　行政决策的执行

一、执行的基本原则

行政决策的执行事实上是整个决策过程的一个有机组成部分,其本身也是一项十分复杂的活动。为了使行政决策的目标得以有效地贯彻和实现,在执行决策的过程中应把握以下原则。

(一) 行政决策执行要有周密的计划

行政决策的执行具有时间上的阶段性和连续性、空间上的协调性和同步性等特点。为此,行政决策的执行必须要有计划、有步骤地进行;要注意分清主次,抓住关键环节;要做到统筹安排,合理安排,着力解决好影响全局的问题。

(二) 行政决策执行必须准确和迅速

行政决策执行的目的性很强,因此,行政决策执行一定要准确。所谓准确,是指:第一,行政决策的执行者必须准确理解决策的基本精神,把握其实质;第二,在执行过程中,执行者不能走样,不能搞"土政策",更不能"上有政策,下有对策";第三,要准确掌握反馈信息。行政决策执行必须迅速是指,要善于抓住机会,适时准确地解决问题。

(三) 行政决策执行必须灵活和创新

对于一些带有方向性、全局性的宏观决策,各基层组织在贯彻执行时要因地制宜,在准确理解上级决策的基础上,创造性地制定具体对策,将大政方针落到实处。另外,在执行行政决策的过程中,如遇到特殊和紧急情况,可以不先经批准而采取必要的措施与行动。

(四) 行政决策执行必须统筹兼顾

行政决策执行要从整体出发,这就要求执行者要善于驾驭全局,对各方面必须统筹兼顾,要协调好各方面的关系,争取整体效益。此外,在把握全局时,也要特别注意那些影响全局的关键环节和重点局部,加强薄弱环节。对一些"瓶颈"问题更要下大力气解决,以便推动行政决策的整体实施。

(五) 行政决策执行要正面激励

行政决策是由人执行的,执行人员积极性的发挥程度是影响执行效果的关键因素。因此,行政机关必须运用一切手段和方法,从正面来激励行政执行人员的积极性。同时,要注意应用现代管理技术、方法和工艺,提高执行的效率。

二、执行的一般过程

行政决策的执行是一个动态的过程,它包括决策方案阐释、计划制订、组织落实、协调、控制、总结等一系列环节,行政决策的实际效果,最终取决于这些功能的发挥和实现。

(一) 行政决策执行的方案阐释

行政决策制定之后,不可能自动地执行,也不能自发地被接受。为此,行政决策的执行者要进行决策方案阐释,将决策内容、精神转化为人们能够理解的指令和信息,并通过大众传播媒介将决策有关内容传播到各个方面,从而使作为决策对象的广大公众充分理解和支持决策的内容,充分认识到决策和他们自身利益之间的关系,从而认同决策的内容,支持行政决策的执行。

(二) 行政决策执行的计划制订

行政决策的执行要按步骤、有秩序地进行,必须有科学的、详尽的具体执行计划。执行计划是对行政决策的具体化,是在时间上、空间上,以及有关的人、财、物上的统筹安排和规划。制订具体计划时要注意:既要有挑战性,又要有可行性;既要有系统性,又要有重点;既要有统一性,又要有灵活性。

(三) 行政决策执行的组织落实

行政决策计划的落实,都是通过组织完成的,没有组织的参与,方案和计划根本无法贯彻执行。在组织落实的过程中,应注意以下问题:第一,必须根据决策目标和管理实际的需要,明确指定或建立专门的组织部门负责决策的执行;第二,必须将决策目标和决策方案规定的任务层层落实和分解;第三,必须制定和健全各种规章制度,形成完整的组织控制机制;第四,必须处理好组织内的基本关系和矛盾。

(四) 行政决策执行的协调

行政决策执行的协调是指运用各种手段、方法,使决策执行中的各种要素之间协调一致,相互配合,建立和谐有序的协作关系,解决行政机关之间、行政人员之间出现的矛盾和冲突,以便其配合共事,从而高效率地实现决策。通过协调,消除分歧,解决矛盾和冲突,促使行政执行工作步调一致,共同实现决策目标。协调时应注意统一目标和统一认识,发挥计划的有效作用,并进行适当的信息交流,树立整体观念。

(五) 行政决策执行的控制

行政决策执行的控制是指行政领导者按照计划标准衡量下级行政机关和行政人员完成计划的情况,及时发现和纠正执行中的偏差,以确保计划执行和决策目标的实现。控制的形式是多种多样的。根据控制的性质来看,控制有集中控制、分散控制和层级控制。根据控制的时间顺序,行政控制有预先控制、现时控制、事后控制之分。实际操作时,应根据具体情况而定。

(六) 行政决策执行的总结

总结实际上是一种反馈过程,它是第二次行政执行过程的开始,也是第一次行政执行的终结。把执行总结列入执行的最后一个阶段,有助于把握行政决策执行的整体效果,认识执行的完整性。通过总结,行政人员能够对工作的认识由感性上升到理性,了解公共行政的一些基本规律。总结时,应注意以下方面:要充分发扬民主,认真听取各方面的意见;行政领导要亲自参加总结,以便进一步提高领导水平;要将自下而上的总结与自上而下的总结结合起来,弥补单一总结存在的片面性和局限性,达到总结的目的。

三、执行绩效的评估

行政决策执行的绩效,指的是行政决策执行后解决某一社会问题,满足决策对象的需求的程度以及对社会系统、政治系统及其环境产生的影响的总称。简言之,就是决策产出和决策影响。

(一) 行政决策执行的作用效果

行政决策执行后,对社会环境的作用效果,具体包括以下几个层面。

第一,行政决策的直接效果。这是指对决策对象在社会公共问题上直接发生作用的效果。具体包括三个方面:充分,指决策执行后,消除问题的程度;效能,指决策方案达到预期结果或影响的程度;回应,指决策执行后,满足决策对象利益和需求的程度。

第二,行政决策的连带效果。指行政决策可能对决策对象以外的情况或人产生的影响。这种影响有积极的,也有消极的。一项决策还有可能对眼前有利而对社会长远发展不利。所以,对每项决策都应注意评估其带来的连带效果。

第三,行政决策的历时效果,即行政决策影响的时效问题。一项行政决策不但可以影响目前的状况,也可能对未来状况产生深刻的影响。

第四,行政决策的系统性影响。整个社会是一个有机体。一项行政决策实施后,对个人、团体造成初步与后续的影响,也会对整个系统发生影响。

第五,行政决策的实质性影响。这是指政府决策向社会提供一种具体的服务或报酬。

(二) 行政决策执行的评估方法

评估方法的选择取决于决策问题的性质和资料的可行性,主要有以下几种方法。

第一,质询法。通常是行政首长或立法机关成员,就行政决策结果质询行政人员,由行政决策执行者提供有关报告。

第二,民意调查法。这是为了了解民众对政府决策执行情况的态度、意见而采取的一种调查方法。该方法一般是选择一定数量的测验对象,征求他们对政府决策执行效果的意见,并做出统计和说明。

第三,标准比较法。在政府活动的一些领域,由专门的机构研制出一些衡量绩效的标准,再将行政决策执行的结果与这些标准相比较。

第四,前后比较法。根据决策对象接受决策前后的变化值之差,来衡量政府决策的影响程度。

第五,群体比较法。这是将受决策影响的目标群体与不受决策影响的群体进行比较。具体方法上,可将参与决策的人与未参与决策的人,将受决策影响的地区与未受决策影响的地区相比较。

第六,类似比较法。就数个类似方案的执行结果进行比较,以观察其影响程度的差异。

(三) 行政决策执行的评估优化

要进行科学、准确的决策结果评估,必须尽可能排除人为干扰和影响,其优化的途径如下。

第一,行政决策评估的法治化。为了保障行政决策评估的顺利,必须使决策评估有法可依,有法必依,确立决策评估的法律地位,并把评估程序和与之对应的处理办法变成一项制度,使之规范化、标准化和经常化。

第二,行政决策评估的信息化。评估的前提是收集足够的信息和资料,这一切只有通过信息化来完成,信息的收集、整理、加工、处理、贮存要协调进行,从而为决策的评估提供保障。

第三,行政决策评估的标准化。应依据评估对象,确立较为明确和具体的评估标准,包括决策希望达到的目标、成果、具体的客观条件等,制定出客观的标准作为评估的依据。

第四,行政决策评估的多元化。在评估决策时,要建立和采用领导、专家、群众相结合的多元评估体系,而不能仅依领导的评价意见来确定决策效果。

第四节　行政决策的趋势

一、民主化趋势

行政决策民主化的趋势表现在行政决策权的分散趋势、广泛的民主参与及专家参与等方面。

（一）行政决策权的分散趋势

行政决策权的分散趋势表现在两方面。第一，行政决策权的"下移"倾向。主要表现为中央政府开始将原先由自身掌握的某些权力下放给地方政府行使，实际扩大了地方政府的行政决策权限。第二，行政决策的主要负责人将原先独自享有的决策权交由行政下级行使，从而实际上增加了行政下级的决策权限。

（二）行政决策的复合趋势

复合决策即团体决策。这是一种以行政负责人为核心的，包括专家、行政公务人员以及一定的社会行为主体在行政系统内的内在决策方式。这种决策是社会环境动态化和社会因素及其相互关系复杂化的产物，也是人类教育水平和智能水平提高、民主参与意识增强的产物。

（三）专家参与行政决策的趋势

面对巨大数量的动态信息和瞬息万变的复杂的宏大的社会系统，专家参与决策显得十分重要。而且高度有序以及优化组合的专家团体，以及专家的参与呈经常化、普遍化、制度化的趋势，能够为行政决策提供最优化选择。

二、综合化趋势

所谓综合化，是指行政决策时，由单目标向多目标转移的趋势。行政决策的综合化趋势主要有如下体现。

（一）个人决策向团体决策发展

随着社会的发展，需要决策的对象也越来越复杂，由行政领导个人决策的模式越来越显示出其不足，团体化决策的趋势也就越来越明显。随着决策主体的增多，决策思想和决策利益也日益多样化,决策不再只以一种思想为指导,也不再只以一种利益为转移,以系统理论为指导思想的综合化决策正逐步成为一种决策时尚,并正在成为公共行政决策的一种信条。

(二)单目标决策转向多目标决策

传统的行政决策基本上是单目标决策,而不考虑或很少考虑行政决策的综合目标要求,以及时空决策链中各个环节之间的相互制约关系,从而造成决策的失灵。经认真总结与反思,一些行政决策者已开始用社会系统工程的观点和方法来看待和处理社会决策问题,在更大的范围和更长的时间里来检验特定行政决策的社会效应。

(三)总目标被分解成各种分目标

现代公共行政管理是一个多因素的动态的复杂的系统。为了达到优良的以社会目标为中心内容的管理效果,就必须准确地设置和阐述各种分目标,并协调好众多目标之间的关系,最后实现总目标的要求。在这里,行政决策总目标的综合性是以分目标的多向性为前提的。

(四)适应竞争环境的必然结果

国家行政机关为了在国际竞争中提高国家的整体实力、国民的整体素质,扩大国际影响,就必须考虑上述问题的各种综合因素,进行综合化决策;而地方行政机关为了保证在横向比较中处于领先地位,也必须综合考虑本地区范围内的各种目标,进行综合化决策。

三、科学化趋势

传统的行政决策主要是依靠行政首长个人的经验和意志进行的决策。这种决策以定性分析和经验性决策为基本特征,在实际行政决策中,其局限性越来越明显,因而决策科学化的要求越来越迫切,主要体现在以下三个方面。

(一)定性与定量相结合的决策趋势

当代管理新科学及其数量方法的产生,尤其是电子计算机的广泛应用,为决策科学的发展提供了新的工具,定量决策成为行政决策的重要趋势。人-机结合的量化决策理论和方法,提供了行政决策的新视野,使人们能够对大量的日益复杂和日益增多的决策信息进行量化统计和定量分析,将定性决策条件下的不确定性决策,转化为定量决策条件下的确定性决策,从而大大提高行政决策的准确性和时效性。

但是,定量决策也有其局限性,这就是行政决策中的许多信息很难用数据来量化,尤其是在意见各异或利弊并存的决策方案的选择中,行政领导者的个人经验同样是决策的决定性因素之一。所以,定性决策和定量决策各自的局限性和优越性,决定了两者相互结合的发展方向。这种方向标志着行政决策科学化的高级阶段趋势。

(二)短期决策与长期决策相结合的趋势

由于行政工作的现实性特点,行政机关面临大量的事务需要进行决策,这使这些决策具有短期性的特点。但是在相当多的情况下,决策者需要从短期和长远相结合上来认识和处理问题,需要从只考虑现实性、单一性,转变为现实性与未来性相结合、单一性与整合性相结合,将决策的时限延伸到遥远的未来,从而增强行政决策的预见性。长期决策实际上是一种战略性决策。实际操作上,一方面,对政府而言,因其行政决策直接关系全社会、全体国民和国家的整体利益,涉及各种复杂因素,所以,充分预见现实决策的各种未来趋势,并制定相应方案,是现代社会对政府的必然要求。另一方面,无论是一个国家,还是一个地区,要取得稳定的综合的全面的发展,必须制订本国、本地区的长期战略规划,并使其成为现实决策的指导性纲领。

(三)人机相结合的趋势

人机相结合的趋势就是指决策者与人工智能相结合的趋势。ChatGPT 的出现表明人工智能的发展已经进入了一个新的阶段。ChatGPT 已经被应用到许多领域。行政决策过程如何借助人工智能来提升决策的质量,已经成为一个很现实的问题。

复习题

1. 行政决策包含哪些要素?
2. 行政决策过程由哪几个阶段构成?
3. 影响行政决策的因素有哪些?
4. 行政决策的执行要把握哪些原则?
5. 试简述行政决策的趋势。

第四章
行政沟通

高效能的行政活动依赖于行政组织中人与人之间、人与组织之间、组织与组织之间的有效沟通。从一定意义上说,行政活动就是连续的沟通过程。只有通过沟通,行政活动才能顺利进行,行政目标才能达到。有些学者甚至将行政沟通视为"政府活动的神经"。本章将从沟通的含义、方式、关系和障碍等几个方面对行政沟通做一论述。

第一节 行政沟通概述

一、行政沟通的含义

沟通一词源于拉丁词"communis",意指"共同化"。由于沟通的重要性,各行政管理学者对沟通的定义甚多,较具代表性的定义有五种,以下逐一介绍。

威廉·纽曼(William Newman)和查尔斯·萨默(Charles Summer)认为:"沟通是指两人以上关于事实、观念、意见或情感的一种交流。"[①]哈罗德·孔茨(Harold Koontz)和西里尔·奥唐奈(Cyril O'Donnell)认为:"沟通是组织活动结合的一种方法。"[②]斯科特·卡特力普(Scott Cutlip)和艾伦·森特(Allen Center)认为:"沟通是使组织凝固的水泥。"[③]奥德威·泰德(Ordway Tead)则认为:"沟通是使各关系人对于共同问题心心相印。"[④]基斯·戴维斯(Keith Davis)认

---

① William Newman and Charles Summer, Jr., *The Process of Management: Concepts, Behavior and Practice*, Englewood Cliffs, N. J.: Prentice-Hall, Inc., 1961, p. 147.
② Harold Koontz and Cyril O'Donnell, *Principles of Management: An Analysis of Managerial Functions*, 5th edn., New York: McGraw-Hill Book Co., 1972, p. 536.
③ Scott Cutlip and Allen Center, *Effective Public Relations*, 3rd edn., Englewood Cliffs, N. J.: Prentice-Hall, Inc., 1969, p. 147.
④ Ordway Tead:《管理的艺术》,钱振华译,巨流图书公司1951年版,第185页。

为:"沟通是人与人之间彼此传递信息和了解的过程。"[1]

通过这些学者对沟通所做的解释,可以大致地概括出,行政沟通是指行政组织中单位与单位之间、工作人员之间,为了达成组织的目标,用语言、文字、图片、动作等交换有关问题之内心感受、观念、意见、事实与信息等,以期获得相互的了解并产生一致行为的过程。简言之,行政沟通就是开展行政工作所需要的信息传递和了解的过程。

沟通作为一种人员之间以语言、文字或非语言为媒介来彼此交换意见、思想、消息的过程,大致包括以下五个要素。(1)发动者:负责有意志、有目的地传递文字或语言的人,如发言人、建议人、发令人等。(2)沟通的路线或程序:意见传递应有一定的媒介与路线,以此传播、散布消息,如收发室、公告处、广播电台、科层组织的等级等。(3)沟通的程序:如命令、规则、通知、公函、手册、备忘录等。(4)沟通的接受人:凡接受消息、命令、报告及任何沟通程式的人。(5)所期望的反应。

根据以上内容,可以归纳出沟通的四个特征。(1)互动性:沟通是人与人之间相互交往的过程。(2)媒介性:沟通必须使用语言、文字、符号,以及表情(手势)之类的非文字语言媒介来加以完成,如不运用任何媒介,则无法实现沟通。(3)期待性:沟通是一种期待的行为,总希望获得对方的某种反应。(4)目的性:沟通是一种有结果的行为,如无结果则目的无法达成,因此需要进行另一次沟通。

二、行政沟通的理论基础

行政沟通的理论基础大致有四个。

(一) 民主参与理论

现代管理的民主参与理论的提出者(如巴纳德、西蒙等人)认为,组织是属于全体人员的,即使私人企业也不是只属于老板个人,所有员工均有平等的发言权,这是获得员工支持与合作的主要因素。人人享有参与决策的权利与机会,大家就会把组织视为与他们休戚相关、荣辱与共的共同体,并乐意为组织作出自己的贡献。

(二) 决策制定理论

组织是一个提供合理决定的有机体,而合理决定所借助的手段就是沟通。西蒙曾说明决策制定的三个主要活动。(1)情报活动:探究问题之所在与收集有关资料。(2)设计活动:基于情报活动的结果,再进一步研究问题,提出并估量各种解决问题的可能方法以及方法中的各种细节。(3)选择活动:基于设计活动所提出并经

---

[1] Keith Davis, *Human Relations at Work*, New York: McGraw-Hill Book Co., 1957, p.372.

研判后的各种可能的解决方法,最后选择一种予以实施。从这三项活动中,我们可以很清楚地看出沟通在其中扮演的重要角色。

(三) 动能组织理论

美国学者巴纳德认为,传统组织太偏重静态的与法规的研究,而忽略了组织最重要的问题——人的问题,人乃是组织最基本的元素,也是最宝贵的资产,所以研究组织现象,必须以人为中心,否则组织的问题不能得到根本的解决。

人是有思想、有感情的社会动物,组织中的人员之间会有交往,有互动行为,这就是沟通。这一行为表现了组织的活力与动态,一个组织的力量是否能够发挥,也就在于沟通是否畅顺。巴纳德建议组织的主管人员要成为沟通的中心,以使人员之间彼此了解,增进团结,发挥组织的最大力量。

(四) 人格尊重理论

人皆有人格尊严,人人有依自己兴趣、凭借自己能力而充分追求其人生目标的权利与机会,其中最主要者是可以在法律范围内发表其个人的意见。如果管理者在管理上能够尊重人格,则这个组织必然是生产效率较高的组织。尊重人格的方式很多,其中以人员可以自由表达意见最足以体现这一精神。组织人员的地位有高低,但人格并无高下之别,既然高层人员具有发言权,则基层人员也应被给予这一权利,这才是真正的人格尊重。

三、行政沟通的意义与目的

行政组织的构成主体是人。由人的习性、家庭背景、教育水平、工作环境和传统观念等因素形成的主观意识通常很难消除。因此,在行政管理中,如何消除主观壁垒,实现组织与组织之间、组织与工作人员之间、工作人员与工作人员之间的沟通显得十分重要。

沟通行为是人类日常生活不可或缺的部分。在行政活动中,通常因为人与人之间、组织与组织之间、组织与人之间的误解与隔阂,而造成预期目标无法实现。因此,行政组织中,沟通系统的健全与否,是行政学研究的一项重要课题。

概括地看,行政沟通的重要性体现为以下几个方面。

(1) 在组织规模日益庞大,业务内涵日益复杂,工作性质日趋专业化的现代行政组织中,良好的沟通能使工作人员因了解工作、组织和其他的工作人员而做自我调适,以适应日新月异的环境变迁。

(2) 良好的沟通能够减少因利益冲突和意见分歧所产生的摩擦,亦可减少工作人员因曲解或误传信息所引发的误会,进而可以培养工作人员的组织意识和合作观念。

（3）良好的沟通可以减少工作人员对于工作环境及上下级人员间隔阂的疑虑，亦可增强工作人员在工作中的安全感。

（4）良好的沟通可以促进工作人员对组织的认知与认同，减少由于不正确的信息或谣言所造成工作人员在情感与工作效率上的伤害。

（5）有效的沟通使工作人员因了解组织的情况，而产生休戚与共的集体感，进而有助于增强工作人员的责任心、荣誉感。

（6）在有效的沟通下，工作人员因认清其工作价值而自我肯定，由此将激发员工对工作的兴趣。

事实上，沟通就是组织内外相关人员之间的观念、意见、信息、情感传达与了解的一种过程。其目的在于相互交换事实、观点与情感，借以增进彼此间的了解与合作，进而同心协力完成工作任务。因此，沟通对一个行政组织而言犹如一个人体内的血管，只有血管四通八达，才能使生命体健康，生机盎然。同样，只有组织管道的畅通，才能最有效地发挥组织内个体的功能，使工作日臻完善。

第二节　行政沟通的种类、方式与形态

一、行政沟通的种类

任何行政组织的结构均有正式与非正式两类，因此，行政沟通系统也有正式沟通与非正式沟通之分。

（一）正式沟通

正式沟通是依循组织的层级制或组织的权力路线进行的。在此路线中，每一位工作人员皆有其固定的职位与确定的工作关系，上级命令经由此路线下行，下级报告亦经由此路线而上达。正式的沟通必须通过此路线的每一层级，不可越级下达命令，或越级报告；否则，不但会造成冲突，破坏命令统一的原则，而且会造成工作人员的不满。

正式的沟通一般可分为下行沟通、上行沟通和平行沟通，下文分述之。

1. 下行沟通

下行沟通指行政组织的管理层通过层级体系将信息向下级传递的过程。这是获取下属部门了解、合作、支持与采取行动的重要举措。因为只有首长的意图被部属充分了解，才能产生管理效果。所以，下行沟通有两项先决条件必须予以

满足。(1)增进了解。首长或各级主管不仅应了解部属的作业状态,而且必须了解他们个人的欲望、需求和情感。唯有充分了解部属,才能适当地回答与解决他们的问题。即使有时部属提出的问题有悖情理,或者甚为幼稚,但首长若不能够深入地了解他们,则下行沟通的效果不仅式微,而且会引起部属的误解,甚至导致他们情绪上的不满。同时,为了增进部属对组织的向心力,应当让部属了解有关组织的过程、组织的目标、财务状况以及相关的法规等,以此增加他们的归属感,激发他们的集体荣誉感。(2)促进参与感。采取任何一项行政革新举措时,如果能事先征询部属的意见,则有利于促进他们的参与感,使他们对正在进行的重大革新措施产生"我也有份"的感觉,由此能够减少实施时因曲解、误传产生的阻力。反之,若部属对于组织内重大革新措施的内容,及其可能产生的影响皆一无所知,不但会引起他们的疑虑与恐惧,甚至将造成许多有形或无形的抗拒力量。

2. 上行沟通

上行沟通是指在行政组织中,下级人员向上级人员表达其意见与态度的程序。行政沟通不仅应上情下达,更应下情上达,即所谓的双向沟通。通常认为行政组织内的上行沟通较为脆弱,究其原因有三。第一,现代行政组织大多规模庞大、层级甚多,因而下情上达需要层层辗转,不仅旷时费事,而且通过层级过滤的信息容易歪曲部属的真正意愿。第二,某些首长或主管通常抱有粉饰太平的观念以及不经心的态度,认为聆听部属发泄苦经或讲述个人的私事,是一种浪费时间的工作,以至于部属之间的隔阂增大,下级失去向上级表达意见的兴趣。第三,部属通常认为,经常地接触领导会招致奉迎或打小报告之嫌,加之首长对部属的建议又通常缺乏适当的奖励,久而久之便形成部属"多一事不如少一事"的心理。

为了改善上述情形,行政首长可以采用下述方法,以发挥上行沟通的功效。(1)建立对话与申诉制度。通过这个制度可以处理部属情绪上及其他方面的问题,进而解除部属心理上的困惑,使部属恢复正常的工作行为。(2)确立建议制度。只有确立良好的建议制度,才能鼓励部属踊跃提供意见。为使这种良好的制度充分发挥功效,确立时必须要有附带规定,凡是建议事项如被采纳,则可获得某种奖励。因为,确立这种制度的目的,不仅是在征求下级的宝贵意见,促进上行沟通的效果;同时,也在于能够振奋部属的工作情绪,提高工作效率。(3)实行门户开放政策。主管应保持开放的心理状态,虚怀若谷,具有容纳部属意见的雅量,并对部属的意见表示相当的尊重与重视。(4)倡导正当的娱乐活动。首长或主管不仅应倡导正当的娱乐活动,而且应积极参加。参加时,在言行、衣着和态度等方面,均应力求与部属一致,使每一位参加者不论地位的高低,皆有"平等"的感觉。在活动中,不应有怜悯、高傲、嫉妒、猜疑等心态存在。每个人都有相同的权利,也都能相互尊重,以便通过轻松的娱乐活动,消除或缩短彼此之间的隔阂或距离。(5)举行工作汇报或座谈会。在汇报或座谈会中,主持汇报的首长或主管不但应抱持诚恳谦和的态度,少讲多听,更应注意控制自己的情绪,避免争辩;在讨论问题时,亦不要企图去操纵会场,左右意见,以免影响与会人员发言的兴趣。

3. 平行沟通

平行沟通乃指组织内不相隶属之各单位或部门间的沟通。由于这种沟通大多发生于不同命令系统之间及地位相当人员之中,故又称为交叉沟通。同时,平行沟通可以通过横向的联系来减少层级辗转,节省时间,提高工作效率。由于职能分工的结果导致单位与单位间必须相互配合,才能达成组织的整体目标,因此,横向联系对于促进协调、沟通感情实属重要。

最早创议平行沟通的是法国管理学家法约尔。他曾提出著名的"跳板"(也称为"法约尔桥")理论,认为在一个层级节制的组织中,如果 F 部门有事需和 P 部门接触,若依层级节制的体系,则须从 F 层层而上,至其上级单位 E,由 E 与 P 的上级单位 O 协商,再自 O 层层而下,未免旷时费事。如若上级单位 E 和 O,事先允许 F 和 P 直接沟通,自行协商解决问题,协商无结果,再报上级,由上级协调,这样既保持了等级的原则,又能较迅速地处理事务。

(二) 非正式沟通

在行政组织中,除了正式的沟通之外,还存在非正式沟通。非正式沟通指不为官方所承认的工作人员之间的各种社交友谊活动或一般的传闻、谣言等。换言之,非正式沟通的方式通常是建立在行政组织中工作人员的社会关系上,是因工作人员彼此间的社会交互行为而产生的。它的表现方式不是固定的,而是具有多变性和动态性。在行政组织中,非正式沟通具有以下特征:(1)非正式沟通系统建立在组织中工作人员的社会关系上,即由工作人员间的社会交互行为而产生;(2)非正式沟通来自工作人员的专长、嗜好、习惯、兴趣等,其沟通的方式并无规则可循;(3)非正式沟通的信息传递较为快速;(4)非正式沟通多数在无意中进行,例如,非正式的接触、聚餐、郊游、闲谈等,它可以发生在任何地方、任何时间,内容也无限定。

非正式沟通的功能大致包括:(1)传递正式沟通无法传递的消息;(2)传递正式沟通不愿传递的消息;(3)将上级的正式命令转变成基层人员较易懂的形式;(4)因具有弹性和富有人情味,非正式沟通能够快速、广泛地传递信息;(5)减轻组织领导人的负担;(6)也可能给正式组织造成伤害。

二、行政沟通的方式

沟通一般来说是凭借语言、文字或符号等视听媒体达成的。可以将沟通的方式分为以视为媒介的沟通、以听为媒介的沟通和以视听为媒介的沟通,现分别介绍如下。

(一) 以视为媒介的沟通

以视为媒介的沟通,即通过人的视觉来达到沟通的目的。因此文字、图画或各种符号就是这种沟通运用的重点,其中又以文字为主,这也是人类所独享的沟通媒介。文字沟通包括对内和对外两种。对内文字沟通的媒介通常指备忘录、训令、通知、公告、公报、刊物、工作手册、工作说明书、专题报告、工作建议书、调查问卷等。对外沟通的媒介有广告、训练教材、工作简介、图书、照片、年鉴、幻灯片、电影及新闻发布等。

文字沟通的优点是:(1)在沟通发动之前,可以斟酌所要使用的文句,以求得最佳效果,而口头沟通往往会有语言上的错失,无法弥补;(2)可以防止转述时的遗漏和曲解;(3)可以长期保存,以备日后查考;(4)法律责任明确,无法争功透过;(5)见诸文字使人有慎重之感。

但是文字沟通也有下列缺点:(1)沟通的接受者教育水准不一,对文字接受的程度也不同,教育程度低或近似文盲者不易了解文字的含义,因此影响沟通的效果;(2)文字的意义不一,对于不同行业的人,同样的文字具有不同的意义;(3)以有限的文字表达无限的意图,往往不能尽言;(4)文字沟通往往不如口头沟通来得亲切。

(二) 以听为媒介的沟通

以听为媒介的沟通,即通过人的听觉来达到沟通的目的。因此,说话、歌唱等就是这种沟通运用的重点。因以语言为主要媒介,这种沟通又称为口头沟通。口头沟通大致包括面谈、会议、演讲、广播及电话联络等。

口头沟通的优点是:(1)使对方感到亲切、富有人情味;(2)可以当面获知对方的反应;(3)可以用手势、语调或面部表情来增强沟通的效果;(4)可以使文盲或教育程度低的人获知沟通的内容;(5)比文字沟通快速。

但是口头沟通也有以下缺点:(1)容易滋生谣言或误传;(2)口齿不清或乡音过重时,使信息接收者不易了解沟通内容;(3)非经记录无法保存;(4)难以确定法律责任;(5)不如文字沟通正式、规范。

(三) 以视听为媒介的沟通

以视听为媒介的沟通,即运用文字、图画、符号、实物、语言、声音、光线等媒介来沟通,也就是将前两种沟通加以融合,以达到更好的效果。例如,老师在课堂内上课既讲又写,学生则既要用耳,又要用眼用手,这样的学习效果当然比单纯的空中广播教学或函授教育来得好。至于用现代科学视听工具如电影、电视等来实施沟通,例如电视授课,它比广播授课有吸引力,不过效果仍然不如课堂面授。

开会、面谈等皆具视听沟通的双重效果,因为沟通者与被沟通者之间可以用语言、文字、图表等来沟通,而且还可以观察对方的面部表情或手势,立刻可以知道对方的反应,以便随时修正或调整自己的意见。

行政组织的媒介虽然不一,但其宗旨只有一个:以信息接受者明确了解为前提。对以上媒介的运用应因时、因地、因人而异,并应重视信息接受者的反应。否则,该组织的沟通渠道就有堵塞的可能。任何行政组织沟通渠道的阻塞,就如人体血液循环一样,其结果必将因组织内的上下隔阂,产生离心离德的现象,进而影响行政管理功能的发挥。

三、行政沟通的形态

组织中员工相互间沟通的形态可以分为以下六种。

一是连串式的沟通形态,即组织中各个员工的沟通,排成一条直线,每个人仅与上下或左右两边的员工间发生间接沟通关系。如受一个指挥部监督系统限制的组织,员工只能与直接主管及直接属员沟通意见,生产线上的员工只能与左右两旁的员工沟通意见。

二是放射式的沟通形态,即以一个员工为中心,该员工被称为放射焦点,该员工与其他员工均可发生意见沟通关系,而其他员工相互间则无意见沟通关系的存在。如采用独断领导方式的单位主管与其属员间的意见沟通,即属此种形态。

三是循环式的沟通形态,即组织内每一个员工均有同等的机会与其他员工发生意见沟通,此乃组织中员工间最大的沟通形态。采用民主或放任领导方式的单位,大致属于此种形态的沟通。

四是放射连串式的沟通形态,此乃放射与连串式沟通形态的结合,即组织内某位员工(放射焦点)可与其他员工发生意见沟通,但其他员工相互间只有连串式的意见沟通。

五是放射循环式的沟通形态,此乃放射式与循环式沟通形态的结合,即组织内某一员工可与其他员工发生意见沟通,但其他员工互相间又形成一循环式的意见沟通。

六是连串放射式的沟通形态,此乃由两个连串式与一个放射式的沟通形态所联结而成。

以上六种沟通形态,可用图形表示如下(见图4-1)。

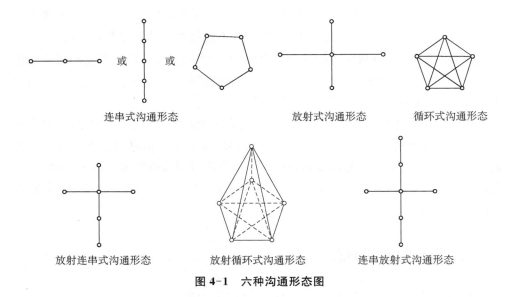

图 4-1 六种沟通形态图

第三节 行政沟通的关系与过程

一、行政沟通的关系

根据不同的维度,行政沟通关系又可以划分为不同的类型,以下介绍较常见的五种。

(一)有沟通中心的沟通关系和无沟通中心的沟通关系

根据有无沟通中心,可以分为有沟通中心的沟通关系和无沟通中心的沟通关系。

有沟通中心的沟通关系:即一个组织或一个单位的员工,在沟通意见时须通过某一员工,此人即为沟通中心,组织或单位内的资料此人最为了解,此人对其他员工的影响力也最大,此人往往就是该组织或单位的主管。具有此种沟通关系的组织或单位,其沟通速度快,沟通的正确性高,组织形态稳定,领导关系明确,但整个组织或单位的士气却甚为低落。

无沟通中心的沟通关系:即某一个组织或单位的员工,在沟通意见时,并无沟通中心的存在,任一员工可以与其他员工沟通。具有这种沟通关系的单位,其沟通速度慢,沟通意见的正确性低,这种形态不稳定,领导关系不明确,但员工的士气却较高。

（二）单向沟通关系与双向沟通关系

根据沟通方向的多少，可以区分为单向的沟通关系与双向的沟通关系。

单向的沟通关系：员工在沟通时，一方只是发送信息，另一方只是收受信息，收受信息的一方不向发送信息的一方发送信息，如主管人员只向下属发出书面指示，要求下属按指示行动，不许下属对指示提出不同意见。单向沟通关系的优点是，沟通快速，发送信息的一方不会受到接受一方的批评或挑战，能够维护主管的权威；但其缺点是沟通的意见不一定正确，接受者对沟通意见不能提出是对是错，因此下属常常产生挫折与抗拒心理。

双向的沟通关系：员工在沟通时，发送与接受信息的双方可相互发送和接受信息，即发送的一方在发送信息后一定要听取接受的一方对信息的反馈意见，这种发送与反馈可能会进行多次，直至双方获得共同的了解。双向沟通关系的优点是对沟通意见可获得较正确的了解，接受者对所沟通的意见有辨别是非的机会，由此增加接受者的参与感，建立起双方的情感；但其缺点是发送信息的一方易受到接受一方的批评，使沟通受到干扰，沟通的速度慢，有时会影响主管的威信。

（三）正式的沟通关系与非正式的沟通关系

根据沟通与组织的关系，可分为正式的沟通关系与非正式的沟通关系。

正式的沟通关系：如前所述的下行沟通、上行沟通均属正式的沟通关系。正式沟通关系的优点是沟通的效果及约束力较大，因此，较为重要的信息大多采用正式的沟通关系；但其缺点是沟通速度较慢，接受的一方对沟通意见参与的机会较少。

非正式的沟通关系：沟通的途径不受组织内层级及监督关系的约束，员工可任意选择沟通途径，如员工利用平时的各种集会，就有关问题向有关人员直接提出沟通意见。非正式沟通关系的优点是沟通速度快，且多为直接的沟通，可减轻正式沟通的负荷，有些不便经由正式沟通途径的信息，可利用非正式沟通关系进行沟通；但其缺点是沟通的意见常被歪曲，各种谣言的传递者常利用这种沟通关系传递各种不利于组织的信息。

（四）直接沟通关系与间接沟通关系

根据沟通是否经由第三者，可区分为直接沟通关系与间接沟通关系。

直接沟通关系：由发送者与接受者双方直接沟通，不假手第三者传递。如面对面的交谈、用电话直接联系等。直接沟通的优点是双方可获得正确的沟通，有获得充分交换意见的机会，沟通速度也较快；但其缺点为直接沟通的机会并不多，且往往受时间、地点等限制，使发送者与接受者之间难以启动这种沟通关系。

间接沟通关系：指发送者将信息发出后，必须经过一个或数个第三者的传递，才能够到达接受者。间接沟通的优点是运用时不受时间地点的限制，因此运用的机会较多，而缺点是浪费传递的人力与时间，不易获得正确的沟通。

（五）定型沟通关系与不定型沟通关系

根据有无固定的形态，可分为定型沟通关系与不定型沟通关系。

定型沟通关系：参与沟通的员工有其一定的范围，沟通的关系也有一定的形态，且为外界人士所了解，如同一单位的员工以开会方式相互交流意见。

不定型沟通关系：指参与沟通的员工其范围并不固定，沟通时没有一定的形态，且不易用观察方法看出。雅各布·莫雷诺（Jacob Moreno）对这种沟通关系做了透彻的分析。他设计了一系列社会关系测量法，使用时可设计一些问题（如喜欢谁，讨厌谁，愿意与谁一起工作等），要求员工作答复。根据答案可了解员工对谁采取"接受"或"拒绝"态度，再由此描出社会关系图，据以推断员工相互间的情感关系，以及哪个员工占据团体中的中心位置，或哪个员工处于孤独状态。

二、沟通过程

沟通就是将信息带给对方，是信息的发出者和接受者之间的交流，带有个体的情绪、认知、态度等心理特征，它不仅是一种逻辑的传递，也是一种理性与情感的混合交流。基于此，行政沟通的过程包括下列七个阶段。

（一）发送者意愿的形成

发送信息的一方，首先必须决定应发送何种信息，也就是决定发送的内容。信息的内容越简明，则沟通的效果也越好。而意愿的形成，则因发送者的人格、学识、经验、能力及目的等因素而定。

（二）选择发送意愿的媒介

媒介的选择，对发送的效果影响很大，因而必须做慎重的选择。选择媒介时应注意如下事项。(1)接受者的认知能力。如接受者为文盲则不能用文字作为发送媒介，如接受者为失聪者则不用语言作为发送媒介。(2)接受者的数目。如果是两人面对面地发送意愿，则可以面谈为媒介，如人很多，则宜运用文字或通过大众传播作为媒介。(3)所发送意愿的性质。如意愿无关紧要，则可用语言为媒介；如意愿为长久性的，而且属重要事项，则宜用文字为媒介。

（三）将意愿转化为符号

当发送的媒介选定之后，即须根据媒介将意愿转化为一连串的符号，以便通过媒介来发送,例如,将意愿转化为语言、文字或各种形态。

(四) 决定发送的途径与时间

意愿的发送效果与发送的途径及时间关系密切。同一意愿可以由发送者直接向接受者传递,也可以通过某个中间人即媒介向接受者传递。一般而言,直接发送的效果较间接发送的效果好,但在某些情况下,即当意愿者不宜向接受者直接发送时,则可采用间接发送方式。至于发送时间,更应慎重选择,如果在接受者心情不佳时向其发送意愿,效果一定不会理想。

(五) 接受者注意并收受信息

意愿的发送必须是针对某个人或某些人的,否则将失去发送意愿的作用。接受意愿之人,首先应对意愿引起注意,接下来收受意愿。

(六) 接受者对意愿的了解

接受者收到所发送的信息后,对此意愿须做一番了解。其情形大致如下:(1)完全了解发送者发出的意愿,并认为意愿合理正确,因而接受这一意愿;(2)只部分了解发送者所发送的意愿,并认为合理正确,因而接受其理解的这一部分意愿;(3)虽然了解发送者所发送的意愿,但认为并不或并不完全合理正确,因而拒绝或只接受一部分意愿而拒绝另一部分意愿。

当接受者对意愿的了解属于上述三种情形时,接受者对所拒绝的那部分意愿可能会转化成另一种自己的意愿,再向发送者发送。此时原来的发送者变为接受者,原来的接受者变为发送者,经由这种互相发送与接受的过程,最后取得意愿的一致。

(七) 接受者采取配合行动

意见沟通的目的在于采取某种行动,在接受者未采取行动时,不能认为意见得到沟通。而采取行动的后果又有积极与消极之分。如果经意见沟通之后,接受者采取某种积极措施,支持发送者的行动,以扩大工作效果;或接受者采取消极的默许,不再反对发送者的某种行动。

图 4-2 直观地呈现了以上七个阶段。

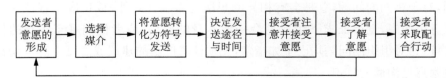

图 4-2　行政沟通过程图

第四节　行政沟通的障碍及克服

一、行政沟通的障碍

沟通在行政组织内十分重要。然而，一般行政组织中的沟通，往往难以达到预期的效果，其原因归纳起来不外以下几种。

(一) 心理与语言上的障碍

导致沟通失败的主要原因是个人心理方面的障碍。这种心理障碍是每个人都容易犯的，它可能由多方面的因素引起。首先是知觉差异引起的障碍。根据心理学理论，知觉是经由心理过程对所感觉的事物的了解。但个人的知觉差异很大，主要原因在于个人的学历与经验，对事物注意的程度，个人的动机与性格、价值观、人格特征和社会关系各不相同。由于个人知觉上的差异，对同样的事物的了解也会发生差异。由此便在沟通上产生了障碍。

沟通的观念必须借助语言发挥，但运用语言却是一件复杂的事。文字只是一些真实事物或过程的符号，是抽象的表征。而现代行政组织内的专业单位，几乎都有其技术上的专门术语，这种术语的运用对专业人员来说不会影响沟通的进行，但对非专业人员而言，却不能说完全没有影响。同时，书面文字的晦涩或字义的不明确，也容易引起不同的解释而导致误解，形成沟通过程的障碍。

(二) 价值判断与地位身份的障碍

在一个行政组织内，由于每个人的背景、教育程度、意愿以及需求不一，便容易形成每个人不同的价值判断与团体意识。譬如，首长或高级主管皆有其显著的社会背景，也都重视组织目标的达成；而一般工作人员，相较实现组织目标，往往更注重追求自身的利益、安全、成就等个人目标。如此，不同的价值判断导致了难以克服的沟通障碍。

由于现代行政组织都是层级制所规定的上下关系，因此，每个人因身份地位的不同，对于相同的问题，总是会有相异的想法与看法。此外，首长或主管往往会因权威意识作祟，觉得征求下级意见会降低本身的威信，或者他们基于本身的优越感，自以为对组织的问题均已了如指掌，无须征求广泛的建议或意见。这一切都可能阻塞意见沟通的管道。

(三)组织规模、层级与专业化的障碍

组织规模、层级与专业化的障碍可能源于现代行政组织的庞大,也可能源于组织分支机构在地域上分布太广。以美国为例,美国约有90%的联邦政府工作人员遍布在全国各地。既然如此众多的工作人员散布在全国,则组织的层级势必增多,因此,意见沟通的辗转必然会造成时间上的迟缓,而意见的层层过滤,也可能改变其原意,甚至歪曲事实。更重要的是,各级主管出于"自保"心理,往往会搁置或修正对自身或本单位不利的意见。因此,下情即使已充分上达,而由于层级制的作用,行政沟通仍然难以臻于完善。

由于行政组织在地域上分布太广,意见沟通难以面对面地进行,因此只能凭借间接的手段,如电话通信或书面文字等进行沟通。但是,这些手段毕竟不是一种完美的替代品,因为方言、字义造成的错觉,以及难以畅达其意导致的误解,均易形成沟通时的实际困难。尤其是专业人士以偏概全的固执或本位主义等因素,也都是形成意见沟通的障碍。

二、沟通障碍的克服

要克服行政沟通中的障碍,可以从以下三个方面作出努力。

(一)下行沟通方面

首先,首长要了解部属的基本背景,如工作情形、家庭状况、个性等。其次,领导要有主动的沟通态度,即领导自觉地与部属分享机关内的所有消息、新闻、政策以及各项工作措施。再次,组织内要制订完备的沟通计划。最后,主管人员应努力获得工作人员的信任。

(二)上行沟通方面

首先,主管必须平等地对待部属。领导和蔼可亲、平易近人的态度是上行沟通成功的主要因素。如果一个主管终日一副严厉的面孔,令下属望而生畏,上行沟通自然难以达成。其次,经常与工作人员举行座谈会,让所有的工作人员都有发言的机会,而主管应善于聆听,综合大家的意见。再次,确立建议制度。主管应经常采纳工作人员的建议。不论建议能否立刻实施,凡积极提出建议的员工都应得到鼓励。最后,确立公平且合理的制度。鼓励上行沟通最主要的是依赖公平且合理的升迁制度、奖惩制度、考绩制度的建立,唯此,员工才乐于向上级提出有价值的建议或意见。

(三) 语言表达方面

首先，加强口才的训练，多举办演讲会以及辩论会，以使工作人员有充分表达意见的机会。其次，根据沟通对象的教育程度及专长，适当地选择沟通的媒介。再者，对于重要的文件，最好采用语言与文字双重表达的方式。最后，改进运用语言的技巧，校正发音，言之有物。

三、行政沟通的要领与准则

行政沟通原则的确立相对于其他行政学理论而言发展较晚。1937年，长期担任新泽西贝尔电话公司总经理的巴纳德先生应哈佛大学之邀，曾就自己的工作体验，做了一系列有关行政管理的演讲。他提出用以沟通概念为中心的行政管理理论观察组织中及人际关系中的各种问题。他认为沟通是决定一位行政首长应该行使多少权限的重要因素。因此，为了权限的行使，沟通必须是有效的，关于沟通的有效性，他提出了下列七项原则：(1)沟通的渠道应为全体各种人员所知晓；(2)正式的渠道必须四通八达，及于组织内的每一位工作人员；(3)沟通的渠道必须尽可能简短而直接；(4)沟通的程序应该经过既定的渠道；(5)主管人员(即是沟通的中心)必须是有能力之辈；(6)沟通的渠道必须是经常畅通无阻的；(7)每一条沟通渠道都必须是被鉴定为确实可靠的。[①]

此外，孔茨和奥唐奈也就沟通的原则提出了三项指南。(1)明确性原则，即沟通的文字、言语必须清晰、明确，确保对方充分了解。切忌模棱两可，以免滋生误会。(2)整体性原则，即沟通对行政首长而言，只是一种手段，而不是目的，它的目标是促进工作人员之间彼此的了解与合作，以此维持组织的整体性。(3)策略性地运用非正式组织，即非正式组织可以被视为意见沟通的有效工具。因为，通过非正式组织中的消息传递，有时虽会传播一些没有多大用处的谣言，但有时也能够迅速传播某些有利的消息，以裨益于行政管理的有效性。同时，谣言虽然不真，但也能在一定程度上反映有关人员的工作态度和需求。因此，行政首长与各级主管，如果能经常明智地运用策略，通过非正式组织与部属做非正式的接触，就能够增进彼此的情意，了解真相，进而获得一些仅凭正式组织的沟通系统不能获得的信息与合作。这一切均有助于行政管理原理发挥作用。[②]

张金鉴教授认为，有效的行政沟通必须遵循以下原则。(1)沟通的文字、语

---

① 转引自 Paul Bartholomew, *An Outline of Public Administration*, Totowa, N. J.: Littlefield, Adams & Co., 1967, p. 8。
② Harold Koontz and Cyril O'Donnell, *Principles of Management: An Analysis of Managerial Functions*, 5th Edn., New York: McGraw-Hill Book Co., 1972, pp. 546-548.

言应具准确性,叙述理由、目的、方法及时,不可含糊不清。(2)沟通的文字、语言等应适合信息接受者的教育程度,使其有充分的了解。(3)沟通的文字、语言、内容应是充分的、足以说明事理的,不可过于简略。(4)沟通的文字命令,或语言的发出要及时,不可过早或过迟,应使信息接受者有足够的时间采取行动。(5)沟通的语言、文字应诚信、公正,态度应和蔼可亲。(6)沟通的行动应适可而止,以促成所期望达到的反应为度,不宜过多过繁,以免因加重工作人员负担而招致反感。(7)对同性质人员希望获得相同反应的人,应采用相同的沟通方法,以免引起误会或猜疑。(8)沟通的内容不可过于琐碎,同时应具备一定的弹性。(9)良好的沟通应具备鼓励性、启发性、刺激性,以此引起信息接受者的兴趣,使之乐于接受。①

除上述学者的见解之外,美国管理学会也提出了"良好沟通十诫"。(1)沟通之前应先澄清观念,即系统地分析沟通的问题或观念,有助于沟通的运作。良好的沟通必须考虑沟通的目的,以及信息接受者会受影响的程度。(2)检验每次沟通的真正目的,即沟通前必须先确定最主要的目标。每次沟通不能期望完成太多的目标。信息越集中,成功的机会也越大。(3)沟通时应考虑整个物质和人的环境因素。影响沟通的因素不仅是言辞,沟通的环境也十分重要,因此,信息发送者应当时刻注意沟通的整体环境,并随时随地地适应环境。(4)在策划沟通时,应咨询他人的意见。策划一项沟通时如能与他人充分磋商,就能获得他人的支持。(5)沟通时,应注意语调。沟通时的语调、表情均对信息接受者有极大的影响。同时,沟通所用的语句特别是说话的含义与情感,亦对接收者有极大影响。(6)对信息接受者有帮助或有价值的事情,应把握时机,适时表达。要考虑对方的利益和需要,善于用对方的观点来观察事物,以达到积极的效果。(7)追踪沟通的效果。这种追踪可用询问法或鼓励信息接受者表达他的意见与反应,以检验是否已达到适当的沟通效果。换言之,任何一项重要的沟通都应具有反馈的作用。(8)沟通不但要适合于当前的需要,也应顾及长远的利益和目的。(9)以实际行动支持沟通。最具有说服力的沟通方式,不是你说了什么,而是你到底做了什么。例如,当一个人的行为及其态度与言语相悖时,则言语的力量将大打折扣。(10)不仅要使他人了解,也要了解他人。在沟通时,倾听是最重要却也是最容易被忽视的一种技巧。倾听不仅应注意他人表达外在的意思,也要注意其内在的意思。②

总之,首长与部属唯有把彼此的关系建立在信心、信任与尊重的基础上,双方才能获得有效的沟通。良好的行政沟通并非单纯的"授"与"受",它是在相互融洽、

---

① 张金鉴:《行政学研究》,台湾"商务印书馆"1969年版,第67—68页。
② Henry Sisk, *Management and Organization*, 2nd edn., Cinicinnate, Ohio: South-Western Publishing Co., 1973, pp. 531-533.

相互了解的过程中发现共同的想法和共同的理想,这样就能使行政管理的工作在充满友谊的祥和气氛中进行。

 复习题

1. 沟通过程由哪些阶段构成?
2. 沟通形态有哪几种类型,其特点是什么?
3. 行政沟通的障碍有哪些,如何克服这些障碍?

第五章
行政心理

　　行政心理研究是应用心理学的一个重要分支,同时也是行政学理论体系中的一个重要组成部分。因此,可以说,行政心理研究是心理学与行政学的交叉领域。它主要研究行政主体(包括行政组织及其组成人员——行政个体)的心理活动和行为表现,主要涉及以下内容。(1)行政个体的心理需求、心理素质、工作动机、激励手段、认同心理等方面。这些研究的目的是用于指导对行政人员的选拔、训练、评价、使用等人事组织问题,充分调动人的积极性,充分发挥人的潜能,形成和谐的工作气氛和提高工作效率。(2)行政组织或群体的心理分析,主要有群体心理的基本理论、组织行为的动力和行政组织心理以及行政组织中的人际关系等内容。行政心理研究中的行政组织包括正式组织和非正式组织,所以其不一定具备行政法意义上的行政主体资格。限于篇幅,本章只涉及上述诸领域中的部分问题。

第一节　行政心理概述

一、行政心理的含义

　　人的心理乃是客观事物在人脑中的反映,它是感觉、知觉、思维、情感、性格、能力等功能的总称。根据这个一般性的定义,行政心理可以被界定为:行政体系的基本结构与功能主体(即行政个体)及其结构体(即行政组织及其内含的小群体或非正式组织)对行政体系内外情景的主观反应,它主要包括"知"(认知)、"情"(情绪)、"意"(意志)三个方面或阶段的活动。结合政治学、行政学对人的政治行为、行政行为以及政治和行政文化的研究方法,我们从行政行为主体的认知取向、情感取向和评价取向三个方面分析其心理活动。由于非人格的行政组织或群体的心理功能实质上是由行政个体承担的,所以以下分析主要是针对行政个体而言的。

二、行政心理三个取向的分析

(一) 认知取向

认知是个体对客观世界的认知。人的认知主要包括他的高级的、智力性的心理过程,诸如思维、想象、创造、推理、概念化、符号化、计划和策略的制订、问题的解决等。较广义地讲,它也包括注意、记忆、学习,甚至有组织的行为。

行政人员的认知取向包括获取与理解关于政治系统及其领袖、政治与行政运作的环境和过程的信息,具体包括对以下几个方面内容的认知。

第一,对整个政治体系的认知。政治体系是行政人员的身份地位和行政行为所处的大系统、大环境。其结构、特性和变迁直接或间接地影响行政人员的行为取向,指导行政行为的大方向。所以,政治系统是行政人员认知活动的一个重要对象。其内容有国家的阶级性质即国体,国家政权的组织形式即政体,国家的结构形式(单一制还是联邦制),国家的阶级构成、民族构成和政党制度,以及整个政治体系的运作程序。

更广义地说,行政人员还应对世界格局、国际动态以及其他国家的政治体系的结构和过程有一定的认识,因为世界政治经济体系是行政人员所处的超大环境,这一超大环境或多或少地、或直接或间接地影响行政人员的行为。

第二,对社会经济、人文与生态环境的认知。行政行为的动力不仅仅源于政治行政系统内部,而且来自公众的要求、社会经济发展的要求以及对生态环境维持与改善的要求。从某种意义上说,社会的需要才是行政行为的终极原因。行政人员要想制定出有针对性的计划与政策,要想有效地实施其计划与政策,就必须对社会经济、人文与物质环境有足够的认识。尤其是那些行业性信息,行政人员应了如指掌。

第三,对行政系统的了解。行政系统基本上都是马克斯·韦伯所讲的官僚制结构。如果说前述两项构成了行政人员的宏观环境,那么,行政系统则是他们所处的中观环境。行政人员有动力去了解行政系统的科层结构、领导体制以及正式和非正式的行政沟通渠道。关于这方面的详细情况请参阅本书的第二章和第七章。

第四,对所在单位的了解。行政人员的所属机关是其工作与生活的直接环境;大多数情况下也是他职位升迁的初级空间、物质福利的直接配给者和满足其精神需求的主要市场之一。相对前述三项而言,行政人员更有动力去了解他所在单位的各方面的具体情况,譬如,单位领导班子的构成、单位领导和他的直接上司的个人信息、单位的人事安排惯例、单位同事的各方面情况,以及本单位与其他单位的关系等。

所有上述环境构成了心理学家库尔特·勒温（Kurt Lewin）所讲的"生活空间"。这种生活空间构成了行政人员的心理环境。其中每一事物对行政人员来说都具有一定的诱发力，或大或小，或正（吸引力）或负（排斥力）。环境中事物的诱发力其实是由个人的需要和欲望投射出来的产品，这些诱发力结合起来支配他的知觉结构。反过来，知觉结构也能改变这些诱发力的性质和大小。具体来说，行政人员的信息处理能力、知识水平、职位高低以及个人政治抱负的大小等都会影响其注意力在上述各项情况间的分配比例。

（二）情感取向

情绪和情感是人对事物的态度的体验，是人的需要得到满足与否的反映。情绪和情感有别于认知活动，它具有特殊的主观体验、显著的身体生理变化和外部表情行为。人们通常把短暂而强烈的、具有情景性的感情反应称为情绪，如愤怒、恐惧、惊喜等；而把稳定而持久的、具有深层体验的感情反应看作情感，如自尊心、责任感、热情等。实际上，情绪与情感之间并没有明确的分界，两者合称为感情。我们这里所讲的行政人员的情感取向，就是指行政人员对其身份与行为的各种不同层次的环境的感情。当然，我们这里分析的情感取向更多地是指行政人员对其"生活空间"的持续且相对稳定的态度体验。

行政人员的情感取向具有四个维度：强度（感情的强弱程度）、快感度（愉快和不愉快的程度）、紧张度（从轻松到紧张的程度）和激动度（从激动到平静的程度）。行政人员对其环境事物的情绪体验是由这四种维度之间不同程度的组合而形成的综合状态。除了上述四个维度具有两极性特征以外，行政人员的情感还具有方向性的两极性——或消极或积极。行政人员的情感取向的方向性及其程度是与他的需要、态度密切相关的。凡环境事物与他的需要和愿望指向相一致时，就会产生积极的情感体验，如愉快、爱慕、感兴趣等；反之，如环境事物朝着与他的愿望相悖的方向变迁，或其需要受到阻碍，就会产生消极的情感体验，如愤怒、怨恨、失望、痛苦等。

这些体验的强度、快感度、紧张度和激动度除了与环境事物同主观愿望方向的一致性程度有关外，还与两者之间的关联程度有关。就环境的层次而言，由宏观的政治、经济、文化环境到中观的行政体系再到微观的单位情况，其与行政人员的"心理距离"越来越近，对行政人员的诱发力也越来越大。就事物的性质而言，政治性事件往往会比经济、文化环境更直接地左右行政人员的态度体验；涉及个人切身利益的政策措施，如人事政策、工资制度改革，会更强烈地支配行政人员的情绪反应。

就行政人员心理活动的实质来看，认知取向是如实反映各种环境事物的特点和规律的过程，情感取向是与其身份属性和行政行为所关联的主观活动。情感取向既是行政人员认知过程中产生的主观体验，也是形成行政人员的评价取向的感性基础。

(三) 评价取向

评价取向主要由行政人员对政治-行政系统(包括所在单位)的判断和意见组成,其标准往往包括诸如民主、自由、平等等价值规范以及效率、科学化等合理性标准。相对情感取向而言,它是强调行动并赋之以意义的主观领域。它大致相当于心理学所讲的"意志"范畴。所谓意志,是指个体有意识、有目的、有计划地调节和支配自己行动的心理过程。人的行动是由各种不同的动机决定的,这些动机是为了保证生存和满足各种需要而产生的。当一个人意识到自己或社会有某种需要时,就会产生满足需要的愿望,从而进一步有意识地确定追求的目的,拟订达到目的的计划,并做出行动。这种行动始终是由意识调节和支配的,是自觉的、指向一定目的并与努力克服达到目的所遇到的障碍相联系的。从产生动机到采取行动的心理过程就是意志。在行政心理研究中,这一心理过程称为评价取向。因此,行政人员的评价取向是对情感取向的一种超越,是一种较稳定的价值指向,是行政人员对具有文化价值或社会意义的事物产生的复合情感(又称高级情感)。我们通常所讲的情操即是一种评价取向。

可以从以下几个方面理解行政人员的评价取向。(1)稳定性、理智性。评价取向一般不表现为一时性的激动或冲动,一般不因刺激而立即产生或随刺激一起消失,它是反复认知、反复体验的结果,它是受理智控制的、持续的情感。(2)复合性。评价取向不同于一般意义上的、单一的情感取向,而是围绕某一事物或某一对象(大可大至整个系统,小可小至一人一事)而产生的多种情感(甚至完全相反的情感)的复合体。譬如,在对政党领袖的钦佩、羡慕和爱戴的同时,也可能会自叹不如。(3)历史性、发展性。就宏观而言,评价取向受行政人员所处的社会、文化和历史条件的制约;就微观而言,行政人员的评价取向也受其个人的认识水平等的制约。因此,评价取向无论是从宏观还是从微观而言,都会有一种发展的过程。(4)规范性。这不仅是指评价取向往往据以某种规范性标准,而且还指它对行政人员的行为起规范与约束作用,是其实际行动的指南。

就其外延来说,行政人员的评价取向主要包括政治道德感、审美感、理智感等。政治道德感是指行政人员用一定的政治、道德准则感知各种现实现象时所体验到的一切情感,包括政治是非感、一般的和职业的义务感、责任感、同情感等。审美感指对事物美的体验,包括对美好事物的肯定和对丑恶事物的反感。理智感是行政人员在智力活动过程中所产生的情感,包括对未被认识的东西的求知感,对真理的追求,以及对没有充分合理合法证据的做法和结论的怀疑感等。

第二节 行政个体的心理分析

行政个体的心理研究主要涉及如下几个领域。

一、关于人的本质的假说与管理理论

对人的本质的探讨,或者说对人性的假设是各种人文和社会科学理论的基石。不同的理论流派或学科往往有不同的人性假设;不同的人性假设演绎出不同的理论学说。在这里,我们只能关注管理学领域的几种著名的理论假设与学说,无法旁及其他学科在这方面的丰富论说。1965年,美国心理学家埃德加·沙因(Edgar Schein)把流行于西方的几种人性理论概括为"经济人""社会人""自我实现人"和"复杂人"四种。

(一)"经济人"的假设与"X"理论

"经济人"(又称"唯利人")这一理论假设,源自享乐主义哲学和英国经济学家亚当·斯密的古典自由主义理论。按照斯密的观点,人的本性是懒惰的,必须加以鞭策;人的行为动机是为了最大限度地满足自我的经济利益,工作只是为了获得经济报酬。因此,管理制度的设计要么能确保个体自由地追求私利,要么以权力强制或其他激励措施使员工服从集体利益的需要。就斯密本人而言,他是主张前者而极力否定后者的有效性,认为每个人最大化地追求其个人利益的同时就实现了社会利益的最大化。

当"经济人"的假设被管理者用于指导其管理实践时,管理者往往会采取以下措施。(1)管理工作的重点是通过计划、组织、经营、指导和监督等手段提高劳动生产率和完成生产任务;管理者不承担任何情感和道德方面的义务。《新管理方格》一书的作者罗伯特·布莱克(Robert Blake)和简·穆顿(Jane Mouton)称此为纯任务导向型管理。(2)管理工作只是少数管理者的事,与广大的被管理者无关,后者的任务只是服从指挥,执行任务。(3)在奖励制度方面,主要是用金钱刺激被管理者的积极性,同时对消极怠工者、抗令不遵者采取严厉的惩罚措施。

美国学者道格拉斯·麦克格雷戈在其《企业的人性面》一书中,将上述传统的管理方法总称为"X"理论。这种理论对人性的基本观点如下。(1)多数人天生懒惰,不愿意工作,可能的话总是逃避。(2)多数人没有雄心大志,规避风险,不愿意承担责任;喜欢依赖别人,心甘情愿地受他人支配。(3)多数人安于现状,习惯对改革采取抵制态度。易受人暗示,常有盲从举动。(4)多数人生来以自我为中心,忽

视组织目标，因此常常发生个人与组织之间的目标冲突。(5)人大致可分为两类，多数是符合上述设想的人，只有少数能够克制感情，自我约束，自我激励。因此，只应由少数能自我克制的人承担管理的责任。

科学管理的先驱者泰勒所持的人性看法即经济人看法。经济人观点在19世纪末20世纪初较流行，但很快就受到了人际关系学派的批判。

（二）"社会人""自我实现人"的假设与"Y"理论

"社会人"的假设首先是由霍桑实验的主持者梅奥提出的。梅奥认为，人是有思想、有感情、有人格的活生生的"社会人"，人不是机器和动物；传统理论把人看成"经济人"的观点是错误的。人作为"社会关系的总和"，金钱和物质虽然能刺激其积极性，但是人的最大需求是社会需求，只有满足他的社会需求时，工作的积极性才能得到充分的发挥。社会需求不仅仅包括物质享受，更重要的、更具决定性意义的是良好的人际关系、和谐的群体氛围。

二战后开始盛行的人本主义心理学流派主张应关心人的价值和尊严，反对贬低人性的生物还原论和机械决定论。美国人本主义心理学家马斯洛提出了"自我实现人"的观点。他认为，人的最高层次是自我实现。就是说，人需要发挥自己的潜力，表现自己的才能；只有人的潜能充分地发挥出来了，人才会感到满足。

凡主张以"社会人""自我实现人"的假设为指导的理论，被麦克格雷戈统称为"Y"理论。这种理论的基本观点有以下内容。(1)人一般来说都是勤奋的，并不是天生地厌恶工作。如果具备良好的工作条件和人际环境，人们工作起来会如同游戏和休息一样愉悦。(2)控制和惩罚不是使人实现组织目标的唯一办法，因为人们在执行任务中，能自我控制和自我指挥；对"自我实现人"(也称"自动人")不宜控制过严，应给他们留有较大的自由活动空间，让他们独立完成任务，满足其成就感和自尊的需要。(3)人们还希望能充分施展自己的才华。鼓励比惩罚更重要。多数人愿意承担工作责任，逃避责任、缺乏抱负并不是人的天性。大多数人在解决困难问题的同时，都能发挥出相当程度的想象力和创造性才能。(4)在现代工业条件下，人的智慧和潜力只发挥了很少一部分。领导者、管理者的责任应该包括创造适当的条件，如实行"参与管理"，使人们的聪明才智得到充分利用。

"Y"理论相对于"X"理论而言，无疑是管理思想史的一大进步，它对人的社会性本质给予了极大的关注。然而，与"Y"理论批评"X"理论对人性的看法过于悲观相反，超"Y"理论批评"Y"理论对人性的观点过于乐观，于是又出现了更为全面的人性假说。

（三）"复杂人"的假设与超"Y"理论

"复杂人"的假设是20世纪60年代末70年代初由沙因提出的。与此同时，美国心理学家约翰·莫尔斯(John Morse)和杰伊·洛希(Jay Lorscn)提出了超"Y"理论,后经日本学者的完善后被命名为"Z"理论。由于"复杂人"假设与超"Y"理论的观点十分相似,所以我们综合在一起加以阐述。

他们对人的看法具体如下。(1)人的需要是多种多样的,而且这种需要随着人类社会的发展和社会生活条件的变化而改变。每个人的需要各不相同,需要的层次也因人而异。(2)由于人们的需要不同,其各自的动机结构也不相同;而且动机与动机交互作用形成复杂的动机模式。(3)一个人是否感到满足并献身于组织的事业,决定于他本身的动机结构以及他与组织间的交互关系。在不同的情景下,可能有不同的动机。(4)由于需要、动机、兴趣、理想和能力等的个体性差异和情景性差异,因此,不存在适合于任何时代、任何人和任何情况下的万能的管理模式。

显然,这种"复杂人"的假设是对前述三种人性假定的辩证否定,它要求一种权变式的管理,即应针对不同的情况,灵活运用各种管理措施。具体来说,其管理思想大致如下。(1)人们是怀着许多不同的需要和动机加入工作组织的,而且人们在特定时间的需要类型可能有所不同。因此,对不同的人应采取不同的管理方式;对同一个人在不同时期也应采取不同的管理措施。(2)组织结构和管理层次的划分、职工的培训和工作任务的分配、工资报酬和控制程度的安排,应适合于工作的性质和职工的素质。(3)当目标达到以后,个人的成就感得到了满足;管理者应以此为契机,激起职工产生新的成就愿望,使他向更高的目标努力。

二、行政个体的心理需求

将上述理论假设与实际情况相对照,行政个体显然是"复杂人",因为他们的需要是多种多样的。然而,他们的需要到底可以分为多少种呢?心理学界没有统一的答案。其中最有代表性的几种理论有马斯洛的需要层次理论、克雷顿·奥尔德弗(Clayton Alderfer)的人本主义需求理论[因包括存在(existence)、关系(relatedness)和发展(growth),也被称为 ERG 理论]和戴维·麦克莱兰(David McClelland)的成就需求理论,见表 5-1。

表 5-1 行政个体的需要层次

需要类型	马斯洛的需要层次理论	奥尔德弗的 ERG 理论	麦克莱兰的成就需要理论
社会性需要	5. 自我实现需要	3. 发展的需要	3. 成就需要
	4. 尊重的需要(自尊、受人尊重)	2. 关系的需要	2. 权力需要
	3. 爱的需要(交往、归属……)		1. 合群需要

(续表)

需要类型	马斯洛的需要层次理论	奥尔德弗的 ERG 理论	麦克莱兰的成就需要理论
自然性需要	2. 安全需要（人身安全、职业安全……）	1. 存在的需要	
	1. 生理需要（衣、食、住、行、性……）		

按照需要的起源，本书将行政个体的心理需求分为两大类：自然性需要和社会性需要。

（一）自然性需要

自然性需要是保存和维持有机体的生命和延续种族所必需的一些需要，它是一种本能性的、与生俱来的需求，包括对饮食、御寒、运动、休息、睡眠、婚配等的需要。

奥尔德弗所说的"存在的需要"以及马斯洛所说的"生理需要"和"安全需要"即属于自然性需要。马斯洛认为，在一切需要中，生理需要是最优先的。这种需要主要产生于人的生理机制，以从外部获得一定的物质为满足。譬如，行政个体对工资报酬、住房条件、饮食供应的要求即是生理需要。如果生理需要相对满足了，就会出现一系列安全的需要。譬如，行政个体希望职业稳定，并有生活保障；偏好安全的、有秩序的环境；希望自己的前途具有可预期性；喜欢处理那些熟悉的和已知的事情。这些安全需要如果得不到满足，行政个体会产生一种焦虑感、威胁感和恐惧感。

应该说明的是，行政个体的自然需要也受社会历史条件制约。这是因为，在不同的历史条件下，在不同的生产力水平上，人们对生存的基本水平的理解是不同的。

（二）社会性需要

社会性需要是社会的要求在个体中的反映。当个人认识到社会要求的必要性，并成为他自身的欲望时，社会要求转化为个人的社会需要。马斯洛把人的社会性需要分为"爱的需要""尊重的需要"和"自我实现的需要"三类，奥尔德弗提出的"关系的需要"和"发展的需要"，以及麦克莱兰所讲的"成就需要""权力需要"和"合群需要"都属于社会性需要。社会性需要大多是指人的内在精神方面获得满足，是一种高级需要。这种需要的弹性限度较大，且带有连续性。

马斯洛认为，在满足了生理需要和安全需要后，会产生爱、情感和归属的需要。爱的需要包括施爱和受爱两个方面。譬如，行政个体对朋友、家庭生活的需要，在单位团体中对与同事之间有良好的人际关系的渴望等。麦克莱兰的"合群需要"、奥尔德弗的"关系的需要"大致都是指对和谐的人际关系的心理取向。

行政个体如果不是更加地至少也是同样地像社会上其他人一样,希望自己的职业和社会地位受人尊重,希望得到别人的高度评价。自尊需要的满足能增添行政个体的自信心,对自己所从事的行政事业充满自豪,觉得有价值、有意义;反之,如果这种需要得不到满足,则往往导致自卑感的产生。麦克莱兰所讲的"权力需要"在行政个体身上也许表现得尤为强烈。权力需要就是影响别人和控制别人的愿望。这种愿望强的人,喜欢"负责",追求社会地位,追求对别人的影响,喜欢别人的言行合乎自己的要求。因此,权力欲也叫作操纵欲。这种欲望过强的行政人员往往较武断,市侩气较浓。

"自我实现的需要"被马斯洛视为人的最高级需要。只有上述各项需要得到满足的人才产生这种人生的最高追求,才可以期望具有最充分、最旺盛的创造力,才能使其人的价值得以完满实现。马斯洛的这种看法显然有失中肯,且带有机械论的色彩,忽视了人的需要的社会历史性。但是,客观地说,能达到马斯洛所谓的"自我实现"境界的行政个体确实为数极少,因为大多数行政个体在大多数情况下难以做他自己想做的,其潜能的发挥程度也是很有限的。当然,作为一种理想,每个行政个体都希望自己成为一个"自我实现的人"。

有两点必须加以说明:(1)行政个体的心理需求并不总是严格地、机械地按上述顺序发展的,但是确实存在一种由低级到高级发展的规律;(2)行政个体在每个特定时期都有一种需要占主导地位,其他需要则处于从属地位。

三、现代行政人员的心理素质

严格地说,素质不是能力,它只是能力形成和发展的前提条件之一,行政个体能力的发展肯定还受制于其工作环境、担任的职务和工作性质等,所以不宜将素质研究变成能力列举。另外,也不宜将素质完全等同于神经生理特点,把素质研究变成遗传研究——遗传决定论。为了避免这两种"陷阱",我们拟从以下三个方面探讨现代行政人员所应具备的一些主要心理特征。

(一)知觉特征

知觉特征又可以细分为三个方面。

1. 场独立性

根据个体在认知操作中,即大脑对信息进行加工过程中表现出来的对环境依赖程度的大小,认知方式可以被划分为两种:场依存性认知和场独立性认知。前者倾向于以整体的方式看待事物,在知觉中表现为容易受环境因素的影响,易受他人暗示;后者倾向于以分析的态度接受外界刺激,在知觉中较少受环境因素的影响,具有较强的自主性,喜欢独立思考。现实中,行政人员的认知方式多处于以极端的场依存性和极端的场独立性为端点的连续谱系中。认知方式本身并没有什么好坏之分,但马斯洛的研究表明,具有自主性、不受环境左右的人更富有创造性,"自我实现"的可能性会更大。

2. 注意力指向稳定

个体注意力的集中与分配、稳定性与灵活性是一对矛盾。一般认为,注意力集中且稳定的人往往能深入地观察问题、研究问题,带有专业化倾向;而注意力广泛且灵活的人,信息来源广泛,但对信息的处理粗糙,知识面广博而欠精深。相对而言,以专业分工、科层制等为特征的现代行政体系更加适于前一类型的行政人员的发展。

3. 良好的社会知觉

社会知觉是指人对社会客体的感知和认识过程,与对自然客体的感知和认识过程相对应;包括对他人、对自己和对群体的知觉。可以说,良好的社会知觉是行政人员形成正确的自我意识、良好的人际关系的保证性前提;而良好的人际关系本身不仅仅是对"爱的需要""关系需要"或"合群需要"的满足,也是满足"自我实现需要"或"成就需要"的基础。对于一个有抱负的行政人员来说,正确认识自我是他首先必须做到的;同时,也只有对其所处的身份群体以及更宏观的环境有清醒的认识,他才不至于事倍功半甚至南辕北辙。

良好的社会知觉的获得有赖于行政人员在认知过程中克服以下几种不良习惯。(1)意识形态偏见,即简单地套用"敌人反对的我们就赞成,敌人赞成的我们就反对"这个公式。(2)光环效应,即个体对他人的多数判断最初是根据好坏得出来的。一个人被认为是好的,他就被一种积极的光环所笼罩,从而也就被赋予其他好的特质;如果被认为是坏的,他就被赋予其他不好的特质。(3)定势作用,即按照自我主观期望和心理背景而不是按照实际刺激去感知刺激。(4)首因效应或近因效应,即最先接受或最近接受的信息或形成的印象影响对现时情况的认知。(5)认知相符,即自认为自己是理智的,合乎逻辑的,因此个体在社会生活中总是自觉不自觉地对外证明这一点。为了维护自己的理性形象,他倾向删改、曲解事实以避免逻辑矛盾。

(二) 感情特征

感情特征主要指浓厚的社会兴趣。行政事业从根本上讲是社会性事业;社会需求既是行政行为的动力,也是其服务对象。兴趣是人们力求认知某事物和从事某项活动的意识倾向;它表现为人们对某件事物、某项活动的选择性态度和积极的情绪反应。因此,只有当行政人员对社会事物有浓厚的兴趣,他才可能充满热情地去从事行政工作;只有当行政人员对某社会工作感兴趣,他才会热心于接触、观察该事物,积极从事该活动,并注意探索其奥秘。兴趣来源于需要,同时又促成该种需要的满足。一个有志于在社会大舞台上一展才华的行政人员,必然对社会有浓厚的兴趣;反过来,唯有他对社会有浓厚的兴趣,他才能为其"自我实现"提供热情与创造的冲动。

(三) 评价性特征

1. 具有使命感

形成使命感的前提是行政人员对所从事的行政事业的政治大方向或终极目标的积极评价。唯有坚信其政治理想,才能形成真正的政治信仰,才会产生完成任务的强烈信念。

使命感的微观表现是工作责任感,即对于上级和下级、对人民群众和整个社会抱有高度的责任心,敢于负责,敢于承担风险。

2. 民主法治规范

民主化、法治化是现代政治与行政的基本特征,也是民治意识、法治观念从理论原则走向实践的必然要求。现代行政人员的有所作为必须是依法作为、民主性作为。民主与法治规范应作为现代行政人员评判政治系统的结构与运作、指导其自身行政行为的基本准则。

3. 意志性行动

可以肯定的是,任何行政人员在工作上、在个人发展中都不可能一帆风顺。当遇到挫折时,个人的意志特征(意志品质)往往有决定性的意义。我们把个体在这种境遇中采取的积极性的行动称为意志性行动。意志性行动最主要的品质包括以下四点。(1)自觉性,表现为自觉地、有意识地确定行动目标,拟订达到目的的方法,并严格按计划行事。它与行动的盲目性、随机性是对立的。(2)果断性,表现为遇到问题时能经过周密考虑而采取果断决定。其对立面是优柔寡断。(3)坚持性,表现在为了达到某种目的能坚持不懈地努力,不因挫折而泄气,不为困难所吓倒。但请注意:坚持不等于固执。(4)自制力,即能用理智克制自己的情绪行为,不喜怒无常,朝三暮四,确保自己的一切行动服从于原定目的和计划。

马斯洛认为,具有以下15种主要特征的人就是一个试图达到自我实现的人。这些特征是:对现实更有效的感知,并保持感知与现实的和谐关系;对自己和别人的认可;自觉性;集中于问题;独立,需要独处;自主,能不受环境左右;有好奇心;具有高峰体验(即难以用语言形容的欢欣、入迷思想境界的体验);具有社会兴趣;深刻的人际关系;民主的性格结构;手段和目的的分辨;哲理性的幽默感;创造性;对现有文化的抵抗力。

第三节　行政行为的心理机制

一、个体行政行为的动机

对行政个体的行政行为的心理分析至少要回答三个问题。(1)行政个体的行政行为动机有哪些？对这个问题的回答牵涉我们对行政行为的发生机制的理解，同时也是我们对行政行为采取激励措施的依据。(2)有效激励的原理是什么，包括哪些方面的措施？(3)行政个体的角色定位，他将面临哪些角色冲突？

动机即行为发动的起因，也即个体用某种形式活动的主观原因。当我们对行政个体的某特定行政行为的动机进行解释时，我们的意见往往并不一致。这是因为各自对人性假设(见本章第二节)的理解、自身的行政工作经验、所受的教育与训练等往往不一致。

关于人类行为的基本假设是：人类行为是关于个人与环境的函数。用公式表示为(B代表行为，P代表个人，E代表环境)：

$$B = f(P, E)$$

对这个公式的共识性解释是：个人与环境特性都会直接决定个人的行为，也会通过彼此间的相互影响而间接决定行为(关于这一点，后文将述及的双因素理论作了较透彻的解说)。然而，不同的理论学派对个人或环境因素的强调程度往往是不相同的。概括起来有三种观点：认知论、增强论和精神分析论。

认知论特别强调 $B = f(P, E)$ 方程式中的 P(个人)，认为意识性的心理活动(如思考、判断)以及心理观念(如态度、信念、期望)是决定人类行为的主要因素。也就是说，个人对事件的反应，是受意识性心理活动影响的；行为的产生来自个体认知结构内的不一致性。这种不一致会导致内心紧张感，必须靠行为来解除；而这些行为则包括外表行动或内部认知系统的重组。认知论的方程式可写为：刺激—认知—反应。以个体的行政行为为例，认知论认为，行政个体之所以作为是因为他意识到了某种需求，包括来自社会的需求或上级下达的命令，从而产生了某种紧张感——不作为就可能受到谴责或可能使社会利益受到危害，于是他做出某种行政作为。另外，他还可以通过调整其认知结构来缓解这种紧张，譬如用过去的经验说明不作为也不会有什么大的危险，使自己对这种需求漠然视之，视而不见。

增强论是由两位杰出的心理学家伊万·巴甫洛夫(Ivan Pavlov)和爱德华·桑代克(Edward Thorndike)对动物和人的行为的实验分析发展出来的。巴甫洛夫提出条件反射原理，桑代克发现了效果律。效果律认为：如果某特定刺激引发的行为反应得到了酬赏，则该反应再出现的可能性较大；而如果行为没有得到酬赏或甚至受到处罚，则该刺激—反应重复出现的可能性就较小。后来斯金纳将有机体的行为分为两类：一是应答性行为（刺激—反应），二是操作性行为（反应—刺激）。前者是一种机械性、本能性行为，其刺激是已知的；后者是通过后天习得的反应，刺激并非直接已知的，这个过程须经（不断地）探索才能发现刺激可能引起的结果，才能觉察何为对这种刺激的正确反应以及这种反应所能得到的反馈性强化物——酬赏。总之，相对而言，增强论较认知论和下面要讲的精神分析论更强调环境（外部刺激物）在人类行为中的重要性；认为环境是刺激的根源，而刺激可以产生并增强行为反应。这构成了当今许多激励措施的理论根据。

精神分析论者以西格蒙德·弗洛伊德（Sigmund Freud）为代表。他认为：人类行为受人格主宰；人的大部分心理活动并不是个人所能知晓或能接触得到的，而这些潜意识活动却深深影响个人的行为。环境只有在"自我"（the ego）为了满足"本我"（the id）所产生的愿望而与之接触时，才被考虑到。也就是说，"本我"是产生一切愿望或欲望的源泉，它不受任何伦理、道德、理智或逻辑等限制因素的约束，其原则是"想干就干"；为了满足个人的欲望，个体必须兼顾外在的世界——审时度势，于是有了"自我"，由"自我"对"本我"的欲望加以处理（满足它，转变方向，或者抑制它，其原则是"能干才干"），并受到"超我"（the superego）——人格中的道德执行者，其原则是"可干才干"——的限制。简言之，行为的产生是"自我"遵循现实原则兼顾满足"本我"的愿望与"超我"的限制做出的决策结果。

二、个人动机模型与激励

应该说，上述三种观点都从不同的角度对行政个体的行政行为的起因给出了独到的、一般性的解释。这无论是对于我们认识行政行为的动机还是恰当地运用激励措施都具有一定意义。但是，由于精神分析论的观点难以操作，同时也因为大部分人对它较为陌生，所以，人们通常根据认知论或增强论的观点来激励行政人员做好工作。

个人在组织内的工作绩效，是个人能力与工作动机的函数。激励的作用点落在动机上。对动机的衡量，通常是以个人运用能力于工作上的努力程度以及持续度为指标的。为了解释和预测组织内的个人的动机，人们已经发现多种方法或模型，其中用得最多的是两种激励模型，即期望模型和工具模型。前者是以认知论为基础的，认为个人有意识地在各种行为方案中作出选择；后者则是以非认知性的增强论为基础，认为个人针对环境的偶发状况即刺激的性质和强度而做出反应，思考不是行为的起因。

(一) 期望模型

维克多·弗鲁姆(Victor Vroom)提出的期望模型将研究的焦点放在个人的心理活动上。态度、价值观、信念、满足感、效价、期望、未来事件发生的主观概率等,都是其探讨的对象,据此了解各自间的关系以及它们与行为间的相互关系。使用期望模型的人,往往对个体的性格与情绪资料特别感兴趣,譬如,个体期望或效价的性质、满足感对价值观的影响、信念对态度的影响等。

在期望模型中,动机受到个人对自己行为的期望以及对行为后果能得到的满足感(或曰效价的期望)等的影响。另外,过去的经验由于影响个体当前的信念、态度或对事物可能性的认知,所以显得较为重要。根据期望理论的观点,个体只在三个条件——①相信努力可以改善绩效;②相信绩效会影响后果;③对这些后果颇看重——都满足的状况下,才会付出较大的努力。期望理论的基本逻辑可以用一个公式予以表明:

$$激励力量 = 效价 \times 期望值$$

在公式中,"效价"即"目标价值",是个体对他所从事的工作或要达到的目标的效用价值的主观估价,或者说是达到目标以满足个人需要的价值。一项行为后果的效价,可以是零、正的或负的。对个体来说,行为后果的效价取决于两个方面:后果可能导致的(客观)结果以及个体对这些可能性结果的主观需要程度。因此,同样一种目标或结果对不同的个体来说可能具有不同的效价。譬如,对有志于"飞黄腾达"的行政个体来说,职位升迁的效价就很高;为此,他甚至可以在所不惜;但对于一个安于做"小公务员"的人说,升迁的效价接近于零,他会觉得这方面的努力完全没有必要。

"期望值"也叫"期望概率",是指一个人根据过去的经验以及现时各方面的情况,判断某项行动将会导致某特定后果的可能性或所能满足某种需要的概率。期望值的大小在 0 与 1 之间变动。当它为 0 时,表示该行动不可能获致某种后果;当它为 1 时,表示该行动绝对能够导致某项后果。一般来说,即使目标效价很大,但如果其期望概率极低的话,行政个体往往也不会作出较大的努力。譬如有人会说:"假使我把工作做好,领导一定很高兴……但不管我多努力,我都不可能把这该死的工作做好……所以,我只好马马虎虎算了。"

"激励力量"是指个体为实现某特定目标而采取某项行动的积极性、努力程度和发挥其潜在能力的程度。它是由效价和期望值共同决定的。

根据心理学家弗鲁姆提出的上述期望模式,为了有效激发行政人员的工作动机,需要做好以下几个方面的工作。

首先,合理设置工作目标,协调好努力与绩效的关系。根据期望理论,行政个体对个人努力改善绩效的可能性的观念(即"期望概率")直接影响到他的努力程度。在个体能力一定的情况下,目标的设置直接决定着这种概率。所以,首先我们必须设置恰当的目标。如果目标适中,让个体认为通过努力自己有能力去达到目标,即个体主观上的期望值很高,就会有信心,有决心,就能激发出强大的力量;反之,如果目标过高,可望不可及,或目标过低,唾手可得,都不足以有效调动个体的积极性,充分发挥其潜能。为此,在为行政人员设置目标时,应尽量做到以下几点。(1)科学性,即目标高度适中,因人而异,量能(个体能力)设标(目标)。(2)阶段性,即采取"少吃多餐""引人入胜""逐步推进"的战术。这样的战术选择既因为总目标往往显得太大、太遥远,也因为成就感(哪怕是小小的成就感)能催人奋进。(3)可变性,即目标设立以后,往往由于情势的变化会使它变得过易或过难,这时应该适当地加以调整。

其次,贯彻功绩制原则,处理好绩效与报酬的关系。在大多数情况下,行政个体总是期望在取得预期的成绩后,能够得到适当的、合理的酬赏,比如,奖金、晋升、表扬等。一般来说,如果只要求行政个体为组织目标作出贡献,而没有行之有效的物质和精神奖励来进行强化,时间一长,即使起初被激发起来的积极性也会逐步消解。所以,在我们还不能确信人们确实都把劳动本身视为一种享受之前,我们必须把工作绩效与报酬挂钩,将目标的达成与行政个体的物质需要和精神需要相联系,以增大其效价。

另外,人们对绩效与酬赏关系的看法,还受其对酬赏的公平与公正程度的认识的影响。这种对公平的认识包括两个方面:一个是实际的酬赏是否低于个体心目中所预设的应得的酬赏;一个是自我所得的酬赏与他人所得的酬赏相比是否适当(如果他们之间的绩效被认为是相同或具有可比性的话)。所以,在实施奖励制度时必须尽量公平、公开、公正。

最后,了解员工的需求,尽量使酬赏与需要相对应。人们总是希望能得其所需、所缺,包括生理需要、尊重需要、自我实现需要等。这是因为,按照边际效用价值学说的观点,个体所拥有的同一类的物品越多,则对这种物品的主观评价就越低;反过来,越是奇缺,其主观效价就越高。因此,人们要么想通过交换来做替代性补充,要么想通过增量形式来获得满足。尽管人们对于酬赏(一种增量形式的补充)常抱"多多益善"的态度,但对各种酬赏的主观评价是不一样的。由于人与人之间在年龄、性别、社会地位、经济条件等各方面存在差别,所以不同个体在特定时间的"所需"往往是不同的,同一个人在不同时段的"所需"也是不同的。而个人的"所需"又直接影响他对酬劳的效价评估。所以,为了有效地激发行政人员的工作干劲,除了实行公平合理的功绩制以外,还应使酬赏与需求相一致,奖其所需。

(二) 工具模型

工具模型源自20世纪初约翰·华生(John Waston)的行为主义学派。华生深受巴甫洛夫和桑代克的增强论的影响,反对将意识(如想象、推理、意志、心灵等)作为心理学的主要课题,提倡将研究焦点落在客观的、可见的外显行为上。工具模型尽管不否认内部心理活动的存在,但因为对它们难以做可靠的测量,同时行为科学家也认为这些过程在预测外显行为上不太重要,所以内部心理过程没有被包括在这个模型中。工具模型假定:第一,行为由环境决定;第二,就像物理活动一样,人类行为要遵循某些定律,而这些定律可经由观察被揭示。

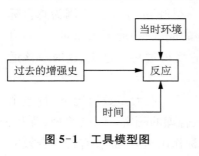

图 5-1 工具模型图

工具模型的基本方程式 $R=f(S, A)$ 图示如图 5-1 所示。其中,R 代表反应或反射,S 代表当时环境给予的直接刺激,A 代表除刺激外的其他环境变项,如时机、过去的增强史等。

为了理解工具模型的原理,有必要弄懂以下几个概念。

首先是刺激。一般地说,改变个人行为的任何事物都可称为刺激。但在工具模型中,刺激只包括那些外在的、物理的或实质性的刺激。它们是可测量的、可重复操作的。这些刺激具有引发反应、增强反应(作为反应的强化物)等功能。譬如,在"领导下指令—行政人员按指令行事—给予奖赏"这一过程中,领导的指令具有作为刺激起引起反应(行政人员工作)的作用;奖赏作为跟随(应答刺激的)反应而来的后果,具有使行政人员听从指令这种反应的强度增加、次数更频繁、持续时间更久或刺激引起反应的可能性更高的作用。

其次是时间。时间影响 $S \rightarrow R$ 关系的主要理由是,如果个体长时间地、高频率地对一连串刺激产生反应,则即使刺激没有改变甚至有所增强,但反应强度、速度以及频率都将减弱。

最后是过去增强史。过去对相同刺激的反应所受的增强经验即为过去增强史。在其经验中,对反应的强化可能是肯定(赞赏)性的,也可能是消极(抑制)性的,还可能是中性的。后两种情况都将使同类再次反应的强度降低甚至消除,而第一种情况则将成为现时行为的促动力。这就是所谓的行为连带性。

总之,工具模型认为,一个人的行为反应受当时的环境、过去的增强史和时间因素的共同影响。比照地说,期望模型将行为起因置于行为之前,而工具模型则将行为起因置于行为之后。在期望理论中,个人对未来行为后果的期望与价值观决定了个人努力的程度;在工具模型中,行为的发生或持续是出于环境的连带事件,即受上次行为后所发生的事情的影响。

工具模型给我们的最大启示是,在对行政人员的激励中要特别注意其反馈(强化)效应,需持系统观念,促成良性循环。另外,还应注意对那些从事日常性的、非事件性的工作的行政人员给予定期或不定期的刺激和强化。

三、行政个体的角色冲突

所谓角色是指在某社会单位中,对占有某种职位的人的一组行为期望。譬如,我们对"领导"和"一般行政人员"这两种角色就有两组不同的行为期望。

大部分人都具有多重角色。一个行政人员可能扮演行政管理者、孩子的父亲、妻子的丈夫、行政学会的理事、俱乐部的会员等多种角色。每一种角色都承载着人们不同的期望。

就个体的每一种角色而言,其周围都关联着一组角色群,包括与"角色中的他"相交往的人,也包括对其角色行为有所期望的人。譬如,作为一个行政管理者,他的"角色群"包括上司、同事、行政相对方以及其他关注其作为一个行政管理者而应有的言行的人;作为一个家庭成员,他的角色群包括父母妻儿甚至直系旁系几代人,另加一系列的亲戚朋友等。

事实证明,行政个体的个人性格与其公务员角色之间、不同的人对其公务员角色的期望之间以及他所承担的多重角色之间都有可能出现不一致、不协调甚至激烈抵触的情况,所有这些我们都称为行政个体的角色冲突。另外,行政个体还有可能出现心理学家卡恩所说的"角色不明"和"角色负担过重"的现象。所谓角色不明是指,担任某角色的个体的职责与权力、权利与义务不明确。这既可能是行政个体自身的原因,也可能是因为组织安排不明确。角色不明这种现象常见于新入职的行政人员身上。所谓角色负担过重是指,组织赋予某行政职员的职责或权力超出其能力范围。不管是角色冲突,还是角色不明,抑或角色负担过重,都会影响行政个体积极性的发挥,都是在激励行政人员时应当注意的一些问题。以下我们仅就行政个体的角色冲突进行探讨。

如上所述,行政个体的角色冲突有三种不同的形式:个体内部的冲突、角色内的冲突和角色间的冲突。

一是个体内部的冲突。行政个体的个人心理特征(如爱好、兴趣、性格、价值观等)与其公务员角色互相抵触而导致的冲突。或者说,他人期望的角色行为与个体自己觉得个人应该表现的行为互相矛盾。譬如,某公务员个人性格比较内向、不喜欢社会交际,但他身为所在单位办公室副主任的部分职责就是上传下达、"迎来送往",由此产生的个人性格与岗位角色之间的冲突就是个体内部的冲突。

二是角色内的冲突。由于个人角色群的成员之间对行政个体如何扮演行政管理者这一角色缺乏一致的意见时可能产生的冲突。譬如说,领导、同事与群众之间对什么样的人才是一个好公务员的看法就可能不一样。在行政组织中,尤以那种处于组织、群体或派别边缘的人最容易受此种冲突之苦。

三是角色间的冲突。对具有多种角色的行政个体来说,角色间的冲突是司空见惯的。这种冲突的内容也是多方面的,譬如时间的分配、价值取向(为公还是为私)等。

角色冲突往往有不同的后果。有些角色冲突是能够协调的,或是能够做出明确的、果断的抉择。而有些角色冲突往往带有不可调和的性质,同时又难以做出非此即彼的选择,这往往令行政个体犹豫不决,左右为难,导致内心的极度焦虑不安、不满,甚至弃职而去。

角色冲突的客观存在既是对行政个体的心理素质的一种考验,也是对行政人员的组织与管理活动的一项挑战。这就要求组织管理者、已经担任以及将来想担任某职务的行政人员都应该对角色冲突的可能性及其后果有比较清醒的认识。组织管理者通过对角色冲突的预测,事先制定出某种优先顺序或某种处理规范是极为必要和有用的;组织应尽量将处事果断、心理承受能力较强的人安排在角色冲突较为激烈的职位上;组织还应为行政个体合理的角色(冲突)回避提供方便,譬如,当行政相对方是某行政人员的亲友时,组织应允许或要求该行政人员回避。最后,如果可能的话,在进行职位(角色)安排时,组织者应尽量照顾行政个体的能力、志趣、特长等,减少个体内部冲突。

第四节 行政组织的心理分析

一、组织的心理需求

组织是人类设计用来开展活动的一种社会单位。它得以区别于其他社会单位如团体或社区的最显著的特点在于,它经过仔细设计而且有其特定的目标。譬如,建立公司是为了追求利润,建立学校是为了教育学生,而建立行政组织则是为了对国家和社会公共事务进行管理。

对于行政组织的研究,我们可以从静态的角度研究其结构安排,从动态的角度研究其行为变迁,从生态的角度研究其新陈代谢,从心态的角度研究其心理机制。本章着重分析行政组织的心理需求、心理结构及其对行政个体心理的影响,并简要地阐述抵制组织变革的心理因素以及组织应如何克服这种抵制等问题。

组织是一种社会单位,一种社会性系统,是具有各种各样的心理需求的"个体和群体的联合体"(西蒙语),而不是由没有生命的零件装配成的机械系统。因此,组织活动不仅仅是一种任务活动,而且还有人与人之间的相互作用以及由此产生的情感活动,三者融为一体。这就意味着,组织活动的有效开展、组织目标的顺利达成必须满足两个相互对立又相互依存的条件:一是组织成员对组织的忠诚心以及社会各界(包括其他党政组织)对行政组织的认同与支持,这构成了组织的心理需求;二是组织对其成员的心理需要和社会对它的期望的满足,这构成了组织的心理供给。

组织成员对其组织的忠诚也称作同组织一体化,就是指个人用组织目的(组织的服务目的或组织的存续目的)代替个人目的的过程。要想使行政个体在进行决策时以组织的价值与目标作为其价值前提,须经三个阶段。(1)组织身份认同:行政个体有明确的属于所处行政组织的意识,并以此身份作为其主导性的角色,毫无隐瞒自己这一身份的动机;组织内各成员都体会到大家属于同一个组织,归属感表现强烈;当组织受到攻击或取得荣誉时,大家有种荣辱与共的感觉。(2)组织目标认同:行政组织的全体成员对组织的社会管理或社会服务目标的意义与价值有共同、积极的评价;对一些重大事件和原则问题,都能持一致的认识和评价。(3)组织角色行为:行政个体依照组织所赋予自己的角色行为规范行事,严格履行自己的权利与义务、权力与职责。

行政组织目标的顺利实现要求其成员——行政个体——不仅要出"力"而且还要出"心",其原因有三。(1)无心之力非全力、非真力;只有当行政个体对组织的目标以及组织这一群体本身产生认同感、归属感时,才会有较高的积极性,才有可能忘我地工作。(2)组织活动是一种集体活动,需要行政组织的各成员间的相互协作、密切配合;而这种默契与合作有赖于良好的人际关系和共同的愿望。(3)如前所述,组织的心理供给会影响组织成员的积极性,从而影响组织目标的实现,然而,组织的心理供给很大程度上取决于组织成员的心理贡献;只有人人都献出一些"情",组织才能变成美好的"家"。

行政组织除了上述指向组织内成员的心理需求以外,还有指向社会(包括广大群众、团体和其他党政组织)的心理需求。前者被称为组织的内向需求,后者被称为组织的外向需求。行政组织的外向需求,如同行政个体的心理需要一样,大致也包括三个层次或方面,即存在需要、关系需要和成就需要。只是对于组织来说,这三个方面的需要更为复杂。具体来说,行政组织的外向需求主要包括以下内容。

存在需要的内容包括:宪法和有关组织法的认可,包括对其行政权力与职责的认可与规定;组织内部行政管理和外部行政行为所必需的基本工作条件与办公设施、人身安全、工资福利以及部分或全部的人事安排权、决策权、财政权等。所有这些都是一个行政组织赖以生存的基本条件,是其关系需要与成就需要得以满足的先行前提。

关系需要的内容包括:社会各界人士对其事业的支持、对其权威的认可、对其行动的理解与配合、对其成员的尊重;上级领导的赏识;与其他组织和社会团体建立良好的组际关系、群际关系,相互交流,相互尊重,相互配合;下级组织应依法服从上级组织,但上级组织也应该尊重下级组织依法享有的决策权、自主权;平行组织间建立起平等互助关系,遇有冲突应尽量通过协商达成共识,即使互为竞争对手也应遵守公平竞争的原则。

成就需要的内容包括:希望能成功地达成组织目标;希望能比同类平行组织工作得更出色,绩效更丰硕;希望能创造性地开展一些活动,取得一些首创性的成果。

总的来说,无论是组织的内向需求还是外向需求,都是组织目标的顺利实现、组织的存续和发展所不可或缺的条件。换句话说,组织的内向需求和外向需求与组织的内向供给(满足其成员的需要)和外向供给(满足社会的需要)之间是相互依存、相互渗透的关系。然而,组织的内向需求与内向供给、外向需求与外向供给之间并不存在直接的、一对一的对应关系,组织并非一个中转站,也并非"现炒现卖"者,其中并非只有"物理变化"。组织通过其精心设计,担负着实现"整体效应"的重任。而这种整体效应是作为组织中的"化学反应"——组织对其成员的心理供给和心理影响——的结果而出现的(如图 5-2 所示)。

$$\text{组织的内向需求} + \text{组织的外向需求} \xrightarrow{\text{凝聚力}}_{\text{规范性压力}} \text{组织的内向供给} + \text{组织的外向供给}$$

图 5-2　组织需求与供给的化学反应图

二、组织对其成员的心理供给与影响

前面已讨论了该反应式左边的"反应物"和右边"生成物"中的第二项。现在,我们先讨论它的第一项产物——组织对其成员的心理供给,然后再讨论其"反应条件"——组织如何影响其成员的心理与行为。

正如本章前文所述的那样,行政个体是"复杂人",具有各种各样的需要,他可以从不同的场合、不同的角色群中获取一定程度的满足。其中最重要的场合或角色群之一(如果不是唯一最重要的话)就是他所在的工作单位——行政组织,因为尽管行政组织不可能满足其全部需要但却能满足其大多数需要,如果他贡献了他应该贡献的东西的话。

美国心理学家赫茨伯格等经过调查研究,发现组织内有两类因素影响员工的工作动机,提出了著名的激励-保健因素理论,简称双因素理论。根据这一理论,行政组织对其成员的"保健"性供给应包括:安全感,地位,与下属、同事和上级主管间良好关系,个人生活保障,薪水,工作条件以及组织的管理状况等。称这些组织供给为保健性供给,意思是说这些方面改善了,虽不能使其成员变得非常满意,不能真正地激发他们的积极性,但能解除他们的不满;虽不能促进,但能保健。缺了这些方面或这些需要得不到满足,行政个体往往会产生不满情绪以至消极怠工,甚至不服从组织安排等。简言之,保健性供给是为了"消除不满意"。

真正能激发行政人员的积极性，使他们超常规水平地努力工作的组织供给是：使行政人员的工作富有成就感，使其所从事的工作本身具有挑战性，工作的成绩能够得到社会的认可，以及职务上的责任感和事业上能够得到发展和成长等。我们把这些供给称为激励性组织供给。如果激励性供给不足，其后果是组织成员不会感到很满意，但基本的工作还是能够进展下去，组织的基本目标也勉强能实现，只是员工工作起来缺乏热情，效率欠佳。简言之，激励性供给是为了"增进满意度"。

一般来说，保健性供给应是持续性的、义务性的，而激励性供给应是阶段性的、非义务性的。赫茨伯格通过研究发现，如果把某些激励性供给（如表扬和某些物质酬赏）变成保健性供给，会使激励性供给失去其激励效应。例如，有些单位把评优评先进弄成分配式的，实行利益均沾或轮流分配，使评优评先进工作失去了其应有的激励效果。当然，更不宜将保健性供给用作激励性供给。假设某单位从职员的基本工资中抽出一部分来用作年终奖金，试想，这样一种做法会造成什么后果？

值得指出的是，以上列举的保健性供给和激励性供给清单既不全面，也不是不可更改。各行政组织可根据其具体实情进一步完善和修改。但这一理论的基本精神是每一位组织管理者都不应拒斥的。

正如前述方程式所示，行政组织之所以能导致"整体效应"，其原因在于它能起到一种聚合酶似的作用，形成一种凝聚力，对组织成员施加规范性压力。

众所周知，任何组织都有一套行为标准和行为规则，组织成员必须遵守。这些规范有的是正式规定的，如一些规章制度、法律、法令等；但也许大部分是非正式的、不成文的或是约定俗成的，如风俗、习惯、集体舆论等，它们往往具有更大更微妙的约束力。所有这些规范都构成了对行政人员行为的约束。这种有形或无形的压力使每个组织成员不得不顺从组织群体的行为，否则，会因犯众而产生某种不安甚至恐惧感。正是这种心理状态促使行政个体产生一种与组织保持一致的愿望；哪怕是在行政个体的真实愿望与此相反的情况下也可能如此。心理学上把这种行为称为"从众"。因此，表面上相同的从众行为有两种情况：心从行从，心违行从。当然也可能出现心违行违的背众行为，但绝大多数人在绝大多数情况下是不会这样做的。组织领导者往往会对背众者采取理性说服（摆事实、讲道理）、怀柔政策、舆论施压甚至孤立打击等手段使其"从众"。

倘若一个组织主要靠行政权力直接或间接（比如通过行政动员的手段）使其成员在行动上合乎组织规范，那么，这个组织肯定是不成熟的；组织里所发生的反应近乎"物理反应"，难以产生整体效应。一个成熟的组织是有强大的凝聚力的组织。所谓凝聚力是指，组织成员间、个体与组织间相互吸引的程度。组织的凝聚力一般受下列因素的影响。(1)人际吸引，指人与人之间持喜欢的积极态度或喜爱情感。这种人际吸引构成了组织凝聚力的主要源泉之一。(2)外来威胁（或挑战）。威胁往往能激增组织的团结,使人产生一种同舟共济、荣辱与共、一致对外的心理与行为。(3)进入时的严格要求。心理学的研究发现,获允加入组织越不容易,组织的凝聚力就越大。可试用的方法有三:一是设立一套高标准的录用条件;二是举行一些初入的仪式性活动,如宣誓、迎新典礼;三是严格进行职前训练。(4)有意识地促进组织成员间的合作。比如,实行民主式领导、实施参与式管理等都能增强组织的凝聚力。(5)组织规模。一般来说,组织规模愈大,组织成员间的相对交往频率就越小,组织中的小团体小派别也会越多,非正式规范的约束力也可能就越小等,所有这些都不利于组织凝聚力的增强。

良好的人际沟通既是凝聚力的产生原因之一,又是凝聚力的结果之一。研究发现:凝聚力强的组织往往存在密切的、通畅的思想与感情上的交流,这种交流又进一步增强了组织规范的约束力和大众取向的诱导力,强化行政个体的从众倾向;另外,凝聚力有利于提高行政组织的士气,即行政人员在行政活动中的精神状态;但是,凝聚力高并不直接意味着工作效率高,组织领导者必须注意将凝聚力引导到组织目标的实现活动上来,才有利于会产生高的生产力。

三、组织成员对组织变革的心理抵制及其克服

任何行政组织发展到一定阶段后,都会产生相对稳定的利益格局、行为习惯和心理态势。在这种情况下,尽管部分人可能因久定而思变(变好);但是,任何一种变革都会招来反对。有时甚至是帕累托最优式的改革——没有人会因改革而受损,有的只是部分人或全部人因此而获益——也会因受益不均而遭到反对。抵制变革的原因大体上有三类:心理的、经济的和社会的。

就心理因素而言,主要有以下几个方面。

1. 不确定性

组织变革往往给行政人员的前途带来不确定性,而人们总有一种回避不确定性的倾向。也就是说,要想使组织成员都自愿地放弃既得的好处,组织变革必须能保证每个人都能获得更大的好处(暂且不考虑获益的公平性问题)。然而,谁又能保证呢?即使变革倡导者做出各种承诺,也不见得每个人会相信这种承诺。人们往往担心变革会给组织带来不稳定,害怕变革失败。这种担心有可能源自对改革政策本身的不信任,也可能源自对组织领导者的能力和改革决心的不信任,还可能源自对其他组织成员的不信任。

2. 习惯与地位

组织的变革往往意味着组织结构的重组,人事安排上的变动,行为方式上的变化,新技术的采用……所有这些都构成了对已习惯了的工作模式和角色规范的挑战,给人造成心理上的压力与反感情绪,因为习惯本身形成了某种心理定势和行为

结果的可预期性(这种可预期性给人一种安全感),还因为任何习惯的转变都需要行为主体付出一定的努力与代价(比如重新学习)。

如果某种技术的引进或人事方面的变动会削弱某些人现有的利益、权势或地位的话,更有可能招致他们的抵抗。譬如,计算机的普及使文印人员的职业受到威胁,行政公开或参与管理使原先的"内部人士"的"权威性"受到削弱,机构精简会使部分人下岗和部分领导离开领导岗位等。

3. 成就路径

通过角色学习和对组织情况的深入了解,也许不少人已经在现有结构中找到了其发展路径,甚至有所积累。对这些人来说,组织的变革往往意味着前功尽弃或部分利益丧失。

4. 思想观念

如果指导行政组织变革的理论思想,譬如民主管理、行政公开、竞争上岗、聘任制等,与现有的组织成员的思想观念主流不符的话,也会遇到抵制。这里还涉及组织成员对组织变革的理解。如果行政个体不理解组织变革的目的和意义,就不会支持变革。

5. 以往经验

组织在变革时,通常是以组织利益为着眼点,而较少顾及其成员的个体利益或者将对个体的考虑放在次要地位,再加之前述各项因素,以往的组织变革往往会给个体留下负面的印象,从而对他的支持改革的动机和行为予以负强化。

心理上对组织变革的抵制有两种表现形式:公开的对抗和隐晦的抵制。无论哪种形式,都会影响组织变革的顺利进行。这就要求领导变革者采取一系列应对措施,做大量细致的工作,要有耐心、恒心和毅力。本书只能挂一漏万地提供如下几点参考意见。

1. 参与和委任

一般认为,让组织成员以各种形式参与讨论变革的措施、步骤,有助于他们对改革意义的理解,有助于他们把变革的主张视为自己的意愿,主动地配合改革活动的开展,积极地承担责任。通过授权委任更多的次中心人物负责改革的各项具体任务,能激发这些人员的成就感,从而获得更多有力的支持。

2. 合理地安排变革的时间与步骤

一般来说,变革不宜过急过激,否则容易使矛盾激化。这是因为改革步骤的演进本身需要时间,人们对变革的认识、理解、认同或容忍也需要时间。另外,改革者还须注意抓住有利的时机促成变革。

3. 充分利用积极因素

组织和个体中有利于变革的积极因素有:前文所述的组织规范性压力和凝聚

力、支持变革的舆论以及个体对未来的期望。组织者应巧妙地、充分地利用这些"支持力"去克服改革的阻力,使个体的理性选择倾向于支持变革。

4. 有步骤地改变个体的行为习惯

场论心理学家勒温认为,行为习惯的改变过程可分为三个阶段:解冻、变迁和冻结。要改变行为习惯可从以下方面做尝试。首先,必须改变个体的行为环境,予以"解冻"或重新安排。这里所讲的环境意指个体行为动机的刺激物,既包括物理环境如工作场所,也包括其他刺激物。因此,"解冻"的具体措施有:(1)工作场合的改变;(2)取消原有行为习惯的正面强化物,使习惯性行为逐渐消失;(3)在个体做出原习惯性的行为时,予以负强化;(4)在个体改变原有行为习惯时,提供正强化刺激,如降低其危机感、提高其安全感、予以表扬等。其次,一旦个体的原有行为模式被解除(解冻)了,必须重新学习新的行为。通常的措施有:训练、模仿、说解等。最后,通过一系列强化措施,使新习成的行为模式制度化、习惯化。

复习题

1. 试结合沙因提出的四种人性假设概念,谈谈在行政活动中应如何为人处世。
2. 试运用马斯洛等人的需要理论,分析如何调动行政人员的工作积极性。
3. 试简述弗鲁姆的期望理论对于行政人事管理的启示与指导意义。
4. 行政人员应如何协调其多重角色之间发生的冲突?
5. 结合相关理论,谈谈如何顺利有效地促进组织变革。

第六章
行政监督

行政监督是行政活动的重要组成部分。行政监督制度是行政系统确保行政决策有效执行的制度。由于政府在经济社会全面发展中的地位和作用越来越重要，行政机关承担的事务越来越多，行政活动越来越要求快速、有效，因而行政监督在行政活动中的作用也就越来越显著。在行政改革过程中，新的管理理念和技术被引入，如绩效管理、质量管理、服务外包等，以及新的科学技术得到广泛应用，不仅行政决策和执行的方式改变了，而且行政监督的形式也改变了。

第一节　行政监督概述

一、行政监督的含义

监督一词，从词义上来看，中文包含"监"和"督"两个字。其中，"监"字在甲骨文中象形为一个人俯身低头面对盛水的器皿，本义是以水为镜照视自己。这种照视是由上往下看，于是引申出自上视下的意思。"督"字在《说文解字》中解释为"督、察也，一曰目痛也。从目，叔声，冬毒切"。督也就是察看的意思。在英语中，一般将"supervision"译为"监督"，由"super"和"vision"两部分组成，前词指位居上方，后词指观察、视察，联为一词，可以直译为"居上方查看督导"。由此可见，古今中外"监督"的基本含义是上级对下级行为的督察、纠偏，兼含有监察、督导、检查、督促、督办之意。

对行政监督的定义，学术界有许多不同见解。总体上，对行政监督定义有两种基本范畴：第一种是监督行政，即监督行政机构及其人员的行为，行政是客体而非主体；第二种是由行政机构及其人员监管非行政机构及行政人员的行为，行政是主体而非客体。国内外普遍接受第一种范畴，第二种范畴用"监管"表达更为准确。在第一种监督行政的范畴中，不同学科对行政监督范围界定又有很大差异。其中，政治学从权力制约立场出发，将监督行政的主体范围扩展最广，也被称为广义的行政监督;法学从法制性和法律依据角度,将监督行政的主体框定在已有的法律确定主体范畴,也被称为中义的行政监督;行政管理学从组织职能角度,将监督行政的主体框于行政组织自身,形成了狭义的行政监督。下文分别介绍广义的、中义的和狭义的行政监督。

二、不同视角下的行政监督

(一) 广义的行政监督

政治学从广义上界定行政监督的含义,行政监督作为政治监督的一个重要组成部分,它主要是指由国家机关、社会团体(包括政党)或个人对国家行政机关及其公务人员的约束、检查、督察,其目的是使行政机关及其公务人员的政务活动合法、合理,增强行政领导的"公仆"意识,防止他们滥用职权,从而保障行政机关正常履行职责,提高行政效能。① 于是,广义的行政监督是指行政机构的一切活动受到来自行政机关内部的监督和来自立法机关、司法机关、其他行政机关、政党、群众团体、公众舆论等的监督。

广义的行政监督包括政治监督、狭义的行政监督、司法监督和国家监察。政治监督主要由立法机构承担,西方国家的政治监督主要由议会承担,具体而言包括如下方式:议会对行政机构监督主要由议会的各专门委员会实施,这些专门委员会成员多数具有一定的行政经验;议会在会议过程中讨论某项行政政策或表决相关预算,甚至对行政机关主要负责人提出口头质询;由议员个人代表选民与行政机构交涉和向行政机构主要负责人书面质询等。议会监督常受到行政行为或多或少的保密性约束而导致监督难以实施或效果不佳。当然,议会握有预算权、调查权和撤职权等"大棒",可以对行政机关主要负责人实施监督。

西方兴起新公共管理运动后,购买公共服务成为改善政府效率、效益和效能的重要举措。购买公共服务政策给行政监督带来两个变化。一个变化是行政机构在选择签订对象时有了越来越多的自由,容易引发行政人员腐败行为,这要求各国实施严格的监督。另一个变化是行政机构大量精力用于监督合同的执行,因为一旦合同中服务提供方违约或服务质量不佳,会引发公共服务接受方提请行政诉讼或政治问责,而行政机构只能对服务提供方进行民事诉讼。民事诉讼和行政诉讼不太一样,民事诉讼是"谁起诉、谁举证",而行政诉讼是"行政机关举证";民事诉讼追求程序正义,诉讼耗时长,而行政诉讼追求结果公平,诉讼耗时短。一旦实现外包的行政机关被民事诉讼和行政诉讼缠绕住,行政机关就陷入两个案件的举证烦扰

---

① 陈奇星等:《行政监督论》,上海人民出版社2001年版,第5页。

之中,行政效率就会受到影响,最终影响公民对政府评价,甚至会直接启动政治问责机制,民选官员被迫下台。

司法监督的主要功能是保护处在行政机构对立面的被治理者或公务人员的权益。西方国家的司法监督制度大体上可分为两种类型:一种是设置专门的行政法院开展司法监督,另一种是在普通法院里设置行政法庭开展司法监督。设置行政法院的国家有法国、比利时和意大利等。一般而言,行政法院的法官多数有在行政机构从业的经历,行政法院是介于司法机构与行政机构之间的机构,行政法院的法官作出的行政争议的裁决只能作为行政机构的咨询,并无决定权。设置行政法庭的国家主要有英国、美国等。行政法庭的法官出身法律专业,通过司法考试和拥有律师资格证,拥有处理行政争诉的权力,一旦判决行政机构败诉,行政机构只能上诉才能延迟执行。但是,行政法庭这种设置也有很多问题:一方面,法官可能由于不懂行政专业领域知识而难以判决;另一方面,判决错误也会引发社会动荡。

国家监察是我国行政监督的创新。相当长的时间,社会主义国家的广义行政监督是由政党的政治监督、代议机关的政治监督、行政机关上下级监督、专门行政监察、检察院和法院的行政法庭承担的司法监督等系列监督机构构成的,其中,最为重要的是执政党的政治监督。但因分工不够明确,各类监督的目标也不清晰,时常导致行政监督"时断时续""时强时弱"甚至在一些地方"名存实亡"。2018 年,《中华人民共和国监察法》(以下简称"《国家监察法》")出台,行政监察机构和检察院的反贪局合并成立了"监察委员会"(简称"监委"),与中国共产党纪律检查委员会(简称"纪委")合署办公,成为与政府、法院和检察院并列的机构,主要负责对所有行使公权力的公职人员实施监督,防止公权被滥用,以及问责失职和开展廉政教育等,成为悬在公职人员头上的一把利剑。应该说,国家监察是综合监察创新的一种方式。

(二) 中义的行政监督

法学界从中义范畴界定行政监督,侧重于行政监督的法律依据和法定效力。中义的行政监督是指有权的国家机关对行政机关进行的监督,主要是立法机关或国家权力机关、专职行政监督机关以及上级行政机关等对行政机关的监督。行政监督是指在国家监督制度体系中,有关国家机关依法定职权对行政机关是否合法、合理地行使行政职权所实施的督察、纠偏等活动。[①] 中义的行政监督主要包括国家权力机关的监督、国家行政机关的监督和国家司法机关的监督。其中,国家行政机关的监督制度主要有行政复议制度,由《行政复议法》所规定;国家司法机关的监督制度主要是行政诉讼制度,由《行政诉讼法》所规定。

---

① 章剑生:《行政监督研究》,人民出版社 2001 年版,第 1 页。

(三) 狭义的行政监督

狭义的行政监督是指上级行政机关和专门监督机关对下级行政机关的行政活动进行的督查与检查。狭义的行政监督制度化程度不高，常与行政管理混合在一起，即监督和管理职能合二为一。但是，从不同角度观察，依然可以发现不同类型的行政监督。

从行政监督主体看，狭义的行政监督有行政监察和行政控制。行政监察是由依法享有行政监督检查职权的行政机关或法律、法规授权的组织，对作为行政职权职责主体的行政机关及其公务员的行政行为所实施的监督。行政控制是根据行政组织法规定由上级政府部门对下级政府部门及其所属机关实施的监督与控制，是整个行政链条中的一个环节，可细分为中央政府对所属部门及地方政府及其人员的监督控制、综合部门的政策监控，以及主管部门对下级业务部门及其所属单位的监控。[①]

从行政监督客体看，狭义的行政监督有对抽象行政行为的监督和对具体行政行为的监督。对抽象行政行为的监督是指上级行政机关对下级行政机关制定的行政规章及其他具有普遍约束力的决定、命令等实施的备案、批复或撤销等监督行为。抽象行政行为虽然不直接对行政对象的合法权益产生影响，但它可以成为行政主体做出具体行政行为的依据，具有反复适用性；上级行政机关出于政策统一性需要对下级行政机关的抽象行政行为进行监督。对具体行政行为的监督又称对行政执法行为的监督，是有监督权的监督主体，通过个案的处理，对被监督对象涉及具体事项或具体人员的行为是否合法合理所做的审查和评断。[②] 具体行政行为是行政机关及行政人员依据职权做出的，对行政对象的合法权益产生实际影响的行政行为，如行政处罚、行政许可等。

从行政监督的行政活动时间顺序看，狭义的行政监督有事前行政监督和事后行政监督。事前行政监督主要是通过听证制度或审查制度在行政行为做出之前或过程中开展监督。对行政机关做出行政决策和采取行政措施的过程进行事前和事中监督，是防止行政违法违规和预防腐败的重要方法。例如，审计监督常常采取事前审查和事中审查的方式。事后行政监督是在监督对象的行为发生或终了之后，通过审查、核实、评断、裁决等过程，纠正违法违规的事实及消除负面影响。例如，撤销或废止某些已经过时的政策，停止某些已经做出的具体行政行为等。行政执法监督主要表现为事后监督，执法监督的作用不在于确认权利或设立义务，而在于对已发生的行为进行评价和对已违法的行为进行处分，属于"对执法者的执法"、对

[①] 张国庆：《公共政策分析》，复旦大学出版社 2004 年版，第 30 页。
[②] 石书伟：《行政监督原论》，社会科学文献出版社 2011 年版，第 13 页。

管理者的管理。这是区别行政管理和行政执法监督的重要标志。

本书主要介绍狭义的行政监督,即行政机关系统内部的监督,其中,监督主体是行政机关,监督的客体也是行政机关。但是,要系统地了解和运用狭义的行政监督,就必须掌握和善用广义和中义的行政监督。广义的行政监督也被称为政治监督,政治监督是为了政治机构确定的总体利益得到尊重,中义的行政监督聚焦行政职能的履行,狭义的行政监督更多关心的是行政机构的效率,司法监督关照被治理者的利益,国家监察关照廉政和效能。广义、中义和狭义的行政监督所包揽的内容共同构成了相对完整的行政监督体系,也是国家监督体系的最为重要的一部分。

三、行政监督的功能

行政监督在行政过程中具有非常重要的地位和作用,其任务、职责在不同的社会背景下会表现出不同的内容。一般而言,行政监督的功能主要指监督各级行政机关及工作人员执行国家各项行政法规、政策的情况,同时纠正和惩处违反行政规范、纪律的行为。总体而言,行政监督的基本功能可概括为如下四点。

第一,督促功能。开展行政监督的第一个目的就是防治行政不作为的现象。无论是上级行政机关对下级行政机关及其行政人员实行的监督,还是行政机关在本系统内部进行的监督,目的是检查各级行政机关及其行政人员执行国家行政法规、行政规范、行政纪律的情况,督促其尽快履职履责。这是行政监督的第一项功能,也是行政监督的基本功能。这项功能直接关系整个行政体系正常运作。

第二,控制功能。开展行政监督的第二个目的就是防止行政作为慢的现象。政策目标或行政任务是由上而下的下达,逐级依次予以落实,任何一级没有跟上行动步伐,就会影响整个政策目标或行政任务落实进度,最后给行政机关和人民群众都带来损失。因此,通过行政监督实施的检查督查能够保证行政执行的进度,控制行政过程。

第三,纠错功能。开展行政监督的第三个目的就是防止行政不法作为的现象。在工作检查、行政督查、任务督导和执法督察时,发现行政机关及其行政人员有违法行政行为,行政监督机构要指导纠错。纠错功能主要发生在行政机关及其行政人员在行政执行过程中出现了违反有关国家行政法规、行政规范、行政纪律的情况下,有关行政监督部门所进行的行政活动。

第四,修复功能。开展行政监督的第四个目的就是防止行政乱作为的现象。行政乱作为是指行政机关及其行政人员利用法律或政策的模糊地带或者自由裁量权,开展脱离实际情况或与事实不相符的行政行为,造成客观损失和主观损害等的现象。行政乱作为不仅会给行政相对人带来伤害,而且也会对地区发展产生不良影响。

四、行政监督的意义

从上述行政监督的四点功能可见,行政监督具有极为重要的现实意义。

首先,行政监督是提高行政执行力的需要。行政监督的目的之一就是督促行政机构及行政人员高效落实上级行政机关或国家权力机关的法律、法规和政策。为了保证整个政策执行过程的有效性和执行工作的高效率,运用行政监督的手段确保政策执行机关及执行人员按照法律规定权限实施行政行为,提高政策执行力。

其次,行政监督是保障行政目标实现的要求。政策是针对目标群体所采取的措施,如果政策不能被不打折扣地执行下去,政策目标群体就无法受政策的影响。由于政策执行受到权力、资源和各种因素的影响,落实时常遭遇到诸多困难,因此,通过行政监督有助于督促政策执行机关增强政策执行的动力,也有助于行政领导将注意力转移到政策执行上来,从而调动相关资源确保政策目标的实现。

最后,行政监督是保持正常的行政秩序的重要手段。为了保证整个国家机器的正常运转、各项政令畅通和行政人员的廉洁奉公,遵纪守法,行政机关在法定的范围内恰当地行使职责,对各级各类行政机关的职权范围、工作规范、行政纪律等,必须做出明确的规定,并制定针对行政人员的贪污受贿、索贿、行贿、渎职等行为的一系列规章制度,防止不当行政行为的发生,确保正常的行政秩序。

第二节 行政监督的系统构成

行政监督工作是一项常规工作,又是一项专门工作。作为一项常规工作,所有的行政机构及其行政人员在行政工作中均有行政监督之责;作为一项专门工作,由专门的行政机构及其行政人员按照专门程序行动。因此,行政监督的系统可以分为一般监督系统和专门监督系统。由于各国政治制度的差异性,因此,行政监督的系统构成也千差万别。

一、一般监督系统

一般监督系统是指各级行政机关和部门。它是依行政管理权和行政隶属关系产生的,一般由三个子系统构成。第一,一般权限机关。它是由各级行政机关及其所属部门组成的。第二,综合部门。它是指跨部门带有综合性的行政机关,如财政部门、人事部门、审计部门等。第三,行政主管部门。各级政府包括从中央到地方都设有专业性的主管部门,他们负责对下级政府对口部门实施监督。实际上,一般监督系统同时表现为两种职能:行政管理和行政监督。就其监督职能而言,一般监督系统既要对内实施行政监督,又要负责对各级主管机关和职能机关的对外行政监督。这种监督在方向上表现为纵向和横向两种,具体表现如下。

（一）国务院

《中华人民共和国宪法》(2018年3月11日,以下简称"《宪法》")和《中华人民共和国地方各级人民代表大会和地方各级人民政府组织法》(2022年3月11日,第六次修正,以下简称"《地方组织法》")对国务院的职权职能等做了明确规定。国务院是中国的最高国家行政机关,对各级行政机关实行统一领导和管理,同时还担负着重要的监督职能。国务院的行政监督权具体表现在:全国地方各级人民政府都是国务院统一领导下的国家行政机关,都服从国务院(《地方组织法》第69条)。各部委工作中的方针、政策、计划和重大行政措施,应向国务院请示报告,由国务院决定。国务院有权改变或撤销国务院各部、各委员会发布的不适当的命令、指示和规章,有权改变或撤销地方各级国家行政机关的不适当的决定和命令(《宪法》第89条)。

（二）国务院各部门

国务院各部门的行政监督是纵向监督。根据《宪法》和有关法律规定,国务院各部、各委员会根据法律和国务院的行政法规、决定、命令,在本部门的权限内,发布命令、指示和规章(《宪法》第90条)。省、自治区、直辖市人民政府的各部门在本级政府的统一领导下,同时受国务院各主管部门的领导或业务指导。因此,国务院各主管部门对地方各级行政机关相应的工作部门,既有管理、领导或业务指导关系,又具有行政监督的责任和权力。不过,因市场经济改革的需要,20世纪80年代以后,中国逐步加快了中央对地方简政放权的步伐,原有的在计划经济体制下的中央与地方的权力结构模式已发生了很大的变化,变化的总趋势是中央对地方的领导方式由计划向市场、微观向宏观、直接向间接转变,管理范围逐步缩小,很多中央部委进行了较大幅度的调整,一些原来拥有领导权的部门与地方政府的相应部门的关系转变为业务指导关系,还有一些部门已基本脱离了与地方的隶属关系。但还有相当一些事关经济全局的部门拥有领导权和业务指导权,因此,这些部门对地方各级政府的相应部门仍有较大的行政监督权。

（三）各级行政机关的内部监督

各级行政机关的内部监督具有纵向和微观监督的特点。根据有关法律规定,各级行政机关对其下属工作部门的领导者及其他行政人员拥有监督的权力和责任。国务院实行总理负责制,下设若干办事机构;各部委实行首长负责制,下设若干办事机构；地方各级人民政府也分别实行行政首长负责制，并设立若干办事机构。各级、各部门为了确保行政过程的顺畅，对其下设的办事机构、行政人员必须实施监督。

（四）行政机关之间的监督

从横的方面来看，各级人民政府内部的各工作部门之间、地方各行政机关之间等，虽然没有隶属关系，但是它们在行政活动中却起相互监督的作用，是中国行政监督系统的重要组成部分。从纵的方面看，下级行政机关虽然必须接受上级行政机关的领导和监督，但是在实际行政活动中，下级行政机关对上级也起监督的作用。这种不相隶属的行政机关之间的相互监督和下级行政机关对上级行政机关的监督，体现了行政民主的原则。

二、专门监督系统

专门监督系统是行政监督系统的一个重要组成部分，它在行政监督过程中发挥着积极的作用。专门监督系统由若干个子系统构成，其中最具代表性的是国家监察。

西方国家早期对行政监察并不重视，它们一般都把注意力集中在政治制度的设计和完善上，认为三权分立完全可以解决国家权力滥用的一切问题。但随着经济管理和社会事务的发展、行政权力的不断扩张，行政机关及行政人员行政违法的现象屡有发生。二战后，这些国家在解决对扩张的行政权力加强监督的同时，也逐步建立和完善了行政监察制度，主要包括如下几种模式。

（一）由议会设立的行政监察机构

一般认为，由议会设立的行政监察机构模式最先发端于瑞典。瑞典从其古老的"司法专员"制度发展出行之有效的议会行政监察制度。这一模式后来为英国所借鉴和发展，并成为西方国家一项普遍的行政监察制度。这种模式的特点是，行政监察机构由议会选出的人员组成，对行政机构及其所属部门的工作人员的行政行为实施监督。瑞典与英国的议会监察专员制度即属此类，它们的行政监察机构设在议会内部，机构领导由议会选举产生。在此类国家，行政监察机关或人员具有独立的地位，行政监察的权威性较高。但此模式的缺陷是监察机构无法适应任务繁重的监督工作。

（二）由政府设立的行政监察机构

行政监察机关作为独立于行政机关之外的机关，由代表机关产生，对法律负责。这种模式的特点是，监察机关地位独立、权威较高，行政监察权有较高保障，且机关队伍规模较大。日本是这种模式的典型。日本的最高行政监察机关设在首相府,称行政监察局,下设计划调查和行政对话两个部门,十个高级监察官,分掌内阁各省、厅的监察事务。中央行政监察局下按区域划分,设立了管区行政监察局和行政监察事务所。日本行政监察机构的主要职责是:(1)负责推进政府行政、决策、组织运行等方面的全面改善工作;(2)了解和听取各行政监察区内公民的呼声,监督政府改进行政管理中发生的各类问题;(3)组织对话活动,以促进解决由不良行政所造成的问题。

(三) 属行政机关系统,但独立于行政机关的监察机构

20世纪70年代末,加拿大各省建立了监察专员制度,监察专员先由广告征聘,由立法机关的特殊委员会推荐提名,由省副总督任命,或由总督提名,最后经由议会三分之二多数通过才实现任命。他们的权力和地位与法官相似。他们可以调查处理政府机关、社会团体和社会公共部门的官员或雇员的违法失职、玩忽职守及官僚主义行为,处理不正当的行政程序和行政决定。

(四) 设于行政机关内各部门的监察机关

设立于行政机关内各部门的监察机关作为政府的一个部门,对政府负责。因为监察机关设在政府内部,较易掌握政府官员内部情况,监督工作具有针对性因而更加有效;且处于中央监察机关的统一领导下,与其他监察部门更易做到统一协调。可政府监察模式也存在较大不足:监察机关缺乏独立性,权威性不足。如美国政府各部门内的监察长就属此类。1978年,美国颁布了《监察长法案》,规定在各部和各独立机构内设监察长,其职责是监督本单位的审计和调查,指导协调本部门的工作,发现及防止官僚主义违法行为,并提出纠正措施。

三、监察委员会系统

(一) 行政监察的发展历程

2018年第十三届全国人民代表大会第一次会议通过的《中华人民共和国监察法》,废止《中华人民共和国行政监督法》,设立了各级监察委员会,监察委员会系统正式形成。各级监察委员会的设立标志着运行了32年的行政监察部体系正式被监察委员会系统所替代,也标志着中国行政监督向政治监督转型发展。

回顾行政监察在新中国的发展历程,可以发现,行政监察在中国经历了一个由盛及衰、由衰及盛的曲折发展过程,其机构设置的特点也各不相同。中华人民共和国成立初期,根据《共同纲领》的规定,在县市以上各级人民政府内设置人民监督机

关,对各级国家机关和各种公务人员是否履行其职责进行监督,对违法失职的行政机构和人员实施惩处和纠正。之后,在政务院设立了人民监察委员会,各大行政区人民政府以及各省、市、县人民政府也设立了相应的人民监察委员会。各级人民监察委员会还在政府机关与其所属企业、事业部门中以及人民团体、城市街道和农村中设置了人民监察通讯员。1954年,政务院改为国务院后,人民监察委员会改为监察部。监察部在国务院若干财经部门以原有监察室为基础,设立国务院组成部门内设的国家监察机关。有的内设国家监察机关由监察部直接领导,有的由各该部和监察部双重领导。1959年4月,因国家管理体制调整,撤销了监察部。1986年12月第六届全国人民代表大会常务委员会决定恢复行政监察体制,设立了中华人民共和国监察部。各省、自治区、直辖市和市、州、县人民政府及地区行政公署也设立了监察厅、局,在人口少、经济不发达、监察任务不繁重的边远县,设立审计监察局。根据实际需要,从1993年起,我国实行了纪检监察机关合署办公的模式。到了2018年根据《国家监察法》规定,原行政监察部门、预防腐败局和检察院反贪局等部门工作力量重组为国家监察委员会,与党的纪律检查委员会合署办公。

(二)监察委员会的内涵与运行规则

1. 监察委员会的性质和地位

为了深化国家监察体制改革,加强对所有行使公权力的公职人员的监督,实现国家监察全面覆盖,深入开展反腐败工作,推进国家治理体系和治理能力现代化,国家依法设立了行使国家监察职能的机构——监察委员会。根据《国家监察法》规定,中国共产党对国家监察工作全面领导,各级监察委员会是行使国家监察职能的专责机关,依照《国家监察法》对所有行使公权力的公职人员(以下简称"公职人员")进行监察,调查职务违法和职务犯罪,开展廉政建设和反腐败工作,维护宪法和法律的尊严。监察委员会依照法律规定独立行使监察权,不受行政机关、社会团体和个人的干涉。中华人民共和国国家监察委员会是最高监察机关。省、自治区、直辖市、自治州、县、自治县、市、市辖区设立监察委员会。监察委员会与"一府(政府)两院(法院、检察院)"一道对同级人民代表大会负责,接受同级人民代表大会监督。

2. 监察委员会的产生和内部机构

国家监察委员会由全国人民代表大会产生,负责全国监察工作。国家监察委员会对全国人民代表大会及其常务委员会负责,并接受其监督。地方各级监察委员会由本级人民代表大会产生,负责本行政区域内的监察工作。监察委员会由一位主任、若干名副主任以及多名委员组成,每届任期为五年,连续任职不超过两届。地方各级监察委员会受三重领导:一是受国家监察委员会领导,即国家监察委员会领导地方各级监察委员会的工作;二是受上一级监察委员会领导并接受其监督,即上级监察委员会领导下级监察委员会的工作;三是对本级人民代表大会及其常务

第六章　行政监督

委员会负责,并接受其监督。

中共中央纪律检查委员会和国家监察委员会合署办公,即"两块牌子,一套班子"。中央纪委国家监委组织机构包括：内设职能部门、直属单位和派驻纪检监察组。内设职能部门具体为：办公厅、组织部、宣传部、研究室、法规室、党风政风监督室、信访室、中央巡视工作领导小组办公室、案件监督管理室、第一监督检查室至第十一监督检查室、第十二审查调查室至第十六审查调查室、案件审理室、纪检监察干部监督室、国际合作局、机关事务管理局、机关党委、离退休干部局。直属单位包括新闻传播中心、中国纪检监察杂志社、中国方正出版社、机关综合服务中心、信息中心、中国纪检监察学院、中国纪检监察学院北戴河校区等。另外设有中央纪委国家监委派驻纪检监察组。具体如图6-1所示。

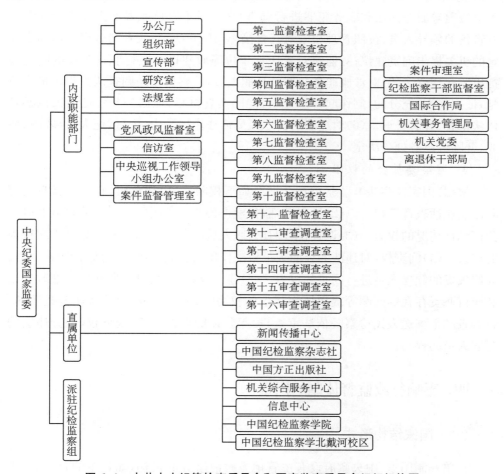

图6-1　中共中央纪律检查委员会和国家监察委员会组织机构图

资料来源　《组织机构》(2021年4月12日),中共中央纪律检查委员会、国家监察委员会网站,https://www.ccdi.gov.cn/xxgkn/zzjg/202104/t20210412_40535.html,最后浏览日期:2024年4月17日。

3. 监察委员会的管辖范围与职责

监察机关监察的对象包括：(1)公务员；(2)法律、法规授权或者受国家机关依法委托管理公共事务的组织中从事公务的人员；(3)国有企业管理人员；(4)公办的教育、科研、文化、医疗卫生、体育等单位中从事管理的人员；(5)基层群众性自治组织中从事管理的人员；(6)其他依法履行公职的人员。

监察机关履行监督、调查、处置职责，具体包括如下内容。(1)对公职人员开展廉政教育，对有职务违法行为但情节较轻的公职人员，按照管理权限，直接或者委托有关机关、人员，进行谈话提醒、批评教育、责令检查，或者予以诫勉。(2)对公职人员的依法履职、秉公用权、廉洁从政从业以及道德操守情况进行监督检查。(3)对涉嫌贪污贿赂、滥用职权、玩忽职守、权力寻租、利益输送、徇私舞弊以及浪费国家资财等职务违法和职务犯罪进行调查。(4)对不履行或者不正确履行职责负有责任的领导人员，按照管理权限对其直接作出问责决定，或者向有权作出问责决定的机关提出问责建议；对监察对象所在单位廉政建设和履行职责存在的问题等提出监察建议。(5)对涉嫌职务犯罪的公职人员，监察机关经调查认为犯罪事实清楚，证据确实、充分的，制作起诉意见书，连同案卷材料、证据一并移送人民检察院依法审查、提起公诉。(6)对违法的公职人员依法作出警告、记过、记大过、降级、撤职、开除等政务处分决定。

4. 监察委员会的权限

根据《国家监察法》，监察委员会拥有如下权限。(1)教育权，有开展廉政教育和诫勉谈话教育等权力。(2)检查权，监督检查公职人员履职、用权、从政从业以及公德私德情况的权力。(3)调查权，调查公职人员职务违法和职务犯罪等不端行为的权力。(4)问责权，对违法的公职人员依法作出政务处分决定，对履行职责不力、失职失责的领导人员进行问责的权力。(5)建议权，对监察对象所在单位廉政建设和履行职责存在的问题等提出监察建议的权力。(6)诉告权，对涉嫌职务犯罪的，将调查结果移送人民检察院依法审查、提起公诉的权力。(7)处分权，处分违法的公职人员的权力。

四、影响行政监督体制的因素

(一) 国家结构形式

在单一制国家，中央政府设有主管地方政府事务的机构，如日本的自治省，主要负责指导和监督地方政府实施法制，完成中央政府下达的任务，监督地方预算计划的制订并检查完成情况。在联邦制国家，如美国，尽管各州政府享有相当大的自治权，建立了一套地方监督体制，但是州的各项立法都不得与联邦宪法相抵触，否则,联邦政府有权通过各种方式予以纠正。

(二) 政体形式

实行"三权分立制"政体形式的国家,一般强调权力分立,不另设监察体系。美、英以及一些西欧国家在政府机构内,除了设置财政监督或审计机构外,一般不另设监督机构,由部长负责内部监督。而实行中央集权制的国家,由于权力制约机制不明显,往往采用权力监督模式。

(三) 法系

基于司法制度的不同,资本主义国家行政监督的系统构成也呈现出不同的特点。以大陆法系为司法制度的欧洲大陆国家,行政内部监督一般在政府内部设立行政法院,审查和裁定政府机关和公务人员的违法案件。与此相反,以英美法系为司法制度的国家在行政机构内部则未设立行政法院,行政违法案件大多由独立于政府部门的司法机关裁决。

第三节 行政监督的层次和内容

一、行政监督的层次

一般而言,行政监督主体对行政监督客体的监督就构成了行政监督的主要内容。行政监督主体一般指上级行政机关和专门的监督机构,而客体则指下级行政机关及其行政人员的行政行为。行政机关对下级的监督一般分高、中、低三个层次。高层、中层、基层监督之分有一定的相对性,不同的参照系有不同的内容。以中国为例,在国务院系统,对部长的工作和部长级行政人员的监督可视为高层监督;对司、局长的工作及司局级行政人员的监督可视为中层监督;对处长的工作及处级行政人员的监督可视为基层监督。如果以中国整个行政系统为参照系,国务院的监督为高层监督,省、自治区、直辖市的监督为中层监督,县级人民政府的监督为基层监督。

二、行政监督的内容

行政监督的内容可细分为对行政指派、行政指导和行政评价的监督。从行政监督运行来看,行政监督由行政指派监督、行政指导监督和行政评价监督构成,以下分别介绍这三种监督。

(一) 行政指派监督

行政指派是指根据行政人员的品行、个性、知识结构、工作能力和工作经验等各项条件来分配他们的工作任务。行政指派的合理性直接影响行政人员的工作情况和行政工作的整体效率。

美国学者莫尔斯和洛希针对麦克格雷戈的 Y 理论提出了"超 Y 理论"。前者认为,人天生就是喜欢工作的,一个机构应积极吸收他们参与内部工作,以激发他们的积极性和创造性。而超 Y 理论对此则持谨慎的态度,这种理论认为,机构的活动方式应依照工作性质和人员的特殊需要而定,任务、组织和工作人员之间恰当的组合是促使个人产生强烈胜任感的动力,这种胜任感是提高效率、实现行政目标的有力保证。随着经济的不断发展、社会组织结构的日趋复杂化,行政机构面临的管理任务也相应地急剧膨胀。要使行政机构有条不紊、有效快速地管理社会,行政机构内部的部门和人员设置必须科学合理,因此,行政指派在行政活动中的作用就显得尤为重要。高明的领导在行政指派中能将机构内的人员合理组织、扬长避短、人尽其才,即使行政人员的整体素质不高,但由于指派得当,行政活动依然能收到良好效果。相反,如果行政指派不当,人才不能得到合理的利用,即使行政人员的整体素质较高,也未必能取得良好的行政效果。

根据行政指派的内容和特点,对行政指派的监督可以从以下几方面着手。

(1) 行政领导是否按照自己的职权和任务制订具体的工作计划和工作分配计划。行政领导必须时时刻刻明白自己所拥有的行政职权和与职权相对应的行政任务。不能越权指派,也不能用权不足而造成任务指派不充分的结果。高层、中层、基层的行政领导都有明确的职权和任务规定。

(2) 行政领导是否定期调查和分析行政机构的内部情况。行政指派的成功与否,直接取决于行政领导对本行政机构情况的把握程度。领导者经常地调查研究,掌握不断变化的人、财、物的情况,在此基础上认真地分析这些要素的变动情况,并给予适时的调整。行政指派是一个动态的过程,它不断地要求行政领导及时掌握行政机构的最新变化。

(3) 行政领导是否定期考察行政人员的各项素质。行政指派的成功与否,最终要靠行政人员的业绩来体现。因此,行政领导必须对本机构行政人员的各项素质做到心中有数,既要知其长又要知其短,在行政指派时就必须用其长而避其短。这样的行政指派才能够实现人员的最佳组合,才能进行高效率的行政活动。

(4) 行政领导在行政指派时是否考虑工作的轻重缓急。事关全局、重大的工作要优先安排,并给予较多的人力、物力、财力的支持,较次要的工作要服从大局。但在处理重大工作与日常工作的关系时必须学会"弹钢琴",做到两者兼顾,否则就会影响全局。

(5) 行政领导在行政指派时是否给行政下级保留了适当的自主权。现代社会中，分工越来越细，行政管理的任务也越来越复杂，如果行政下级在行政执行中缺少一定的独立处理行政事务的权力，难免会影响行政执行的效果，这样的行政指派也必然是失败的。

(6) 行政领导在行政指派时是否做到行政人员的最佳组合。这也是监督行政指派的一个重要内容。上面已经提及，行政指派主要是指行政领导的用人技巧，如果用人缺少技巧性，在行政工作中就会造成人才浪费，工作效率低下。

(二) 行政指导监督

上级行政机关把工作任务指派给下级行政机关和行政人员以后，必须进行适当的指导。行政指导就是指上级行政机关对下级行政机关和行政人员进行的非强制性的、以影响下级行政机关及行政人员行为为目的的行政活动。它包括管理性行政指导、协调性行政指导和咨询性行政指导。无论哪种行政指导，都有一个合法性、合理性与责任性的问题。因此，对行政指导的有效性监督，主要包括以下三个方面。

(1) 对行政指导合法性的监督。行政指导虽然不具有法律效力，下级行政机关和行政人员既可执行又可不执行，但实际上行政指导具有某种程度的权力影响。因而，任何行政指导都必须合法。行政指导作为行政机关的行政行为，必须在法定权限范围内行事；行政指导既然是行政机关的一种行政活动，对下级行政机关无疑具有一定程度的影响力，所以，行政指导的内容必须合法。

(2) 对行政指导合理性的监督。行政指导虽然不具有法律效力和强制性，但行政机关做出的任何行政指导，都不能是任意的、随便的，除了必须遵守一定的法规外，还必须是合理的。所谓合理，是指行政指导具有一定的程序、合理的动机和目的。也就是说，行政指导应当尽量考虑各种因素，运用各种手段，做出最准确的判断，使指导的内容和目的既合理又统一。从而克服那种随心所欲、主观臆断的"行政指导"。

(3) 对行政指导责任性的监督。由于行政指导是国家行政机关做出的，是国家行政机关的一种行政行为，因而相对于下级行政机关及行政人员不仅具有影响力，而且具有指导性。下级行政机关和行政人员按照上级行政机关的指导进行活动后，如果行政活动受到损失，上级行政指导机关要承担相应的责任。这种行政指导的责任不仅能提高行政机关的工作效率，而且能提高行政机关的工作质量，并增强其责任心和使命感。

(三) 行政评价监督

行政评价是指对行政机关和行政人员所完成的工作进行考核、评估，通过评价确定奖罚的对象。行政评价涉及如下几个变量：行政计划与行政目标是否吻合；已完成工作的数量和质量是否合乎标准；工作的时间进程是否合乎行政计划，是提前完成还是未能如期完成；工作的效率是否合乎要求；行政人员的能力是否胜任各自担负的工作。行政评价一般采取两种方法，即定性和定量相结合的方法。定性评价主要依靠评价者的感觉、印象和经验来完成，评价的结论具有经验和直观的特点。定量评价是运用数学的方法，通过对有关评价对象的数据的收集、整理、计算和分析，准确地把握行政人员完成工作的情况。

对行政评价的监督十分关键，它关系行政机关及行政人员某一时期内工作成绩的定论，直接关系行政人员的奖赏和惩处问题，它是一个完整行政过程的结果。如果对行政评价缺乏应有的监督，可能会造成打击行政人员工作积极性、带来行政工作作风不正的结果。对行政评价的监督可以从以下四方面进行。

（1）行政评价是否具有客观标准。行政评价必须具备一定的客观标准。如果没有标准，而只根据行政领导者的主观印象来进行，行政评价就不可能得出准确、科学的结果。这样的行政评价是缺乏令人信服的依据的。

（2）行政评价是否公开。公开的行政评价可以加强沟通，使每一位行政人员都清楚地了解前一阶段工作的成绩与不足。如果行政评价实行"暗箱操作"，客观上就会带来不公正的结果，激化行政人员之间的矛盾。

（3）行政评价是否公正。行政评价的公正与否是行政评价监督的重要内容。因为如果行政评价缺乏公正原则，就会造成行政人员互相猜忌、形成隔阂、互不信任的后果，破坏了原有的良好人际关系，最终会影响行政活动的开展。

（4）行政评价是否坚持实事求是的原则。行政评价如果按照客观的标准，坚持公开、公正的原则，那么行政评价就会得到客观的结果。但是如果在行政评价过程中放弃这些原则，行政评价的结果就很有可能偏离事实。

第四节　行政监督的方式和原则

一、行政监督的方式

行政监督的方式是决定行政监督是否有效的一个重要问题。从各国行政监督的实践来看，其方式虽然五花八门，但如果从主体、目标、对象和时间几个方面对行政监督的方式进行分类的话，行政监督的方式大致可以分为：一般监督与专门监督，合法性监督与合理性监督，经常、定期或不定期监督，事前、事中与事后监督，经常性监督与引发性监督，凭材料监督与就地监督，单方面监督与抗辩性监督。前文已经详细阐述了一般监督与专门监督、合法性监督与合理性监督,以下介绍另外几种监督类型。

(一) 经常、定期或不定期监督

从行政监督实施的时限看,行政监督的方式还可分为经常性监督、定期性监督和不定期即临时性监督。经常性监督是指行政机关对监督对象实施的日常监督。定期性监督是行政机关对某些被监督对象,根据一定的周期对其实施的常规性监督。不定期监督又可分为临时性和规定性监督两种。临时性监督是为了了解被监督对象的工作情况而进行的突击性抽查;规定性监督是行政法规明确规定的不定期监督。

(二) 事前、事中与事后监督

行政监督贯穿于行政活动的全过程。因而实践中不可能将整个监督截然划分为几个阶段。但从实施监督的时间看,行政监督包括事前监督、事中监督和事后监督三种形式。事前监督是指行政机关对某项活动或行为等在被监督对象实施之前,依照行政法规进行的监督,例如,上级行政机关对下级行政机关人事安排或变更前实施的审查。事中监督是行政机关对在实施过程中的行为或活动,根据行政法规进行的监督。事后监督是指行政机关对已结束的行为、活动或事项,依照行政法规进行的监督,例如,上级行政机关对下级行政机关完成交办事宜进行的检查、验收。

(三) 经常性监督与引发性监督

根据监督的频率,行政监督可分为经常性监督与引发性监督。对一个部门的经常性监督可以定期开展,也可以突然袭击方式进行。当公民对投诉对象,或投诉对象的上司提出行政诉愿时(向前者提出的为求恕诉愿,向后者提出的为超级诉愿),行政监督也可以被启动。上级领导可以凭借等级上的权力受理投诉,并实施监督。

(四) 凭材料监督与就地监督

根据监督的形式,行政监督可分为凭材料监督与就地监督。凭材料监督是监督人员按照接受被监督的部门提供的资料,履行其任务。为了使这种监督卓有成效,必须列出一份要求接受监督的部门必须提供的材料的清单,且材料清单必须标准化,以便于将监督对象与其他部门进行比较。但是接受监督的部门一般都有保留某些材料的倾向,因此,就地突击监督更为有效。最详细周密的监督方法是财政督察使用的方法,即组成一些督察组,进行突击检查,检查财务或会计部门的现金,核对账目，这种方式也称"就地监督"。在就地监督过程中，被检查的公务员必须开启钱箱和钱包，出示其保管的钱钞、证券及各类材料，以及他们管理的证明材料。

（五）单方面监督和抗辩性监督

根据监督关系，行政监督可分为单方面监督和抗辩性监督。在单方面监督的情况下，监督人员在实施监督时不吸收工作受检人参加评估。在实践中，最常见的监督是抗辩性的，即承认被监督人的答辩权，大部分监督部门安排这样的答辩，被监督人收到监督人员的报告后，可以提出书面或口头辩解（财务监督、审计监督等）。

二、行政监督的原则

根据国内外行政学的研究成果，我们把行政监督应遵循的原则归纳为以下几条。

（一）合法性原则

合法性是行政机关从事行政监督的必要条件。这种合法性可以从三个方面来理解。(1)从事行政监督活动的主体必须合法。行政监督活动是一项严肃的法律行为，作为行政监督主体的行政机关的每一项行为都必须符合有关行政法规，如果监督主体的行为超出了行政法规的规定范围，其行为就是非法的。(2)行政监督活动必须符合法定程序，即每项具体的行政监督活动都必须按照相应的法律规定程序办事。行政监督活动的程序化是行政法规的内在要求，也是衡量行政监督行为是否合法的一个重要变量。(3)行政监督活动必须符合法定方式，即行政机关从事的每项监督活动都必须符合法律所规定的方式。行政法规不仅对行政监督的主体、程序做出了严格规定，而且对行政监督的方式也做出了严格的规定。行政监督机关必须按照行政法规所规定的方式活动，这样的监督行为才是合法的、有效的。

（二）行动统一原则

现代行政组织活动功能日益繁多，结构日益分化。在这种日趋庞大的行政组织系统中，除了行政监督系统之外，还存在大量的专门监督部门。由于它们都有监督权，有时监督活动难免出现冲突和重复。为避免政出多门，不同的监督部门在日常的监督活动中，应严格遵守各自的监督职能，尽量做到与其他部门协调统一。

（三）弹性原则

所谓弹性原则，就是行政机关在实施行政监督时，要灵活运用行政监督的各项规章制度，把握监督的分寸。行政监督的目的主要是发现、提出并纠正行政过程中的错误。如果不对行政人员的工作缺点和失误做调查，就武断地给予严厉的惩罚，这样势必会影响行政监督的效果。行政监督应致力于对存在过错或失误的行政活动做出有效的补救，帮助行政人员改正错误，以激励其工作责任心和工作热情。

（四）尊重下级原则

每个人都有受人尊重的要求，行政人员也不例外。如果行政监督者毫不尊重下级行政人员，一发现问题就一顿斥责，课以处罚，或行政上级的眼睛只盯着行政下级的工作缺点，而不关心他们的工作困难，这些都会损害行政下级的自尊心，打击他们的工作积极性。正确的行政监督应该尊重下级行政人员，设法帮助他们解决工作中的困难，通过激励、关心来调动下级行政人员的工作积极性。

（五）幅度原则

在实际的行政监督活动中，设置监督幅度至少要考虑以下几种因素。(1)行政授权的程度。行政领导如果被授予的权力较大，那么监督的幅度就大一些，反之则小一些。(2)行政工作的变动程度。如果某行政机构行政活动的性质比较单纯，工作内容没有太大的变动，机械性较强的话，行政监督的幅度就可大一些；相反，如果行政活动较复杂，灵活性较强，监督的幅度可小一些。(3)监督者的能力。如果监督者的能力较强，学识较高，经验丰富，那么行政机构中的监督幅度的设置可大些，反之则小些。(4)行政下级的能力。行政监督的幅度大小还可以视行政下级的能力而定。若行政下级的能力较强，监督幅度可大些；能力较弱，则幅度可以小些。(5)行政活动的地域。行政活动如果比较集中，地域分布较小，监督的幅度可以大一些；如果活动比较分散，地域分布较广，监督的幅度可以小一些。

（六）时效原则

行政监督的目的在于使行政机关及行政人员能够按照原定计划，在规定时间内，按照制定的标准完成任务。因此，行政监督必须及时地进行，或进行事前监督，或实施事后监督。否则，就会延误时机，影响行政目标的完成或行政计划的实现。

（七）经常性原则

行政监督尤其是合理性监督与行政活动有密切联系。可以说，何时有行政活动，何时就有行政监督；哪儿有行政活动，哪儿就有行政监督。由此可见，行政监督不是应急的临时行动，它必须经常地存在于行政活动的运行中。

（八）公正性原则

行政监督机关对下级行政机关及行政人员的行政活动的监督应当充分体现公正原则。在具体的行政监督中要做到监督的公正性，必须有一个统一的监督标准。如果监督的标准不一，监督就无法做到公正合理，赏罚分明。这样就会助长不正之风，妨碍行政活动的效度和效率。

第五节 中国行政监督的新发展

一、行政监督制度的变化

行政监督制度具体包括了行政监督的理念、主体权责、客体、内容、过程、方式等方面的规则和机理。从公共治理的角度看，监督制度的功能在于降低治理成本、纠正治理偏差、促进社会合作、服务经济发展、抑制腐败行为、提高管理效能等。因此，行政监督制度需要根据政治、经济和社会的发展而不断发展，优化制度本身。以下从行政监督制度的内容角度来介绍中国行政监督制度的变化。

（一）行政监督的理念

行政监督的理念从制止乱作为向防止不作为转变。乱作为是对中央或上级政府决策部署落实不力的主要成因，通过行政监督防止地方政府乱作为曾经一度成为行政监督的基本理念。随着"中央八项规定"等系列作风建设的展开，一些地方和基层的部分公职人员出现懈怠等不作为的现象。于是，通过行政监督防止不作为成为行政监督的新理念。

（二）行政监督的主体权责

行政监督主体的权责从附带责任向主体责任转变。2018年之前，无论是一般行政监督系统还是专门行政监督系统，监督主体主要承担附带责任，主体责任均由一级政府承担，因此也就常听到一种"谁监督监督者"的质疑。2018年之后，国家监察委员会建立之后，《国家监察法》规定监督者的监督方案，监察者承担主体责任。监察者主体责任落实与监察人员活动地域确定相关。但确定监察人员的活动地域时常是一个难题。如果固定在实施监察的区域里，督察人员固然能对属于他管辖范围内的公务人员及各种事务了若指掌，但却有可能失去独立性，在管理上出现越俎代庖的危险（如财政部的国家监督人员）。于是，督察人员通常没有固定的活动地域,而是进行巡回检查。

(三) 行政监督的客体

行政监督的客体从监察机构向监察行为发展。在我国从计划经济向市场经济体制转型的过程中,社会中组织的属性也发生了很多变化,有行政机关、事业单位,也有社会组织等,加之法律不够健全,部分社会中的组织承担了与自己属性不一致的权力,于是,通过行政监督防止机构滥用权力成为行政监督的客体。随着法治国家、法治社会和法治政府建设的推进,行政行为中形式主义、官僚主义问题成为行政监督客体(对象),具体包括:贯彻党中央重大决策部署时,有令不行、有禁不止,或者表态多、调门高、行动少、落实差,脱离实际,脱离群众,造成严重后果;在履职尽责、服务经济社会发展和生态环境保护方面不担当,不作为,假作为,严重影响高质量发展;在联系群众服务中消极应付,冷硬横推,效率低下,损害群众利益,群众反映强烈;文山会海反弹同潮,文风会风不实不正,督查检查考核过多过频,过度留痕,给基层造成沉重负担。

(四) 行政监督的内容

行政监督的内容从机构责任向机构行为发展。各国对行政机构的监督的范围规定各不相同。在某些国家,监督的内容只是行政机构是否尽责,而且程度不同。在另一些国家,法官有权撤销不合法的行政行为。根据各国不同的传统,对合法性的监督范围可大可小,接受监督的行为种类也可多可少。在大多数国家,凡与政府职能密切相关的行为可以不受监督。

(五) 行政监督的过程

行政监督的过程从主动发起向被动应对转变。行政监督是采取"不告不理"还是采用"主动作为"原则,不仅关涉行政监督的角色与定位,而且事关行政监督的流程设置。"不告不理"是以问题和结果为导向的监督,以查处问题为目的;"主动作为"是以程序为导向的监督,以防范行政瑕疵为目标。因此,两者对行政监督的功能定位有差异。事实上,只有能制止引起争端行为的事先监督才是效果最完美的监督,主动作为应成为行政监督首要原则,将监督活动与管理活动合二为一。但是实施"主动作为"的行政监督必须十分谨慎,因为这种方法有可能侵犯受监督人员的职权。

长期以来,阻碍行政监督"主动作为"的根本原因是对行政监督效果的评价缺乏共识。如果督察人员提出的报告常常得不到答复,督察效果就会被质疑。实践中,由于督察人员远离各部的高级领导,他们提出的建议只有得到部长的支持才会取得效果。但常常发生的情形是:当他们提出报告时,促使部长出面干预的政治紧迫性已经消失,部长对调查报告是否有结果也就兴趣索然,于是,行政监督的报告就被束之高阁了。这种情况在《国家监察法》出台之前没有多少改变。

2018年国家监察委员会建立之后,监督监察成了个案处置手段。然而,至今监察报告并未公布,加之案件调查耗费了大量人力物力等行政成本,因此,只有将监察报告公布于众,听取公众意见,监察报告才能体现更充分的价值与预防意义。

(六) 行政监督的方式

行政监督的方式从单一查处方式向多元督促方式转变。在中国实践过程中,狭义的行政监督活动包括行政督察、行政督查、行政督导和行政督办。它们在行政监督过程中经常被联合在一起,如督查督办、督察督导等;但是,它们之间还是有很多差别,只是在实践过程中为了节省人力物力,时常联合在一起开展行动。

行政督察是指行政机关要求被监督的机构和人员遵纪守法。督察的目标是提醒、敦促有关单位和人员遵纪守法。督察的对象侧重于那些有线索指向、涉嫌违法违规的单位和人员,结果很可能导致责任追究。负责督察工作的主体,一般是掌握一定权力的机关单位,在很多情况下还需要法律法规的授权。督察,既可以作为一种职位的名称,如警务督察可以指担任督察工作的警察;也可以作为行政机关的行动,如监督察看或监督视察。

行政督查是指督促检查、监督检查、督促查看等之意,侧重动作和过程,通过各种方式(实地查看、翻阅资料、询问答复等)推动某项工作或完成任务的一种手段,更强调这一行为。其出发点和落脚点在于促进工作开展、任务落实。从结果来看,"督查"既可能导致责任追究,也可能对工作开展得好的单位和人员进行奖励表彰。如2015年7月,国务院办公厅在发出通知要求对全国第二次大督查发现问题进行整改的同时,也发出通报对全国第二次大督查发现的典型经验做法给予表扬。值得注意的是,"督查"可用在很多领域,党政机关、企事业单位、社会组织等都可以用这一方式抓工作进展,推动有关目标实现。

行政督导是指检查指导,侧重于监督机关在检查活动中纠正偏差、示范标准行为和引导正确方向。行政督导一般用于改革事务或探索性的事务中,地方政府或下级机关对相关事项理解不清或者面临执行困难时,由政策制定机关或上级行政机关予以指导,并督促其加快改革、采取更加有效的行动,以便完成改革的任务,从而为后续改革顺利进行提供基础。

行政督办是指对行政机关内部上级机关对下级机关工作任务执行情况进行督促办理,重点在于上级督、下级办,主要针对日常行政事务。督办是督促办理的简称,在办公厅(室)的职责中,针对具体工作任务的督办与针对重大决策部署的狭义上的督查并存。作为机关内部事务管理的一项重要手段,督办制度对于促进具体部署任务的落实仍然有相当重要的现实价值。此外,督办也指在对人大代表建议及政协委员提案、公安案件及信访事项的办理中,对特定行政领域中具体事项的督促办理。

二、行政监督依据的完善

行政监督的效果一方面取决于监督的系统构成设置情况，即行政监督体制完善，另一方面取决于行政法规、行政规范和行政纪律的科学性、合理性。毋庸置疑，行政监督的系统构成设置亦是决定监督效果的决定因素。健全完善的系统构成可减少行政机关和行政人员违法违规事件的发生，降低行政过程的损失，从而达到提高行政效率的目的。然而，行政法规、规范和纪律的科学性、合理性是保证行政监督效果的重要因素，尤其是在建设法治国家的大格局下，运用法治思维和法治方式开展行政监督工作显得特别重要。不同的"法"规范体系与不同的政治制度相对应，各国政治制度的差异性决定了其行政监督的系统构成也存在极大差异。

一般而言，多党轮流执政的国家，只有"国法"而无统一的"党规"。但在中国，既有"国法"还有"党规"。"党规"严于"国法"。"党规"全称为"党内法规"。早在1938年，毛泽东同志在六届六中全会就提出"党内法规"①，后来历任党的领导均会提到相关概念，如党规党法等。2014年10月28日，习近平在《关于〈中共中央关于全面推进依法治国若干重大问题的决定〉的说明》中指出："在我们国家，法律是对全体公民的要求，党内法规制度是对全体党员的要求，而且很多地方比法律的要求更严格。我们党是先锋队，对党员的要求应该更严。全面推进依法治国，必须努力形成国家法律法规和党内法规制度相辅相成、相互促进、相互保障的格局。"②直到十八届四中全会明确提出："党内法规既是管党治党的重要依据，也是建设社会主义法治国家的有力保障。""依法执政，既要求党依据宪法法律治国理政，也要求党依据党内法规管党治党。"③

由"国法"确定政治行政体制以及由"党规"确定党政体制，成为中国行政监督的制度背景。在政治行政体制中建立了行政监察部，在党政体制中建立起了纪委，后来行政监察机构和纪委采取了"两块牌子，一套人马"。2018年，新成立的"监察委员会"（简称"监委"），与中国共产党的纪律检查委员会（简称"纪委"）合二为一办公，统称为"纪委监委"，已经突破了传统的行政监督体制范畴。纪委监委在行使监察权的过程中，既可依据国家的法律、法规等规范性文件，也可以依据中国共产党的"党内法规"，从"法"的依据上也已经突破了传统的行政监督的范畴。因此，纪委监委的监察权运用又被称为"政治监督"。

---

① 《毛泽东选集》第2卷，人民出版社1991年版，第528页。
② 《习近平关于〈中共中央关于全面推进依法治国若干重大问题的决定〉的说明》（2014年10月28日），"学习强国"平台，https://article.xuexi.cn/articles/index.html?source=share&art_id=17943997008370543345&showmenu=false&study_style_id=feeds_default&t=1535684455521&share_to=copylink&ref_read_id=undefined，最后浏览日期：2024年4月20日。
③ 《中国共产党第十八届中央委员会第四次全体会议文件汇编》，人民出版社2014年版，第60、22页。

三、行政监督技术的变革

21世纪,世界各国政府都进入数字化转型时期,崭新的"数字政府"正在诞生。人类社会也进入了以计算机技术、微电子技术、量子技术、信息与通信技术、纳米技术、多媒体技术、生物技术、传感器技术、视觉技术、大数据、云计算、机器学习以及人工智能等科学技术为依托,以超联接乃至万物互联为特征,以高度个性化和彼此互动为目标,以信息的占有、挖掘、利用等为资源,以网络化、数字化、智能化和智慧化发展为趋势的信息文明时代。这个新的时代内生于工业文明时代却反过来必然要颠覆曾经孕育它的支持体系、概念框架与思维方式。因此,先前建立于工业文明的行政监督也需发生相应变革,建立适应数字政府的行政监督机制。

随着数字政府、数字社会的建立和成熟,行政行为通过数据悉被记录,从而为事中事后行政监督留存依据;同时,由于信息文明强大的记录功能对公职人员形成强大的威慑,阻止了行政乱作为和不作为。

四、政治监督工作继续加强

在行政监督工作中,政治监督十分重要。自2018年国家监察委员会成立以来,政治监督明显加强。政治监督已经融入日常工作之中,经常作为,对公职人员行为的常态化管理和政治生态经常性的研判成了惯例,谈话提醒、批评教育成为常态,促进了党员干部和公职人员习惯于在受监督和约束性环境中生活工作。统筹衔接纪律监督、监察监督、派驻监督和巡视监督,形成了完整的监督链条。健全完善党委(党组)全面监督、纪委监委专责监督、党的工作部门职能监督、党的基层组织日常监督、党员民主监督,有机结合、融为一体的党内监督体系,形成了以党内监督为主导,人大监督、行政监督、司法监督等为常规的全过程全方位监督模式,推动各类监督相互融合,实现信息、资源、力量、成果共享。

复习题

1. 试述广义、中义和狭义行政监督的区别?
2. 一般监督系统由哪些部分构成,其功能是什么?
3. 各国的行政监督制度的差异受到哪些因素影响?
4. 简述行政监督的方式和原则。
5. 介绍中国行政监督制度的变化。

第七章
行政机关管理

行政机关管理是公共行政的重要组成部分。各级政府部门都设有综合办事机构,以担负重要又复杂的工作任务。这些办事机构为整个政府部门高效地行使职能活动提供了工作条件和生活条件。本章主要阐述行政机关的含义、特点、地位与作用,机关管理的内容及机关管理的发展趋势。弄清这些问题,对于充分发挥机关的作用、提高行政效率具有重要的意义。

第一节　机关管理概述

一、行政机关管理的含义

"机关"的本义是机器上的启动器械,是控制和发挥器械功能的关键部分。把它引申到管理学上来运用,则是泛指为实现国家职能而组织的最重要的管理机构,诸如行政机关、司法机关、立法机关等。

行政机关是执行国家行政职能的机关,是为执行政务而建立的各种执行机构。行政机关有广义和狭义之分。我国《宪法》规定:"中华人民共和国国务院,即中央人民政府,是最高国家权力机关的执行机关,是最高国家行政机关。"(第 85 条)"地方各级人民政府是地方各级国家权力机关的执行机关,是地方各级国家行政机关。"(第 105 条)这是从广义上做的规定。广义上的行政机关,是指从中央到地方某一级政府机关及其所属各部门和直属单位。而狭义的行政机关是特指一级政府机关的办公厅(或办公室),它是在政府首脑直接领导下为处理综合性事务、辅助开展全面管理工作而设立的。本章阐释的行政机关管理,主要是狭义的,即行政机关本身的管理,主要是与办公厅(办公室)有关的事务。以办公厅(室)为核心的机关管理有以下几个特点。

1. 综合性

办公厅(室)不是行政机关的一个具体职能部门,而是一个综合性部门;各种行政机关都要通过办公厅(室)与职能部门联系,进行综合管理。所以办公厅(室)主要为领导提供信息,提供决策咨询、建议,并发挥传达、督促、检查作用。

2. 事务性

任何办公厅(室)管理活动涉及的面都很广,既有领导交办的事要解决,也有群众的事要处理;既有工作、学习的问题,也有生活福利的事;还有日常工作,如传递信息,文件收发、登记,各种会议召开,甚至公务员生活管理。明显地表现出事务繁杂,头绪繁多以及急事、难事、琐碎事等棘手问题。为此,机关管理要求有认真细致、求实的工作作风。

3. 时效性

行政机关管理工作,要有很强的时效性。要有雷厉风行的作风,办事要准确及时。紧急公文稍有拖延,就会贻误大事,对于会议管理、工作制度和生活制度都要有明确的时间规定,并要严格要求,认真执行,才能保证机关工作有条不紊地进行,保证机关工作效率的提高。

4. 服务性

服务本来就是行政机关管理活动最基本的性质和职能。机关管理需要为上级领导服务,为本机关各部门服务,为下属直至基层单位服务,其核心是为科学决策和决策落实服务。工作人员的自身价值也会在服务中得以体现。服务好坏也是衡量行政机关管理活动质量的一个最主要、最基本的标志。社会主义国家行政机关管理必须牢固地树立全心全意为人民服务的观点。同时行政机关管理中的各项工作与机关全体成员的关系是十分密切的。这就要求行政机关人员能真正成为人民公仆,全心全意为人民服务,保持与群众的血肉联系,克服官僚主义,牢固树立群众观点,一切从群众利益出发,依靠群众,搞好行政机关管理。

二、机关管理的地位与作用

机关管理工作并不是直接行使国家权力,但它却是行使决策、执行、监督等职能不可缺少的。它在机关中占有重要的地位,也即具有综合枢纽地位。首先,任何行政机关,不论其机构之大小,人员之多寡,层次之高低,一般都要通过办公厅(室)的辅助来行使权力、管理公务。其次,任何行政机关,办公厅(室)的工作一般都关系该机关工作中的全局。最后,任何行政机关一般都以办公厅(室)为中心,形成若干纵向和横向的组织网络系统。

行政机关管理的这种综合、枢纽地位的发挥,势必使其具有以下作用。

第一,搞好行政机关管理是完成任务的基础保障。一方面,行政管理机构多,范围广,任务繁杂。要做好行政管理工作,圆满完成任务,首先必须管理好行政机关本身。行政机关水平高低,机关工作人员工作积极性高低,往往直接关系整个行政管理质量的优劣。另一方面,行政管理活动总是同办公厅(室)的工作程序、文书档案、信息管理、会议管理、财务管理、后勤管理等紧密相连的。它们的水平高低是整个行政管理效率的基础。夯实基础就能高质量地完成任务。

第二,搞好行政机关管理可以名副其实地发挥办公厅(室)"中心机关"的作用。办公厅(室)是行政首长的指挥机构和办事机构,它具有四个方面的作用:一是参谋助手作用,二是推动指导作用,三是督促检查作用,四是综合协调作用。搞好行政机关管理,使机关工作规范化,快速地进行上情下达,下情上传,既为领导当好参谋,又为机关搞好日常业务,使整个组织形成一个完整的体系,帮助行政首长把握全局,这样才能名副其实地发挥"中心机关"的作用。

第三,搞好行政机关管理,可以增强政府同人民群众的密切联系,促进安定团结。行政机关是"服务机构"。社会主义国家行政机关的根本宗旨是全心全意为人民服务。我们的行政机关决不能成为"衙门",决不能门槛难跨,面孔难看,事情难办。认真做好行政机关的思想政治工作和其他多项工作,虚心倾听群众的呼声,全心全意地为群众排忧解难,就会增强政府与广大人民群众的密切联系,不断增强人民群众对政府的认同感。这恰恰是巩固和发展"安定团结"这一大局所需要的。

三、机关管理的原则

行政机关管理工作都具有不同的层次,面临各不相同的具体任务,其工作的优劣也会有不同的衡量标准,但任何层次的行政机关管理都同工作大局密不可分,都有直接需要遵循的原则。概括地说,以下几项原则性要求是机关管理工作共同和必须的。

第一,政治忠诚原则。任何一个层次的行政机关管理,都不可避免地涉及贯彻执行路线、方针和政策的问题。政治上忠诚、实事求是应当贯穿于机关管理的整个过程。

第二,服务原则。行政机关管理或者具体称为办公厅(室)管理,其全部工作的出发点、落脚点就是为公众服务。行政机关的事务管理,对内是为机关发挥其职能活动而提供学习、工作、生活的条件;对外是为机关完成其肩负任务提供高效快捷的服务保证。

第三,各司其职,互相协作原则。行政机关管理工作范围广泛,内容各异,情况复杂,因此要有比较科学的分工和合理的协调。不允许互相推诿、扯皮、刁难等现象的存在。

第四,效率原则。机关日常运转的工作量大,涉及的面广,有许多是被动的、受命而为的工作,这就更需要发挥主观能动性,善于寻找工作规律,重视沟通和协调,优化运行机制,杜绝文牍主义、官僚主义和形式主义,不断提高工作质量,获得高效率。

第五,厉行节约、反对浪费原则。在资源有限的条件下坚持这一原则,要求我们时时注意节省人力、物力和财力。坚决反对铺张浪费、互相攀比、大手大脚的败家子作风,更要坚决反对公私不分、化公为私、损公肥私的腐败行为。

第二节 机关管理的内容

机关管理活动通常涉及工作程序,环境设计和生活管理,文书档案管理,会议管理,接待、信访、印章、保密,财务管理和后勤管理等方面的内容。

一、机关管理的工作程序

行政机关管理要有章可循,按管理程序办事。一般来说,行政机关日常工作要把握以下几个环节。

(一)有计划地安排工作

计划是人们为了实现某个预定的目标,对自己未来行动的一种预先设计。而计划工作,简单地说,就是要事先决定做什么,在什么条件下做,由谁去做及怎样做的过程。这个过程如何开始、如何发展以及结果如何,取决于管理的要求和管理的水平。因此,计划工作必须上升为一种管理职能。

(二)组织实施工作

正因为计划是由纵横交错的多种因素构成的,这些因素的作用又是千差万别的,要保证计划的实现,必须通过组织实施这一环节。组织实施中只有考虑多种因素的不同作用,趋利避害,才能使整个活动协调进行。

(三)综合协调工作

综合就是把各方面的意见归纳起来,使其集约化、条理化、明朗化;妥善安排好涉及机关全局的各项活动,使其科学化、有序化。协调就是通过信息沟通、协商、说服动员等手段,把不同的认识统一起来,把各种矛盾化解开来,把解决问题的办法梳理出来,把分力变合力,把消极因素变为积极因素,使问题得到尽快解决。

(四)督促检查

督促检查工作旨在协助领导积极有效地做好决策的实施,使其落到实处,收到实效。所有重要事项都需要"建账、报账、查账、结账",使工作落到实处。比如,周期性工作要分解立项,逐项落实责任制;上级发文或口头交办事项;会议决议和领导批示;人民代表的提案、建议情况;信访案件,新闻媒体批评、建议的办理情况,对下级机关请示和汇报的重大事项的处理情况等。

二、环境设计和生活管理

(一) 环境设计

机关环境设计涉及以下几个方面的内容。

(1) 机关环境。机关环境必须优美清静,地点应设在交通畅达、便于各方联系之处。同样,一个单位的办公室,也应设在办公大楼的中心,以便接洽联络,协调事务。

(2) 办公室布置。办公室的环境应阳光充足、空气流通,光线和湿度以适应人体为最佳,温度以20℃为宜,湿度为40%—60%,光线要适度。办公室的座位安排要合理得体,室内必要的办公设备要齐全并摆放科学。

(3) 防止噪声和杂音。室内天花板和墙壁应使用吸音建筑材料,有声音的办公器具应置软垫;所有办公机器都不要靠近金属墙壁安放,这样可以减少回音。舒适、安宁的环境能使工作人员聚精会神地从事工作,效率比较高。在嘈杂的环境中处理问题,往往会使工作人员分散精力、情绪波动,影响工作效率甚至造成判断失误。

(4) 色彩的搭配适宜。颜色具有很强的感染力和吸引力。可直接影响人的心理活动和工作行为。办公室的颜色环境可根据不同地区及办公室的不同用途,采用不同的颜色。按朝向分,南向办公室宜用绿、蓝、紫色,北向办公室宜用红、橙、黄色。按职能分,进行研究思考的宜用冷色,接待来访等公共场所宜用暖色。颜色格调好,不仅美观大方,而且能使工作人员有一个良好的精神状态。

(5) 安全保卫。机关设置应考虑有安全通道,走廊不宜堆放物品,对有些易燃易爆物品应放在指定的安全地方,同时必须配有各种防范措施和设备,以防万一。

(二) 生活管理

机关生活事务直接关系工作人员的切身利益,对保证机关工作正常开展具有不可低估的作用。在还没有实现市场化的情况下,生活管理的内容往往包括房屋管理、餐厅管理、车辆管理、幼托管理、卫生保健管理等。

(1) 房屋管理。房屋管理指房屋的建筑、分配、管理和维修工作,应建立一整套科学的房屋管理制度。一方面,机关要预测今后工作人员生活改善而带来的要求;另一方面,又要有相应的措施,即尽量使工作人员都能有相对满意的住房及其设施,以充分调动其积极性。

(2) 餐厅管理。伙食质量是机关工作人员关心的一件大事。抓好机关餐厅,有利于安定工作人员的情绪,增进工作人员的身心健康。

(3) 车辆管理。车辆管理的内容包括各种车辆的登记、调配使用,油料领用,车辆保养维修,事故处理,驾驶人员培训调配等。

(4) 幼托管理。能否妥善安排工作人员子女入托,直接关系工作人员有无后顾之忧。应力求最大限度保证工作人员子女入托,对有特殊困难的,应按特殊办法处理。

(5) 卫生保健管理。保障工作人员身体健康是做好机关工作的先决条件。机关中应定期开展防病宣传活动,定期实行身体检查制度,设立健康登记卡等。

随着市场经济的发展,机关生活事务管理的大部分职能应转由市场承担。

三、文书档案管理

(一) 文书管理

文书工作是指机关形成、处理和管理公文的各个环节及其互相衔接的各道程序和手续。它是国家机关管理工作的重要组成部分,是国家机关进行管理的重要手段,它是发布法规、请示和答复问题、指导和商洽工作、报告情况、交流经验的一种重要工具。

我国行政机关的公文有通用型和专用型两种。通用型公文是指行政机关各部门都能普遍使用的公文,而专用型公文则是指一定的专门部门在一定的专业范围内,依据特别的需要使用的公文。本章涉及的是通用型公文。

我国对各种公文的行文关系有明确且严格的规定,主要是为了保证机关之间上下左右联系顺利,防止行文混乱。公文的行文关系,是根据机关之间不同的隶属关系来确定的。行文按行文关系划分,又有如下三类。(1)下行文,是上级领导部门对所属下级部门的行文,如命令、批复等。根据发文的不同目的和要求,可以采取逐级行文、各级行文和直达基层组织等方式。(2)上行文,是垂直的领导系统中,下级行政机关向主管的上级领导机关的行文。(3)平行文,是同级或不相隶属机关之间,横向业务联系部门之间的行文。

在拟订行文时,首先要弄清楚行文属于哪一种,以便选择合适的文种、称谓和词语。处理行文关系时,要注意以下事项:(1)国家行政机关通常不能越级向上行文,除非有特殊情况;(2)经批准在报刊上发表的公文,应看作正式公文,具有正式公文同等效力;(3)两个以上机关可以联合行文,但联合行文的机关应是同级机关;

(4)上行文不必同时抄送下级,下行文有必要可同时抄报上级;(5)对上级公文,未经许可,不得翻印转发。

公文是个"大家族",成员众多,各有特点,有着不同的文种和格式。文种因事而生,应时而变,不同历史时期其名称和功能也有所不同。根据中央办公厅、国务院办公厅于2012年4月16日印发的《党政机关公文处理工作条例》,我国现行党政机关的公文种类主要有:(1)决议。适用于会议讨论通过的重大决策事项。(2)决定。适用于对重要事项作出决策和部署、奖惩有关单位和人员、变更或者撤销下级机关不适当的决定事项。(3)命令(令)。适用于公布行政法规和规章、宣布施行重大强制性措施、批准授予和晋升衔级、嘉奖有关单位和人员。(4)公报。适用于公布重要决定或者重大事项。(5)公告。适用于向国内外宣布重要事项或者法定事项。(6)通告。适用于在一定范围内公布应当遵守或者周知的事项。(7)意见。适用于对重要问题提出见解和处理办法。(8)通知。适用于发布、传达要求下级机关执行和有关单位周知或者执行的事项,批转、转发公文。(9)通报。适用于表彰先进、批评错误、传达重要精神和告知重要情况。(10)报告。适用于向上级机关汇报工作、反映情况,回复上级机关的询问。(11)请示。适用于向上级机关请求指示、批准。(12)批复。适用于答复下级机关请示事项。(13)议案。适用于各级人民政府按照法律程序向同级人民代表大会或者人民代表大会常务委员会提请审议事项。(14)函。适用于不相隶属机关之间商洽工作、询问和答复问题、请求批准和答复审批事项。(15)纪要。适用于记载会议主要情况和议定事项。这些种类的确定和使用方法是国家统一规定的,在一定的范围内具有强制性。不同文种的公文有不同的写作要求,内容上也有明显区别。公文格式是公文标准化、规范化和严肃性、严谨性的重要体现。一个完整标准规范的公文,一般由18个格式要素组成,包括份号、密级和保密期限、紧急程度、发文机关标志、发文字号、签发人、标题、主送机关、正文、附件说明、发文机关署名、成文日期、印章、附注、附件、抄送机关、印发机关和印发日期、页码。

文书管理工作可分为收文管理和发文管理两个方面。收文管理包括收进、启封、登记、分送、拟办、承办、催办、注办、清退和归卷等。发文管理包括撰稿、签发、缮印、校对、盖印、注发、登记、封发、存稿和存本归卷等。

文书是机关管理各类事务的依据,它具有以下几个特征。(1)权威性。机关的权威性决定了机关文书的权威性,文书的作者无论是组织或者领导个人,都具有法律赋予的职能和权限,机关文书代表法定的机关和个人发言,具有法定的效力,有关单位和群众必须遵照执行。(2)政策性。我国各级机关文书是宣传和贯彻执行党和国家方针政策的具体体现,它不是供人娱乐消遣的材料,而是作为工作的依据必须予以贯彻执行。(3)规范性。文书是一种特定的独立文体。它的名称、格式、范围、内容、处理方法等都有统一的规定。不能各搞一套。

文书管理工作在行政管理中的作用有以下几点。(1)规范与约束作用。在大量的文书中,有些文书是具有法律规范性和强制约束力的。因此,它对涉及的对象也具有约束力和规范作用。(2)领导和指导作用。在行政管理中,上级机关经常通过制定和公布决议、意见、计划、通知等文件,对下属机关的工作进行领导和指导。(3)联系和沟通的作用。在机关日常工作和业务活动中,文件起到沟通上下左右、互相协调的作用,是行政管理的信息流。(4)宣传、教育的作用。行政机关通过发文,提出了任务和办法,起到了广泛宣传、动员和教育的作用。(5)依据和凭证作用。行政文书在失去它的现实效用而归档保存起来以后,就成为机关工作和活动的历史见证。行政文书可以作为总结历史经验、研究机关工作历史等各类问题的依据。

(二) 档案管理

档案管理工作是文书工作的继续,文书立卷之后,按一定的归档制度向档案室转交,就成为档案。所谓档案,是各机关、企事业单位或个人在社会活动中形成并作为历史记录保存起来以备查考的文件材料。

档案工作的基本内容包括档案的收集、整理、鉴定、保管、统计和利用等,习惯上称为六环节。(1)收集。各机关在社会活动中不断形成大量文件,为了发挥这些文件的作用,必须对此进行挑选,集中保存。(2)整理。为了保存利用,需对繁多、复杂而零乱的材料,按照一定的原则分门别类地整理。(3)鉴定。收集、整理出来的档案,并非都有保存利用的价值,因此,必须对之进行识别、精简,去粗取精。(4)保管。对具有保存价值的档案,必须采取保护措施,既要注意安全性、完整性,又要注意延长其保存利用的时间。(5)统计。为方便查找利用,需对档案进行编目,要科学地管理档案,对于档案的收进移出、保管利用等各方面情况做到心中有数。(6)利用。以上所做的工作是为档案利用服务的,这是档案工作的出发点和归宿。

档案管理工作要遵循以下三大原则。(1)统一领导,集中管理。在我国,国家全部档案由档案机构分别集中,由党、政档案部门统一管理。各机关内的各种不同档案,如党、政、工、团等要由机关档案工作系统集中管理,不得分散保存。(2)维护档案的完整性并确保其安全。这是对档案工作提出的最基本的要求。完整性,就是在数量上使档案齐全,不得有所缺漏,质量上要保持档案的完好无损,不失历史真实;安全,就是要精心负责,不得损坏,同时又要做到使档案不泄密,不丢失。(3)方便利用。便于利用既是档案工作的立足点,也是检验档案工作做得好坏的主要衡量尺度。档案不能一直堆在库房,应尽量早日与利用者见面,以便发挥档案应有的功能。

档案的形式是多种多样的。文字档案是主要形式,它包括文件材料、电报、手稿、书信、会议记录等一切书面形式,其他还有技术图纸、画片、照片、唱片、影片、录像、录音磁带等形象化的记录形式。各档案室都必须按照规格、要求,分门别类地进行归类、存档,以便查考。

档案工作就其性质来说,有两大作用。一是考证作用。因为档案是历史的真实记录,在查证研究历史问题,纠正处理历史遗留问题时,其作为凭证、依据的作用是无可替代的。二是参考作用。档案是历史发展的原始凭证,现实是历史的继承和发展,档案对于解决现实问题,具有广泛的研究、参考价值。

科学技术的不断进步对档案管理提出了新的要求,在档案管理中要运用现代科学技术,提高档案管理的效率和质量,使档案得到更好的利用。

四、会议管理

会议是各级领导实施行政管理的一种重要手段,是一种有组织、有目的地把众人聚集起来一起商讨问题的社会活动方式。会议在各级领导研究工作、布置任务、贯彻政策、调查情况、制定决策、协调统一、解决问题、联系群众等方面具有重要的作用。

会议的类型很多。行政会议经常运用的会议类型有如下几种。

（1）例行会议。例行会议主要指日常工作会议、办公会议。这类会议主要用于领导成员之间交流各自分管工作的情况,相互通气,研究上级的有关指示,领会精神实质,制定本单位具体贯彻实施的办法、措施,讨论处理重大问题等。

（2）专题性会议。这类会议通常是由一定范围的领导人员及有关部门的人员参加的,集中讨论某一方面问题的会议。

（3）联席性会议。在开展某项较大规模活动或建设某项大工程时,如涉及若干单位和若干方面,有关部门就有必要一起开会讨论,共同协商解决。这种会议可由上级主管部门或上级机关出面组织召开,也可由上级机关根据工作任务的内容,指定某一个单位负责牵头主办。

（4）经验交流或现场会议。这类会议通常就某一方面工作或介绍经验,交流推广,或指出问题,务求迅速解决。

（5）布置工作或总结工作会议。一项任务、工作的开始,往往要进行布置、动员;完成一个阶段任务之后,要进行总结。布置工作会议和总结工作会议就承载了这样的功能。

（6）座谈会。它的形式是多种多样的,有征求某一问题的座谈会,有讨论某一专题的座谈会,还有小型纪念会、讨论会、调查会,等等。

（7）电话会议。电话会议是领导机关向下属机关布置某一紧急任务采用的一种形式,它可避免因人员往返而延误时间。

（8）紧急会议。紧急会议往往是在特殊情况下召开的,会议讨论内容是紧迫要求解决的重大问题。

会议管理是指召开会议的准备工作和组织活动。会议管理的目的是提高会议的质量和效率,如果会议缺乏管理,必然导致会议开得乱七八糟,不是互相扯皮、互相拆台,就是会而不议,议而不决。会议管理一般由如下三个方面组成。

(1) 会前准备。会前准备是会议管理的基础,它直接关系会议的质量和效率。会前准备的主要内容又主要包括三点。首先,确定会议主题,明确通过开会要解决的问题和所要达到的目的,准备好文件、材料,以便学习讨论时用。其次,确定出席者范围、会议议程等有关要求并通知与会者。最后,做好会务工作,如布置会场、安排日程、安排迎送等工作。会前这些准备工作做好了,就为会议的成功打下了基础,也可以说,会议开好了一半。

(2) 加强会议的组织管理。会场的组织管理工作是保证会议质量和效率的关键。会场组织管理工作主要有:检查会前准备工作的落实完成情况,签到,登记,做好会议记录,如有必要要编发会议简报。

(3) 会后工作。会后工作包括清理会场、归还借用物品、结算所需账目、安排好与会者的返回工作等。此外,对一些重要会议的文件要进行编目、存档,以及对会议管理经验教训进行总结,这也是会后工作的内容。做好这些会后工作,是使会议管理有效的又一关键环节。

做好会议管理工作应注意以下两个问题。

(1) 控制会议数量。在我国,会议成灾已到了令人难以容忍的地步。如何控制会议数量,成了会议管理的头等大事。一般情况下,能用公文、电报、电话等形式解决的问题,就不必要召开会议;能当场拍板解决的问题,就不用开会讨论。为了切实减少会议数量,必须建立健全严格的会议审批制度。

(2) 提高会议质量。仅控制会议数量还不行,还必须提高会议质量。这就要求会前要有准备,开会者要准时出席,发言要简明扼要,不做离题、重复的发言,禁止在会上私自随意交谈,尽量控制开会时间。总之,开会要力求在较短的时间内,解决较多的问题,改进会议方法,提高会议质量。

五、其他机关事务管理

机关管理中还包括接待、信访、印章、保密工作,以及财务管理和后勤管理等其他机关事务管理工作。

(一) 接待工作

接待工作是各级机关的办公厅(室)为来访者提供服务,并对其提出的要求和问题,按有关规定进行妥善处理的过程。办公厅(室)的接待工作,是一项经常性的具体事务工作。它既是本地区、本单位沟通上下的"渠道",联系"四方"的桥梁,又是宣传自身形象的"窗口"。做好接待工作,可以及时正确地处理接待中对方提出的问题,节约时间,有利于提高效率;也可以与上下左右各方面增进相互了解,搞好团结,有利于本单位开展工作;还可以与外界沟通往来,密切联系,进而学习别人的经验,扩大对外影响和增加合作。

(二) 信访工作

信访工作就是负责处理人民群众的来信来访工作。人民群众通过给行政机关写信、来访面谈等方式,提出要求,反映情况,以至申诉、检举或表扬、批评国家机关工作人员。信访工作是国家机关发扬民主、体察民情、联系群众的一条重要渠道,也是各级机关和企事业单位一项经常性工作,是办公厅(室)的日常工作的重要内容之一。

(三) 印章工作

印章工作也是办公厅(室)的一项重要任务。行政机关的公章代表该机关的正式署名,具有法律效用。私章是机关领导人的签名章,代表领导人的身份,文件盖上私章,就表示得到领导人的许可并担负责任。因而印章管理和使用是件很严肃的事,要有专人保管,遵循保密要求,建立印章使用制度,印章的刻制、颁发都应遵循有关规定。

(四) 保密工作

保密工作是党政机关正常运行的重要条件,是办公厅(室)及其工作人员的一项重要职责。办公厅(室)为领导服务的综合办事机构,又是联络上下左右、沟通四面八方的桥梁和枢纽,办公厅(室)的特殊地位,决定了办公室的工作人员有更多机会接触国家秘密,因此,严格执行保密法规,做好保密工作,是办公室业务工作的内在要求,是自身组织管理的组成部分。

(五) 财务管理

行政机关财务管理的重点在于管好行政经费的使用。它是财务行政的组成部分。机关行政经费的管理主要指对本单位行政经费的领拨、开支的计划、分配、控制和监督活动。其主要内容是围绕行政任务的完成,以资金运转为管理客体而开展的各项财务活动。它包括预算管理(单位预算编制、执行和调整)、财务管理(支出管理、收入管理、定员定额管理、费用开支标准)、财务活动分析及财务监督四个方面。行政机关财务管理的这些内容是一个有机的整体。机关财务管理奉行的原则有:精打细算,厉行节约,把钱用到最需要的地方;量入为出,留有余地,按计划、制度、规定用款,合理、节约地支配行政经费;加强财务监督,即对财务活动的合法性、合理性和有效性进行监督，对违反财务制度的收支，予以制止。

（六）后勤管理

后勤管理也称总务管理或机关事务管理，是指对本单位的物资和日常生活事务的管理，任务是为保障机关正常运转提供良好的工作和生活条件。后勤管理工作涉及的范围十分广泛，包括住房、交通、饮食、医疗、物资供应等方面，其立足点是服务。而机关现行的"包得过多，统得过死"的管理体制，单纯依靠行政命令的管理方法及落后的手段，显然同目前面临的新任务是极不相适应的。特别是随着经济体制改革的进展，社会上的第三产业正在蓬勃发展，它们在强劲的竞争中，使高消费、低效率的机关后勤服务部门无法继续生存下去，并本着社会分工专业化和等价交换的原则，为机关和其他部门提供优质高效的服务，同时取得相应的报酬。目前，顺着改革的潮流，推动后勤服务社会化是优质高效地为机关服务的唯一出路。

第三节 机关管理的现代化

机关管理现代化包括管理体制现代化、对人的管理现代化和办公手段现代化等内容。具体地说，它涉及以下几方面内容。

一、完善机构设置

管理体制是实现管理目标的主要形式，它是由各职能部门的主要功能决定的。机构设置是管理体制在组织形式上的体现。现代机关作为综合管理部门，是一个有具体目标和任务的组织单位。机关管理要实现现代化，必须确立合理的结构，建立精干高效的组织机构。这个机构必须是一个能包容人、财、物各项因素的合理、科学的机构。

现代行政机关组织机构的设置是随着办公厅（室）工作任务的变化、职能的转变、办公手段的变化而不断调整、完善的。办公厅（室）的工作要实现规范化、科学化、制度化，达到一流部门，一流管理，一流服务，一流水平，其机构设置必须遵循以下四条原则。

1. 任务目标原则

从物质上、信息上保证机关职能活动正常高效地进行，是机构设置的总目标。任务目标的明确性与管理工作的有效性是紧密相联的。一个单位或部门在管理活动中首先必须明确任务目标，才能根据任务目标来确定机构、职位的设置，人员的配备。管理发展的趋势是结构的金字塔形逐渐向纵短、横宽形方向发展。在职位设置、人员配备中要严格按照编制的规范要求,这样才能避免扯皮,人浮于事,又有利于发挥办公室人员的群体功能,从而保证任务目标的实现,达到结果的最优化。

2．效率、竞争原则

优化机关的机构设置,是提高效率的一个重要条件。官僚主义、效率低下是与机关整体机构臃肿、层次繁多、职责不清、分工过细、人浮于事和权力过分集中联系在一起的。要使机关管理高效运转,根本办法就是运用竞争的机制,强化决策咨询,调节监督部门,调整健全信息渠道,裁减并妥善安排人浮于事的部门人员,真正做到优胜劣汰,只有这样,才能发挥出高效有力的作用。

3．职、责、权一致的原则

在任何管理系统中,都应把权、责一致看作一项原则。在单位、部门目标确定之后,就要根据任务、目标来确定职位,规范工作责任,包括单位的责任和个人的岗位责任。有了责任,就应赋予相应的权力,真正建立和完善权责一致的体系。要清除有责无权或有权不尽责的现象。要明确规定各部门之间的职、责、权划分,尽量减少职权交叉。同时,职、责、权一致更要落实到办公室每一个成员。真正做到事事有人负责,人人各司其职、各执其权。要保证职、责、权有效地行使,对每个工作人员行使权限和尽职、尽责的情况进行考核和监督,根据考核的政绩,有功者奖,有过者罚。对失职造成损失者,要按职责的要求严格查处,决不姑息,这也是职、责、权能真正体现的保证。

4．管理统一原则

一个机关的各层次及各部门的组织是一个完整的统一体。正像人的每个器官和生理系统,任何局部都是有机整体的组成部分。他们各自发挥不同的功能,互为条件,互相配合,形成一个有机的统一整体。在运作中,各个管理层应当实行逐级指挥,逐级负责。从每个管理者来看,一个人只有一个上级,每个人只从自己的上级那里接受指令,也向自己的上级请示报告。当然在特殊情况下,如发生重大灾害和事故,控告直接领导人的违法乱纪行为等,可以越级指挥和越级请示报告;另外上级进行调查研究和了解情况,可以直接越级深入基层,但不要干涉基层的指挥,也不直接决定和解决基层中的日常管理问题。

二、提高人员的办事能力

办公室的工作效果是与工作人员的能力联系在一起的。办公厅(室)的工作性质、任务要求工作人员应具备以下几种能力。

(一) 参谋能力

参谋能力是指工作人员为领导者出谋献策，进行智力辅助的能力。这种能力是对工作人员的高层次要求。领导者进行决策，迫切要求工作人员发挥参谋作用。作为办公室人员，参谋意识要强，要明白参谋重在谋划，助手侧重帮助。要有参谋的胆略和韧性，敢于坦言陈见，同时需要讲究参谋的效果，既把握好时机，又有一定价值作用。要做好这些方面的工作，参谋时应注意以下几个方面的工作：一是为领导及时、准确地提供信息；二是围绕中心工作组织调查研究；三是依据领导意图做好文书工作；四是对突发性、偶然性、重大事件提出建设性的对策。

(二) 办事能力

办事能力是指及时、准确、优质、高效地完成领导者交办事项的能力。办公厅（室）工作人员不仅要有良好的政治品质，忠心耿耿的献身精神，而且要有才思敏捷、精明干练的办事能力。具体表现在以下几个方面。一是通晓办事渠道，能独立完成领导交办的事项；二是要善于区别事情的轻重缓急，主次分明；三是灵活的变通能力，在不违反原则的前提下，把原则性和灵活性结合起来；四是随机应变能力，主要指对突发性事件进行应急处理的能力。

(三) 协调能力

协调能力指在领导的意图下，积极主动沟通信息，调节关系，商讨事项，协同步调的能力。协调综合工作是贯穿于办公厅（室）工作的各个方面的一项重要任务。不论办文、办事、办会都包含协调的内容。做好协调工作，要有全局观念。坚持从全局的高度思考、筹划、安排、处理。只有站在全局的高度，才能听取各方意见，通盘考虑，综合权衡，才能提出比较合理、公正的意见，调动各方积极性。协调能力具体表现在以下几个方面：一是运用政策、制度、规范等来协调；二是运用沟通信息的手段来协调，以消除误会，加强协作；三是善于正确处理宏观与微观、局部与全局的关系，把两者结合起来；四是处理好各方面的关系。

(四) 语言文字能力

语言文字能力又分为语言表达能力和文字表达能力。

语言表达是办公厅（室）工作人员业务素养的重要内容之一。很多工作都是通过说话来进行的。口头表达往往是即席而发，随问随答。所以要求头脑清晰，反应敏捷，态度从容，不卑不亢，语气声调要恰当得体。

文字表达能力是办公厅（室）工作人员的一项基本功。对办公厅（室）工作人员来说，既要能够熟练起草各种公文，又要善于根据领导者的不同要求，写出不同风

第七章　行政机关管理

格的讲话稿。还要提高写作速度和质量。因此,写作时要做到行文迅速,言简意赅,字斟句酌,格式正确。

三、加强制度建设

管理总是同规章制度联系在一起的。任何企业单位、事业单位,任何政府部门要实施有效管理都必须建立相应的规章制度。而行政机关管理,譬如办公厅(室)的管理,更要把制度管理作为其重要的内容和手段。在机关管理中,如下三类规章制度较为重要。第一类是工作制度,即各项工作的内容、程序和工作方法等,它涉及文书、信息、调研、信访、接待、会务、档案、安全、保密、督促检查乃至领导活动组织等,都要建立相应的制度,形成规范条例,以保证日常工作按章顺利进行。第二类是责任制度,即各部门各类人员的责任范围,要使每个单位、每个职工都有明确的职责和明确的工作目标,我们可称之为岗位责任制。它是机关行政管理制度中最重要的制度,是关系全局的制度。责任制要做好职能分解,明确岗位责任、考核程序的方法。每位工作人员年初都要以职位分类为基础,结合个人的岗位责任制定个人本年度工作任务以及岗位职责的具体要求,使人人有专责,事事有人管。第三类是自身建设制度,其中包括学习制度、民主生活制度、考核制度和奖惩制度。

管理制度化、规范化,就是按照一定的标准和程序,完成既定的任务。它不仅可以使工作人员明确可以干什么、不可以干什么、干到什么程度,也便于工作人员尽快熟悉业务,提高水平,减少浪费。科学合理的制度具有激励的效果,可以增强工作人员的自主权和主人翁的责任感,便于调动积极性和开创性;便于领导者对工作的指导和检查,也便于领导者从繁琐的具体工作中解脱出来,尽快了解部下的工作情况,掌握工作节奏,将更多的精力用于思考重大问题。总之,管理制度化,就能有章可循,有章可依,工作效率就可提高,自然是办公厅(室)工作的发展方向。

工作规范化主要靠科学的、健全的制度。要把建立和不断完善制度作为现阶段办公厅(室)工作,特别是办公厅(室)领导人工作的重心。但各类制度有一个是否科学、合理的问题。检验管理制度是否科学,就看它们是否有利于本单位工作正常而高速地运转。制度既要有稳定性、延续性,又要根据形势、环境的变化不断充实、修订。有了制度,必须坚决执行,要有相应的执行和检查,改变以往那种"制度规定一条又一条,就是大家不知道""一个领导一个样,制度常常靠边站"的情况。改变那种"把简单的事复杂化""把复杂事糊涂化"的做法。这是因为,以往的做法不仅达不到提高工作效率和质量的目的,反而增加工作负担,束缚工作人员的手脚,加重官僚主义习气,这也是大家不愿看到的局面。

四、运用现代技术方法

行政机关管理科学化是当代科学技术发展和社会进步的客观要求。科技发展了,社会进步了,行政管理的环境变化了,行政职能、组织、制度、方式、方法、手段也要随之而发展。行政机关管理科学化,就是行政机关管理这一主观活动符合客观事物实际的过程。只要行政机关管理能适应社会进步和科技发展的客观要求而不断发展,那么行政机关管理就能成功地发挥它促进社会进步的作用。当今世界已经进入信息时代。新的技术革命冲击着人类社会的一切领域,对办公手段也产生了重大影响。各级、各部门的办公厅(室)必须改革办公手段,采用先进的办公设备,运用现代技术方法,才能顺应时代的发展,才能更有效地、高质量地完成好本职工作。以下择几个具有代表性的现代技术方法做些介绍。

(一)系统方法

行政管理中的系统方法是从系统工程中移植过来的。是根据客观事物具有的系统特征,从事物的整体出发,着眼于整体与部分、整体与层次、整体与结构、整体与环境的相互联系与相互作用,将分析与综合结合起来,并运用数学语言,通过各种模型精确地、定量地描述事物的运动状态和规律,以求得优化的整体目标效应的综合方法。

系统的存在具有普遍性,因而系统方法的运用也具有普遍性。我国的社会主义现代化建设,更需要在行政管理中运用系统方法。同时,树立系统观念,看到管理对象的内外联系,克服片面性、绝对性,从全局整体出发,顾及各种条件、因素,处理好各方关系,最大限度地利用人力、物力、财力,切实把行政对象看成有机的整体来管理,就能使系统方法在我国的机关管理中发挥应有的作用。

系统方法在行政机关管理中的作用有以下三个方面。首先,系统方法是科学决策的重要工具。学习和掌握系统方法,有助于领导者掌握科学决策的理论和方法,提高自身的素养和水平,从而进行科学决策。其次,系统方法为解决某些复杂问题提供了新的思路。行政机关管理工作是一个相对独立的复杂系统,有其特定的结构、功能和客观规律。如果进行分析论证,把相关的因素定量化,通过数据来进行分析比较,就会使复杂问题简单化,进而提升工作效率。最后,系统方法是研究和协调复杂系统的有效工具。例如,明确机关行政事务工作的目标;建立合理的组织机构,将总目标进行分解,逐项落实到具体单位。只有运用系统方法,对机关行政事务工作进行科学的、定量的、精确的分析、设计和控制,才能达到最优化目标。

（二）办公自动化

现代世界已经进入信息时代，质量高，速度快，准确性好的信息系统，将为迅速的行政决策和果断的行政执行创造最有效的条件。行政机关管理手段的现代化，最主要的是要普遍采用电子计算机进行管理。由于电子计算机具有运算迅速、准确，储存信息量大，通过模型、软件来帮助提高办公效率等特点，因此适合广泛应用于行政机关管理。此外，无线电传真机、电传打字、自动显示装置等常用设备已成为现代化办公机构的必要工具，是开展日常办公业务不可缺少的重要手段。近年来，人工智能的发展为办公自动化展示了更加广阔的前景。行政管理手段的现代化，是现代化行政机关管理的物质基础，它可以大规模地取代日常繁杂的事务性工作。

办公自动化对于实现行政管理现代化具有重大意义，对于现代行政机关管理科学化尤为重要。首先，由于办公自动化使不少行政管理事务不再以手工操作处理，这就提高了处理事务的速度和质量，避免了办公人员在"文山会海"中消耗大量的工作时间，从而大大提高行政效率。其次，机关管理需要互通情报，利用计算机建立的公用数据库，就能做到共享情报资源，使机关人员协调行动，充分利用情报资源，大大提高情报资料的利用率。最后，计算机能够对大量情报数据进行加工，提出发展趋势，分析原因。这种及时准确的趋势分析，对迅速而果断的行政决策和行政执行是极为必要的。

行政机关管理现代化是要逐步完成的。首先，在建立办公自动化的基础上来建立局部信息网络；其次，要建立整体信息网络，即信息高速公路。建立信息高速公路就是指建立全国性的（最终是全球性）信息基础设施。它使一切机构与个人用户，通过电子通信网络来迅速地获得各种信息。信息高速公路的技术关键是极大容量的光纤线路，信息的数字压缩技术和联结使用单位信息高速公路的设施。它给人类提供远距离通信、阅读、教学、开会、谈判等的可能性。使人们的生活方式与工作方式发生巨大变化。有了信息高速公路，领导人可以自行检索，取得大量的数据和信息，精通电脑的办公人员也能使用计算机迅速加工研究信息。大量的会议可以不在线下展开，而改为线上网络会议，大量的文件将通过网络传输与处理，办公人员的会务、公文撰写、公文处理、档案立卷、信息加工方式都因此发生了巨大的变化。由此可见，在信息化急速发展的时代，把握信息发展的战略重点是至关重要的。

实现办公自动化要从如下方面作出努力。首先是合格人员的准备。要解决现有人员培训问题，使其思想上做到开放、开拓、开明，业务上能熟练掌握现代化设施。要吸收懂技能、有作为的较高层次的人才进办公厅（室）工作，逐步提高办公厅（室）人员的智能结构。这是实现办公自动化的前提。其次是工作规范化、标准化的准备。工作指标要尽可能量化，工作进展要尽可能规范，克服随意性、打乱仗的状况。这是办公自动化的制度条件。最后是技术设备的准备。就是用先进设施取代陈旧落后设施,这是办公自动化的物质基础。总之,实现办公自动化要有远见,有决心,还要讲科学,讲条件,从实际出发,根据自身条件,逐步实施,避免盲目上马,急于求成,造成浪费。

复习题

1. 试简述机关管理的特点与原则。
2. 机关管理涉及哪几个环节?
3. 如何实现机关管理现代化?

第八章

人事行政

人事行政是国家行政机构的一种内部管理,这一管理对于国家行政机构履行其职责具有重要的作用。公务员制度(或称文官制度)是现代政府人事行政体制的普遍形式,它的确立和发展极大地推动了人事行政的科学化与法治化。本章首先介绍人事行政的含义、地位和作用以及人事行政原则,其次梳理西方国家文官制度和中国古代人事行政制度的发展演变史,力图得出一些有价值和规律性的结论,最后阐述建设中国特色国家公务员制度的主要内容。本章通过对人事行政制度展开的全方位的扫描和分析,以期进一步帮助读者加深对人事行政的理解和把握。

第一节 人事行政概述

一、人事行政的含义

"人事"一词,自古就有之,它在不同的场合,有着不同的含义。一般来说,"人事"可作以下几种解释:(1)人的离合、境遇、存亡等情况;(2)关于工作人员的录用、培养、调配、奖惩等工作;(3)指人与人之间的关系;(4)事理人情;(5)人力能做到的事;(6)人的意识的对象;(7)〈方言〉礼物。① 行政管理学所研究的人事,只是所有的人事中的一部分特定范围内的人事而已,这种特定范围的"人事"是指在特定的社会条件下,发生在人与人、人与事、人与组织之间的相互关系的总称。

人事行政有广义和狭义之分。广义的人事行政是指国家人事行政机关依法对国家机关、企事业单位的人事工作进行的综合性管理活动,包括对各类行政人员、专业技术人员以及机构编制工作进行管理;狭义的人事行政是指各级政府的人事部门通过一系列的法规、制度和措施对政府公务员实施的管理活动,包括对公务员

---

① 中国社会科学院语言研究所词典编辑室编:《现代汉语词典》(第 7 版),商务印书馆 2016 年版,第 1099 页。

的录用、考核、培训、交流、回避、工资、福利、保险等进行管理。在本书中,人事行政主要采用狭义上的概念。

二、人事行政的地位和作用

(一) 人事行政的地位

人事行政是政府的一种内部管理,这种管理对于政府履行其行政职能具有重要的作用。原因很简单,因为任何事情都是由人来做的。政府的一切行政管理活动,包括行政决策、行政执行、行政沟通、行政协调、行政监督、行政领导、财务行政等工作,都要通过人的活动来实现。因此,能否科学地选人、用人,是政府行政管理成功与否的关键。当今世界,随着科学技术的迅猛发展,政府行政管理职能也日趋复杂化,行政管理范围越来越广,职能越来越多,分工越来越细。在这种情况下,为了确保整个政府行政系统的有效运作,就必须有一支精干、高效、廉洁、优化的公务员队伍来制定和实施各项法规和政策。人事行政因而也就围绕着"因事择人、因人任用、事得其人、人尽其才"这一中心展开,这样不仅可以使行政管理中的人、财、物、信息等行政资源得到最佳组合和充分利用,而且还能通过公务员的管理活动,提高行政管理的效率。

(二) 人事行政的作用

首先,人事行政是推动经济和社会发展的重要因素。人类社会生产力水平的不断提高是推动世界经济和社会向前发展的根本动力,而人是生产力中最基本、最活跃、最关键的因素。任何一种社会生产活动,如果不通过一定的组织形式把人们组织起来,就不可能使人们采取有效的共同行动,也就不可能实现预期的目的。古今中外的历史实践已经证明,科学的、合理的人事行政能够有效地调动公务员的积极性和创造性,加速一国经济和社会发展的步伐。

其次,人事行政是开发利用人力资源、加强人才队伍建设的重要保证。人事行政通过对公务员的录用、考核、任用、工资保险福利等制度的具体实施,可以确保一大批优秀的人才进入公务员队伍,优化公务员队伍结构,提高政府机关行政工作效率;人事行政通过对公务员职务与职级的升降、任免、奖励与惩罚以及交流制度的实施,不断地调整政府机关中人与事的结合关系,尽可能地使大多数人与他们所做的事、所在的岗位处于最佳匹配的状态;人事行政通过对公务员的培训制度的实施,有计划、有步骤地对公务员的知识结构进行更新和补充,以适应日趋激烈的科技发展态势,进一步加强公务员队伍的建设。与此同时,人事行政还通过国家宏观调控的方式,按照公开、平等、竞争、择优的原则对人力资源进行充分开发利用,以实现社会人力资源的优化配置。

再次,人事行政是推动经济市场化的重要途径。经济市场化已成为当今世界各国的经济体制改革的主目标,而经济体制的改革必然要求政府行政体制和人事行政体制进行相应改革,以求与经济体制改革相适应。经济体制改革必将促使政府转变管理职能,更新管理方式,在简政放权的基础上综合运用经济、法律和必要的行政手段对社会和企业的经济行为实行宏观调控,政府也由此对自身的组织结构和人事行政体制进行调整和重构。而政府行政体制的改革与人事行政体制的科学化和法治化,又可确保经济市场化目标的早日实现。

最后,人事行政的科学化与法治化为政治民主化的实现开辟了有效的途径。这主要体现在以下三个方面:一是公民有权通过法定程序,经过公开、平等、竞争、择优的录用考试,进入政府公务员队伍,参与国家的政治生活;二是公民有权对政府机关及其公务员的工作提出批评和建议,并对他们的违法失职行为进行申诉控告或检举揭发;三是公民有权对人事行政所实施的录用、考核、奖惩、职务职级的升降与任免、回避等制度进行监督。所有这些既是建立科学化与法治化的人事行政的内在要求,也是建设社会主义民主政治的内在要求。

三、人事行政的基本原则

(一)公平竞争原则

公平竞争原则是人事行政的基本原则之一,也是人事行政的根本原则之一,它贯穿于人事行政的各个重要环节之中,其根本目的就在于促进优秀人才脱颖而出,做到人尽其才,事得其人,各得其所,最大限度地调动公务员的积极性和创造性。首先,公平竞争原则表现为公开,也就是要公开所有的人事行政的法律法规和政策,按规定需要保密的除外;要公开人事行政的录用、考核、职务职级的升降、奖惩、工资保险福利等制度的原则、标准、程序、结果等内容,将人事行政自觉地置于广泛的社会监督之下。其次,公平竞争原则表现为平等,这主要是指在法律上确认每个公民都具有平等竞争的权利和机会,不因家庭出身、民族、宗教信仰、性别等因素的不同而受到歧视或享有特权。再次,公平竞争原则表现为竞争,竞争的前提是公开,它同平等密不可分,要改变那种封闭、半封闭的神秘化方式,将竞争的目标、资格条件、原则、程序、结果等内容向全社会公布,让所有符合条件的公民在竞争规则面前平等地参与。最后,公平竞争原则表现为择优,也就是通过公开平等的竞争考试,把德才兼备的高素质的人才选拔出来,使其参与国家的政治生活,从而优化政府公务员队伍的整体结构,使人事行政工作更好地为国家的经济和社会发展服务。

（二）功绩制原则

功绩是指工作实绩和贡献，功绩制原则强调对公务员的管理要注重实绩，按照功绩实施晋升。它要求根据客观的标准来确定每个人的工作才能以及其他素质，决定是否录用、升降、奖惩等，并以此来作为激励公务员勤奋而又创造性地工作的重要手段。以功绩作为考核、评价的标准，有利于对公务员作客观的、实事求是的评价，有利于激励政府公务员努力工作，提高工作效率，有利于强化公务员的竞争机制，克服平均主义、论资排辈的弊端，有利于防止人员使用中的不正之风，最大限度地调动公务员的积极性。

（三）依法管理原则

依法管理原则是人事行政中的一个重要原则，也是人事行政法治化、科学化的一个重要标志。它要求把人事行政的目的、要求、内容、步骤和方法等，通过立法程序规范起来，用法律手段确保人事行政管理的有效实施。依法管理原则具体体现在两个方面。一是对公务员的管理必须有法律依据，做到依法管理。从公务员的录用、考核、晋升、培训、工资保险福利直至退休，都有严格的法律规定，并按照法定的程序和规定办理。二是公务员必须依照法律规定行使权力、履行职责，做到依法行政。公务员的行政行为如果超出法律的范围或违反法律的规定，就构成违法渎职行为而要受到制裁；同时，每个公务员在执行公务活动中都享有一定的法定地位，享受一定的权利和待遇，并受到法律的保护。

第二节 人事行政制度的历史沿革

一、中国古代人事行政制度的历史演变

中国是一个文明古国，在历史上官吏制度十分发达，不但产生时间较早，而且内容体系也相当完备。尤其是自隋朝开始、在唐朝得到长足发展的科举制对近代西方国家文官制度的产生起过一定的推动作用。中国的古代人事行政制度经历了发生、发展和成熟三个阶段。

（一）发生阶段：从传说中的尧舜至春秋战国

大约在公元前 21 世纪以前，中国处于原始公社时期。由于没有国家机构，部落酋长和其他管理人员由氏族部落全体人员或部落联盟会议民主选举产生，那些

在部落中享有较高威望、具有一定才能的贤德之士往往被选中,这就是原始的贤能制时代。后来这种贤能制又进一步发展成为以贤能为标准、通过让贤的方式来产生首领继承人的禅让制,传说中的尧传舜、舜传禹的禅让方式就是例证。《礼记》描述的"大道之行,天下为公,选贤与能,讲信修睦"之贤能制标准,就是这一理想状况的反映。

中国古代人事行政制度与官制密不可分。官制是政治的纲领,需要有人行之,而行之之人,就是所谓官。官制设定的依据是依事而定、分事(地)而治。典型的官制是西周时期的"三公制度"——司马、司徒、司空,司马管军事,司徒管土地、民众,司空管工程事务。① 由此衍生了中国古代历朝历代最高权力的日常运作权之三大核心构成:军事权、用人权、治事权。② 其后,虽中国古代的官制历经变迁,如唐代的三省六部制(中书省、门下省、尚书省;吏部、户部、礼部、兵部、刑部、工部),但这一基本的格局一直沿袭了下来。

大约公元前21世纪,中国历史上第一个奴隶制国家夏朝诞生,中国开始进入阶级社会。在奴隶制社会,中国的人事行政基本上是实行以宗法血亲关系为特征的世袭制,即世卿世禄制,而王位继承则实行父子继承制,以嫡长子继承为主,弟继承为辅。从夏商至春秋战国的各个朝代都设有中央行政机构,而在这些行政机构中最为重要的机构是管理官吏的部门,它掌管全国的官吏,综揽朝中的政事,这一做法一直延续到清朝。

(二)发展阶段:从秦朝至南北朝

公元前221年,秦统一了中国,建立了中国历史上第一个中央集权制的君主专制国家。秦朝在加强中央集权的同时,对以前的人事行政制度做了大范围的修改和调整,主要表现在:实行以郡县制为基础的君主集权制,废除奴隶制的封国制和官吏世袭制;破除宗法血缘的封亲制,采用立功进仕、招聘等多样方式,招揽人才,选拔官吏;建立官吏的考核制度;废除食封制和世禄制,实行俸禄制;设立官学和私学,培养人才;中央设立由皇帝直接任免的"三公九卿",协助皇帝处理政治、军事、经济等事务。

从两汉到南北朝,中国封建社会的人事行政制度又有了新的发展,这主要体现在人才的录用方式朝多样化方向发展。汉朝的选官制度最主要的有以下几种。(1)察举,又称荐举或乡举里选,指由皇帝每年下诏征求人才,诏书规定所需人才的种类、数量和要求。这是一种大规模、经常性、制度化的自下而上的推荐人才的方式。(2)征辟,指由中央高级官吏和地方官直接征聘人才,作为自己官府的属吏或

---

① 吕思勉:《吕著中国通史》,华东师范大学出版社1992年版,第91—94页。
② 唐亚林:《当代中国政治发展的逻辑》,上海人民出版社2019年版,第175页。

向皇帝推荐。征辟的对象往往是一些特殊人才,比如治水、军事之才。征辟作为一种非制度化的辅助方式,有助于不拘一格降人才。(3)九品中正制,始于魏朝,延续至南北朝。具体做法是:在各州郡设置大、小中正官负责选拔官吏,"由小中正品第人才,以上大中正;大中正核实,以上司徒;司徒再核,然后付尚书"选用。中正官必须由本地人充任,负责将本地人评为上上、上中、上下、中上、中中、中下、下上、下中、下下九个品级,以此作为选拔官吏的依据。但由于魏晋南北朝时期盛行门阀士族政治,中正之权尽被士族独占,对人才的选拔标准不再是德才,而是门第的高低,以致出现了"上品无寒门,下品无世族"的奇特现象。

(三)成熟阶段:从隋唐至清末

九品中正制的弊端,到南北朝时期已暴露无遗。因此,隋朝建立以后,隋文帝决定废除九品中正制,设秀才科,隋炀帝在大业二年(公元606年)又设进士科,通过考试选拔官吏,科举制度正式建立。

科举制即分科举士之意,它通过分门别类的考试来确定官吏的选拔和任用,考试成绩是主要的标准。科举制在唐朝得到长足的发展,分为常科和制科两类。常科即每年由礼部定期举行的科举考试,科目有"秀才""明经""俊士""进士""明法"等十几种;制科则是由皇帝不定期下诏举行的考试。明清时期科举考试大体分为四级,即童试、乡试、会试、殿试。童试为初级考试,通过者取得生员资格,参加乡试。乡试为省一级考试,三年一次,通过者为举人。举人参加会试,这是中央一级考试,由礼部主持,三年一次,通过者为贡士,取得参加殿试的资格。殿试为最高一级考试,由皇帝亲自主持,录取的名次为三甲:一甲取三人,分别称为状元、榜眼、探花,赐进士及第;二甲取三分之一左右,赐进士出身;余者为三甲,赐同进士出身,并按照不同的情况分别授官。科举制为中国各个朝代的君主专制政权收罗了大量的人才,发挥了很大的积极作用,但到了明清时代,科举制步入了八股文的歧途,日趋僵化,产生了严重的消极影响。

中国古代的人事行政制度在其成熟阶段,分别在人才选拔与培养制度、考核奖惩制度以及人事行政管理机构的设置与完善等方面取得了很大的成绩。如在人才的选拔与培养上,坚持走公开考试、择优录用的科举考试之路,并通过举办官学和私学来培养人才。官学包括中央的国子监和省、府、州、县的官办学校,私学包括私塾和私人学院等。在官吏的考核奖惩上,各个朝代都制定了比较详细的考核标准和评定分等方法,并根据考核的具体结果实行进等加禄以及退等夺禄的奖惩措施。在人事行政管理机构的设置上,自唐朝以后,各个朝代都正式设立了主管人事行政的机构,例如:吏部负责掌管全国文职官吏的任免、考核、升降、奖惩以及制定中央和地方各级政府机构文职官吏的编制等;礼部负责管理科举考试以及官学(中央官学"国子监"另设管理机构)和学官(又称教官,即主管学务的官员和官学的教师);

御史台(明朝以后改为都察院)负责掌管对各级官吏的监察重任。

二、西方文官制度的发展历程

(一) 西方文官制度的产生

公务员在西方国家称为文官,英文名称为 civil servant(单称)或 civil service(群体总称),在美国另称为 government employee(政府雇员)。西方国家的政府工作人员由两大类组成:一类是政务官,即经选举或由任命而产生的官员,其任期有限,通常随政府的进退而进退;另一类是事务官,即文官,由考试产生的一批职业官员,其去留不受政府更迭的影响,一经择优录用,只要无重大过失,就可长期任职,又称常任文官。这种政府工作人员的分类制度被称为两官分途或两官分殊制度。其中,有关文官的考试、录用、考核、奖惩、工资、培训、晋升、调动、解职、退休等方面的各项管理制度,统称为文官制度。

(二) 西方公务员的范围划分

1. 小范围

公务员指中央政府系统中非选举产生和非政治任命的事务官,不包括由选举产生或政治任命产生的内阁成员以及各部政府次官、政治秘书等政务官。小范围公务员的划分以英国及英联邦成员国家为代表。英国的公务员不包括议员、首相、部长、国务大臣、政府次官、政治秘书和专门委员会成员等政务官,也不包括政府经营的企事业单位的工作人员,更不包括法官和军人。

2. 中范围

政府行政机关中所有工作人员统称为公务员,包括政务官与事务官,但只有事务官才适用公务员法。中范围公务员的划分以美国、德国、加拿大、韩国、泰国为典型。议员、法官、国会雇员不属于公务员。

3. 大范围

从中央到地方政府机关的公职人员、国会除议员以外的工作人员、审判官、检察官、国有企业和事业单位的工作人员,统称为公务员。大范围公务员的划分以法国和日本为典型。法国的公务员分为两类:一类是适用公务员法的公务员,既包括在中央政府以及所属的驻外机构或公立公益机构的各级部门中正式担任专职的人员,也包括地方政府行政机构的工作人员;另一类是不适用公务员法的公务员,主要指议会工作人员和司法部门的法官,军事人员,以及工商业性质的国家管理、公共事业和公立公益机关的人员。日本的公务员分为国家公务员和地方公务员,又进一步分为"一般职"和"特别职"两类。一般职包括上至事务次官(常务部长),下至各厅的清洁工在内的各级各类文职人员。特别职指通过选举或政治任命产生的政府官员，主要包括内阁总理大臣、国务大臣、人事官和检察官、内阁法制局长官、政务次官、驻外大使、审判官和法院的其他官员、国会职员、防卫厅职员、公共事业单位的职员等，这些人不适用公务员法。

（三）西方国家文官制度的两种主要模式

西方国家文官制度是资本主义发展到工业化大生产阶段的产物，它的确立和发展以两种不同的类型经历了两个不同的过程：一类是英美模式，这一类型是在同恩赐官爵制和政党分赃制斗争的过程中确立的；另一类是德、法、日本模式，它主要是在原有的帝国官僚制和封建制的基础上逐步演变而来的。

1. 英美模式

17世纪以前，在君主专制制度下，英国国王集立法和行政大权于一身，所有的官员都是国王的臣仆，一切听命于国王，官吏的任用和升迁，取决于门第出身和对国王的忠诚，而不取决于个人的表现和才学，这种人事行政制度实质上就是"恩赐官爵制"。自1688年以后，英国确立了资产阶级的君主立宪制度，议会成为国家的最高权力机关，资产阶级的地位迅速上升。从17世纪末到18世纪初，议会通过了一系列法令，扩大议会权力，削弱王权。19世纪初，在议会制度得到进一步发展完善的同时，资本主义的两党制度正式形成，在议会中占多数席位的党派掌握了对重要官员的任免权。随着两党轮流执政体制的形成，执政党的更迭和内阁的变迁，经常引起政府行政人员的大规模换班。新上台的执政党，把官职作为战利品，合法地、公开地实行"肥缺分赃制"（spoils system，即将行政职位分配给所属政党骨干或者支持者的做法，也称为政党分赃制），这种状况严重地损害了后起的工业资产阶级的利益，要求变革这种有碍于资本主义迅速发展的人事行政制度的呼声与日俱增。

1854年，英国政府为研究文官状况而专门成立的诺斯科特-屈维廉委员会提出了《关于建立英国常任文官制度的报告》，该报告提出用公开竞争考试、择优录用的方式来结束长期以来一直实行的"恩赐官爵"现象，以此建立一支稳定的、不受政府更迭影响的职业文官队伍。该报告还主张对文官严加考核，根据文官的工作成绩和勤奋程度确定其升降和待遇，同时把政府官员分为高级和低级两大类，并通过统一各部门录用文官的标准，建立统一的文官制度。1855年5月，英国政府颁布了第一个有关文官制度的命令，即《关于录用王国政府文官的枢密院命令》，决定成立三人委员会，负责文官的考试录用等事宜。1870年6月，英国政府又颁布了第二号枢密院令，对文官的考试、录用、等级结构等重要原则做了进一步的确定和完善。至此，世界上第一个现代文官制度在英国正式确立。

美国的文官制度是在反对政党分赃、借鉴英国文官制度的基础上，并经过多次调整、改革而逐步建立和完善起来的。1853年,美国国会提出公务员的录用必须经过考试;1870年,内政部规定以公开竞争考试来选拔政府工作人员;1871年,国会授权总统颁布命令,规定公职人员录用的知识、能力、年龄、品德等条件和有关公务员的规则;1883年1月,美国国会通过了由议员乔治·彭德尔顿(George Pendleton)提出的《公务员制度法案》(即《彭德尔顿法》),该法确立的原则主要包括:用功绩制取代分赃制;公务员实行公开竞争考试,择优录用;公务员为职业官员,不犯错误,不得被解雇;公务员不得参与政治活动,在政党政治中必须保持中立;依法成立公务员委员会,负责联邦公务员的统一管理。《彭德尔顿法》的出台,标志着美国现代公务员制度的诞生。美国逐步建立起比较完善的体现功绩制特征的公务员制度体系:1920年,《公务员退休法》制定,并于1922年、1926年、1930年、1956年得到多次补充修改;①1923年,美国通过《职位分类法》;1958年,美国国会通过《公务员培训法》;1962年,《联邦工资改革法》制定;1970年,《联邦公务员收入比较法》通过。②

2. 德、法、日模式

与英美不同,德国、法国和日本在历史上就存在强大的中央集权官僚体制。法国在拿破仑时期就建立了庞大的官吏队伍,日本在明治维新以后建立了以天皇为权力中心的中央集权的官僚政治体制,德国也在铁血宰相俾斯麦执政时期建立了强大的中央集权政府体制。这些国家在第二次世界大战后,相继确立了文官制度。1946年,法国颁布了统一的公务员法,开始将文官的管理纳入法治化轨道。1947年,日本通过了《国家公务员法》,其主要内容包括文官实行公开考试、择优录用,实行功绩制等。德国则在第二次世界大战后,由联邦德国于1949年制定通过了《德意志联邦共和国基本法》,对帝国的官吏制度进行了一系列改革,确立了考试用人、机会均等、文官常任等原则,1950年又颁布了《德意志联邦共和国公务员法》,并相应制定了公务员的有关条例,从而形成了一套比较完整的现代公务员制度。

(四)西方文官制度的发展

第二次世界大战后,西方国家经济在工业生产、世界贸易等方面获得了稳定的发展,科学技术日益成为经济发展的主要动力。进入20世纪60年代以后,新的科学技术革命在西方国家兴起,西方国家开始进入信息社会(也称为"后工业社会")。

科技革命给西方国家带来了两方面的后果:一是经济发展越来越依靠新技术手段;二是科技成果被推广到政府的日常管理过程中,办公自动化、日常事务处理

---

① 吴志华:《美国公务员制度的改革与转型》,上海交通大学出版社2006年版,第13—15页。
② 唐晓阳:《美国公务员制度改革的新动向》,《国外社会科学》1995年第8期。

计算机化的趋势越来越明显。这种现象反映到政府职能上，就呈现出政府职能进一步朝职业分化和部门专业化方向发展的趋势。政府管理过程越来越强调技术和效率，以及日益重视人在管理过程中的积极性和主动性。在这种情况下，传统的公务员管理制度在许多方面显得落伍，特别是在那些强调使用"通才型"公务员的国家，许多公务员不能适应科技革命所带来的挑战。有鉴于此，西方国家纷纷走上了对公务员制度进行改革的道路，文官制度迎来了新的发展时期。

1968年，英国以萨塞克斯大学（University of Sussex）名誉副校长富尔敦勋爵约翰·富尔敦（John Fulton）为首的12人委员会提出了包括158项具体建议的改革报告。这份报告的主要内容为：精简文官层次，打破行政官员系统的封闭性，建立开放的、统一的分类制度；成立文官事务部，代替财政部行使文官管理权限；改革对文官的考核办法；重视专家和专业技术人员的作用；成立文官学院，专门从事对文官的培训和继续教育工作。这份报告中的一些建议在随后的文官管理实践中相继付诸实施，大大推动了文官制度的发展。

2005年，英国为提升其在全球化时代市场竞争的能力，提高政府组织生产力，以及提高政府雇员的技能水平，英国政府开始了基于PSG胜任力框架（professional skills for government competency framework）的公务员能力建设战略，并在2008年以PSG胜任力框架为基础，制定了能力建设的推进战略，采取了一系列关于公务员能力建设的举措。其中，PSG胜任力框架一共由四部分组成：领导力（leadership），即根据公务员所处的层级的不同，相应地提出不同的领导力要求；核心技能（core skills），包括人员管理能力、财务管理能力、调查研究能力、项目管理能力、沟通与策划能力和战略思维能力六个方面；专业技能（professional expertise），指胜任特定的工作职位所需的技能，英国共登记了23个公共部门专业，并有18个专业制定了专业胜任力框架；广泛的经验（broader experience），强调成为高级公务员，需要有广泛而深入的实践经验。①

第二次世界大战结束后，美国国会先后通过了一系列有关公务员制度的法律，其中职位分类法是最为重要的法律。职位分类注重职位的性质和对职位的工作要求，强调职位与责任、职位与能力的有机统一，实行职位分类有助于科学地选拔人才，有利于提高政府工作效率。

1978年10月，卡特政府提出并由国会通过了《公务员制度改革法》，对联邦公务员制度进行重大改革。这次改革的核心是推进按工作表现付酬的成绩制，以提高政府的工作效率，其主要内容包括：确立九项成绩制原则；改革人事管理机构；推行成绩工资；改革考核制度等。

---

① 唐亚林、鲁迎春：《基于PSG胜任力框架的英国公务员能力建设战略与实践及其对中国的启示》，《中国行政管理》2011年第11期。

1993年1月,刚刚执政的克林顿政府掀起了重塑政府的浪潮,而在公务员制度改革方面,则开展了以雇佣、薪酬、职位分类、绩效评估四项基本人事改革为核心的重塑人力资源管理运动。① 其中,为增加职位分类制度的弹性,克林顿政府借鉴品位分类规则,通过改革来形成一种使命导向、弹性与规则之间平衡、简化并易于管理的新分类制度,主要包括以下三个方面的内容。第一,简化标准的分类制度。联邦政府人事管理办公室把450多个职系减少一半或一半以上,并且减少工作门类、简化分类标准、简约分类程序,以便为行政机构和一线管理者提供更大的弹性或灵活性。第二,授予具体行政机构分类决定权。首先免除联邦政府人事管理办公室职位分类评估及审批权,将权限下放给各行政机构。人事管理办公室向行政机构推荐改进的分类制度技术工具,制定指导性的职位分类框架,以及培训一线实施者。第三,废除以前的15等分类标准。在保留一般职序列15个职等结构的同时,废除所有职等的分类标准,这样就使职位分类更具适应变化的灵活性。在美国的州政府中,南卡罗来纳州、纽约州大大简化了职位分类制,佐治亚州甚至取消了职位分类制度。②

以英美为代表的西方国家对文官制度的改革和发展,使文官制度进一步得到充实和完善。目前,文官制度的发展呈现一些新的发展趋势:越来越重视公务员的专业化;越来越重视公务员的权利保障;实行开放式的管理,强化公务员的流动性;强化人事行政管理机构;等等。

应该指出的是,文官制度的产生时期,正是大机器工业全面战胜和取代手工业的时期。工业革命催生了一大批掌握现代管理知识和技术的专业管理人员的出现,政府职能的进一步扩大迫切需要改革政府旧有的人事管理制度,为新兴的资产阶级提供参与政治的舞台,从而为政府管理人员的专业化提供了直接的依据。此外,现代资本主义国家在第二次世界大战后纷纷进入以建立完善配套的社会保障制度为核心的生产关系调整时期,重视公务员队伍的职业化、薪酬福利待遇的稳定化、公务员绩效评估的科学化、公务员管理制度的规范化等,成为文官制度改革的新取向。

正是社会化大生产导致了社会管理的复杂化,才导致旧的官吏制度被文官制度所取代,因此,文官制度是人类社会化大生产的必然产物。从这一点上来讲,文官制度必然反映人类社会管理的共同规律,作为一种现代社会的管理方式,它是人类社会的共同财富,我们应该大胆地借鉴和吸收。但是文官制度又是资产阶级国家政治制度的一个重要组成部分,是资产阶级政治统治的工具,其阶级性十分明显,因此我们在借鉴和吸收的同时必须对其加以批判。

---

① 吴志华:《美国公务员制度的改革与转型》,上海交通大学出版社2006年版,第63页。
② 蒋硕亮:《美国公务员制度改革中的弹性政策及其启示》,《中国行政管理》2009年第9期。

对文官制度的借鉴和吸收主要立足于它的科学化与法治化管理等精神原则，并结合中国的实际来加以考察。概括地讲，主要有以下几点：公开竞争、择优录用的原则；职位分类、科学管理的原则；严格考核、奖惩分明的原则；注重立法、依法管理的原则；建立完善的人事行政管理机构体系的原则。

三、中国公务员制度的发展历程

（一）新中国干部人事制度的建立和发展

新中国的干部人事制度，是在民主革命时期解放区和人民军队干部人事制度的基础上逐步建立和发展起来的，其继承和发展了古代科举制、监察制等制度的优秀历史传统，特别是党的干部制度的优良传统，同时也借鉴了苏联的一些人事管理经验。这一制度的根本特征是对各类人员进行集中统一的管理，建设一支精干的干部队伍，充分发挥这支队伍的群体优势，从组织上确保党和国家在各个历史时期的政治、经济和文化任务的完成，确保党的政治路线的贯彻实施。

新中国成立初期及后来一段时期内，这种集中统一的人事管理制度适应了当时的历史条件和历史环境，对巩固新生的国家政权、恢复国民经济、开展大规模经济建设起了积极的促进作用。但是，随着形势和任务的不断变化，经济、科技、教育、文化和卫生体制的改革以及各项事业的发展，这种管理体制和管理制度越来越暴露出明显的弊端，不能适应经济建设和社会发展的需要，尤其是不能适应建立社会主义市场经济体制的需要。这种干部人事管理制度的弊端和不足主要有："国家干部"的概念过于笼统，缺乏科学分类；管理权限过于集中，管人与管事脱节；管理方式陈旧单一，阻碍人才成长；管理制度不健全，用人缺乏法治，致使一些年轻优秀人才难以脱颖而出，用人问题上的不正之风难以避免。因此，改革和完善干部人事制度势在必行。

党的十一届三中全会以后，党和国家的工作重点转移到经济建设上来，确立了以经济建设为中心，坚持四项基本原则，坚持改革开放的政治路线。正是在这种历史背景下，邓小平在1980年提出要"坚决解放思想，克服重重障碍，打破老框框，勇于改革不合时宜的组织制度、人事制度"[1]，并强调指出，干部人事制度改革"关键是要健全干部的选举、招考、任免、考核、弹劾、轮换制度，对各级各类领导干部（包括选举产生、委托和聘用的）职务的任期，以及干部的离休、退休，要按照不同情况，作出适当的、明确的规定"[2]。

在这个思想的指导下，我国干部人事制度进行了大量的改革探索，取得了很大

---

[1]《邓小平文选》第2卷，人民出版社1994年版，第326页。
[2] 同上书，第331页。

的成绩,主要表现在:确立了干部的"四化"方针;建立了正常的离退休制度,废除了实际存在的干部职务终身制,实现了新老干部的正常交替;改革了干部管理体制,由下管两级改为下管一级,同时向企事业单位下放了更多的用人自主权;改革了具体的管理制度,改变了单一的干部用人制度,实行选任、考任、聘任与委任兼行的多种形式;按照机关、企业、事业单位的不同特点和工作人员成长的不同规律,开始实行分类管理;在干部人事管理中引入了竞争机制,如推行考试录用、辞职、辞退等制度。同时,干部人事管理观念和方式也发生了很大的变化,公开、平等、竞争等新观念逐步深入人心,人事管理的封闭状态有了很大的改变,开始向法治化、科学化方向发展。

20世纪80年代初中期进行的人事管理体制改革为我国公务员制度的确立奠定了思想理论和实践基础,同时也为公务员制度的推行提供了物质基础。从这个意义上说,国家公务员制度是我国干部人事制度改革的必然产物。

(二)中国国家公务员制度的确立

1993年8月14日,《国家公务员暂行条例》颁布,并自1993年10月1日起生效。这是我国人事行政管理制度改革中的一个重要里程碑,它标志着我国政府机关的人事行政管理,开始进入科学化、法治化的新阶段,它也标志着中国国家公务员制度的最终确立。中国国家公务员制度的确立过程,既是对建设中国特色社会主义人事行政管理制度的认识不断深化、指导思想不断明确的过程,又是对中国人事行政管理制度改革实践不断探索的过程,它大致经历了四个阶段。

第一阶段,从1984年到1986年,着手起草《国家行政机关工作人员条例》。1984年下半年,中共中央组织部(简称"中组部")和国务院原劳动人事部组织了专家学者和实际工作者着手起草《国家工作人员法》,1985年更名为《国家行政机关工作人员条例》。条例经过反复修改和补充,形成了《国家行政机关工作人员条例》第十稿,这就是《国家公务员暂行条例》的前身。第二阶段,从1986年下半年到1988年4月,这是《国家公务员暂行条例》基本形成的阶段。党的十二届六中全会以后,中央专门成立了政治体制改革研讨小组,下设干部人事制度改革专题组,专题组将《国家行政机关工作人员条例》更名为《国家公务员暂行条例》,得到了中央的原则同意。在1988年3月召开的七届全国人大一次会议上,"抓紧建立和逐步实施国家公务员制度""尽快制定《国家公务员条例》,研究制定《国家公务员法》"被进一步提出。从此,国家公务员制度和公务员条例的起草工作,得到了党和国家最高权力机关的批准。第三阶段,从1988年5月到1991年,这是《国家公务员条例》从理论探讨、法规起草进入具体实践探索验证的阶段。为了验证《国家公务员条例》,探索推行公务员制度的经验,从1989年年初开始,国务院在六个部门即审计署、海关总署、国家统计局、国家环保局、国家税务局、国家建材局开展了公务员制度的试点工作。后来又在一些地方进行了试点,取得了不少成功的经验,同时对条例又进行了重要的修改。第四个阶段,从1992年到1993年8月,这是《国家公务员条列》最后审定颁布的阶段。1993年8月14日,《国家公务员暂行条例》正式颁布,并于1993年10月1日起生效。这一条例的颁布标志着中国公务员制度的正式建立。

(三) 中国公务员制度的改革与发展

1993年10月1日,《国家公务员暂行条例》(以下简称"《暂行条例》")正式实施。之后,中共中央以及中共中央办公厅先后发文规定党的机关、人大机关、政协机关以及民主党派、群团机关的工作人员参照《暂行条例》进行管理。《暂行条例》施行以来,对优化干部队伍、促进廉政勤政、增强干部活力、提高工作效能,发挥了重要的作用。

2000年8月,中央组织部、国家人事部在深入调查研究、总结《暂行条例》实施经验的基础上,着手研究起草公务员法。2001年12月,中组部和人事部向中央报送了《关于制定公务员法有关问题的请示》,就制定公务员法的必要性、立法的指导思想、坚持党管干部的原则、将党的机关工作人员纳入公务员的范围等问题提出建议。2001年12月27日,中央政治局常委会讨论并原则同意了这个请示。2002年年初至2004年年初,中组部、人事部在征求中央和国家机关各部门以及各省、自治区、直辖市党委组织部和政府人事厅(局)及有关专家学者意见的基础上,经反复研究论证,形成了《中华人民共和国公务员法(草案送审稿)》,由人事部于2004年3月报送国务院审批。国务院法制办随后广泛征求各方面的意见,在此基础上,历经4年13稿的反复研究论证,形成了《中华人民共和国公务员法(草案)》(以下简称"草案")。草案在《暂行条例》18章88条的基础上拟就了20章103条内容。2004年12月14日,草案经国务院第71次常务会议讨论通过后,由国务院总理温家宝提请全国人民代表大会常务委员会审议。2004年12月25日,草案在第十届全国人大常务委员会第十三次会议上首次提交审议。2005年4月21日,全国人大法律委员会在综合各方对草案的意见后,形成了《全国人大法律委员会关于〈中华人民共和国公务员法(草案)〉审议结果的报告》,并向第十届全国人大常务委员会第十五次会议提交最后审议。在该次会议上,全国人大常务委员会审议通过了《中华人民共和国公务员法》,自2006年1月1日起生效实施。国家主席胡锦涛于2005年4月27日签发了中华人民共和国主席令(第三十五号),正式颁布《中华人民共和国公务员法》。《中华人民共和国公务员法》共18章、107条,总括了公务员管理的基本制度和各个主要环节,提供了比较成熟的制度设计和法律规范。它标志着新中国成立后我国干部人事管理方面第一部总章程性质的法律的正式出台,在我国五十多年干部人事工作历史上具有里程碑的意义,对于贯彻依法治国方略和推进社会主义民主政治建设具有十分重要的意义。

在后来的发展中,2017年6月,《中华人民共和国公务员法》的修订工作得以启动。《中华人民共和国公务员法》在2018年12月29日由中华人民共和国第十三届全国人民代表大会常务委员会第七次会议修订通过,并自2019年6月1日起施行。修订的目的在于明确新时代党的组织路线,贯彻落实关于建设高素质专业化干部队伍的战略部署,建立素质培养、知事识人、选拔任用、从严管理、正向激励五大体系,重点在于调整完善公务员职务、职级以及分类管理有关规定,调整充实从严管理干部有关规定,以及充实健全激励保障机制有关规定等,从而为公务员制度建设和队伍建设提供了根本遵循,也为推进政府治理现代化提供了有力的法律保障。2018年,党和国家机构改革的一个重要的制度上的改革是中共中央组织部取代人力资源和社会保障部的国家公务员局,全面接管对公务员的管理。

第三节 中国公务员制度的主要内容[①]

一、公务员及公务员制度的内涵

公务员通常指由非选任产生的,以行使行政权力为依托,代表国家专门从事社会公共事务管理,提供公共服务的人员。1993年10月1日至2005年12月31日实施的《国家公务员暂行条例》对公务员的概念做了如下规定:我国国家公务员是指各级国家行政机关中除工勤人员以外的工作人员。2006年1月1日起正式实施的《中华人民共和国公务员法》,对公务员的内涵又进行了相应的调整,即公务员是指依法履行公职、纳入国家行政编制、由国家财政负担工资福利的工作人员。公务员的范围得到了扩大,今天的公务员由以下八大类机关中除工勤人员以外的工作人员组成:(1)中国共产党各级机关;(2)各级人民代表大会及其常务委员会机关;(3)各级行政机关;(4)中国人民政治协商会议各级委员会机关;(5)各级监察机关;(6)各级审判机关;(7)各级检察机关;(8)各民主党派和工商联的各级机关。自2019年6月1日起实施的新修订的《中华人民共和国公务员法》(以下简称"新修订的《公务员法》")又强调了"公务员是干部队伍的重要组成部分,是社会主义事业的中坚力量,是人民的公仆"的三大属性。

一般来说,公务员制度是指以"法"的形式固定下来的对公务员进行科学有效管理的各项制度的总称。中国公务员制度是一整套完整的公务员管理体系,其内

---

① 本节中关于中国公务员制度主要内容的介绍,均以2019年6月1日起施行的《中华人民共和国公务员法》为依据。

容包括公务员的条件、义务与权利,职务、职级与级别,录用,考核,奖励,监督与惩戒,职务、职级任免,职务、职级升降,培训,交流与回避,工资、福利与保险,辞职与辞退,退休,申诉与控告,职位聘任,法律责任 16 项。本节以下篇幅逐一介绍中国现行公务员制度的主要内容。

二、中国公务员制度的内容体系

(一) 条件、义务与权利

《中华人民共和国公务员法》第二章规定了公务员的基本条件和义务、权利,体现了公务员管理坚持监督约束与激励保障并重的原则。公务员的条件是指担任公务员应当具备的资格。公务员承担着依法履行公职、服务公众的职责,对于整个国家社会的正常运转、社会良好秩序的维持、公民权益的维护都具有十分重要的作用。公务员所管理与服务的领域涉及公众生活的方方面面,公务员体系一旦停止运转或者运转出现问题,就会对公民的权益甚至国家的安定造成重大影响。因此,保证公务员队伍的基本素质至关重要,这就需要严格规定公务员的条件。公务员的基本条件有七条:(1)具有中华人民共和国国籍;(2)年满十八周岁;(3)拥护中华人民共和国宪法,拥护中国共产党领导和社会主义制度;(4)具有良好的政治素质和道德品行;(5)具有正常履行职责的身体条件和心理素质;(6)具有符合职位要求的文化程度和工作能力;(7)法律规定的其他条件。

公务员作为公民,享有和承担宪法和法律赋予公民的各项权利和义务;作为服务于公众的公务人员,又因其自身职业特点而负有执行公务所需要的法定的特殊义务与权利,并与工作机关之间建立起一定的义务与权利关系。公务员的义务是指国家法律对公务员必须做出一定行为或不得做出一定行为的约束和强制。公务员的义务包括两层含义:第一,公务员的义务以公务员的身份为前提;第二,公务员的义务必须被履行,由于公务员是行使公权力、执行公务的人员,其手中掌握的权力如果得不到严格规范和限制,就可能产生滥用权力的现象。所以,必须严格规定公务员的义务。义务具有强制性,公务员不得放弃或不履行自己的义务,否则,要承担相应的法律责任。公务员的义务包括:(1)忠于宪法,模范遵守、自觉维护宪法和法律,自觉接受中国共产党领导;(2)忠于国家,维护国家的安全、荣誉和利益;(3)忠于人民,全心全意为人民服务,接受人民监督;(4)忠于职守,勤勉尽责,服从和执行上级依法作出的决定和命令,按照规定的权限和程序履行职责,努力提高工作质量和效率;(5)保守国家秘密和工作秘密;(6)带头践行社会主义核心价值观,坚守法治,遵守纪律,恪守职业道德,模范遵守社会公德、家庭美德;(7)清正廉洁,公道正派;(8)法律规定的其他义务。

公务员的权利是指法律关于公务员可以享受某种利益或可以做出一定行为的许可和保障，它与公务员的义务是有机统一的关系。公务员的权利的含义包括四个层面：一是公务员的权利以其身份为前提；二是国家规定公务员的权利，是为了使公务员有效地行使职权，执行公务；三是公务员权利的具体内容，就是公务员在履行公职的过程中，公务员本人可以为一定的行为，可以要求他人为或者不为一定的行为；四是公务员权利的具体内容是由国家明文规定，并且公务员权利的行使是由国家法律加以保障的。公务员权利的内容包括：(1)获得履行职责应当具有的工作条件；(2)非因法定事由、非经法定程序，不被免职、降职、辞退或者处分；(3)获得工资报酬，享受福利、保险待遇；(4)参加培训；(5)对机关工作和领导人员提出批评和建议；(6)提出申诉和控告；(7)申请辞职；(8)法律规定的其他权利。

公务员的义务与权利是公务员制度的重要组成部分，它对于公务员明确自身义务，增强权利意识，保障权责分配，实施公众监督等都具有非常重大的意义。

(二) 职务、职级与级别

人事分类是人事管理的基础。世界各国人事分类制度有两种：一是以"人"为对象进行分类，即品位分类，其分类依据是公务员个人所具备的条件(如资历、学历)和身份(如官职地位的高低、所得薪俸的多少)；二是以"职位"为对象进行分类，即职位分类，其分类依据是职位的工作性质、难易程度、责任轻重及所需资格条件。从世界各国公务员制度的发展趋势来看，两种分类方法各有长短(如表 8-1 所示)。

表 8-1　职位分类与品位分类的差异比较表

事项	职位分类	品位分类
遵循准则	以"事"为中心	以"人"为中心
评价依据	责任轻重、工作难易	资历、学历
适用范围	工作少变、饱满、易量化	工作多变、不易量化
适用对象	专才、专业	通才、通业
所负职责	明确	不明确、但好指派
晋升依据	重功绩、凭考核	模糊、讲资历
升迁转任	限制大	限制小
酬劳关系	同工同酬	同工不同酬
激励方式	较重利	较重名
人员流动	不利，等不随人走	有利，品随人走
操作程序	繁琐	简单

资料来源　苏泽泉主编：《国家公务员制度知识讲座》，中国人事出版社 1994 年版，第 39 页。

我国的职位分类制度，是在吸收和借鉴职位分类和品位分类优点的基础上，根据我国的国情制定的中国特色人事分类制度。在职位设置、职位调查、职位评价、类别划分以及编制职位说明书等方面，主要采取职位分类的原则和方法；在列等归级方面则主要采取品位分类的原则和方法。

公务员的职位分类制度是公务员法的一项重要的基础性制度，《公务员法》确立了这一科学管理制度，按照公务员职位的性质、特点和管理的需要，将公务员职位划分为综合管理类、专业技术类、行政执法类等类别，对各个类别采取不同的管理方法。其中，综合管理类职位是履行综合管理以及机关内部管理等职责的职位，是公务员职位的主体，数量最大；专业技术类职位的设置，为从事专业技术工作的公务员提供了职业发展阶梯，以便吸引和稳定机关中不可缺少的专业技术人才，激励他们立足本职岗位，成为本职工作单位的专家；行政执法类职位的设置，体现了向基层执法机关倾斜的指导思想，解决基层执法队伍职业发展的空间狭小、职务晋升困难的突出问题，激励一线执法公务员更好地做好本职工作，同时也有利于一线公务员的科学化管理。此外，公务员法还规定，对于具有职位特殊性、需要单独管理的，可以增设其他职位类别。

新修订的《公务员法》取消了原来将公务员的职务分为领导职务和非领导职务两大类型的分法，代之以公务员职务与职级并行制度，即根据公务员职位类别和职责设置公务员领导职务、职级序列。公务员可以通过领导职务或者职级晋升。担任领导职务的公务员履行领导职责，不担任领导职务的职级公务员依据隶属关系接受领导指挥，履行职责。实行公务员职务与职级并行制度旨在拓展职级晋升空间，促进公务员立足本职、安心工作，加强专业化建设，激励公务员干事创业、担当作为。

公务员领导职务是指在各级机关中具有组织、管理、决策、指挥职能的职务。公务员领导职务根据宪法、有关法律和机构规格设置。领导职务从国家级正职到乡科级副职一共分10个层次：国家级正职、国家级副职、省部级正职、省部级副职、厅局级正职、厅局级副职、县处级正职、县处级副职、乡科级正职、乡科级副职。公务员职级，是公务员的等级序列，是与领导职务并行的晋升通道，体现公务员政治素质、业务能力、资历贡献，是确定工资、住房、医疗等待遇的重要依据。公务员职级在厅局级以下设置。职级序列按照综合管理类、专业技术类、行政执法类等公务员职位类别分别设置。综合管理类公务员职级序列分从一级巡视员到二级科员分为12个层次。综合管理类以外其他职位类别公务员的职级序列，根据《公务员法》由国家另行规定。

按照新修订的《公务员法》的规定，各机关依照确定的职能、规格、编制限额、职数以及结构比例，设置本机关公务员的具体职位，并确定各职位的工作职责和任职资格条件。这一规定有利于明确各机关的编制和职位要求，改变以往存在的"因人设事""人浮于事"的状况,有利于精简公务员的数量、明确公务员的职责,以及提高机关的工作效率。

公务员领导职务、职级与级别的对应关系按照国家有关规定执行。比如,在综合管理类公务员职级中,一级巡视员对应的级别是十三级至八级,二级科员对应的级别是二十七级至十九级。厅局级以下领导职务与综合管理类公务员职级相对应,比如,厅局级正职对应一级巡视员,直至乡科级副职对应四级主任科员。根据工作需要和领导职务与职级的对应关系,公务员担任的领导职务和职级可以互相转任、兼任;符合规定资格条件的,可以晋升领导职务或者职级。

(三) 录用

公务员录用指的是机关按照规定的条件和程序,面向社会采用公开考试、严格考察的办法选拔公务员的活动。公务员录用制度是关于公务员录用的各种行为规范和准则的总称,它包括录用的原则、标准、资格条件、方法、程序和录用的组织权限等内容。公务员录用制度是公务员制度的基本特征和标志,它对于建设高素质公务员队伍、建立健全公平竞争和公开监督的用人机制、推进社会主义民主政治建设、保障公民的政治权利、实现公务员队伍的精干和优化、促进人才的成长和优秀人才的脱颖而出等都具有非常重要的意义。

新修订的《公务员法》规定了公务员录用的适用范围、录用的方法和录用的标准,即录用担任一级主任科员以下及其他相当职级层次的公务员,采取公开考试、严格考察、平等竞争、择优录取的办法。民族自治地方按照上述规定录用公务员时,依照法律和有关规定对少数民族报考者予以适当照顾。

公务员的录用必须坚持德才兼备的标准,即决定报考者是否录用,要从德和才两个方面来全面衡量。"德"是指政治思想表现和道德品质,主要内容包括:拥护并贯彻执行党的以经济建设为中心、坚持四项基本原则、坚持改革开放的基本路线和各项方针政策,有较强的事业心和责任感,廉洁奉公,遵纪守法,作风正派,全心全意为人民服务等。"才"是指本领,主要包括文化水平、业务知识和工作能力。

报考公务员的资格条件一般包括基本条件和报考职位的资格条件。基本条件又可分为权利条件、品质条件和能力条件。权利条件是指在法律上享有公民权利的资格,如国籍、公民的政治权利等;品质条件是指道德品质,如是否忠诚、廉洁,作风是否正派,有无不良的行为和习惯等;能力条件是指依法行使权力、执行公务的基本能力,如身体健康状况、文化水平、年龄等。报考职位的资格条件是指报考某种职位所要求的条件,如专业知识、专业技能、实践经验等。新修订的《公务员法》还规定了报考公务员的限制性条件即消极条件,即如下五种人员不得录用为公务员:一是因犯罪受过刑事处罚的;二是被开除中国共产党党籍的;三是被开除公职的;四是被依法列为失信联合惩戒对象的;五是有法律规定不得录用为公务员的其他情形的。

新修订的《公务员法》还对招录机关和录用主管部门提出了要求,即必须在规定的编制限额内,并有相应的职位空缺。公务员的录用程序一般为:发布招考公告;报名与资格审查;考试(包括笔试和面试);考察;体检;公示;审批或者备案。录用特殊职位的公务员,经省级以上公务员主管部门批准,可以简化程序或采取其他测评办法。新录用的公务员有一年的试用期。试用期满合格的,予以任职;不合格的,取消录用。

(四) 考核与奖励

公务员的考核是指公务员主管部门和各机关按照管理权限,依据一定的程序和方法,对所管理的公务员的政治业务素质和履行岗位职责、完成工作目标的情况开展的了解、核实和评价的活动。它既包括对公务员的综合性、制度化的考核,也包括对公务员的各类单项考核。对公务员实行考核,一是为了全面了解公务员的基本素质、才能与贡献,便于从中发现和选拔优秀人才;二是对公务员的德才表现和工作情况做出公平合理的评价,为调整公务员职位、职务、职级、级别、工资以及公务员奖励、培训、辞退提供依据;三是实现对公务员的合理使用,做到人尽其才,充分发挥每个人的作用。

公务员的考核以公务员的职位职责和所承担的工作任务为基本依据,全面考核德、能、勤、绩、廉,重点考核工作实绩。德,是指思想政治素质及个人品德、职业道德、社会公德等方面的表现。能,是指履行职责的业务素质和能力。勤,是指责任心、工作态度、工作作风等方面的表现。绩,是指完成工作的数量、质量、效率和所产生的效益。廉,是指廉洁自律等方面的表现。

公务员的考核分为平时考核、专项考核和定期考核等方式。定期考核以平时考核、专项考核为基础。平时考核是对公务员日常工作和一贯表现所进行的经常性考核,一般按照个人小结、审核评鉴、结果反馈等程序进行。专项考核是对公务员完成重要专项工作,承担急难险重任务和关键时刻的政治表现、担当精神、作用发挥、实际成效等情况所进行的针对性考核,可以按照了解核实、综合研判、结果反馈等程序进行,或者结合推进专项工作灵活安排。定期考核采取年度考核的方式,是对公务员一个自然年度内总体表现所进行的综合性考核,在每年年末或者翌年年初进行。年度考核结果分为优秀、称职、基本称职和不称职四个等次。公务员定期考核的结果作为调整公务员职位、职务、职级、级别、工资以及公务员奖惩、培训、辞退的依据。

党政领导成员的考核由主管机关按照有关规定办理。考核方式主要包括平时考核、年度考核、专项考核、任期考核。对领导班子的考核内容主要包括政治思想建设、领导能力、工作实绩、党风廉政建设、作风建设五个方面;对领导干部考核内容主要包括德、能、勤、绩、廉五个方面。

公务员奖励制度指的是对工作表现突出,有显著成绩和贡献,或者有其他突出事迹的公务员或者公务员集体,给予奖励。公务员奖励制度是组织管理公务员的一种激励机制和手段。对公务员实行奖励,可以起到鼓励先进、鞭策后进、进一步激发公务员的积极性、发挥他们的潜在能力的作用。对公务员奖励坚持定期奖励与及时奖励相结合,精神奖励与物质奖励相结合、以精神奖励为主的原则。公务员集体的奖励适用于按照编制序列设置的机构或者为完成专项任务组成的工作集体。公务员的奖励种类分为五种:嘉奖、记三等功、记二等功、记一等功、授予称号。对受奖励的公务员或者公务员集体予以表彰,并对受奖励的个人给予一次性奖金或者其他待遇。

新修订的《公务员法》第52条规定,公务员或者公务员集体有下列情形之一的,给予奖励:(1)忠于职守,积极工作,勇于担当,工作实绩显著的;(2)遵纪守法,廉洁奉公,作风正派,办事公道,模范作用突出的;(3)在工作中有发明创造或者提出合理化建议,取得显著经济效益或者社会效益的;(4)为增进民族团结,维护社会稳定做出突出贡献的;(5)爱护公共财产,节约国家资财有突出成绩的;(6)防止或者消除事故有功,使国家和人民群众利益免受或者减少损失的;(7)在抢险、救灾等特定环境中做出突出贡献的;(8)同违纪违法行为作斗争有功绩的;(9)在对外交往中为国家争得荣誉和利益的;(10)有其他突出功绩的。

(五) 监督与惩戒

机关应当对公务员的思想政治、履行职责、作风表现、遵纪守法等情况进行监督,开展勤政廉政教育,建立日常管理监督制度。对公务员监督发现问题的,应当区分不同情况,予以谈话提醒、批评教育、责令检查、诫勉、组织调整、处分。对公务员涉嫌职务违法和职务犯罪的,应当依法移送监察机关处理。公务员应当自觉接受监督,按照规定请示报告工作、报告个人有关事项。公务员如果违反了纪律或者有违法违纪行为,就必须接受一定的惩戒。比如,新修订的《公务员法》第59条规定了公务员不得有下列行为:(1)散布有损宪法权威、中国共产党和国家声誉的言论,组织或参加反对宪法、中国共产党领导和国家的集会、游行、示威等活动;(2)组织或者参加非法组织,组织或者参加罢工;(3)挑拨、破坏民族关系,参加民族分裂活动或者组织、利用宗教活动破坏民族团结和社会稳定;(4)不担当,不作为,玩忽职守,贻误工作;(5)拒绝执行上级依法作出的决定和命令;(6)对批评、申诉、控告、检举进行压制或者打击报复;(7)弄虚作假,误导、欺骗领导和公众;(8)贪污贿赂,利用职务之便为自己或者他人谋取私利;(9)违反财经纪律,浪费国家资财;(10)滥用职权,侵害公民、法人或者其他组织的合法权益;(11)泄露国家秘密或者工作秘密;(12)在对外交往中损害国家荣誉和利益;(13)参与或者支持色情、吸毒、赌博、迷信等活动;(14)违反职业道德、社会公德和家庭美德;(15)违反有关规定参与禁止的网络传播行为或者网络活动;(16)违反有关规定从事或者参与营利性活动,在企业或者其他营利性组织中兼任职务;(17)旷工或者因公外出、请假期满无正当理由逾期不归;(18)违纪违法的其他行为。新修订的《公务员法》第60条同时规定了公务员执行公务遇到困境时该如何处理上下级之间的关系,比如,"认为上级的决定或者命令有错误的,可以向上级提出改正或者撤销该决定或者命令的意见"。

对公务员的处分分为六类:警告、记过、记大过、降级、撤职、开除。对公务员的处分,应当事实清楚、证据确凿、定性准确、处理恰当、程序合法、手续完备。公务员有权进行陈述和申辩。公务员在受处分期间不得晋升职务、职级和级别,其中受记过、记大过、降级、撤职处分的,不得晋升工资档次。根据新修订的《公务员法》第65条的规定,除受开除处分外,公务员在受处分期间有悔改表现,且没有再发生违法违纪行为的,其处分期满后自动解除;解除处分后,晋升工资档次、级别和职务、职级不再受原处分的影响;但是,解除降级、撤职处分的,不视为恢复原级别、原职务、原职级。

(六) 职务、职级的任免与升降

公务员职务任职方式一般有四种:选任制、委任制、聘任制和考任制(初任公务员队伍实行"凡进必考"的方式以及厅局级正职以下领导职务出现空缺且必要时,可采用向社会进行考录选拔的方式)。我国公务员领导职务实行选任制、委任制和聘任制三种形式。公务员职级实行委任制和聘任制两种形式。公务员任职应当在规定的编制限额和职数内进行,并有相应的职位空缺。公务员因工作需要在机关外兼职,应当经有关机关批准,并不得领取兼职报酬。

公务员晋升领导职务,应当具备拟任职务所要求的政治素质、工作能力、文化程度和任职经历等方面的条件和资格。公务员领导职务应当逐级晋升。特别优秀的或者工作特殊需要的,可以按照规定破格或者越级晋升。公务员晋升领导职务,按照下列程序办理:动议;民主推荐;确定考察对象,组织考察;按照管理权限讨论决定;履行任职手续。厅局级正职以下领导职务出现空缺且本机关没有合适人选的,可以通过适当方式面向社会选拔任职人选。公务员晋升领导职务的,应当按照有关规定实行任职前公示制度和任职试用期制度。

公务员职级应当逐级晋升,根据个人德才表现、工作实绩和任职资历,参考民主推荐或者民主测评结果确定人选,经公示后,按照管理权限审批。公务员的职务、职级实行能上能下。对不适宜或者不胜任现任职务、职级的,应当进行调整。公务员在年度考核中被确定为不称职的,按照规定程序降低一个职务或者职级层次任职。

(七) 培训、交流与回避

当今世界,科技发展迅猛,知识更新的周期日益缩短,党政管理的内容不断更新和拓展。有鉴于此,对公务员实行更新知识、开发潜能、提升能力的制度化培训就显得十分必要。公务员培训是指机关根据公务员工作职责的要求和提高公务员素质的需要,对公务员分级分类开展的各种教育和训练活动。参加公务员培训既是公务员的权利,也是公务员的义务。公务员培训要坚持如下原则:党管干部;政治统领,服务大局;以德为先,从严管理;突出重点,注重实效;分类分级,精准科学;联系实际,改革创新。公务员培训按照培训对象、性质、要求的不同,可分为初任培训、任职培训、专门业务培训和在职培训四类。

初任培训是对新录用公务员进行的培训,重点是提高其思想政治素质和依法依规办事等适应机关工作的能力。任职培训是按照新任职务的要求,对晋升领导职务的公务员进行的培训,重点是提高其胜任职务的政治能力和领导能力。专门业务培训是根据公务员从事专项工作的需要进行的专业知识和技能培训,重点是提高公务员的业务工作能力。在职培训是对全体公务员进行的培训,目的是及时学习领会党中央决策部署、提高政治素质和工作能力、更新知识,重点是增强公务员素质能力培养的系统性、持续性、针对性、有效性。

公务员的交流,是指机关根据工作需要或公务员个人愿望,通过调任、转任的方式,在机关内部调整公务员的工作职位,或者将非公务员身份的公职人员调入机关担任一定层次公务员领导职务的管理活动。把公务员的交流以法规的形式加以确定,使之规范化,就形成了公务员的交流制度。

根据新修订的《公务员法》第69条的规定,公务员可以在公务员和参照《公务员法》管理的工作人员队伍内部交流,也可以与国有企业和不参照《公务员法》管理的事业单位中从事公务的人员交流。公务员交流的方式包括调任、转任。国有企业、高等院校和科研院所以及其他不参照《公务员法》管理的事业单位中从事公务的人员,可以调入机关担任领导职务或者四级调研员以上及其他相当层次的职级。公务员在不同职位之间转任应当具备拟任职位所要求的资格条件,在规定的编制限额和职数内进行。

上级机关应当注重从基层机关公开遴选公务员。根据工作需要,机关可以采取挂职方式选派公务员承担重大工程、重大项目、重点任务或者其他专项工作。公务员在挂职期间,不改变与原机关的人事关系。

公务员通过交流,有利于开阔视野,丰富经验,提高综合协调能力;有利于密切不同部门、不同单位、不同地区之间的关系,促进相互交流信息、交流经验,加强相互间的联系与合作;有利于避免长期在一地一处任职而易出现的错综复杂的人际关系,充分发挥公务员的潜在能力;有利于克服官僚主义,防止产生特权思想,培养和树立公务员的公仆意识,加强机关廉政建设。

公务员回避,是指为了防止公务员利用职务之便,为亲朋好友徇私舞弊而对其所任职务、任职地域和执行公务等方面做出的限制性规定。新修订的《公务员法》明确规定了公务员回避的种类、回避的亲属范围。回避的种类分为职务回避、公务回避和地域回避。职务回避是指有一定亲属关系的公务员,在担任某些关系比较密切的职务时,要进行回避。公务员之间有夫妻关系、直系血亲关系、三代以内旁系血亲以及近姻亲关系的,不得在同一机关双方直接隶属于同一领导人员的职位或者有直接上下级领导关系的职位工作,也不得在其中一方担任领导职务的机关从事组织、人事、纪检、监察、审计和财务工作。公务员不得在其配偶、子女及其配偶经营的企业、营利性组织的行业监管或者主管部门担任领导成员。因地域或者工作性质特殊,需要变通执行任职回避的,由省级以上公务员主管部门规定。公务回避是指公务员在执行公务时,涉及与本人有利害关系、涉及与本人有亲属关系人员的利害关系的、其他可能影响公正执行公务的,必须回避。地域回避是指在一定级别(乡级、县级、设区的市级)的机关及其有关部门中担任一定领导职务的公务员,要进行地域回避。实行公务员回避制度,可以确保权力的正确行使,对公务员徇私枉法等行为可以做到防患于未然,促进机关的廉政建设,为公务员秉公办事创造良好的环境。

(八) 工资、福利与保险

公务员的工资,是指国家以法定货币支付给公务员个人的劳动报酬,是公务员劳动创造价值的货币表现,用以保障公务员生活消费支出的需要,激励公务员更好地完成工作任务。公务员实行国家统一规定的工资制度。公务员工资制度贯彻按劳分配的原则,体现工作职责、工作能力、工作实绩、资历等因素,保持不同领导职务、职级、级别之间的合理工资差距。国家建立公务员工资的正常增长机制,实行公务员工资增长的制度化、正常化。

公务员工资包括基本工资、津贴、补贴和奖金四个部分。公务员按照国家规定享受地区附加津贴、艰苦边远地区津贴、岗位津贴等津贴,并按照国家规定享受住房、医疗等补贴、补助。公务员在定期考核中被确定为优秀、称职的,按照国家规定享受年终奖金。公务员工资应当按时足额发放。公务员的工资水平应当与国民经济发展相协调,与社会进步相适应。国家实行工资调查制度,定期进行公务员和企业相当人员工资水平的调查比较,并将工资调查比较结果作为调整公务员工资水平的依据。

公务员的福利,是指国家和单位为解决公务员生活方面的共同需要和特殊需要,对公务员在经济上的帮助和生活上的照顾。公务员福利待遇是公务员工资收入分配的重要组成部分。新修订的《公务员法》第 82 条规定:"公务员按照国家规定享受福利待遇。国家根据经济社会发展水平提高公务员的福利待遇。公务员执行国家规定的工时制度,按照国家规定享受休假。公务员在法定工作日之外加班的,应当给予相应的补休,不能补休的按照国家规定给予补助。"实行公务员福利制度,有利于保障公务员的基本生活,有利于维护公务员的身体健康,从而有利于进一步调动公务员的工作热情和干劲,促使机关的工作高效地开展。

公务员的保险,是指国家对公务员在退休、患病、工伤、生育、失业等情况下提供的必要的帮助和补偿。公务员依法参加社会保险。公务员因公牺牲或者病故的,其亲属享受国家规定的抚恤和优待。公务员的保险制度主要包括生育保险制度、基本医疗保险制度、养老保险制度、失业和工伤保险制度等内容。建立和实施公务员保险制度,对保障公务员的基本生活,解除他们的后顾之忧,调动他们的工作积极性,促进经济的发展和维护社会的稳定等,都具有十分重要的作用。

为保障公务员的工资、福利、保险等得到有力落实,新修订的《公务员法》第84条规定:"任何机关不得违反国家规定自行更改公务员工资、福利、保险政策,擅自提高或者降低公务员的工资、福利、保险待遇。任何机关不得扣减或者拖欠公务员的工资。"

(九) 辞职、辞退与退休

公务员的辞职是指公务员根据本人意愿提出,并经过任免机关批准,依法解除其与机关的职务关系,或者担任领导职务的公务员依照法律规定的条件和程序辞去所担任的领导职务。前者称为"辞去公职",其直接结果是取消公务员身份,机关与公务员的任用关系归于消失;后者称为"辞去现职",其直接结果是公务员丧失原来担任的领导职务,但公务员身份仍然存续。

新修订的《公务员法》第85条规定了公务员辞去公职的程序:"公务员辞去公职,应当向任免机关提出书面申请。任免机关应当自接到申请之日起三十日内予以审批,其中对领导成员辞去公职的申请,应当自接到申请之日起九十日内予以审批。"新修订的《公务员法》第86条规定了公务员辞去公职的限制性条件,即公务员有下列情形之一的,不得辞去公职:"(一)未满国家规定的最低服务年限的;(二)在涉及国家秘密等特殊职位任职或者离开上述职位不满国家规定的脱密期限的;(三)重要公务尚未处理完毕,且须由本人继续完成处理的;(四)正在接受审计、纪律审查、监察调查,或者涉嫌犯罪,司法程序尚未终结的;(五)法律、行政法规规定的其他不得辞去公职的情形。"

新修订的《公务员法》还完善了担任领导职务的公务员的辞职制度体系,规定了担任领导职务的公务员的因公辞职、自愿辞职、引咎辞职、责令辞职等制度,增强了对领导干部的监督管理,增强其责任意识。例如:因工作变动依照法律规定需要辞去现任职务的,应当履行辞职手续;因个人或者其他原因,可以自愿提出辞去领导职务;领导成员因工作严重失误、失职造成重大损失或者恶劣社会影响的,或者对重大事故负有领导责任的,应当引咎辞去领导职务;领导成员因其他原因不再适合担任现任领导职务的,或者应当引咎辞职本人不提出辞职的,应当责令其辞去领导职务。

公务员的辞退是指机关依照法律规定的条件,通过一定的法律程序,在法定的管理权限内做出的解除公务员全部职务关系的行政行为,这种行为的直接结果是解除了机关与公务员的任用关系。根据新修订的《公务员法》第88条的规定,公务员有下列情形之一的,予以辞退:"(一)在年度考核中,连续两年被确定为不称职的;(二)不胜任现职工作,又不接受其他安排的;(三)因所在机关调整、撤销、合并或者缩减编制员额需要调整工作,本人拒绝合理安排的;(四)不履行公务员义务,不遵守法律和公务员纪律,经教育仍无转变,不适合继续在机关工作,又不宜给予开除处分的;(五)旷工或者因公外出、请假期满无正当理由逾期不归连续超过十五天,或者一年内累计超过三十天的。"

相应地,为保障公务员的合法权利,新修订的《公务员法》第89条规定了不得辞退公务员的情形:"(一)因公致残,被确认丧失或者部分丧失工作能力的;(二)患病或者负伤,在规定的医疗期内的;(三)女性公务员在孕期、产假、哺乳期内的;(四)法律、行政法规规定的其他不得辞退的情形。"

辞退公务员,按照管理权限决定。辞退决定应当以书面形式通知被辞退的公务员,并应当告知辞退依据和理由。被辞退的公务员可以领取辞退费或者根据国家有关规定享受失业保险。

公务员辞职或者被辞退,离职前应当办理公务交接手续,必要时按照规定接受审计。

公务员辞职辞退是公务员管理的重要环节,它与公务员的录用、退休等一起,构成公务员队伍的更新机制,对于加强公务员队伍的管理、优化公务员队伍的素质、保持公务员队伍的生机和活力、维护公务员的权利以及提高机关的工作效率等方面,都有十分重要的作用和意义。

公务员的退休是指公务员符合法定条件时,离开工作岗位,领取退休金,安度晚年。退休是国家安置老弱病残公务员的基本方法,也是社会保障工作的重要内容。退休制度是公务员更新机制的重要组成部分,也是对公务员老有所养权利的重要保障,有利于形成有效的保障机制。

公务员退休分为两种。一种是应当退休,又称义务退休,包括年龄条件和身体条件两个方面,即公务员达到国家规定的退休年龄或者完全丧失工作能力的,应当退休。另一种是提前退休,又称自愿退休。公务员退休后享受国家规定的退休金和其他待遇,国家为其生活和健康提供必要的服务和帮助,鼓励退休公务员继续发挥个人专长,参与社会发展。

（十）申诉与控告

《公务员法》对保障公务员的合法权益做了一系列的规定，其中主要是对涉及公务员本人的人事处理不服的申诉规定和对侵害公务员合法权益的机关及其领导人进行控告的规定，目的是为公务员维护其合法权益提供救济渠道。

根据新修订的《公务员法》第95条的规定，公务员对涉及本人的人事处理（如处分、辞退、降职等）不服的，可以向原处理机关申请复核；对复核结果不服的，可以向同级公务员主管部门或作出该人事处理的机关的上一级机关提出申诉；也可以不经复核，直接提出申诉。根据新修订的《公务员法》第96条的规定，原处理机关和受理公务员申诉的机关应当在规定的时间内作出复核或处理的决定；公务员不因申请复核、提出申诉而被加重处理。为保障公务员的申诉结果得以落实，新修订的《公务员法》第97条规定："公务员申诉的受理机关审查认定人事处理有错误的，原处理机关应当及时予以纠正。"

为了维护公务员的合法权益，公务员法规定公务员享有控告的权利。公务员认为机关及其领导人员侵犯其合法权益的，可以依法向上级机关或者监察机关提出控告。受理控告的机关应当按照规定及时处理。公务员提出申诉、控告时，应当尊重事实，不得捏造事实，诬告、陷害他人。对捏造事实，诬告、陷害他人的，依法追究法律责任。

（十一）职位聘任

公务员的职位聘任制度是新修订的《公务员法》规定的一项新的制度。聘任制是指，机关通过聘任合同选拔任用公务员的一种人事管理制度，即机关与所聘公务员按照平等自愿、协商一致的原则，通过签订聘任合同来任用公务员的一种任职方式。与选任制、委任制相比，聘任制具有引入市场机制、开放灵活、吸引人才、节省用人成本等特点。借鉴国外公务员管理采用聘任制的方法，是我国公务员管理的创新和发展。根据新修订的《公务员法》第100—101条的规定，聘任制工作的开展要注意如下事宜：机关根据工作需要，经省级以上公务员主管部门批准，可以对专业性较强的职位和辅助性职位实行聘任制；机关聘任公务员可以参照公务员考试录用的程序进行公开招聘，也可以从符合条件的人员中直接选聘；机关聘任公务员应当在规定的编制限额和工资经费限额内进行。

把聘任制作为公务员任用的补充形式，有利于提高公务员队伍的整体素质。为此，新修订的《公务员法》对聘任合同的主要内容、聘任合同的签订、变更、解除、协议工资制以及因聘任合同发生争议的仲裁制度等，分别做出了具体的规定。例如关于合同的签订与备案，"按照平等自愿、协商一致的原则，签订书面的聘任合同，确定机关与所聘公务员双方的权利、义务。聘任合同经双方协商一致可以变更或者解除。聘任合同的签订、变更或者解除，应当报同级公务员主管部门备案"（第102条）。再如因履行合同发生争议的规定，"省级以上公务员主管部门根据需要设立人事争议仲裁委员会，受理仲裁申请。人事争议仲裁委员会由公务员主管部门的代表、聘用机关的代表、聘任制公务员的代表以及法律专家组成"（第105条）。

聘任制自2006年实施以来，具有两个特点：一是规模较小；二是主要集中在如招商引资、信息化处置以及法律咨询等比较专门的领域。这种合同性质的聘任制更多反映了市场的特点，其未来的发展取决于人事制度的进一步改革。

（十二）法律责任

为保障法律规定的公务员制度得到切实执行，新修订的《公务员法》第十七章明确规定了公务员的法律责任问题。

对违反《公务员法》规定情形（如不按编制限额、职数或者任职资格条件进行公务员录用、调任、转任、聘任和晋升的，不按规定条件进行公务员奖惩、回避和办理退休的等）的，由县级以上领导机关或者公务员主管部门按照管理权限，区别不同情况，分别予以责令纠正或者宣布无效；对负有责任的领导人员和直接责任人员，根据情节轻重，给予批评教育、责令检查、诫勉、组织调整、处分；构成犯罪的，依法追究刑事责任。

公务员辞去公职或者退休的，原系领导成员、县处级以上领导职务的公务员在离职三年内，其他公务员在离职两年内，不得到与原工作业务直接相关的企业或者其他营利性组织任职，不得从事与原工作业务直接相关的营利性活动。对公务员主管部门工作人员违反《公务员法》规定，滥用职权、玩忽职守、徇私舞弊，构成犯罪的，依法追究刑事责任；尚不构成犯罪的，给予处分或者由监察机关依法给予政务处分。

复习题

1. 什么是人事行政？它的地位和作用如何？
2. 人事行政的基本原则是什么？
3. 请简述中国古代人事行政制度演化的阶段划分及其主要特征。
4. 西方国家文官制度有哪两种主要模式，各有什么特点，其最新演化特征如何？
5. 中国公务员制度包括哪些主要内容？

第九章
财务行政

政府行政管理的功能之一是"理财",即管理国家的预算、会计、决算和审计。"财政为庶政之母",财务行政作为政府行政管理的关键组成部分,是实现政府各项职责和政策目标的基础。政府行政管理各方面的活动都需要适当的资金收支作为财力基础;而资金收支是否合理,最终需要由行政管理各方面活动的效果来检验。作为行政管理学范畴之一的财务行政,与财政学、审计学、会计学和国有资产管理学等的区别在于:后者侧重研究财政、审计、会计和国有资产等内部各种规律的话;前者则侧重研究它们与政府、管理者等行政主体,与行政管理的各项职能,与行政管理的目标等之间的关系。财务行政涵盖了从财务规划到资源的有效管理的全过程,涉及如何规划财务目标、收集和管理财政收入、合理分配和使用这些资源,以及对整个过程进行监督,以确保效率和透明度。

第一节 财务行政概述

一、财务行政的含义与特点

财务行政涉及与财政活动相关的管理体制、制度,以及各种具体的管理方法和程序,其核心内容是国家财政收入和财政支出的管理。这个过程中,行政主体依法行使与其事权相配套的财权,规范和监督资金的收入、保管和支出。其目的是支持和保障行政管理的各项职能运行,从而实现行政管理的目标。因此,财务行政不仅是关于行政主体依法生财、聚财、理财和用财的学问,也是确保这些财政资源在实现行政目标方面发挥最大效用的关键。根据狭义行政和广义行政的区分,财务行政也有狭义和广义两种含义。狭义的财务行政,是指国家机构对国有资金和财产的管理,它是政府行政管理的组成部分,包括预算管理、审计管理、国有资产管理、国有银行管理和会计管理等方面。广义的财务行政除了包括狭义的内容外,还包括国家机构、政党组织、社会团体、事业单位等内部的财务管理。

财务行政在实现行政管理目标的过程中发挥着关键作用,这种作用不仅体现在其管理和监管的广泛范围上,而且还体现在其独特的运作特点上。具体而言,财务行政的主要特点包括如下五个方面。

1. 社会性

财务行政的社会性,指的是社会效益优先,在此基础上,努力提高经济效益。这是公共行政管理同企业管理,以及行政管理学所研究的财务行政同企业管理学所研究的财务管理的根本区别。企业管理及其企业财务以经济效益优先,在此基础上,兼顾社会效益。企业管理及其企业财务处理经济效益与社会效益的关系,其核心是首先必须盈利,而不能亏损。而公共行政管理及其财务行政处理社会效益与经济效益的关系,其核心是以社会各方面的平衡发展为目标,不以营利为目标,在两者可以兼得时,兼顾两者,在两者不能兼得时,宁可不盈利或亏损,也要实现社会平衡发展的目标。尽管如此,财务行政在为实现社会平衡发展而使用资金和财产的过程中,应该努力提高经济效益。可见,公共行政管理的财务行政与企业管理的财务相比较,在追求经济效益方面面临更为复杂的情况,它肩负着双重的职责:一方面,寻求社会平衡目标与经济效益的最佳结合点;另一方面,努力以更少的投入获得更大的产出。

2. 多源性

财务行政的多源性指它的资金来源具有多样性。狭义的财务行政的资金来源,主要是税收,但还有国有资产的资本金、利润和租金,发行公债等。广义的财务行政的资金来源,还包括国家财政的拨款,国家机构提供服务时适当的收费,政党组织的党费,社会团体的会费,企、事业单位的经营性收入等。这种资金来源的多样性,也使公共行政管理的财务行政比企业的财务管理更为复杂。不同性质的资金来源,需要在不同性质的财务制度下被管理。资金使用类型至少可以分为以下三种。第一种是投入产出不均衡型。在这种类型的资金使用中,投入可以大于产出,如对贫困者的救济;也可以产出大于投入,如对一个产业项目的投资。税收、国有资产的各种收入、国家财政对基础设施项目的投资等,属于这种类型。第二种是投入产出均衡型。这种类型的资金使用,不在于谋求利润,主要在于维持组织的生存和功能。国家机构提供服务时适当的收费、政党组织的党费、社会团体的会费、国家财政对国家机构和事业单位的拨款、发行公债等,属于这种类型。第三种是产出大于投入型。这种类型的资金使用,目的在于创造比投入资金更多的利润和税收。企事业单位的经营性收入、国家财政对生产性项目的投资等,属于这种类型。

3. 保障性

政府事务千头万绪,无钱难举。财务行政的保障性,指的是从财力上支持符合规章制度的管理活动开支。这种保障性是财务行政责无旁贷的义务,且受制于行政管理的目的性。行政管理的各种活动,可归类于几种基本功能;而各种基本功能的运行,都围绕和服务于实现行政管理的目标。各种功能和活动都需要财力的支持,如果没有或缺乏资金的保障,它们就难以开展,目标就不能实现。行政首长有职责维护和改善财务与决策、计划、组织、控制等行政管理基本功能之间的协调性。财务行政部门有职责适应和服务于行使其他基本功能的部门的管理活动。

4. 纪律性

财务行政的纪律性,指的是各种组织的成员必须自觉遵守、财务行政部门的工作人员必须坚决维护有关财务行政活动的法律、法规和规章。如果说企业的财务活动必须遵守规章制度,是出于追求经济效益和防止营私舞弊的需要,那么,公共行政管理的财务行政遵守规章制度,还出于对公共资金负责的需要。构成财务行政资金来源的主体是国家的资金和财产,各种规章制度的制定和执行,是为了保证国家的资金和财产用于实现公众的整体利益和长远利益,防止用于谋取个人或小团体的利益。规章制度载明不能开支的,就不得支出,用公款吃喝、送礼和旅游等,是这方面违纪的典型事例之一;规章制度列为必须支出的,就不能挪作他用,扣发教师工资,用于建设楼堂馆所,是这方面违纪的典型之一。即使是政党组织的党费和社会团体的会费,在使用上也应对党员或社会团体的成员负责,遵守符合他们的利益、体现他们的意志的规章制度,并且接受他们的监督。

5. 勤俭性

财务行政的勤俭性,指的是节约使用每一笔资金,反对铺张浪费。社会主义革命和建设时期,中国共产党全面执行"厉行节约、反对浪费"这样一个勤俭建国的方针,也是公共行政管理的财务行政的原则。这首先是因为财务行政所使用的资金基本上是公共资金,对公众负责,要求勤俭节约。其次是因为我国尚处在社会主义的初级阶段,人口多,底子薄,全国人民的物质生活水平总体上还不高;即使以后生产力发展了,人民的生活水平提高了,由于我国的人均资源量较低,仍应坚持勤俭节约。最后是因为我国是工人阶级领导的、以工农联盟为基础的社会主义国家,勤俭节约是工农群众的本色和优良传统。

二、财务行政的作用

财务是国家政务的基础,是行政管理活动的前提。公共行政管理中的财务行政涉及财政资源的有效筹措、分配和监督,确保公共政策和项目的顺利实施,对于社会发展具有广泛和深远的影响,其作用主要体现在以下几个方面。

第一,预算管理通过国民收入的再分配,调节各阶层、各行业、各地区的收入比例,促进社会各领域的平衡发展。由于自然条件、资源利用、技术水平、劳动力素质和产业地位等的不同,各阶层、各行业、各地区之间的收入存在着较大的差别,预算管理通过税收和财政转移支付制度,适当缩小这种差别,以利于社会的稳定。另一方面,企业的生产,人民的生活,社会的发展,都需要政府的行政管理、基础设施的建设、产业重大项目的投资、教科文卫体的事业进步和社会保障事业的健全等,而这些方面都有赖于预算支出提供资金,并加以监督和管理。

第二,审计管理监督财政收支和财务收支的真实、合法和效益,保障预算资金和国有资金不受损害,发挥应有的作用。政府的审计部门和财政部门都负有监督财政收支的职责,两者的区别在于:前者带有准司法性质,后者是行政监督;前者是专职监督,后者以执行为主,监督为辅;在组织体制上,前者对同级政府有一定的独立地位,强化垂直领导体制,后者主要受同级政府的领导;后者自身也受到前者的监督。审计部门监督财政收支的职责,主要是监督政府的财政部门和其他部门执行预算内和预算外的收入和支出的情况。审计部门监督财务收支的职责,主要是监督国家机关、军队、政党组织、社会团体、国有的金融机构和企业事业单位、各类社会保障基金等的收入和支出。

第三,国有资产管理实现国有资产的保值和增值,发挥国有经济在国民经济中的主导作用。国有资产管理是政府行政管理的重要组成部分,它涉及对国有的财产和资金的管理,应该列为行政管理学中财务行政的研究内容。财务行政通过研究国有资产的行政管理体制,指导在国有资产方面,政府的管理职能、中介机构的运作职能和企业的经营职能之间的分工合作;通过研究对国有资产的评估,防止国有资产的流失,评定国有资产的经营状况;通过研究国有资产的股权和债权管理,实现国有资产的保值和增值;通过研究国有资产的经营管理和融资管理,促进国有资产经营的多元化和国有资产与其他经济成分的结合;通过研究国有资产的财务报告和财务分析,改善对国有资产的经营和管理等。

第四,国家机构内部的财务管理规范和提高资金的使用效益,保障、促进、提高国家机构的管理效率。行政管理支出是财政支出的重要方面。行政管理支出、财政收支和国内生产总值之间,具有比例关系。目前,我国各级政府在这方面面临的问题,一是精兵简政,压缩行政开支,降低行政支出占财政支出和国内生产总值的比重;二是精打细算,反对铺张浪费,提高行政经费的使用效益。财务行政在这方面负有重责。通过压缩行政开支,可以适当减少税收,增加企业的投资,从而促进生产,提高人民的生活水平;通过提高行政经费的使用效益,可以增强国家机构的管理效率,促进经济和社会的发展。

第五,事业单位内部的财务管理有利于教育、科技、文化、卫生和体育事业的发展;政党组织和社会团体内部的财务管理,有利于提高党费和会费的使用效益,接受党员、会员对党费和会费使用的监督,增强政党组织和社会团体的功能。在改革开放的条件下,经济的发展和人民生活水平的提高,迫切需要加快教科文卫体事业的发展;市场经济的推进又使这些单位的管理面临新的问题。它们给事业单位的财务管理带来挑战和机遇。事业单位的财务管理发挥着双重作用：一方面，管好用好财政的拨款；另一方面，遵守财务规章，改善服务，扩大创收。在民主与法治的条件下，政党组织和社会团体的经费有三个来源：党费或会费；合法的社会捐款；与政党组织和社会团体的功能有关的、适当的第三产业服务收入。随着民主的发展，政党组织和社会团体的功能趋于增强；而政党组织和社会团体的活动需要财力的支持，因此，政党组织和社会团体的财务管理将受到重视，并向着制度化的方向发展。

三、财务行政的任务

财务行政管理包括预算、会计、决算和审计四个环节，各个环节的任务和职责由不同的组织或部门来完成和执行。这些环节间的活动密切相连，相互贯通。有关部门及其成员遵守和执行规定的财政财务制度和政策；同时，通过审查监督，对收支的实际进度进行必要的控制，使其与计划规定的进度相一致，从而保证计划得以顺利实现。财务行政作用的发挥，有赖于在具体组织或部门的微观管理方面认真履行下列职能。

第一，从资金上保障中心任务和重点工作的完成。每个时期，政府的行政管理都有中心任务和重点工作，它们决定着管理的全局，带动着其他的任务和工作。在资金有限或偏紧的情况下，必须优先保证中心任务和重点工作的资金使用。同时，也应处理好与一般的任务和工作的关系。

第二，积极、主动地从财力上支持政府的行政管理的日常工作。各部门日常的管理工作，是一级政府或一个部门的行政管理不可缺少的组成部分，任何一个部门的日常工作没有做好，都会起连锁反应，最终影响管理的全局。各部门符合规章制度的开支，财务部门有职责同意支出。财务部门还应主动介绍财务收支的情况，了解各部门的工作计划，与各部门的管理人员协商，使各部门的工作需要与财务收支更好地结合起来。

第三，各部门共同努力，增收节支。财务行政的工作重点，在日常管理制度化的基础上，应该逐步转向努力设法增收节支。增收比节支更重要。增收一靠发展生产，二靠加强增收管理。节支要求节约使用每一项支出，同时减少一般的支出，支持和适当增加重点支出，以适应政府行政管理的新发展。

第四，严格执行财务行政的法律、法规和规章。财务行政的法律、法规和规章，体现了政府对有利于经济和社会发展的必要支出的支持，对谋求小团体利益、铺张浪费等错误支出的限制。财务行政部门的工作人员应该出于公心，敢于坚持原则，顶住压力，坚持符合规章制度的支出，防止违反规章制度的支出。行政首长有职责保障财务行政部门及其工作人员维护规章制度的行为。

第五，为改革行政管理献计献策。财务部门是综合行政部门之一。通过分析各部门使用资金的情况,可以发现各部门工作的成绩、问题和解决的办法。财务部门有职责就改善资金的使用以及各部门的工作,向行政首长提出改革政府行政管理的建议。

第二节　预决算管理

一、预算管理的含义

预算由预算收入和预算支出组成,政府的全部收入和支出都应当纳入预算。① 预算是经过各级代议机构审议通过的各级政府的财政收支计划,具有法律效力或权威性,而预算管理则是政府及其财政部门对这一计划进行编制、审查、执行和结算等的过程。"毫不夸张地说,一个国家的治理能力在很大程度上取决于它的预算能力。"②1978年经济体制改革以来,中国逐步从"自产国家"向"税收国家"转型。随着1999年启动预算改革,中国开始迈向"预算国家"。预算体现国家的战略和政策,反映政府的活动范围和方向,是推进国家治理体系和治理能力现代化的重要支撑。政府预算对国家治理的影响巨大,它一方面反映政府活动的范围、方向和政策,另一方面也体现国家权力机构和人民对政府活动的监督。

预算管理是中央政府调节国家宏观经济周期的基本工具之一,当经济处于高涨期时,政府通过采取紧缩性的预算管理政策,防止经济过热;当经济处于衰退期时,政府通过采取扩张性的预算管理政策,推动经济的繁荣;它通过财政收支,调节社会的积累与消费的比例,扩大社会的积累;它是调节和平衡不同的社会群体、行业和地区之间收入差别的主要手段;它通过财政支出支持和监督国家机构的管理活动;它通过财政支出保障和促进教育、科技、文化、卫生和体育事业;它通过财政支出,成为社会保障主要的经济基础,在保护效率的前提下,兼顾公平,扶助弱者;它通过财政支出,支持军队建设,巩固国防等。

随着经济发展和社会进步,公众对公共产品和服务的需求不断增长且日益多样化,推动了政府职能的扩展和深化。相应地,政府预算管理也经历了从简单到复杂、从初级到高级的演变。特别是在现代信息技术的加持下,预算编制、执行和监督的模式都实现了显著的技术革新和效率提升。这一变化体现在多个方面:从基

---

① 参见《中华人民共和国预算法》2018年修正版,该次修订根据2018年12月29日第十三届全国人民代表大会常务委员会第七次会议《关于修改〈中华人民共和国产品质量法〉等五部法律的决定》第二次修正。本章以下涉及《中华人民共和国预算法》的引文均出自本修正版,以下不一一加注。
② 参见 Allen Schick, *The Capacity to Budget*, Washington: The Urban Institute Press, 1990。

本的线性预算管理向多维度、动态的财政规划转变;从以单一年度为框架的预算管理向强化中期财政规划对年度预算约束的转变;从以事后审计为主向强化过程控制的转变。① 同时,现代信息技术,尤其是大数据、云计算和人工智能等,为预算的透明度、公众参与度以及政策决策的科学性带来了革命性的提升。因此,现代政府预算不仅仅是一份财政收支计划,它已经转化为一个综合的、动态的管理系统,涵盖了从资源分配、性能评估到政策反馈的全过程,更好地服务于经济社会的全面发展和公共利益的最大化。

一般而言,预算可以根据不同的标准进行分类,以预算形式和预算内容为依据进行的分类,是预算最为主要的两种分类方法。

1. 按照预算形式分类

从预算形式看,预算分为单式预算和复式预算。

单式预算是指在预算年度内,将全部政府预算收入和预算支出汇集通过统一的一个表格来反映。单式预算的优点是符合预算的完整性原则,整体性强,简便易行,便于立法机关审批和社会公众了解;其缺点在于没有把全部的政府收支按经济性质分列和分别汇总平衡,不利于经济分析和有选择地进行经济调控。

复式预算是指在预算年度内,将全部政府预算收支按经济性质归类,分别汇编成两个或两个以上的预算,以特定的预算收入来源保证特定的预算支出,并使两者具有相对稳定的对应关系。复式预算制度通常包括经常预算和资本预算两部分。我国各级政府预算按照复式预算编制,分为政府公共预算、国有资产(本)经营预算、社会保障预算和其他预算。复式预算的主要优点包括:(1)结构清晰。它将政府财政收支按经济性质划分得明确且具体,打破了将现有财政收入和支出列在一起进行平衡的传统结构。(2)便于分类管理和控制。复式预算既便于对各类财政收支进行分类管理和控制,也便于分析研究财政赤字产生的真实原因,有利于控制经常性收支的不合理增长和对资本性支出进行成本-效益分析。(3)更加公开和透明。复式预算编制方式能够将政府的各项收入和支出分别纳入不同的预算科目中进行管理,可以更好地掌握政府的财政状况和资金使用情况,有利于提高财政资金透明度。

当今世界上大多数西方国家以及不少发展中国家都采用复式预算。我国自1992年起,为适应社会主义市场经济发展的要求,开始采用复式预算制度。目前,我国政府预算体制实行中央和地方分税制,中央预算和各级地方预算按照复式预算编制。我国的复式预算制度及其与分税制相结合的预算体制,体现了对国际财

---

① 参见陆毅、欧阳洁:《深入理解建立现代预算制度的逻辑》(2022年8月23日),人民网,http://theory.people.com.cn/n1/2022/0823/c40531-32508893.html,最后浏览日期:2024年3月7日;《国务院关于进一步深化预算管理制度改革的意见》(国发〔2021〕5号),中国政府网,https://www.gov.cn/gongbao/content/2021/content_5602008.htm,最后浏览日期:2024年3月7日。

政管理实践的借鉴,同时也符合国内经济和社会发展的具体需要。

2. 按照预算内容分类

从预算内容看,预算分为增量预算和零基预算。

增量预算指新的财政年度的财政收支计划指标,是在旧的财政年度实际收支数额的基础上,结合新的财政年度经济发展状况和收支供求的变化,通过调整历史期经济活动项目及金额形成预算的预算编制方法。增量预算是一种在原有预算基础上进行适当调整的预算编制方法,具有简便易行、风险较低的优点。具体而言,增量预算是在原有预算基础上进行调整,具有以下优点:(1)能够保证各项财政收支指标的连续性,原有预算已经经过一段时间的实践和检验,具有一定的稳定性和可靠性,因此在原有预算的基础上进行调整,能够减少许多不必要的风险和波动;(2)相对简单和易于操作,能够提升预算编制效率,减少许多繁琐的工作量和成本。然而,增量预算的编制方法同时也保留了上一年度预算指标的不合理因素,因此不利于对预算支出进行及时的调整,从而影响了财政支出效率的提高。

零基预算是相对于增量预算的一种预算编制方法。零基预算是指新的财政年度收支计划指标的确定,只以新的财政年度经济发展的状况为依据,而不考虑历史期财政年度收支的数额,以零为起点,从实际需要出发分析预算期经济活动的合理性。零基预算的优点是有利于克服增量预算下财政收支指标刚性增长的弊端,使政府预算支出效率得到提高。然而,在实际操作中,由于零基预算的编制过程相对复杂且需要较高的信息技术要求,如果没有必要的信息和技术条件支持,那么以此为基础形成的政府预算将失去其基本的科学性和有效性。因此,我国和世界各国一般以增量预算为主,零基预算通常只用于具体的收支项目上。

3. 其他分类方式

按照预算主体进行分类,我国预算总体上可以分为总预算、地方预算、部门预算和单位预算四种类型。总预算由本级预算和汇总的下一级总预算组成;下一级只有本级预算的,下一级总预算即指下一级的本级预算。没有下一级预算的,总预算即指本级预算。地方预算由各省、自治区、直辖市总预算组成。部门预算指政府的一个部门所辖的各单位预算的总和。单位预算指实行预算管理的国家机构、社会团体、全民所有制事业单位的经费预算和全民所有制企业的财务收支计划中与预算有关的部分。

按照预算编制时间进行分类,预算可分为经常预算、临时预算、追加预算和非常预算。经常预算指财政年度的预算。临时预算指正式预算形成以前暂时实行的预算。追加预算指预算支出总额以外增加的支出计划。非常预算指应付意外的重大事变所制定的特别预算。

按程序进行分类,预算分为概算、预算草案、法定预算和分配预算。概算指各级政府、政府各部门草拟的财政收支计划纲要。预算草案指政府提交代议机构审议的财政收支计划。法定预算指代议机构通过的正式的年度财政收支计划。分配预算指政府的财政部门根据法定预算,分配给政府各部门实施的财政收支计划,又称行政预算。

二、政府间预算关系与预算管理体制

(一) 理论依据

确定政府间预算关系的理论主要有如下两种。

1. 公共物品的层次论

公共物品层次性理论是划分政府间事权与支出责任的基础性理论。在界定政府事权与支出责任边界的基础上,以公共物品层次性理论为基础明确中央与地方政府间的事权及支出责任,有利于应对政府间事权与支出责任划分中的"张冠李戴"式错配问题。[1] 按照公共物品的理论,受益范围具有闭合性的公共物品存在较强的层次性,一般认为,按照公共物品的受益范围不同,可以区分为全国性公共物品、地方性公共物品以及准全国性公共物品。

全国性公共物品,如国防和外交,应由中央政府提供,以确保覆盖全国的均衡供给和避免地方提供时的效率损失;地方性公共物品,如消防和城市交通,因其受益范围局限于特定区域,且地方政府对地区居民对地方性公共物品的偏好的了解程度优于中央政府,因此,更适宜由地方政府提供,从而避免中央集中供给可能导致的资源误配和效率损失;准全国性公共物品如医疗卫生和教育,由于其消费上的不均等化和外部效应,如果由一级政府提供而未得到合理补偿,将导致供应不足。为保证有效供应,通常将这些带有外部效应的物品配置职责上移至更高级别政府或通过补贴来内部化外部效应,这样可确保受外部效应影响的行政区域得到适当的公共物品供应。由于不同公共物品需求的层次性,不同级别的政府履行着不同的经济职能,提供不同的公共物品,反映到财政分配关系上,则要求在政府间明确事权和财权划分,并确保各级政府在财政分配中形成有效的统一体,以响应不同层次的公共需求。

2. 公平与效率的原则

预算作为一种分配活动,需要同时考虑如何公平地分配物质财富与如何通过合理分配社会资源来产生尽可能多的物质财富。这涉及两个核心方面:一是确保不同级别的政府之间,特别是中央与地方政府间的财力分配相对平衡;二是确保资源配置尽可能有效。

在公平性原则方面,政府预算管理体制要求中央与地方政府间的财政关系达

---

[1] 参见李苗、崔军:《政府间事权与支出责任划分:从错配到适配——兼论事权责任层次和权力要素的双重属性》,《公共管理与政策评论》2018年第4期。

到纵向平衡,意味着各级政府的财政资金来源要与其支出责任或事权范围相匹配。这种平衡与分级财政体系中的层次性和各级财政的一定自主性是相一致的。然而,实践中要通过预算管理体制中各级财政收支范围的规定达到纵向平衡往往是困难的,因为各级财政支出范围与收入范围的划分遵循的标准并不相同。支出范围的确定要符合公共产品的层次性和提高公共产品配置效率的要求,而收入范围的划分则要根据各税种的特点设计,从而实现税收的收入功能和调节功能。由于这些复杂性,通常中央政府的收入范围相对较大而支出范围相对较小,地方政府则与之相反。因此,为了解决各级财政收支范围的划分难以达到纵向均衡的问题,需要在预算管理体制内对各级财政的收支水平进行调节,以达到财权与事权的最终统一。

政府预算管理体制也应体现效率性原则。实际上政府支出范围的划分是财政职能在中央财政与地方财政中的具体界定和落实。在市场经济条件下,公共财政应发挥资源配置、收入分配、经济稳定三项基本职能。[①] 不同级别的政府所承担的职能侧重点不同:在资源配置职能方面,中央政府通常负责全国性公共产品和重大的收入分配政策,而地方政府则更专注于地方性公共产品的提供和适应当地条件的政策调整;在收入分配职能方面,考虑到社会公平在各地区之间应有与一国经济发展水平相适应的大体一致的标准,中央政府在制定收入分配政策、协调收入分配水平和控制收入分配差距上承担主要责任,地方主要是在国家统一的政策法规框架内根据当地的实际情况采取适当的调整和补充措施;在经济稳定职能方面,该职能主要是中央政府的责任,因为它涉及整个社会经济的稳定,而地方经济的稳定是从属于国家经济的稳定的。按以上标准划分中央和地方政府的支出范围将为各项财政职能的行使达到效率性要求创造基本条件。

(二)预算管理体制和机构

各级政府间的预算关系是各级政府,包括中央政府与地方各级政府,地方各级政府之间在预算职责、权限、收支划分上的相互制衡关系。各级政府间的预算关系一般通过政府预算管理体制具体体现,预算管理体制是规定一国预算的组成体系,处理各级预算的财政分配关系,确定各级政府之间划分预算收支和管理权限的一项根本制度。它的主要内容包括:确定预算主体和级次,一般是一级政权即构成一级预算管理主体;预算收支的划分原则和方法;预算管理权限的划分;预算调节制度和方法。预算体制的核心是各级预算主体的独立自主程度,即集权和分权的关系问题。预算体制是政府预算编制、执行、决算以及实施预算监督的制度依据和法律依据,是财政管理体制的主导环节。

---

① 参见 Richard Musgrave, *The Theory of Public Finance: A Study in Public Economy*, New York: McGraw-Hill Book Company, 1959。

我国实行"统一领导、分级管理"的财政管理体制。在这一体制下,国家通过设立从中央到地方的多级预算体系,即国家实行一级政府一级预算,设立中央,省、自治区、直辖市,设区的市、自治州、县、自治县、不设区的市、市辖区,乡、民族乡、镇五级预算,确保了财政资源的合理配置和有效监督。在这一财政体系中,全国预算由中央预算和地方预算组成。中央预算由中央各部门的预算组成。地方预算由各省、自治区、直辖市的总预算组成。通过这一"统一领导、分级管理"的体制,国家既确保了政策一致性和宏观经济的稳定性,又赋予了地方政府一定的自主权,体现了地方政府在中央财政框架下的自主性和灵活性,以便更好地适应和满足地方发展的具体需求。

我国的各级政府是预算管理的国家行政机关。它们的预算管理职权是:编制本级总预算草案、决算草案;将下级政府报送备案的预算汇总后报本级人民代表大会常务委员会备案;组织本级总预算的执行;决定本级政府预备费的动用;编制本级预算调整方案;监督本级各部门和下一级政府的预算执行;改变或者撤销本级各部门和下一级政府有关预算、决算方面不适当的决定、命令;向本级人民代表大会或本级人民代表大会常委会报告本级总预算执行情况等。

各级政府的财政部门是预算管理的职能部门。它们的职权是:具体编制本级总预算草案、决算草案;具体组织和监督本级总预算的执行;提出本级预算预备费动用方案;具体编制本级预算调整方案;定期向本级政府和上一级财政部门报告预算执行情况等。

各级政府的税务部门是征管作为预算收入主体的税收的职能部门,国有资产管理部门是管理作为预算收入重要组成部分的国有企业上缴利润的职能部门,审计部门是监督执行预算收支计划的职能部门。

国家实行国家金库(以下简称"国库")集中收缴和集中支付制度,国库负责办理国家预算资金的收入和支出。中国人民银行具体经理国库。国库机构按照国家财政管理体制设立,原则上一级财政设立一级国库。中央设立总库;省、自治区、直辖市设立分库;省辖市、自治州设立中心支库;县和相当于县的市、区设立支库。各级国库的主任由各该级人民银行行长兼任。各级国库库款的支配权属于同级财政机关。国库业务工作实行垂直领导。各省、自治区、直辖市分库及其所属各级支库,既是中央国库的分支机构,也是地方国库。

三、预算编制

(一)预算编制原则

政府预算编制是一个关键的财政管理过程,涉及对政府收支计划的预测和确定。这一过程不仅需要回顾和分析资源的历史使用情况、已实现目标及其成本,而且还要为未来的预期分配规划新资源。在实际操作层面,预算编制涉及制定年度计划,明确预算资金的筹集来源、金额以及分配去向。从全球各国的实践来看,预算编制过程可能是对战略计划的深思熟虑,也可能是基于多年惯例的自然延续,或是内部各利益集团之间对资源分配的相互竞争的结果。不管过程如何,一旦资源通过预算过程被分配,这种战略性的计划便被确定,并具备法律效力。因此,预算编制不仅必须遵循国家相关的法律、法规和制度规定,而且必须反映国家的宏观政策,即国民经济和社会发展的整体要求。这意味着预算编制不仅是一项技术性财务工作,更是一个综合考虑经济、社会、政治和法律因素的复杂决策过程,旨在满足高效、公平、透明的预算管理需求。

我国各级政府编制预算的原则包括统筹兼顾、勤俭节约、量力而行、讲求绩效、收支平衡等。这些原则是预算编制的指导思想,以确保政府的财政活动能够既满足经济发展的需要,又符合社会和公共利益。其中,"统筹兼顾"原则反映了宏观经济治理的要求,即在预算编制时需要考虑到经济的各个方面和各个层次,坚持统筹兼顾,注重综合平衡,以实现宏观经济的稳定和持续发展。而"勤俭节约"的原则体现了资源最优配置的思想,即在有限的资源条件下,通过有效的预算管理和支出控制,实现财政资源的最大化利用。此外,"讲求绩效"的原则则直接关联到公共财政责任,要求政府在预算编制和执行过程中,不仅要注重经济效益,还要考虑社会效益和长远影响,确保公共资源的有效和责任性使用。

(二)预算编制内容

按照《中华人民共和国预算法》和《中华人民共和国预算法实施条例》,预算编制内容如下。

编制中央预算的内容包括:

(1)一般公共预算收入、支出编制。具体而言,一般公共预算收入编制内容,包括本级一般公共预算收入、从国有资本经营预算调入资金、地方上解收入、从预算稳定调节基金调入资金、其他调入资金;一般公共预算支出编制内容,包括本级一般公共预算支出、对地方的税收返还和转移支付、补充预算稳定调节基金。

(2)中央政府性基金预算收入、支出编制。具体而言,中央政府性基金预算收入编制内容,包括本级政府性基金各项目收入、上一年度结余、地方上解收入;中央政府性基金预算支出编制内容,包括本级政府性基金各项目支出、对地方的转移支付、调出资金。

(3)中央国有资本经营预算收入、支出编制。具体而言,中央国有资本经营预算收入编制内容,包括本级收入、上一年度结余、地方上解收入;中央国有资本经营预算收入编制内容,包括本级支出、向一般公共预算调出资金、对地方特定事项的转移支付。

(4) 中央和地方社会保险基金预算收入、支出编制。具体而言,社会保险基金预算收入包括各项社会保险费收入、利息收入、投资收益、一般公共预算补助收入、集体补助收入、转移收入、上级补助收入、下级上解收入和其他收入;社会保险基金预算支出包括各项社会保险待遇支出、转移支出、补助下级支出、上解上级支出和其他支出。

编制地方各级政府预算的内容包括:

(1) 地方各级一般公共预算收入、支出编制。具体而言,一般公共预算收入编制内容,包括本级一般公共预算收入、从国有资本经营预算调入资金、上级税收返还和转移支付、下级上解收入、从预算稳定调节基金调入资金、其他调入资金;一般公共预算支出编制内容,包括本级一般公共预算支出、上解上级支出、对下级的税收返还和转移支付、补充预算稳定调节基金。

(2) 地方政府性基金预算收入、支出编制。具体而言,地方政府性基金预算收入编制内容,包括本级政府性基金各项目收入、上一年度结余、下级上解收入、上级转移支付;地方政府性基金预算支出编制内容,包括本级政府性基金各项目支出、上解上级支出、对下级的转移支付、调出资金。

(3) 地方国有资本经营预算收入、支出编制。具体而言,地方国有资本经营预算收入编制内容,包括本级收入、上一年度结余、上级对特定事项的转移支付、下级上解收入;地方国有资本经营预算支出编制内容,包括本级支出、向一般公共预算调出资金、对下级特定事项的转移支付、上解上级支出。

(4) 社会保险基金预算收入、支出编制。具体而言,社会保险基金预算收入包括各项社会保险费收入、利息收入、投资收益、一般公共预算补助收入、集体补助收入、转移收入、上级补助收入、下级上解收入和其他收入;社会保险基金预算支出包括各项社会保险待遇支出、转移支出、补助下级支出、上解上级支出和其他支出。

(三) 预算编制程序

预算编制过程中,从准备、草案到人大审议、批复,每一步不仅涉及技术性细节,而且体现了政府预算管理所遵循的政策导向、效率与公平、责任与透明等基本原则,确保预算编制既科学合理又符合国家战略和社会需要。按照《中华人民共和国预算法》《中华人民共和国预算法实施条例》的有关规定,政府预算的编制一般采用自上而下、自下而上、上下结合、逐级汇总的程序,主要体现为如下四个阶段。

1. 第一阶段:做好编制预算的准备工作

在政策性准备工作方面,要以党和国家的路线、方针和政策为指针,这是确保预算编制符合国家战略方向和政策要求的重要前提。要以有关计划为依据,确定适度的财政收支增长率,这是确保预算编制与国家经济发展计划相协调的关键。按照财政体制的要求,划分中央和地方的财政收入和支出范围,这是确保各级政府权责明晰、财力合理配置的重要保障。

在技术性准备工作方面,一是做好本年度预算执行的预计和分析。我国预算收支指标的测算方法,多年来主要采用"基数法"加"因素法"。即预算收支主要是以本年预计数字为基础,并依照下一年经济和社会发展计划草案有关指标和财政经济政策等因素进行测算。二是拟订下年度预算收支控制指标。三是修订国家预算科目和制定总预算表格。四是具体组织部署。

2. 第二阶段:编制预算草案

财政部于每年6月15日前部署编制下一年预算草案的具体事项,规定报表格式、编报方法、报送期限等。中央各部门根据国务院的指示和财政部的部署,结合本部门的具体情况,组织编制本部门及其所属单位的预算草案,负责本部门所述各单位预算草案的审核,并汇总编制本部门的预算草案,按照规定报财政部审核。财政部审核汇总中央各部门的预算草案,编制中央预算草案;汇总地方预算草案或者地方预算,汇编中央和地方预算草案。

县级以上地方各级财政部门应当于每年6月30日前部署本行政区域编制下一年度预算草案的具体事项,规定有关报表格式、编报方法、报送期限等。县级以上地方各级政府财政部门审核本级各部门的预算草案,具体编制本级预算草案,汇编本级总预算草案,经本级政府审定后,按照规定期限报上一级政府财政部门。省、自治区、直辖市政府财政部门汇总的本级总预算草案或者本级总预算,应当于下一年度1月10日前报财政部。

3. 第三阶段:人大审议、通过预算

国务院财政部门应当在每年全国人民代表大会会议举行的四十五日前,将中央预算草案的初步方案提交全国人民代表大会财政经济委员会进行初步审查。

省、自治区、直辖市政府财政部门应当在本级人民代表大会会议举行的三十日前,将本级预算草案的初步方案提交本级人民代表大会有关专门委员会进行初步审查。

预算经本级人民代表大会批准后,按照批准的预算执行。

4. 第四阶段:财政部门批复预算

各级预算经本级人民代表大会批准后,本级政府财政部门应当在二十日内向本级各部门批复预算。各部门应当在接到本级政府财政部门批复的本部门预算后十五日内向所属各单位批复预算。一般来说,部门预算的编制程序是"两上两下",即预算部门两次将预算草案上报给财政部门,财政部门又两次返回预算的过程:"一上",即部门编报预算建议数;"一下",即财政部门下达预算控制数;

"二上",即部门上报预算;"二下",即财政部门批复预算。其具体编制程序如图 9-1 所示。

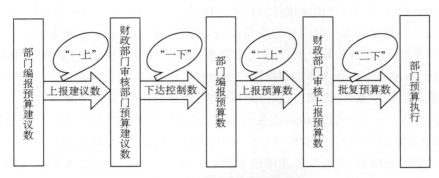

图 9-1 部门预算的编制流程图

四、预算执行

(一)预算执行的含义

政府预算执行是指在法定程序批准的预算基础上,组织实现政府预算收支计划的过程。这个过程涉及预算收支任务的完成、预算政策的执行以及预算平衡和监督。预算执行不仅是将预算目标变为现实的必要过程,而且也是政府预算管理中的核心环节。通过预算执行,政府将编制阶段的资源吸纳与配置的预测和决策转化为具体的财政行动,确保公共政策的要求得到实现。

政府预算执行的目的在于实现预算编制过程中所设定的目标,确保公共资源的有效配置和使用。其直接目标是通过合理的组织安排,使预算收支计划变为现实,实现预算安排的各项指标。从收入方面来看,需要确保按照计划及时、充分地收集税收和其他收入,并努力降低收入征集的成本;从支出方面来看,要确保财政资金按计划及时、合理地分配和使用,同时降低资金分配的成本;从管理方面来看,要实施严格的制度,建立合理的体制,并通过高效的管理来确保预算的顺利执行。间接目标则是通过预算执行的组织工作,在实现直接目标的同时,促进和保障国民经济和社会事业发展目标的实现。

预算执行的重要性体现在多个方面。其一,它是实现政府预算目标的中心环节,关系到预算计划是否能够顺利实现。其二,预算执行是一项经常性工作,贯穿于整个财政年度,影响着财政资源的持续和稳定运用。其三,预算执行的效果将直接影响下一年度预算收支规模和结构的安排,是优化资源配置、实现政策目标的关键。其四,通过预算执行,可以根据实际情况的变化,不断组织新的平衡,体现预算的灵活性和适应性,确保政府能够高效、有效地响应各种经济社会变化。

（二）预算执行中政府财政部门的主要职责

政府财政部门负责预算执行的具体工作，是国家预算执行的职能机构，其主要职责是：(1)研究和落实财政税收政策措施，支持经济和社会的健康发展；(2)制定组织预算收入、管理预算支出以及相关财务、会计、内部控制、监督等制度和办法；(3)督促各预算收入征收部门和单位依法履行职责，征缴预算收入；(4)根据年度支出预算和用款计划，合理调度、拨付预算资金，监督检查各部门、各单位预算资金使用管理情况；(5)统一管理政府债务的举借、支出与偿还，监督债务资金使用情况；(6)指导和监督各部门、各单位建立健全财务制度和会计核算体系，规范账户管理，健全内部控制机制，按照规定使用预算资金；(7)汇总、编报分期的预算收支执行数字，分析预算收支执行情况，按照本级人民代表大会常务委员会、本级政府和上一级政府财政部门的要求定期报告预算执行情况，并提出相关政策建议；(8)组织和指导预算资金绩效监控、绩效评价；(9)协调预算收入征收部门和单位、国库和其他有关部门的业务工作。

国务院财政部门具体编制中央预算草案；具体组织中央和地方预算的执行；提出中央预算预备费动用方案；具体编制中央预算的调整方案；定期向国务院报告中央和地方预算的执行情况。

地方各级政府财政部门具体编制本级预算草案；具体组织本级总预算的执行；提出本级预算预备费动用方案；具体编制本级预算的调整方案；定期向本级政府和上一级政府财政部门报告本级总预算的执行情况。

（三）预算执行的任务

我国政府预算执行的基本任务主要包括收入执行、支出执行、组织预算收支平衡、预算监督管理，即"收、支、平、管"四大任务。在收入执行方面，预算执行的基本任务是通过各收入征收机关的协作，处理好税收与经济的关系，确保按照政策把应收的各项预算收入及时、正确、足额征收入库，并不断加强对预算收入的征收管理。在支出执行方面，要按照政府支出预算安排，分配和使用财政资金，以满足社会公共需求。政府预算支出不仅为实现政府各项职能提供财力保障，而且还要求合理分配和使用资源，确保重点领域和一般需求的兼顾。因此，预算支出的执行情况直接影响到政府职能的发挥和社会公共需求的满足程度，是政府预算管理中至关重要的一环。此外，在预算执行过程中，面对经济形势的变化、政策的调整或突发事件等因素，为了避免预算收支与客观实际情况脱节，有必要根据实际情况对预算进行动态调整，以实现预算在执行中的平衡。

根据我国《中华人民共和国预算法》的具体规定，预算执行的任务包括以下三个方面。

1. 预算收入

预算收入征收部门和单位，必须依照法律、行政法规的规定，及时、足额征收应征的预算收入。不得违反法律、行政法规规定，多征、提前征收或者减征、免征、缓征应征的预算收入，不得截留、占用或者挪用预算收入。各级政府不得向预算收入征收部门和单位下达收入指标。

各级政府财政部门和税务、海关等预算收入征收部门和单位必须依法组织预算收入，按照财政管理体制、征收管理制度和国库集中收缴制度的规定征收预算收入，除依法缴入财政专户的社会保险基金等预算收入外，应当及时将预算收入缴入国库。

除依法缴入财政专户的社会保险基金等预算收入外，一切有预算收入上缴义务的部门和单位，必须将应当上缴的预算收入，按照规定的预算级次、政府收支分类科目、缴库方式和期限缴入国库，任何部门、单位和个人不得截留、占用、挪用或者拖欠。

2. 预算支出

各级政府财政部门必须依照法律、行政法规和国务院财政部门的规定，及时、足额地拨付预算支出资金，加强对预算支出的管理和监督。各级政府、各部门、各单位的支出必须按照预算执行，不得虚假列支。各级政府、各部门、各单位应当对预算支出情况开展绩效评价。

3. 预算执行的领导与管理

各级预算的收入和支出实行收付实现制。国家实行国库集中收缴和集中支付制度，对政府全部收入和支出实行国库集中收付管理。各级政府应当加强对预算执行的领导，支持政府财政、税务、海关等预算收入的征收部门依法组织预算收入，支持政府财政部门严格管理预算支出。财政、税务、海关等部门在预算执行中，应当加强对预算执行的分析；发现问题时应当及时建议本级政府采取措施予以解决。

五、决算管理

(一) 决算管理的含义

政府决算是指按照法定程序编制的、经立法程序审查批准的，用以反映预算执行结果的会计报告。政府决算反映的是预算年度内，政府预算收支的最终执行结果，是政府的经济活动在财政上的集中体现。

政府决算由中央级决算和地方总决算组成。各省、自治区、直辖市的总决算汇总组成地方总决算。省（自治区、直辖市）级决算及其所属州、县（市）总决算汇总组成省、自治区、直辖市的总决算。中央级决算、省（自治区、直辖市）级决算和县

(市)总决算,由同级主管部门汇总的行政事业单位决算、企业财务决算、基本建设财务决算和金库年报、税收年报等组成。企业财务决算和基本建设财务决算由国有企业和基本建设单位编制。组织预算的执行、经办结算资金收纳和拨款的机构,如国家金库、税务部门、企业利润监交机关、建设银行、工商银行和农业银行等,也都要编制决算。

政府财政部门及各部门、各单位在每一预算年度终了时,应当清理核实全年预算收入、支出数字和往来款项,做好决算数字的对账工作。决算各项数据应当以经核实的各级政府、各部门、各单位会计数据为准,不得以估计数据替代,不得弄虚作假。

各部门在审核汇总所属各单位决算草案基础上,连同本部门自身的决算收入和支出数字,汇编成本部门决算草案并附草案的详细说明,经部门行政领导签章后,在规定期限内报本级政府财政部门审核。

根据财政部门提供的年度预算收入和支出的执行结果,编制本级决算草案,提请本级人大审查和批准。县级以上地方各级政府财政部门根据本级各部门决算草案汇总编制本级决算草案,报本级政府审定后,由本级政府提请本级人大常委会审查和批准。财政部应当根据中央各部门决算草案汇总编制中央决算草案,报国务院审定后,由国务院提请全国人大常委会审查和批准。

县级以上地方各级政府应当自本级人大常委会批准本级政府决算之日起30日内,将本级政府决算及下一级政府上报备案的决算汇总,报上一级政府备案。各级政府将下一级政府上报备案的决算汇总,报本级人民代表大会常务委员会备案。乡、民族乡、镇政府应当自本级决算经批准之日起30日内,将本级决算报上一级政府备案。

(二) 政府决算的意义

政府决算是衡量预算执行成效的最终结果,它综合反映了国家经济与社会发展的实际成果。理论上,若预算得到有效实施,其结果应与预算相吻合。然而,由于外部环境的变动和多种因素影响,实际预算执行往往与原计划存在差异。只有通过政府决算,我们才能准确了解预算执行的真实情况,包括是否实现了预定的收支目标和是否保持了收支平衡等。编制政府决算是一项关乎国家和人民福祉的重要工作,不仅具有政治意义,还具有重大的经济意义。政府决算的意义具体表现在以下几个方面。

第一,政府决算是国家经济社会活动在财政上的集中反映。政府决算体现着一个预算年度期间政府经济社会活动的动态。通过编制政府决算,可以精确把握年度政府预算的具体执行状况以及政府制定的多年期滚动计划在本年度的实际完成情况,系统性地理解政府有关政策、方针的执行情况和实施效果,并全面掌握预算年度内财政资金的实际流动、分配方向和结构布局。

第二,政府决算反映政府预算执行的最终结果。政府决算是对政府预算执行结果的详细记录和反映,它全面展示了年度财政活动的实际状况。在政府决算收入方面,它包括了预算收入的规模、来源和构成,反映了国家资金集中的程度和资金积累的水平;在政府决算支出方面,它详细记录了预算支出的规模、方向和构成,揭示了国家经济建设、社会事业发展和公共福利提升的实际投入,体现了产业结构调整的重点和公共财政的发展方向。通过决算中的关键数据,可以分析各项事业发展的速度及成果,从而全面反映国家经济社会发展的规模和速度。

第三,政府决算为政府经济决策提供依据。政府决算统计资料通过系统地整理和反映预算执行的最终实际数据,为制定未来国家宏观经济政策,从事经济管理、财政研究提供重要的信息资料和依据。政府决算的编制不仅是积累和整理财政统计资料的重要途径,而且通过全面分析预算管理和资金使用效果,汇总一年来的经济活动和财政监督经验,为国家领导机关研究经济问题、进行经济决策提供依据。这些统计资料和分析结果,既总结了贯彻执行政府方针、政策的情况,也为提高下一年度预算管理水平、制定更科学的宏观财政经济政策,以及确定预算收支控制指标提供了数字基础和实践经验。

第四,政府决算是实现预算监督管理的重要手段。政府决算本身具有公开性、透明性的要求。决算流程通过行政机关编制、司法审查,最终由立法机关审议,确认政府公共收支的合法性,从而实现预算法治化监督。通过决算的编制、审核与分析,可以全面考核和监督政府预算资金的管理,为提升财政管理流程绩效创造条件。同时,政府预算的编制和执行结果必须接受纳税人监督,形成有效的外部制约机制。通过信息披露制度,不仅增强了财政部门的内部监管和透明度,还解决了政府与纳税人间的信息不对称问题,提高了纳税人参政议政的意识,彰显了财政的民主化价值导向。

(三) 政府决算与政府预算的关系

政府决算与政府预算既有区别,又有联系。这种关系可以从以下方面进行阐述:政府预算是对预算年度收支规模、结构和各种比例关系的总体估算,它是基于预期的经济情况和政策目标制定的财政计划;政府决算则是对政府预算执行的实际效果和规模的详尽反映,它汇总了实际的收入和支出数据,从而为重新制定国家财经政策和下一年度的政府预算提供了重要的依据。

政府决算与政府预算在执行过程中处于两个不同的位置:预算是财政规划的起点和依据,而决算则是这些计划执行后的终点和结果。在这个过程中,两者形式和内容基本上是相互对应、相互衔接的。这种联系主要体现在以下几个方面。

(1) 原则的一致性:政府决算和政府预算的原则基本一致,都强调了公开、可靠、统一、完整和年度性。如果决算数字不准确、不完整或报送不及时,就会影响对预算执行年度财政收支情况的了解,从而影响财经计划、政策和新的政府预算的制定。

(2) 组成的一致性：政府决算和政府预算都由中央级和地方级两个部分组成。每一级政府都需要编制独立的预算和相应的决算。按照隶属关系,地方总决算包括在国家总决算中。

(3) 结构的一致性：政府决算是全面总结和检验政府预算实际效果和执行结果的重要环节。它基于政府预算制定,并在结构上便于进行检查和分析比较,因此决算使用的科目必须与预算中的科目保持一致。

(4) 审批程序的一致性：政府决算的审批程序与政府预算基本相同。依据《中华人民共和国预算法》第 77 条的规定,国务院财政部门编制中央决算草案,经国务院审计部门审计后,报国务院审定,由国务院提请全国人民代表大会常务委员会审查和批准；县级以上地方各级政府财政部门编制本级决算草案,经本级政府审计部门审计后,报本级政府审定,由本级政府提请本级人民代表大会常务委员会审查和批准；乡、民族乡、镇政府编制本级决算草案,提请本级人民代表大会审查和批准。通常情况下,财政部需要对中央各主管部门和省级政府上报的决算进行政策性和技术性审查。

第三节 会 计 管 理

一、会计管理的含义

"会计"一词,我国古已有之。在汉语中,"零星算之为计,总合算之为会",会计即为记零账和汇总账之意。而在现代意义上,会计是一种使用货币作为统一的计量单位的管理活动。会计按其核算、反映和监督的对象和适用范围,在我国一般分为两大类：一是企业会计,用来核算、反映和监督社会再生产过程中生产领域和交换(流通)领域里企业经营资金的运动；二是政府会计,是以经济和社会发展为目的,核算、反映和监督社会再生产过程中的分配领域的预算资金运动。

政府会计改革是近 40 年来世界各国提高政府治理效率、提升国家治理能力的重要举措。自 20 世纪 80 年代以来,西方发达国家掀起了一场被看作"重塑政府"或"再造政府"的"新公共管理运动"。"新公共管理主义"强调商业管理的理论、方法、技术及模式在公共管理中的运用。在西方国家,既然传统的行政管理无法使得公共部门尤其是政府组织具有更强的竞争力,以及无法适应环境和满足强调绩效、注重产出和结果以及顾客至上等要求,那么就需要用企业家的精神来改造政府,引入私人部门管理的技术、方法。技术和方法的改变是范式和理念转变的逻辑上的结果,也是政府管理会计成为必要的直接原因,因为管理会计是私人部门管理技术和方法的重要组成部分,贯穿于企业生产经营的全过程。新公共管理思想是政府组织及第三部门领域管理范式和理念的一次根本性变革,为管理会计向这一领域进行横向拓展提供理论上的支持。新公共管理特征中包含的追求"三E",即"经济、效率和效益",既是管理会计存在的理论基础,也是管理会计存在的原因和目的。[1]

权责发生制政府会计改革是建立现代财政体制的重要内容。从管理会计产生和发展的历史来看,从美国的"政府再造"到国际政府会计准则委员会发挥作用,从英国、新西兰等国家政府与企业会计准则的趋同到英国等国家政府会计(公共部门会计)全面采用国际会计准则,世界各国的政府会计改革普遍出现了"双轨制"形态,即包含了两个相对独立的子系统:预算会计和财务会计,这清楚地揭示了采用和强化权责发生制是国际上政府会计改革的主流方向,体现了世界各国对政府会计的关切和政府会计信息需求趋势。[2] 现代财务报告目标理论认为,财务报告有两个目标:一是决策有用观,二是受托责任观。就我国政府会计的历史沿革和现实状况而言,相比较决策有用观来看,基于受托责任观的透视和分析则更具有丰富的理论意义和重要的实践价值。考虑到预算会计在提供反映政府绩效信息方面的局限性,为了看到政府的绩效受托责任,即政府的履责能力、投入产出的效率和效果等方面的信息,则必须对过去以预算会计为唯一形式的政府会计体系进行改革,引入和建立以权责发生制为基础的政府财务会计,进而在此基础上编制政府综合财务报告。[3]

从会计记账基础看,预算会计采用收付实现制,而财务会计采用权责发生制,不同的会计记账基础对应不同的会计对象,也就对应不同的会计要素。我国政府会计在很长时期是以预算会计为唯一形式出现的。预算会计报表可以记录和反映政府部门执行预算的整个过程,便于预算资源的提供者掌握政府部门对预算资源责任的履行情况,但是,预算会计却存在不能提供政府运行成本、全部资产、全部债务等信息的缺陷,从而不能全面反映政府获取资源的能力以及使用这些资源的效率和效果。[4]

我国自2007年启动新一轮政府会计改革,初步确立了权责发生制的改革导向。立足新时期经济社会发展的特点和国家治理的需要,我国不断加强财政预算改革。2013年党的十八届三中全会通过《中共中央关于全面深化改革若干重大问题的决定》,《决定》明确提出建立权责发生制的政府综合财务报告制度。

---

[1] 参见路军伟、厉国威:《新公共管理运动与政府管理会计的兴起》,《财会月刊》2007年第5期。
[2] 参见崔学刚:《英国政府会计执行国际会计准则的经验与教训——兼论我国政府综合财务报告制度建设》,《会计之友》2020年第14期。
[3] 参见徐经长、何乐伟:《以政府会计改革助推全面绩效管理》,《中国行政管理》2018年第6期。
[4] 同上。

2014年12月,国务院正式批准了财政部提出的《权责发生制政府综合财务报告制度改革方案》。自2015年起,财政部陆续发布了《政府会计准则——基本准则》及多项具体准则,"政府会计"一词首次被正式使用,我国正式步入了政府预算会计与政府财务会计并行的新阶段。2017年,财政部进一步颁布了《政府会计制度——行政事业单位会计科目和报表》,并于2019年1月1日起全面实施。这一系列举措标志着具有中国特色的政府会计准则制度体系已基本建立,对于提升政府财务管理效能、推动财政经济可持续发展具有深远意义,具体包括三个方面。第一,新的会计标准体系包括"双功能"(预算和财务)、"双基础"(收付实现制和权责发生制)以及"双报告"(预算报告和财务报告),政府会计既能体现预算情况,又能准确反映资产和负债等信息,预算执行信息与财务信息同时呈现,以全面反映政府的"家底"。第二,新的会计标准体系有机整合了《行政单位会计制度》《事业单位会计制度》,以及医院、学校、测绘单位等不同行业单位的会计制度,统一了会计科目和报表的标准,以此实现核算标准与口径的全面统一。第三,新的会计标准体系扩展了政府资产负债的核算范围。在资产方面,为满足行政事业单位资产管理的需要,以更真实、全面地反映政府单位的财务状况,新政府会计制度增加了公共基础设施、文物文化资产、长期股权投资、固定资产折旧、保障性住房等资产的核算内容。在负债方面,为全面反映政府单位实际负债内容,新政府会计制度增加了预计负债和受托负债核算内容。第四,新的会计标准体系建立了以编制和报告政府资产负债表、收入费用表等报表为核心的权责发生制政府综合财务报告制度。全面、准确地反映了政府的财务状况,对提高政府财政管理水平、促进政府会计信息公开和改善绩效管理具有重要作用。①

然而,政府资产负债表的编制还在试点推进过程中,最终的实现还需要一定的时间。近年来,政府多次提出坚持过紧日子,盘活财政存量资金和闲置资产,这是应对财政紧张的必然需求,同时也反映了编制政府资金负债表的必要性和紧迫性。

二、会计管理的作用和基本要求

会计通过全面、系统、连续和综合的方式对经济活动进行记录、监督和控制,同时也参与决策过程,旨在提高经济效益、维护社会主义市场经济秩序。会计管理作为政府行政管理的组成部分,是政府有关的职能部门依法对各单位的会计组织、会计制度和会计工作进行的管理活动,目的是规范各单位的会计事务,使财务功能与行政管理的其他功能相协调,促进经济和社会的发展。

会计管理在政府行政管理和社会发展中具有重要的作用:第一,会计管理是微

---

① 参见胡铁鸣:《政府会计制度改革的绩效与保障措施研究》,《税务与经济》2023年第5期。

观经济管理乃至宏观经济管理的基础;第二,会计管理有利于政府机构厉行节约,精兵简政,提高行政管理的效率;第三,会计管理有利于事业单位正确处理财政拨款与市场创收的关系,在坚持社会效益优先的前提下,努力提高经济效益;第四,会计管理有利于各行各业讲究经济核算,提高管理效益;第五,会计管理有利于节约自然资源,实现经济和社会的可持续发展。

鉴于会计管理在政府行政管理和社会发展中扮演的关键角色,明确其基本要求变得尤为重要。具体而言,会计管理的基本要求包括以下几个方面。

1. 保障会计组织对行政首长的相对独立性

会计工作必须遵守国家相关法律、法规和本单位有关的规章制度。行政首长必须遵守国家的法律、法规和单位的规章制度,并在此基础上有权制定会计业务的一部分具体规定。同时,会计组织的负责人以及工作人员既有职责遵守会计方面国家的法律、法规和单位的规章制度,也有职责执行行政首长的指示;当法规规定和行政指示一致时,应当主动、积极地支持行政首长的工作;但若存在矛盾,则应当坚持法律和规章,抵制行政首长的错误指示。这是会计组织对行政首长具有相对独立性的依据。为了保障这种相对的独立性,行政首长在任免会计组织的负责人时,必须经企业的董事会、事业单位的主管部门、政党社团和国家机关的领导组织的同意。通过这种机制,可以确保会计组织在执行职责时既遵循法律法规,又能适应行政管理的需求,同时保持必要的独立性和客观性。这样的安排有助于维护会计事务的准确性和公正性,同时保护公众利益和经济秩序。

2. 配备高素质的会计人员

会计工作的重要性和复杂性要求会计人员具备多方面的高素质。首先,政治思想素质至关重要。会计工作人员应深入学习和执行党的政策和国家的法律,理解并执行行政首长制定的管理目标和任务,并主动支持和配合各部门的工作。其次,要有较高的道德素质。会计人员需坚守诚实守信的原则,不贪污受贿;坚持实事求是,不做假账;勇于抵制违反财务规章的行为。再次,要有较高的智力素质。由于会计工作涉及大量数字处理,所以需要良好的记忆力和强大的分析能力。同时,会计目标是管理目标的重要组成部分,需要一定程度的创造性思维。最后,较高的业务素质也同样重要。会计人员不仅要熟悉会计知识,而且应懂一些经济学、管理学、法律学、心理学等学科的知识;不仅要有理论知识,还应掌握电脑、写作、调查、公关、外语等应用性技能。

3. 制定和实施严密的会计管理的规章制度

会计管理必须遵守规章制度的原因有四。原因之一即根本原因是为了维护资金和财产的所有者的权益。资金和财产所有者制定规章制度的目的是保护他们的资产免受损害,实现增值和获取收益。因此,规范化的会计管理对于确保他们的财产安全和增长至关重要。原因之二是平衡经营管理的各方面功能。会计对收支的分类记账，记录了以资金收支形式来体现的经营管理各方面功能的运行过程；会计管理通过对账户分类和资金收支的调整，来控制和促进管理的各项功能的发展。原因之三是杜绝舞弊和浪费，提高资金和管理的效益。会计检查有助于发现徇私舞弊行为；会计审核则可以减少不必要的支出，节约资金；而会计分析则可以寻找提高资金和管理效益的方式。原因之四是使资金的使用具有严密的规范。资金是物质财富的货币形式；资金是量化的。资金的这些性质，决定了资金的使用必须有严密的规范，进而决定了会计管理规章制度的严密性。

制定会计管理规章制度的主体首先是政府。作为公共财产的受托人和社会的公共权威，政府有责任制定法律和法规来维护公共财产的权益，维持市场经济的秩序和监督经营管理。这些法律和法规为企业、事业单位、机关团体内部的会计管理规章制度提供了基础。此外，企业的股东大会和董事会、事业单位的主管机关以及机关团体的领导组织，也是制定会计管理规章制度的主体，通过会计规章来指导和约束会计组织和会计业务。

4. 监督会计记录的真实性

会计的意义全在于真实。会计的职责是维护资金和财产所有者的权益，对单位的投入产出进行会计核算，对各部门的收支活动实行会计监督，分析资金使用和管理工作的效益等。真实地做好会计记录，是履行各项会计职责的基础。会计记录的真实性表现在各个环节，包括原始凭证、记账凭证、账簿记录、会计报表和会计报告等。然而，在会计实践中，会计记录真实性可能受到各种因素的干扰，如隐瞒收入、挪用支出、掩盖违章的支出、虚报支出、挪用公款等。政府的会计管理监督会计记录的真实性，可以通过财政部门、税务部门和审计部门监督和检查会计业务；表彰坚持会计记录真实性的会计机构和会计人员；对违反会计记录真实性的会计机构负责人和会计人员，给以处分，直至追究刑事责任。

5. 倡导会计工作的服务性

会计工作的本质在于平衡其监督性和服务性的双重角色。一方面，会计需要严格监督各部门遵守会计管理的规章制度；另一方面，也需努力为这些部门的工作提供服务。这种监督与服务的关系构成了会计工作的基本矛盾，其核心是处理公共利益与单位局部利益、长远利益与眼前利益、集体利益与个人利益之间的平衡。会计管理中处理这个矛盾的原则是：在监督各部门遵守会计工作规章制度的前提下，努力为各部门的工作服务。多数的会计规章制度是合理的，有利于促进各部门的工作，会计部门有义务宣传这些规章，并与各部门的人员商量，如何利用这些规章，为各部门的工作服务；对少数不合理的规章或条款，应建议制定的部门予以修改。在形成各部门都比较自觉遵守会计规章的氛围下，会计部门应将工作重点转移到更积极地为各部门服务上。

三、会计管理的体制和机构

会计管理体制是划分会计管理工作职责权限关系的制度,包括会计管理组织形式、管理权限划分和管理机构设置等内容。我国的会计管理体制呈现出明显的政府主导型特征,即政府在会计管理中发挥主导作用,对企业会计标准、会计人员和公共会计行业进行全面管理。《中华人民共和国会计法》(2017年修正版)第7条规定,国务院财政部门主管全国的会计工作;县级以上地方各级人民政府财政部门管理本行政区域的会计工作。《中华人民共和国会计法》第36条规定:"各单位根据会计业务的需要,设置会计机构,或者在有关机构中设置会计人员并指定会计主管人员;不具备设置条件的,应当委托经批准设立从事会计代理记账业务的中介机构代理记账。国有的和国有资产占控股地位或者主导地位的大、中型企业必须设立总会计师职位。总会计师的任职资格、任免程序、职责权限由国务院规定。"

各单位应当建立、健全本单位内部会计监督制度。单位内部会计监督制度应当符合下列要求:(1)记账人员与经济业务事项和会计事项的审批人员、经办人员、财物保管人员的职责权限应当明确,并相互分离、相互制约;(2)重大对外投资、资产处置、资金调度和其他重要经济业务事项的决策和执行的相互监督、相互制约程序应当明确;(3)财产清查的范围、期限和组织程序应当明确;(4)对会计资料定期进行内部审计的办法和程序应当明确。单位负责人应当保证会计机构、会计人员依法履行职责,不得授意、指使、强令会计机构、会计人员违法办理会计事项。会计机构、会计人员对违反本法和国家统一的会计制度规定的会计事项,有权拒绝办理或者按照职权予以纠正。

四、会计管理的内容

(一)"适度分离、相互衔接"的会计核算模式

政府会计作为更好地发挥服务型政府职能的一个重要环节,面对国家治理体系的现代化和政府职能的转变也亟须改革,针对政府会计改革的方向,2013年党的十八届三中全会《中共中央关于全面深化改革若干重大问题的决定》也做出了相关的规定,即建立以权责发生制为计量基础的政府综合财务报告制度,为未来从收付实现制向权责发生制转变奠定了基调。为了积极贯彻落实党的十八届三中全会"推进国家治理体系和治理能力现代化"的精神和《国务院关于批转财政部权责发生制政府综合财务报告制度改革方案的通知》(国发〔2014〕63号)的要求,构建统一、科学、规范的政府会计核算标准体系,夯实政府财务报告的编制基础,2017年

10月24日,财政部印发了《政府会计制度——行政事业单位会计科目和报表》(财会〔2017〕25号,以下简称"《制度》")。《制度》构建了"财务会计和预算会计适度分离并相互衔接"的会计核算模式。所谓"适度分离",是指适度分离政府预算会计与财务会计功能、决算报告与财务报告功能,全面反映政府会计主体的预算执行信息和财务信息。这主要体现在以下几个方面:一是"双功能",在同一会计核算系统中实现财务会计和预算会计双重功能,通过资产、负债、净资产、收入、费用五个要素进行财务会计核算,通过预算收入、预算支出和预算结余三个要素进行预算会计核算;二是"双基础",财务会计采用权责发生制,预算会计采用收付实现制,国务院另有规定的,依照其规定;三是"双报告",通过财务会计核算形成财务报告,通过预算会计核算形成决算报告。所谓"相互衔接",是指在同一会计核算系统中政府预算会计要素和相关财务会计要素相互协调,决算报告和财务报告相互补充,共同反映政府会计主体的预算执行信息和财务信息。[①]

(二) 会计核算的具体内容

1. 政府预算会计和政府财务会计

根据财政部公布的《政府会计准则——基本准则》,我国政府会计由预算会计和财务会计构成。预算会计实行收付实现制,财务会计实行权责发生制。

政府预算会计要素主要涉及预算收入、预算支出和预算结余。预算收入指的是政府会计主体在预算年度内依法获得并纳入预算管理的现金流入。这些收入通常在实际收到时确认,并以实际收到的金额计量。预算支出则指在预算年度内政府会计主体依法产生并纳入预算管理的现金流出,一般在实际支付时确认,以实际支付的金额计量。预算结余是指政府会计主体在预算年度内预算收入减去预算支出后的资金余额,包括结余资金和结转资金。结余资金是年度预算执行结束后的剩余资金,而结转资金是因项目未完全执行而滚存到下一年度继续使用的资金。所有符合这些定义和确认条件的项目都应列入政府决算报表。

政府财务会计要素则包括资产、负债、净资产、收入和费用。资产被定义为政府会计主体过去的经济活动产生的、能够带来服务潜力或经济利益流入的经济资源。这些资产根据流动性分为流动资产和非流动资产。资产在满足特定条件下确认,并可采用多种计量属性(如历史成本、重置成本等)。负债是指政府会计主体因过去经济活动形成的、预期会导致经济资源流出的现时义务。负债同样分为流动负债和非流动负债,并在符合条件时确认。净资产是资产扣除负债后的净额。收入和费用分别指导致政府会计主体净资产增加或减少的经济资源流入和流出,它们的确认同样需满足特定条件。所有符合条件的资产、负债、净资产、收入和费用

---

① 参见王晨明、林常青:《政府会计制度解读》,新华出版社2018年版。

项目都应列入相应的财务报表。

2. 决算报告和财务报告

政府会计主体应当编制决算报告和财务报告。

政府决算报告是综合反映政府会计主体年度预算收支执行结果的文件。决算报告的目标是向决算报告使用者提供与政府预算执行情况有关的信息，综合反映政府会计主体预算收支的年度执行结果，有助于决算报告使用者进行监督和管理，并为编制后续年度预算提供参考和依据。政府决算报告使用者包括各级人民代表大会及其常务委员会、各级政府及其有关部门、政府会计主体自身、社会公众和其他利益相关者。

政府财务报告包括政府综合财务报告和政府部门财务报告。政府综合财务报告是指由政府财政部门编制的，反映各级政府整体财务状况、运行情况和财政中长期可持续性的报告。政府部门财务报告是指政府各部门、各单位按规定编制的财务报告。财务报告的目的是向财务报告使用者提供与政府的财务状况、运行情况（含运行成本）和现金流量等有关信息，反映政府会计主体公共受托责任履行情况，有助于财务报告使用者作出决策或者进行监督和管理。

3. 政府会计核算周期划分与记账方法

政府会计核算的核心任务是对政府会计主体自身产生的所有经济业务和事项进行详细的会计处理。这一核算过程基于一个关键前提，即政府会计主体是一个持续运行的实体。为了确保会计信息的准确性和连续性，政府会计核算需要划分不同的会计期间，并在每个期间结束时结算账目。根据规定，政府部门还需编制决算报告和财务报告。

在会计期间的划分上，至少需要区分年度和月度这两个层次。这些会计期间的起始和结束日期都遵循公历制度。在会计处理的具体操作上，人民币是主要的记账货币。对于涉及外币的业务，需要将外币金额折算为人民币进行记录，并同时记录原始的外币金额。此外，政府会计核算采用的是普遍认可的借贷记账法，这是一种标准的会计记录方法。

第四节 审计管理

一、审计管理的含义

审计是审计机关依法独立检查被审计单位的会计凭证、会计账簿、会计报表以及其他与财政收支、财务收支有关的资料和资产，监督财政收支、财务收支真实、合法和有效益的行为。接受审计监督的财务收支,是指国有企业事业单位以及国家规定应当接受审计监督的其他有关单位,按照国家有关财务会计制度的规定,办理会计事务、进行会计核算、实行会计监督的各种资金的收入和支出。依据马克思主义国家学说,政府审计是国家治理的工具,是国家政治制度的重要组成部分。任何组织都需要治理,都需要建立适当的治理结构,运用适当的治理机制,解决普遍存在的委托-代理问题。治理结构的建立、治理机制的应用都离不开审计。① 纵观审计制度的理论研究文献,学者们普遍认为,审计活动的发生源于受托责任。审计制度的直接功能在于通过一定的规则约束受托主体的机会主义行为,使其更好地履行受托责任。缓解代理冲突对高质量审计的监督需求推动了审计制度的不断演进。在公共行政与管理领域,针对公共部门代理人机会主义行为的问责形成公共责任审计的需求,政府审计在责任政府建设中具有重要作用。②

早在封建社会,国家审计作为一种监督活动就已出现。但在进入资本主义社会之后,企业内部审计、社会审计活动逐步在企业治理方面扮演重要的角色,政府审计逐步在公共预算管理、责任政府建设和民主法治发展等方面发挥更加重要的功能。从世界各国社会经济发展的过程来看,审计是国家治理的有效工具,也是政府用以保障治理质量的一种有效手段。政府担负着实现国家目的和意志的职责,审计作为保障财政收支监控和维护经济社会安全与秩序的关键治理工具,确保国家机器正常运转。由于经济发展、社会进步及政治开明的需要,公众期盼国家审计加强经济监督,以促进廉洁、高效、务实政府的建立。这种加强经济监督的目的,并不仅仅是为了监督政府本身,而是为了对政府权力及其运行实施更加严格的制约和监督。历史经验证明,不受制约和监督的权力必然导致滥用和腐败。要防止滥用权力与滋生腐败,就必须加强国家审计对政府权力运行的有效制约和监督。③

依据不同的标准,可以对审计做不同的分类。

(1) 以审计主体的性质为标准,分为国家审计和社会审计。国家审计由国家机构的审计机关依法行使职权,从事审计工作。其主要目的是监督和管理国家财政资金,检查和评估政府机构的财务合规性,确保公共资金的使用合法、透明和高效。国家审计还对国家重要政策、法律和法规的执行情况进行审计和监督,以确保政府机构遵循法律规定和政策要求。社会审计由中介组织的审计师事务所在国家审计机关的监督下,依法履行职责,开展审计活动。社会审计主要针对企业、非营

---

① 参见蔡春、蔡利:《国家审计理论研究的新发展——基于国家治理视角的初步思考》,《审计与经济研究》2012年第2期。
② 参见晏维龙、庄尚文:《审计制度功能的马克思主义经济学解析——兼论新时代中国特色社会主义审计制度的功能定位》,《审计与经济研究》2018年第1期。
③ 参见秦荣生:《国家审计职责的界定:责任关系的分析》,《审计与经济研究》2011年第2期;宋常、王睿、赵懿清:《国家审计在走向善治的国家治理中的若干问题》,《审计与经济研究》2012年第1期。

利组织等实体,对其财务报表、内部控制制度、经营业绩等进行审计和评估。社会审计旨在提高财务报表的准确性、完整性和可靠性,帮助投资者做出明智的投资决策,同时帮助企业识别潜在的风险和改进点,提高企业的经营效率和业绩表现。

(2) 以审计主体的从属关系为标准,分为外部审计和内部审计。外部审计是由审计机关或审计师事务所对机关、团体或单位进行的审计。这种审计的目的是对被审计单位的财务报表、内部控制制度、经营业绩等进行客观、独立的评估,同时监督和确保被审计单位的财务报告的准确性和合规性。外部审计通常是在公众监督下进行的,其结果通常会公开披露。内部审计则是在机关、团体和单位内设置的专职部门进行的审计。这种审计主要是对单位内部的财务报告、内部控制制度等进行评估和监督,以确保单位内部财务报表等的合规性和有效性。内部审计通常是由单位内部的审计师或审计人员进行的,其结果通常只对内部管理层进行报告和披露。

(3) 以审计对象为标准,分为对国家机构的审计、对政党社团的审计、对事业单位的审计和对企业单位的审计等。国家机构审计关注政府和公共机构的财务合规性和预算执行,旨在提高透明度和责任性。政党社团审计针对政党和社团的财务和资金管理,目的是增强财务透明度和组织健康。事业单位审计集中于教育、科研等单位的财务和业务发展,以提高资金使用效益和公共服务质量。企业单位审计则专注于企业的财务报表和内部控制,帮助企业提升经营效率和业绩表现。

(4) 以审计的内容为标准,分为对财税部门执行预算的审计、对银行经营国有资金的审计、对国家机构使用行政经费的审计、对事业单位使用财政拨款的审计、对企业经营国有资产和资金的审计、对使用国有资金进行基本建设的审计、对使用国有资金开展社会保障事业的审计等。

(5) 以审计的范围为标准,分为全面审计和专项审计。

(6) 以审计的时间为标准,分为事先审计、事中审计和事后审计。

在我国,审计工作作为一项重要的监督活动,在促进中央令行禁止、维护国家经济安全、推动全面深化改革、促进全面依法治国、推进廉政建设等方面作出了积极贡献。首先,审计为宏观调控服务。审计管理是保证宏观调控措施落实的重要手段;对国民经济的运行具有监测和预警作用;它还可以通过对宏观调控政策的反馈和评估,不断提高政策的科学性、指导性,从而为加强和改善宏观调控服务。其次,审计维护经济秩序。加强与社会主义市场经济相适应的审计管理,维护经济秩序,应着重从监督政府权力和规范企业行为两方面入手。最后,审计促进廉政建设。审计机关在反腐败斗争中起着两个重要作用:一是及时发现问题;二是积极参与和配合纪检、监察、司法机关办案。

我国审计工作的基本原则是审计工作的基础,贯穿于审计活动的始终,对审计工作的各个方面都具有指导意义。这些原则具体包含如下五个方面。

(1) 坚持党的全面领导。审计工作要坚持和完善党领导审计工作的制度机制,坚持和完善中国特色社会主义审计制度,全面落实党中央对审计工作集中统一领导的各项要求,不断提高贯彻新发展理念的能力和水平,为构建新发展格局、实现高质量发展发挥好监督保障作用。

(2)坚持依法审计、客观公正。依法全面履行审计监督职责,始终做到法定职责必须为、法无授权不可为,聚焦主责主业,依照法定职责、权限和程序行使审计监督权。坚持原则、恪尽职守、勤勉尽责,始终做到查真相、说真话、报实情。全面辩证地看待审计发现的问题,按照"三个区分开来"要求,客观审慎作出评价和结论。

(3)坚持以人民为中心。坚持人民主体地位,站稳人民立场,坚持把促进实现好、维护好、发展好最广大人民根本利益作为审计工作的出发点和落脚点,紧扣我国社会主要矛盾变化,把改善人民生活品质、推动共同富裕作为审计工作的切入点和着力点,推动党中央、国务院各项惠民富民政策落到实处。

(4)坚持改革创新。与时俱进,推进审计理念、思路、方法、制度、机制创新,及时揭示和反映经济社会各领域的新情况、新问题、新趋势。坚持用改革的视角发现问题,以改革的思路推动解决问题,做到揭示问题与推动解决问题相统一,揭示问题、规范管理、促进改革一体推进。

(5)坚持系统观念。立足审计工作全国一盘棋,强化党委对本地区审计工作的统筹协调、整体推进、督促落实,强化上级审计机关对下级审计机关的领导,强化审计工作的前瞻性、整体性和协同性。增强政治意识,围绕"国之大者"谋划和开展审计工作,善于从政治上看问题,善于把握政治大局,不断提高政治判断力、政治领悟力、政治执行力。

二、审计管理的体制和机构

审计管理体制是"国家审计机关围绕履行职责开展的组织管理活动",主要"涉及审计管理体系、审计职责确立方面的内容,偏重审计内部关系问题的处理与制度安排"。① 我国现行的审计管理体制的基本框架是1982年《宪法》规定的,1994年《审计法》和此后修正的审计法又做出了一些补充规定。《宪法》第91条规定:"国务院设立审计机关,……""审计机关在国务院总理领导下,依照法律规定独立行使审计监督权,不受其他行政机关、社会团体和个人的干涉。"《宪法》第109条规定:"县级以上地方各级人民政府设立审计机关。地方各级审计机关依照法律规定独立行使审计监督权,对本级人民政府和上一级审计机关负责。"这两条规定确立了

---

① 参见刘家义:《中国特色社会主义审计理论研究》,商务印书馆2015年版;杨肃昌:《改革审计管理体制健全党和国家监督体系——基于十九大报告的思考》,《财会月刊》2018年第1期;金太军、马薇:《地方审计管理体制改革的分析框架:国家治理现代化的视角》,《行政论坛》2019年第6期。

审计机关在政府部门序列中的重要地位,也明确了政府对审计机关的管理体制。1994年《审计法》及后续文件颁布实施,审计职能也得到了法制化、制度化、规范化。1998年审计机关提出了"依法审计、服务大局、围绕中心、突出重点、求真务实"的工作思路。党的十六大报告在论述加强对权力的制约和监督时,明确提出要"发挥司法机关和行政监察、审计等职能部门的作用",进一步强调了审计监督职能。整体而言,我国审计职能在这一时期经历了从"财政监督"到"监督财政"的转变,即从"站在财政部的角度看纳税人是不是偷漏税"转变到"站在纳税人的角度监督政府怎么花纳税人的钱"。从审计署成立之初到1994年《审计法》颁布之前,审计工作主要是财政监督,旨在维护国家的财政利益,关注重点是财政收入。在此期间审计的一个重要工作是参与全国税收、税务、物价大检查。通过大检查,有效保护了国家财政特别是中央财政利益不受侵害,监督纳税人、增进财政收入,促使财政收支平衡。在1994年《审计法》颁布实施之后,审计工作的重点逐渐转向财政支出方面,对国家预算执行情况进行审计和监督,即"监督财政"。[①]

《中华人民共和国审计法》(2021年修正版)规定了我国审计管理的框架,具体内容包括:

> 坚持中国共产党对审计工作的领导,构建集中统一、全面覆盖、权威高效的审计监督体系。国务院和县级以上地方人民政府设立审计机关。审计机关对前款所列财政收支或者财务收支的真实、合法和效益,依法进行审计监督。(第2条)

> 审计机关依照法律规定的职权和程序,进行审计监督。审计机关依据有关财政收支、财务收支的法律、法规和国家其他有关规定进行审计评价,在法定职权范围内作出审计决定。(第3条)

> 国务院和县级以上地方人民政府应当每年向本级人民代表大会常务委员会提出审计工作报告。审计工作报告应当报告审计机关对预算执行、决算草案以及其他财政收支的审计情况,重点报告对预算执行及其绩效的审计情况,按照有关法律、行政法规的规定报告对国有资源、国有资产的审计情况。必要时,人民代表大会常务委员会可以对审计工作报告作出决议。国务院和县级以上地方人民政府应当将审计工作报告中指出的问题的整改情况和处理结果向本级人民代表大会常务委员会报告。(第4条)

> 审计机关依照法律规定独立行使审计监督权,不受其他行政机关、社会团体和个人的干涉。(第5条)

> 国务院设立审计署,在国务院总理领导下,主管全国的审计工作。审计长是审计署的行政首长。(第7条)

---

① 参见汪德华、侯思捷、张彬斌:《中国共产党领导的国家审计:百年历程与发展启示》,《财贸经济》2021年第7期。

省、自治区、直辖市、设区的市、自治州、县、自治县、不设区的市、市辖区的人民政府的审计机关,分别在省长、自治区主席、市长、州长、县长、区长和上一级审计机关的领导下,负责本行政区域内的审计工作。(第8条)

地方各级审计机关对本级人民政府和上一级审计机关负责并报告工作,审计业务以上级审计机关领导为主。(第9条)

审计机关根据工作需要,经本级人民政府批准,可以在其审计管辖范围内设立派出机构。派出机构根据审计机关的授权,依法进行审计工作。(第10条)

审计机关履行职责所必需的经费,应当列入预算予以保证。(第11条)

审计机关应当建设信念坚定、为民服务、业务精通、作风务实、敢于担当、清正廉洁的高素质专业化审计队伍。审计机关应当加强对审计人员遵守法律和执行职务情况的监督,督促审计人员依法履职尽责。审计机关和审计人员应当依法接受监督。(第20条)

审计人员应当具备与其从事的审计工作相适应的专业知识和业务能力。审计机关根据工作需要,可以聘请具有与审计事项相关专业知识的人员参加审计工作。(第13条)

审计机关和审计人员不得参加可能影响其依法独立履行审计监督职责的活动,不得干预、插手被审计单位及其相关单位的正常生产经营和管理活动。(第14条)

审计人员依法执行职务,受法律保护。任何组织和个人不得拒绝、阻碍审计人员依法执行职务,不得打击报复审计人员。审计机关负责人依照法定程序任免。审计机关负责人没有违法失职或者其他不符合任职条件情况的,不得随意撤换。地方各级审计机关负责人的任免,应当事先征求上一级审计机关的意见。(第17条)

三、审计管理的内容

政府审计监督是政府治理的重要基石之一,它通过风险监控和控制确保政府和政府有关部门有效履行其责任,并为政府的其他治理主体提供信息支持。当政府审计监督有效时,能显著提高政府治理成功的可能性。完善政府治理机制是政府审计工作的目标和任务。根据《中华人民共和国审计法实施条例》(2010年修订版),审计机关对本级人民政府财政部门具体组织本级预算执行的情况,本级预算收入征收部门征收预算收入的情况,与本级人民政府财政部门直接发生预算缴款、拨款关系的部门、单位的预算执行情况和决算,下级人民政府的预算执行情况和决算,以及其他财政收支情况,依法进行审计监督。经本级人民政府批准,审计机关对其他取得财政资金的单位和项目接受、运用财政资金的真实、合法和效益情况，依法进行审计监督。

审计机关对本级预算收入和支出的执行情况进行审计监督的内容包括：(1)财政部门按照本级人民代表大会批准的本级预算向本级各部门(含直属单位)批复预算的情况、本级预算执行中调整情况和预算收支变化情况；(2)预算收入征收部门依照法律、行政法规的规定和国家其他有关规定征收预算收入情况；(3)财政部门按照批准的年度预算、用款计划，以及规定的预算级次和程序，拨付本级预算支出资金情况；(4)财政部门依照法律、行政法规的规定和财政管理体制，拨付和管理政府间财政转移支付资金情况以及办理结算、结转情况；(5)国库按照国家有关规定办理预算收入的收纳、划分、留解情况和预算支出资金的拨付情况；(6)本级各部门(含直属单位)执行年度预算情况；(7)依照国家有关规定实行专项管理的预算资金收支情况；(8)法律、法规规定的其他预算执行情况。

根据《中华人民共和国审计法》第 19 条的规定，审计署在国务院总理领导下，对中央预算执行情况、决算草案以及其他财政收支情况进行审计监督，向国务院总理提出审计结果报告。地方各级审计机关分别在省长、自治区主席、市长、州长、县长、区长和上一级审计机关的领导下，对本级预算执行情况、决算草案以及其他财政收支情况进行审计监督，向本级人民政府和上一级审计机关提出审计结果报告。

审计结果报告应当包括下列内容：(1)本级预算执行和其他财政收支的基本情况；(2)审计机关对本级预算执行和其他财政收支情况作出的审计评价；(3)本级预算执行和其他财政收支中存在的问题以及审计机关依法采取的措施；(4)审计机关提出的改进本级预算执行和其他财政收支管理工作的建议；(5)本级人民政府要求报告的其他情况。

做好审计工作，必须围绕国家经济社会发展主要目标，把党的领导落实到审计工作全过程各环节，依法全面履行审计监督职责，治已病、防未病。[①] 审计监督职责主要体现在以下几个方面。

(1) 政策落实跟踪审计：关注党中央、国务院决策部署的贯彻落实，并加强对民生资金和项目的审计，以保障人民利益。构建覆盖中央部门、省本级、市县基层全链条跟踪审计机制，建立各专业审计与国家重大政策措施有效对接机制，明确各级审计机关的职责定位。

(2) 财政审计：着重于增强预算执行及财政收支的真实性、合法性和效益性。包括对政府预算执行即决算草案审计、部门预算执行及决算草案审计、重点专项资

---

① 参见《中央审计委员会办公室、审计署关于印发〈"十四五"国家审计工作发展规划〉的通知》(2021 年 6 月 22 日)，中国政府网，https://www.gov.cn/zhengce/zhengceku/2021-06/28/content_5621230.htm，最后浏览日期：2024 年 3 月 7 日。

金审计、政府债务审计、税收和非税收收入以及社会保险费征管审计、重大公共工程投资审计、国外贷援款项目审计等。

（3）国有企业审计：以推动深化国资国企改革、加快国有经济布局优化和结构调整、健全管资本为主的国有资产监管体制为目标，国有企业审计包括国有企业资产负债损益审计、国有企业改革审计、国有资本投资运营和监管审计、境外投资和境外国有资产审计等。

（4）金融审计：以防范化解重大风险、促进金融服务实体经济、推动深化金融供给侧结构性改革、建立安全高效的现代金融体系为目标，金融审计涉及防范化解金融风险情况审计、金融监管部门职能履行情况审计、金融机构经营管理情况审计以及金融服务实体经济情况审计等。

（5）农业农村审计：以促进提高农业质量效益和竞争力，保障国家粮食安全，推动巩固拓展脱贫攻坚成果和全面推进乡村振兴为目标，农业农村审计主要包括粮食和重要农产品稳产保供相关政策落实情况审计、乡村建设行动实施情况审计、农业农村改革任务推进情况审计，以及巩固拓展脱贫攻坚成果同乡村振兴有效衔接情况审计等。

（6）资源环境审计：为以加快推动绿色低碳发展，改善生态环境质量，提高资源利用效率，助力美丽中国建设为目标，全面深化领导干部自然资源资产离任审计，资源环境审计主要包括领导干部自然资源资产离任审计、资源环境专项资金审计，以及生态文明建设政策落实情况审计等。

（7）民生审计：以提高保障和改善民生水平，确保兜牢基本民生底线，推动民生领域相关改革任务落实落地，促进健全多层次社会保障体系，维护好最广大人民根本利益为目标，民生审计主要包括就业优先政策落实情况审计、社会保险基金审计、社会救助和社会福利等兜底保障政策落实和资金使用情况审计、住房保障体系建设和改革推进情况审计、高质量教育体系建设和改革推进情况审计，以及卫生健康体系建设和改革推进情况审计等。

（8）经济责任审计：以强化干部管理监督，促进干部履职尽责、担当作为为目标，经济责任审计主要包括科学确定经济责任审计计划和审计重点、规范经济责任审计评价，以及推动深化经济责任审计结果运用等。

四、审计管理的程序

审计活动不仅是一种有目的的活动，而且是一种有组织、有步骤的过程。为了达到审计目标和完成审计任务，为了保证审计工作质量和减少审计风险，审计工作必须遵循一定的程序。所谓审计程序，是指审计监督活动中，审计机关和被审计单位双方必须遵循的顺序、形式和期限等。这是实现审计规范化和使审计监督有条不紊地顺利进行的重要保证,也是依法审计原则和独立审计原则的基本要求。[1] 审计程序说明在一定时期内审查具体的对象或项目所需要的步骤。

按照审计法规定的基本原则和《审计法实施条例》(2010年修订版)的具体规定,审计机关和审计人员在实施项目审计时,审计程序主要可分为编制审计项目计划、审计准备、审计实施和审计终结四个阶段。[2]

1. 编制审计项目计划

审计程序的首个阶段是编制审计项目计划。审计机关根据法律、法规和国家其他有关规定,按照本级人民政府和上级审计机关的要求,明确审计目标任务和内容重点,编制年度审计项目计划,并在确定对重要企业或金融机构审计后7日内通知相关单位。

2. 审计准备

审计程序的第二阶段是审计准备阶段。审计机关依据审计项目计划组成审计组,了解被审单位情况,制定审计方案,并至少提前3日向被审单位发送审计通知书。

3. 审计实施

审计程序的第三阶段是审计实施阶段。审计人员通过审查财务记录、调查相关资料、检查资产等方式进行审计,以收集充分的证据材料,确保审计工作的准确性和有效性。同时,审计人员应记录审计实施过程和查证结果。

4. 审计终结

审计程序的第四阶段是审计终结阶段。审计组对审计事项实施审计后,应当向审计机关提出审计组的审计报告。针对发现的财务违规行为,审计机关依法作出审计决定,或移送有关主管机关、单位依法追究责任。

复习题

1. 财务行政有哪些特点?
2. 政府的审计部门和财政部门在监督财政收支职责方面有什么区别?
3. 我国的预算有哪些类型?
4. 会计管理的基本要求是什么?
5. 审计管理包括哪些内容?

---

[1] 参见李凤鸣:《审计学原理》(第7版),复旦大学出版社2019年版。
[2] 参见《审计程序》(2003年1月9日),中华人民共和国审计署网站,https://www.audit.gov.cn/n6/n37/n59/c12181/content.html,最后浏览日期:2024年3月11日。

第十章
行 政 立 法

行政立法是行政机关一项重要的职权行为。随着社会、经济的发展,以及行政管理专业性的提高,行政立法活动愈来愈频繁、愈来愈重要。本章主要分析行政立法的产生、含义、原则和效力,行政立法的主体,行政立法的类型,以及行政立法的程序,以说明行政立法是行政活动的一个组成部分。行政立法旨在把行政管理中合理的行政关系和行政活动以法律规范的形式固定下来,以期达到行政体系的结构、职权、活动原则、管理方式以及工作程序等的规范性,确保行政管理活动的法治化。

第一节 行政立法概述

一、行政立法的含义

"行政立法"一词是颇具争议的概念。

在西方,受传统的分权学说的影响,行政机关是无权立法的,唯有议会才拥有立法职权,行政机关的立法只是议会立法之外的一种委任立法(delegated legislation)。也就是说,为了更好地执行有关行政管理的法律,立法机关可以通过制定法律把自己的某些立法职能委任给行政机关去行使,行政机关只有在授权的原则和范围内,才能制定具有法律效力的法规,这种性质的立法称为行政立法,也被称为授权立法或委任立法。但在当代,这种看法已被现实突破。

在国内,"行政立法"一词一般在两种意义上被使用。其一,是指有关行政的立法的总称,此乃广义的行政立法。其二,是指国家行政机关的立法,此乃狭义的行政立法。但在具体表述上,又有不同的看法,主要有:(1)行政立法是指国家最高权力机构——全国人民代表大会及其常务委员会制定、修改、解释、废止行政法律规范的行为。(2)行政立法是指国家最高行政机构——国务院制定、修改、解释、废止行政法律规范的行为。(3)行政立法是指全国人民代表大会及其常务委员会,国务院,省、自治区、直辖市人民代表大会及其常务委员会制定、修改、解释、废止行政法律规范的行为。(4)行政立法是指全国人民代表大会及其常务委员会,国务院,拥有立法权的地方各级人大、地方各级人民政府制定、修改、解释、废止行政法律规范的行为。(5)行政立法是指国务院及其各部委,省、自治区、直辖市以及省、自治区人民政府所在地的市和设区的市、自治州的地方各级人民政府制定、修改、解释、废止行政法律规范的行为。

国内学术界的上述争议,其实质涉及两个主题。其一,行政立法权主体是一元的,还是两元的,意即行政立法权是立法权力体系独有的职权,还是与行政权力体系分享的权力。其二,行政立法权是中央权力体系一级独有的职权,还是与特定地方权力体系分享的权力。正是由于对权力体系这两个命题的不同回答,才导致出现分歧的观点。

我们认为,考量行政立法权既要立足相关的基本理论,又要看到现实发展。首先,独立的立法权的出现,是伴随国家政治体制逐步近代化的产物;其次,行政立法权的出现是国家职能分工的产物;最后,行政立法权的特殊地位是现实政治实践的产物。基于这种认识,我们主张行政立法是法学和行政学共同研究的领域,从行政学的角度,可以对行政立法的概念作如下界定:行政机关依法在职权范围内制定、修改、解释、废止有关国家行政管理的法律规范文件的行为。这一定义包括三层含义。(1)从立法主体看,行政立法主体是指各级行政机关,在我国指国务院,国务院各部委和直属机构,省、自治区、直辖市人民政府,省、自治区人民政府所在地的市的人民政府,以及设区的市、自治州的人民政府。这些行政立法主体的关系不是并列的,而是依照立法权限构成的层级体系。(2)从立法权限和程序看,各行政立法主体必须严格按照法定权限和立法程序进行立法。(3)从立法内容看,行政立法只涉及国家的行政管理,这是行政机关与立法机关立法的主要区别。行政立法的范围取决于行政管理的内容,它通常涉及政治、经济、文化、教育、科技等社会领域,以及行政司法等方面。行政机关制定的行政文件可分为法律性和非法律性两大类,法律性的行政文件,指具有普遍约束力的规范性文件,主要由行政法规和行政规章构成,如中国国务院颁布的行政法规,国务院各部委及地方省级人民政府发布的规章;非法律性的行政管理文件,不具有法律效力,只对特定的部门和管理对象具有影响力,如行政管理过程中的指示、通知、报告、请示、批复、函件等行政措施。我们赞同后一种行为不能列入行政立法范畴的观点。

有一种观点认为,行政立法是"行政性质和立法性质的有机结合"[①]。这种二元特征,决定了行政立法是"一种介于行政和立法之间的过渡状态、中间状态的国

---

① 国内也有学者只承认行政立法是授权行为。参见罗豪才主编:《行政法学》(新编本),北京大学出版社1999年版,第145页。

家管理活动"①,或者说是一种"准立法行为"②。这一观点尽管在国内学术界很通行,但它存在如下几点较为明显的缺陷。其一,由于大家都在狭义概念上使用"行政立法"一词,也就是说,这一观点的基础在于行政立法是法定行政机关的行为,既然是行政机关的独立行政,就不可能是介于"行政和立法之间的过渡状态、中间状态"。其二,行政立法本质上是一种行政行为,这是指享有立法权的行政机关,其立法权限是由宪法赋予的职权之一,它在行使这种权力时与行使别的行政职权时,无实质上的不同,更不是"政府立法权"③。其三,行政立法通常分为两种形式,即职权立法和授权立法,授权的立法权力从本质上说是一种委托的权力,行使委托的权力不是一种独立的权力,而是代委托主体行使,实质是委托主体的职权延伸。行政立法实践中,授权立法可以发生在两个权力体系(立法权力机关向行政权力机关授权)之间,也可以发生在一个权力体系之内上下级之间(上级行政权力机关向下级行政权力机关授权),第一种情况下,行政权力机关行使的授权立法,不是自己享有的独立权力,而是代行委托的权力,实际上是代行立法权,是立法权的延伸,这种行为准确地说就是立法行为,是使用权的转移,而不是所有权的转移,鉴于这种授权立法的使用权主体是行政机关,可以称这种形式的行政立法为准立法行为。而西方学者普遍将这种立法行为称作授权立法或委任立法,用意即在此。而行政机关内部授权立法,仍是行政权的使用权转移,准确地说是行政的授权立法,双方实质上都是行政行为。其四,虽然行政立法的结果具有法律属性,即普遍规范性和约束力,但仅依结果判定行为的实体性质是不周密的,况且具有普遍规范性和约束力的行为结果,其行为主体是多元的,是否可以将此种行为都称为具有准立法性质呢?答案显然是否定的。

基于以上分析,我们认为狭义的行政立法是立法权的扩展,本质上是行政行为,与其他行政行为相比较,其明显差别或特征为:(1)行政立法主体的法律限定性,即享有行政立法权主体是法律特别规定的行政机关或特定的行政首长(在我国,行政首长不享有完整的行政立法权),而不是所有的行政机关或行政首长;(2)行政立法程序的法律限定性,即行政立法主体在行使这项权力时,要严格按照法定程序进行,其严肃性超过其他行政行为;(3)行政立法内容针对的对象具有普遍性,而不是针对特定的事和人;(4)行政立法结果具有规范性和反复适用性,其规范性通过法定的强制力保障其实施,在被废止和撤销之前,一直具有效力,可以反复适用;(5)行政立法行为一般还有不可诉性,即对行政立法行为发生争议,一般不得通过司法途径进行裁决,我国目前的行政诉讼制度即是如此。

---

① 沈荣华、周传铭:《中国地方政府规章研究》,上海三联书店1999年版,第29页。
② 应松年主编:《行政法学新论》,中国方正出版社1998年版,第203页。
③ 周旺生:《立法论》,北京大学出版社1996年版,第384页。

二、行政立法的产生和发展

法是统治阶级意志的表现,决定制定什么样的法律,如何制定法律,对现行法律是否要加以改变,及如何改变,这些立法行为属国家的主权行为。在前资本主义时期,集国家最高统治权于一身的至高无上的君主就是国家的立法者,不存在立法权同其他权力的划分。资产阶级革命以后出现了民主共和政体,资产阶级以议会为阵地,逐步登上了政治舞台,并加强了自己在政治权力中的地位和作用。早期资产阶级理论家洛克、孟德斯鸠等人积极倡导权力分立,主张立法应与行政分开,作为国家最重要的权力,立法权应由民选的立法机关即议会独立行使,这一权力是不能授出的,直至19世纪末,议会不能授出立法权仍是一条公认的法则。

然而,进入20世纪后,行政立法得到了迅速的发展。

在英国,20世纪初,委任立法尽管仍受到多方诘难,但自1932年"大臣权力委员会报告"后,基本上被认可。奥·胡德·费利浦斯(O. Hood Phillips)等人剖解其中的缘由时,提出四项原因:

第一,节省议会时间,议会在立法工作中,尤其是下议院很少有时间去讨论基本原则,把对程序的考虑和次要事项委托给大臣及行政部门,可以使议会节约大量时间。

第二,立法客体具有很强的技术性。现代立法涉及事项的技术性很高,不适合在议会具体讨论。而授权给大臣,反而易于征询专家和有兴趣团体的建议,尤其是制定法律条件尚不具备时,委任立法便显得必要。英国1984年《建筑法》的制定就是采用了这种模式。

第三,可行性问题。议会不可能预见所有可能出现的问题,尤其是各地情况,因而要及时制定有关行政管理的法令是不现实的。而授权行政机关制定规则时,行政机关就可以利用自身的经验做得到。

第四,紧急权力需要。在紧急状态下,比如战争、严重冲突和经济危机时期,即使议会在例会期间,也没有时间通过处理危机的法案,因而授权政府紧急权力应对危机便十分必要。英国便是在两次世界大战期间完成了将国防紧急权力授予政府的立法工作。[1]

在法国,由总统和总理制定的规则称为命令,其他行政机构制定的规则称为规定,两者都具有普遍性,合称为条例。另外,政府依据宪法的特别规定,或议会的明确授权,可以制定法令,与议会的法律具有同等效力,甚至可以变更和修改法律。

---

[1] 参见 O. Hood Phillips and Paul Jackson, *O. Hood Phillips' Constitutional and Administrative Law*, London: Sweet & Maxwell Ltd., 1987, pp. 625-626。

法国政府制定条例的范围，在 20 世纪之前，主要限于行政警察和行政机构的内部组织，且条例是为执行法律的。20 世纪 20 年代以后，政府的立法权范围明显拓展，一定程度上强化了维希政府的专制，因而第四共和国宪法规定，"只有国民议会能制定法律，这个权力不能委托"，以图限制政府立法权的扩张，但未能扭转客观趋势。1958 年第五共和国宪法通过列举的方式，限定了国民议会立法的范围，未在此列的均可由政府自主制定条例，并在宪法上扩大了政府制定条例的范围和形式，强化了政府的权力。著名行政法学家王名扬认为法国行政立法权的扩大，是"政府职务扩张，资产阶级专政逐渐加强"的结果，具体原因有："政府职务增加，需要法律的数目很多，议会没有时间全部制定"；议会没有"技术能力"制定具体的行政事务规则；"为了应付政治和经济危机等紧迫情形，国会行动太慢"；此外，"有些法律事项增加了公民的负担，不得人心，议会不愿制定"。所有这些，"迫使议会授权政府制定具有法律效力的条例"。①

在中国，最早从宪法上规定国家职能分工的法律文件被认为是 1908 年的《钦定宪法大纲》。② 1912 年孙中山领导制定的《中华民国临时约法》中开始规定总统拥有行政立法权，1949 年以前国民党政府制定颁布的几部宪法都规定了政府拥有行政立法权。1949 年的《中国人民政治协商会议共同纲领》规定，立法权在中央人民政府委员会，政务院、政务院各部门、大行政区以及省、市人民政府委员会都没有独立的立法权，但事实上可以自行制定决议和命令。1954 年颁布的《中华人民共和国宪法》也没有赋予国务院及行政机关以行政立法权，但具有制定行政措施、决定、命令的权力，只是没有明确的法律地位，直至 1978 年宪法，才正式规定国务院及其政府部门享有部分行政立法权，1982 年宪法则进一步予以明确化，2000 年 7 月 1 日实施的《中华人民共和国立法法》③（以下简称"《立法法》"）有更具体的规定。

综合国内外行政立法的产生、发展的事实及其宪政地位，对政府部门拥有行政立法权的原因，可以做出如下的基本判断。(1)行政对象的急剧扩大化。现代社会政治、经济、技术、文化的发展，其触角已延伸到社会的各个方面、各个层次。随着行政管理对象和范围的扩大，行政机关的职能也必然随之拓展。(2)行政内容日趋专业化。立法机关难以制定能够适应复杂情况、专门业务的法律，于是不得不授权行政机关制定规章或细则以应对不断专业化的公共事务。(3)立法机关的工作制

---

① 参见王名扬：《法国行政法》，中国政法大学出版社 1997 年版，第 139—141 页。
② 参见沈荣华、周传铭：《中国地方政府规章研究》，上海三联书店 1999 年版，第 29 页。
③ 《中华人民共和国立法法》，2000 年 3 月 15 日第九届全国人民代表大会第三次会议通过，根据 2015 年 3 月 15 日第十二届全国人民代表大会第三次会议《关于修改〈中华人民共和国立法法〉的决定》第一次修正，根据 2023 年 3 月 13 日第十四届全国人民代表大会第一次会议《关于修改〈中华人民共和国立法法〉的决定》第二次修正。

度也为行政立法提供了契机。立法机关通常是定期集会,在一定时间内讨论议题,辩论冗长,这种工作制度使它难以应对迅速变化的社会现实,只能授权行政机关制定法规和规章。(4)从法律的严肃性角度看,立法机关与现实行政活动、行政关系相距较远,较好的办法是由行政机关制定行政法规或规章,等到规范调整的事项被准确把握、经过实践检验、条件成熟时,再由立法机关制定为法律。(5)不可否认,行政的立法行为日趋增强是行政权膨胀的一个结果,它也对立法权构成了一定的挑战。

三、行政立法的原则与作用

行政立法的原则可分为两大类:第一类是应遵循的一般原则,第二类是应遵循的特殊原则。

行政立法的一般原则是依照立法的原则来体现国家的政治立场和政治原则,以及社会公共生活的基本准则,这些基本的原则和准则一般由宪法和《立法法》规定。就我国来说,《立法法》明确规定了立法的一般原则:

> 第三条 立法应当坚持中国共产党的领导,坚持以马克思列宁主义、毛泽东思想、邓小平理论、"三个代表"重要思想、科学发展观、习近平新时代中国特色社会主义思想为指导,推进中国特色社会主义法治体系建设,保障在法治轨道上全面建设社会主义现代化国家。
>
> 第四条 立法应当坚持以经济建设为中心,坚持改革开放,贯彻新发展理念,保障以中国式现代化全面推进中华民族伟大复兴。
>
> 第五条 立法应当符合宪法的规定、原则和精神,依照法定的权限和程序,从国家整体利益出发,维护社会主义法制的统一、尊严、权威。
>
> 第六条 立法应当坚持和发展全过程人民民主,尊重和保障人权,保障和促进社会公平正义。
>
> 立法应当体现人民的意志,发扬社会主义民主,坚持立法公开,保障人民通过多种途径参与立法活动。
>
> 第七条 立法应当从实际出发,适应经济社会发展和全面深化改革的要求,科学合理地规定公民、法人和其他组织的权利与义务、国家机关的权力与责任。

行政立法的特殊原则是行政立法主体在立法过程中还要遵循的具体准则,行政立法的具体准则因立法主体的位阶不同而有所差异,总的规则是位阶越低准则越具体。概括言之,行政机关在行政立法过程中应遵循的特殊原则,主要是合法原则、权限相符原则和相对方参与原则。

合法性原则包括实体合法和程序合法。前者指制定的行政法律文件必须符合宪法和法律，下位法符合上位法；后者指行政立法活动的法定程序，包括行政法律文件草案的提出、起草、讨论、审议、通过、批准、颁布等。为了维持法制统一性和行政体系的法理性权威，行政立法必须恪守合法性原则。

权限相符的原则有两层含义。首先，有权制定行政法律文件的行政机关，必须在职权范围内对自身行政管理的内容进行立法，如果在制定行政法律文件时，超越了本部门的职责权限，必须经同级权力机构或上级权力机构的授权，否则因构成越权而无效。其次，由于行政组织是层级制体系，这就决定了行政法律文件的效力应与制定机关的权限相符合，上级行政机关制定的行政法律文件比下级行政机关制定的行政法律文件的效力高，适用范围广。

相对方参与原则。行政机关在进行行政立法的过程中，应通过法定方式和途径，充分听取各方面的意见，保证处于行政管理相对方的广大民众、法人或其他组织，参与到立法的程序中来。立法要"走群众路线"。每一项具体的行政立法，其直接诱因是要为政府对该事项范围的管理活动提供具体的法律性依据，进而加强或完善该领域行政事务的有效管理。但立法内容涉及公民的民主权利和其他权利时，必须让公民有时间发表对该立法事项的意见，行政机关要向社会公布对立法意见的处理结果，不能不当地甚至违法地限制乃至剥夺公民的合法权益。

在中国，国务院部门规章和地方政府规章既是数量最多又是问题最多的法律性规范，因而，《规章制定程序条例》（2017年修订版）对制定规章的具体准则阐述得更为详细，择其要者如下。第3条：制定规章，应当贯彻落实党的路线方针政策和决策部署，遵循立法法确定的立法原则，符合宪法、法律、行政法规和其他上位法的规定。第5条：制定规章，应当切实保障公民、法人和其他组织的合法权益，在规定其应当履行的义务的同时，应当规定其相应的权利和保障权利实现的途径；应当体现行政机关的职权与责任相统一的原则，在赋予有关行政机关必要的职权的同时，应当规定其行使职权的条件、程序和应承担的责任。第4条：制定政治方面法律的配套规章，应当按照有关规定及时报告党中央或者同级党委（党组）；制定重大经济社会方面的规章，应当按照有关规定及时报告同级党委（党组）。第6条：制定规章，应当体现全面深化改革精神，科学规范行政行为，促进政府职能向宏观调控、市场监管、社会管理、公共服务、环境保护等方面转变；应当符合精简、统一、效能的原则，相同或者相近的职能应当规定由一个行政机关承担，简化行政管理手续。第8条：规章用语应当准确、简洁，条文内容应当明确、具体，具有可操作性；法律、法规已经明确规定的内容，规章原则上不作重复规定。

行政立法的作用体现在两个方面。一是立法性作用。行政立法是宪法和法律规定的具体化和必要补充，它把宪法和法律规定的目标、任务、原则与具体执行的步骤、方法、方式、程序等结合起来,制定出规范性文件,也就是"对权利和义务的再次配置"①,从而使宪法和法律原则得到有效实施;同时,行政立法作为国家立法工作的一个延伸部分,可以健全国家立法体制,完善法制,弥补立法机关的不足。二是行政性作用。现代行政有两个基本要求——科学化和法治化,以期达到高效化。行政立法的行政作用具体表现在:行政立法为行政管理活动确立准则和程序,为行政管理提供法律性依据。行政立法有利于提高行政效率和行政权威,加强宏观控制;行政立法使行政管理纳入依法管理轨道,有利于对行政部门实施法制监督,防止行政机关滥用职权。

第二节 行政立法主体

一、行政立法体制

立法体制是指一个国家内有哪些国家机关有权立法。在当今世界上,立法体制可分成五种:(1)单一一级立法体制,即立法权仅由中央的国家权力机关行使;(2)单一两级立法体制,即立法权由中央和地方两级国家权力机关行使;(3)复合一级立法体制,即立法权由中央的国家权力机关和中央的国家行政机关行使;(4)复合的两级立法体制,即立法权由中央和地方的国家权力机关和国家行政机关行使;(5)多级立法体制,即立法权由从中央到地方的三级或三级以上的政权机关行使。

我国现行的立法体制究竟属于哪一种,有三种不同的看法:第一种意见认为,我国是一级立法体制,主要依据是,宪法规定全国人民代表大会及其常务委员会行使国家立法权,国务院制定行政法规。省、自治区、直辖市权力机关制定的地方性法规一方面不能与法律相抵触,另一方面须经最高权力机关备案审查,因而它们与法律不能等同看待。第二种意见认为,中国是两级立法体制,主要依据是宪法规定最高国家权力机关行使国家立法权,同时也规定省、自治区、直辖市的权力机关在不违反宪法、法律前提下可以制定地方性法规,因而是中央和地方两级均有立法权。第三种看法认为,我国是多级立法体制,根据现行的规定,拥有立法权的国家机关是中央一级的全国人民代表大会及其常务委员会;国务院及其各部委、直属机关;地方上的是省、自治区、直辖市一级的权力机关和行政机关,以及民族自治地区(自治州、自治县)、设区的市的权力机关和行政机关。

---

① 张正钊、韩大元:《比较行政法》,中国人民大学出版社1998年版,第356页。

我们认为,三种看法均有其合理性,但第三种意见更贴近我国现行的立法状况,《立法法》一方面规定"全国人民代表大会和全国人民代表大会常务委员会行使国家立法权"(第10条),同时又将立法权限分配给了不同的中央和地方国家机关,另一方面又分解了法律性规范的审查、批准、修改和撤销的权力,表明中国的立法权是在复合多级立法主体中分配的。

厘清了立法体制之后,分析行政立法体制就容易了。从广义的行政立法概念看,我国的行政立法体制无疑是中央集中统一、多级并存的多级立法体制;从狭义的行政立法概念看,我国的行政立法体制是多级立法体制,即国务院制定行政法规,国务院各部委和地方人民政府制定行政规章。

二、中国的行政立法主体

行政立法主体是指依法获取行政立法权,可以制定具有法律意义的规范性行政文件的国家行政机关或行政首长。在中国,行政立法权主要由行政机关这类主体承担,行政机关的首长不具有独立的立法权,尽管行政首长拥有法案提议权、审议权、签署发布权,行政首长也不具备行政立法主体资格。但特别行政区例外,香港、澳门基本法规定,虽然行政长官没有法律审议和通过权,但有权不签署不公布,双方争议无法解决时,行政长官征询行政会议意见,可以解散立法会。

根据宪法、《立法法》以及有关法律的规定,我国实际上拥有行政立法权的主体有中央行政立法主体和地方行政立法主体。

(一)中央行政立法主体——国务院

国务院在行政立法主体中地位最高,不仅具有依职权制定行政法规的权力,即《宪法》第89条所规定的行政管理职权的事项,而且通过最高权力机关的法律和决定的授权,行使受托立法的权力;还可以为执行法律而制定行政法规,有权改变或者撤销不适当的部门规章和地方政府规章。

国务院各部、各委员会、中国人民银行、审计署。作为国务院的组成部门,它们是中央人民政府的职能部门,主管某一方面行政事务或综合行政事务,根据宪法和组织法拥有其主管事项的职权,在其职权范围内自主制定部门规章,但部门规章规定的事项应当属于执行法律或国务院的行政法规、决定命令的事项。

国务院直属机构。国务院直属机构的法律地位低于国务院各部、委员会,现行宪法和组织法都没有规定其拥有行政立法职权,但《立法法》明确赋予了它们的行政立法权,另外,根据单项法律和行政法规的授权,其拥有受托立法权,它们制定的规范性文件具有部门规章的同等效力。

(二) 地方行政立法主体

省、自治区、直辖市人民政府，依据宪法、《中华人民共和国地方各级人民代表大会和地方各级人民政府组织法》(简称"《地方组织法》")和《立法法》，拥有所辖区域内行政管理事项的行政立法职权，同时，按法律、法规还拥有受托立法权。

省、自治区人民政府所在地的市人民政府(简称"省会市政府")，依据《地方组织法》和《立法法》拥有所辖区域内行政管理事项的行政立法职权，从法理上也拥有受托立法权。

设区的市的人民政府。《立法法》第 81 条授予设区的市拥有地方立法权限：设区的市的人民代表大会及其常务委员会根据本市的具体情况和实际需要，在不同宪法、法律、行政法规和本省、自治区的地方性法规相抵触的前提下，可以对城乡建设与管理、生态文明建设、历史文化保护、基层治理等方面的事项制定地方性法规，法律对设区的市制定地方性法规的事项另有规定的，从其规定。

自治州的人民代表大会及其常务委员会也具有制定地方性法规的职权。

地方行政立法主体制定的规范性文件统称为地方政府规章。我国行政立法主体数目堪称世界之最。①

三、行政立法权限

立法权限是指哪些机关拥有立法权，拥有何种立法权，在什么范围内进行立法，不能在什么界限外立法，简而言之，指立法主体在制定规范性文件时的分工与界限，实质是立法权在不同机关中的划分与分享。行政立法主体行使立法权的范围和程度，是行政立法的核心问题。② 由于以前我国没有立法法，如何具体划分立法权限，并没有明确的统一规定，众多的行政立法主体往往越权立法。1996 年通过的《中华人民共和国行政处罚法》(2021 年 1 月 22 日修订，以下简称"《行政处罚法》")就行政处罚的罚种设定权，首次在立法主体之间做出了较为明确的划分。全国人大及其常委会制定的法律可以设定各种行政处罚；限制人身自由的处罚只能由法律设定(第 10 条)。国务院制定的行政法规可以设定除限制人身自由以外的行政处罚，但法律对违法行为已经作出行政处罚规定，行政法规需要作具体规定的，必须在法律规定的给予行政处罚的行为、种类和幅度的范围内规定(第 11 条)。国务院部门规章可以在法律、行政法规规定的给予行政处罚的行为、种类和幅度的范围内作出具体规定，尚未制定法律、行政法规的，该规章对违反行政管理秩序的

---

① 沈荣华、周传铭：《中国地方政府规章研究》，上海三联书店 1999 年版，第 48 页。
② 罗豪才主编：《行政法学》(新编本)，北京大学出版社 1999 年版，第 151 页。

行为可以设定警告、通报批评或者一定数额罚款的行政处罚,罚款限额由国务院规定(第13条)。地方政府规章可以在法律、法规规定的给予行政处罚的行为、种类和幅度的范围内作出具体规定,尚未制定法律、法规的,地方政府规章对违反行政管理秩序的行为,可以设定警告、通报批评或者一定数额罚款的行政处罚,该罚款的限额由省级人大常委会规定(第14条)。

《行政处罚法》的这些规定,给我们一个基本启示,政府行政规章的立法权限要从严限制,正是由于这一法律的规定,遏制了行政规章数量快速上升的势头。

《立法法》的施行并没有根本解决行政立法权限的划分问题。该法第10条和第11条规定了只能由法律制定的事项,只是约束了行政法规的权限。《立法法》第72条赋予国务院根据宪法和法律,可以就下列事项制定行政法规:为执行法律的规定需要制定行政法规的事项;《宪法》第89条规定的国务院行政管理职权的事项。《立法法》第91条笼统地规定了国务院各部、委员会、中国人民银行、审计署和具有行政管理职能的直属机构以及法律规定的机构的立法权限:可以根据法律和国务院的行政法规、决定、命令,在本部门的权限范围内,制定规章。根据《立法法》第93条的规定,省、自治区、直辖市和设区的市、自治州的人民政府,可以根据法律、行政法规和本省、自治区、直辖市的地方性法规,就下列事项制定规章:为执行法律、行政法规、地方性法规的规定需要制定规章的事项;属于本行政区域的具体行政管理事项。如何解决立法主体之间权限划分问题,国内学术界已有不少真知灼见。但是,立法权限的划分归根到底是权力分配问题,随着依法治国愈来愈成为国人的共识,一定能从政治上和法律上对立法权限及行政立法权限进行科学的划分。

第三节　行政立法的类型

一、主动立法

行政机关主动立法,是指行政机关根据行政需要在自己职权范围内制定行政法规和规章。这种行政立法的内容都是没有法律明文规定的,只依据现实行政活动的需要,以不违反宪法、法律条文和精神为原则。在我国,大量的行政法律文件是由国家行政机关通过主动立法的形式制定出来的。主动立法是行政机关职权的一部分,不是立法机关将自己的立法权力委托给行政机关。我国宪法规定,国务院有权根据宪法和法律,规定行政措施,制定行政法规,发布决议和命令;省、自治区、直辖市、省会市的人民政府和设区的市、自治州的人民政府,可以根据法律和国务院的行政法规制定行政规章,《立法法》进一步明确了行政机关在职权事项内的主动立法权（国务院）和本行政区域具体行政管理事项的主动立法权（地方政府）。主动立法是指行政立法主体以自己的意志独立行使行政立法权,也就是说,在不与效力层级高的法律、法规限定的内容冲突的前提下,行政立法主体可以自主地制定行政法律规范。正是由于这一特点,决定了在现实行政立法实践中,行政立法主体的主动立法积极性相对最高,由于缺乏必要的权力监控制度和明确的法律约束规则,主动立法权滥用的现象屡屡发生。

主动立法的合法性主要体现在其内容的合法性和立法程序的合法性,内容的合法性要求这种法规和规章的条文、精神不得与有关法律条款和精神相抵触、相违背,立法的宗旨应该有利于行政管理规范化和科学化,法规的实施结果应该符合社会公共利益。立法程序是指法定的立法机构在制定、修改和废止规范性法律文件的立法活动中,遵守的法定步骤和顺序。立法程序的合法性是指不同层次的立法应该按照相关立法的规定,遵循法定的程序进行制定、修改和废止,按照现代法治的基本要求,立法程序的合法性主要体现为符合民主、科学、公开、公平和公正的基本要求。主动立法是行政机关用以调整国家行政机关之间及其在行政管理活动中同其他国家机关、社会团体和公民间的权利与义务关系,有效地领导和协调各部门工作的一个重要手段。

二、受托立法

受托立法（delegated legislation）的表述源自外文转译,也译为委任立法、委托立法或授权立法,很明显,这三种常见的译法都是立足于委托授权方,而从行政立法主体的立场看,这种立法的行为显然是接受委托而行代理权的行为,故译受托立法更贴切。受托立法是国外常见的一种行政立法类型,西方学者没有"行政立法"之称谓,一概以"委任立法"代之。国内也有人主张"所有行政立法都应是授权立法"[①]。

受托立法是指行政立法主体依据特定法律的授权,或者有立法权的国家权力机关和上级行政机关的专门委托,在授权和委托的权限范围内,依据法定程序,代为制定规范性法律文件的行为。对行政立法主体而言,这是一种被动的立法活动,受托立法权源自法定的授权或专门的委托。授权或委托行为既可以发生在权力机关之间,又可以发生在权力机关与行政机关之间,也可以发生在行政机关的不同层级之间,但授权或委托的权力线总是单向下行的,即只能由权力机关向其同级或者下级的行政机关、权力机关,或者上级行政机关向下级行政机关进行授权和委托,

---

① 罗豪才主编:《行政法学》（新编本）,北京大学出版社 1999 年版,第 146 页。

授权委托的双方当事主体都必须具有法定的立法主体资格。由于受托立法是受托主体获得了委托主体的代理权,因此,可以超出受托主体原立法权限范围内的立法权,而代行授权主体的立法权力。正是由于授权立法发生了权力使用权的下行转移,委托主体对受托立法行为必须进行一系列的限制。

我国《立法法》对授权立法制定了如下主要规则。

第一,授权与受托主体的限定性,只有全国人大及其常委会具备授权立法的主体资格,其他立法主体不能进行立法权的授予;受托立法的主体只能是国务院和经济特区所在地的省市的人大及其常委会。

第二,授权立法事项的限定性,全国人大及其常委会在其专属立法事项(详见《立法法》第11条)尚未制定法律时,有权作出决定,授权国务院可以根据实际需要,对其中的部分事项先制定行政法规,但是有关犯罪和刑罚、对公民政治权利的剥夺和限制人身自由的强制措施和处罚、司法制度等事项除外。经济特区所在地的省、市的人民代表大会及其常务委员会根据全国人民代表大会的授权决定,制定法规,在经济特区范围内实施(第84条)。

第三,授权决定应当明确授权的目的、事项、范围、期限以及被授权机关实施授权决定应当遵循的原则等。

第四,受托行为行使的限定性,被授权机关应当严格按照授权目的和范围行使该项权力,不得将该项权力转授给其他机关。

第五,受托立法效力的限定性。《立法法》中有一些条款体现了受托立法的限定,现择几则介绍如下:根据授权制定的法规与法律规定不一致,不能确定如何适用时,由全国人民代表大会常务委员会裁决(第106条);经济特区法规根据授权对法律、行政法规、地方性法规作变通规定的,在本经济特区适用经济特区法规的规定(第101条);授权机关有权撤销被授权机关制定的超越授权范围或者违背授权目的的法规,必要时可以撤销授权(第108条);根据授权制定的法规应当报授权决定规定的机关备案(第109条);授权立法事项,经过实践检验,制定法律的条件成熟时,由全国人民代表大会及其常务委员会及时制定法律,法律制定后,相应立法事项的授权终止(第14条);授权的期限不得超过五年,但是授权决定另有规定的除外(第13条)。

考虑到中国专门委托立法甚少,更具体的法定立法授权比较常见,且法定授权层级复杂的现状,需要对授权立法进行规范性完善。首先,授权主体即授权方只能在原来属于本机关立法权限内进行授权,被授权的主体要明确具体,不能进行指代不明的模糊授权;其次,授权内容要有范围限制,规定哪类事项不能进行授权,哪类事项可以进行授权;再次,授权主体应该逐案授权,必须是在授权机关立法条件不成熟或不具备技术能力时才能授权,被授权方应该具备行使这种立法代理权的行为能力;最后,授权方要对受托立法主体的立法行为、时间、内容、程序等进行跟踪监督,防止后者滥用代理权。

三、补充立法

补充立法也称延伸立法或执行立法,是对法律的一种补充规定,即行政机关因执行法律而订立的施行条例或细则。各国宪法均规定,政府有执行法律的职责,所以当立法机关制定的法律未将实施细则加以规定或说明时,行政机关须订立一种执行细则以达到执行法律的目的。补充立法是行政立法的一种经常出现的形式。我国《宪法》第89条规定国务院的第一项职权,便是根据宪法和法律,规定行政措施,制定行政法规,发布决定和命令,即内含有国务院可以进行补充立法的职权。由于补充立法是对立法机关制定的法律的一种补充规定,补充的内容自然以被补充的法律为依据,不得违反该法律,不得超越法律的范围。一旦该法律被废止,补充立法的内容也随之失去效力。补充立法没有得到法律、法规的授权,不得创制新的法律规则。补充立法的合法性,一般均由立法机关或上级机关检查、监督。根据我国《宪法》第89条第十四款的规定,国务院有权改变或者撤销地方各级国家行政机关的不适当的决定和命令,这里自然包括了补充立法。

第四节 行政立法程序

行政立法程序是指日常行政机关依法制定、修改和废止行政法规或规章的步骤和过程。

1987年4月21日,经国务院批准,由国务院办公厅发布《行政法规制定程序暂行条例》(以下简称"《暂行条例》")。十几年来,《暂行条例》是行政立法的程序法依据,是国务院行政法规立法程序的最主要、最直接的程序规定。在尚无统一的制定部门规章和地方政府规章的程序法之前,部分地方政府根据国务院《暂行条例》的原则和精神,单独制定本地方制定行政规章的程序规则,比如,《上海市人民政府规章制定程序》《江苏省人民政府关于制定规章和法规性文件工作程序的规定》。

《立法法》实施后,国务院抓紧了行政立法的程序法制定工作,于2001年11月通过了《行政法规制定程序条例》(2017年12月22日修订,以下简称"《法规程序条例》")和《规章制定程序条例》(2017年12月22日修订,以下简称"《规章程序条例》"),这样,中国的行政立法有了完整、统一的程序法依据。根据这两个条例,行政立法程序由立项、起草、审查、决定、公布、解释构成,现简述如下。

一、立项

立项是行政立法的准备阶段,由三个过程组成。

其一,立法提议,拥有立法提议权的主体主要是一级政府行政部门和行政机构,以及其他机构,至于各党派、社会团体,法人和公民是否拥有立法提议权,《法规程序条例》和《规章程序条例》都没有规定,从行政立法的实践来看,他们是可以建议立法的。《法规程序条例》规定,国务院有关部门认为需要制定行政法规的,应当于每年年初编制国务院年度立法工作计划前,向国务院报请立项;立项申请应当说明立法项目的必要性、所要解决的主要问题、依据的方针政策和拟确定的主要制度(第8条)。《规章程序条例》作了类似的规定:国务院部门内设机构或者其他机构认为需要制定部门规章的,应当向该部门报请立项;省、自治区、直辖市和设区的市、自治州的人民政府所属工作部门或者下级人民政府认为需要制定地方政府规章的,应当向该省、直辖市或者设区的市、自治州的人民政府报请立项(第10条)。

其二,立法计划,政府法制部门对立法申请进行评估论证,突出重点,统筹兼顾,拟订本级政府和部门的年度立法工作计划。《法规程序条例》第9条要求列入国务院年度立法工作计划的行政法规应当符合下列要求:(1)贯彻落实党的路线方针政策和决策部署,适应改革、发展、稳定的需要;(2)有关的改革实践经验基本成熟;(3)所要解决的问题属于国务院职权范围并需要国务院制定行政法规的事项。

其三,审批立项,党中央、国务院审批行政法规的年度立法计划并向社会公布,有立法权的国务院部门和地方人民政府审批规章的年度立法计划并向社会公布,审批立项的年度立法计划要明确行政法规或规章的名称、起草单位、完成时间等事项,立法工作计划在执行中可以根据实际情况予以调整。

二、起草

起草是指列入立法计划的法规和规章,由行政立法主体组织拟写法律文件草案的过程的总称。行政法规由国务院组织起草,部门规章由国务院部门组织起草,地方政府规章由省、自治区、直辖市和设区的市的人民政府组织起草。较为重要的行政法规和规章的起草,尤其是其内容涉及几个行政部门的管理事项,一般由法制机构负责,组成由机关部门参加的起草小组进行,其他行政法规和规章的起草,尤其是其内容只涉及某一部门管理事项,则由该主管部门负责起草。

在现实立法实践中,立法项目的课题研究先于具体起草工作,通过课题研究的形式,吸收立法事项的专业技术专家、政府官员、法律学者共同参与立法咨询工作,廓清该项法案要调整的范围、要解决的问题、立法指导原则、基本法律制度,与相关法律、法规、规章的协调,可资借鉴的国内外资料,以及法律责任等。

法案起草后应该向社会公布,以便在更大的范围内听取各方的意见和建议,可以举行座谈会、论证会、听证会,公布处理结果。

《立法法》首先制定了立法听证会制度(第67条),《规章程序条例》第16条具体规定了立法听证的规则:起草的规章直接涉及公民、法人或者其他组织切身利益,有关机关、组织或者公民对其有重大意见分歧的,应当向社会公布,征求社会各界的意见;起草单位也可以举行听证会。听证会依照下列程序组织:(1)听证会公开举行,起草单位应当在举行听证会的30日前公布听证会的时间、地点和内容;(2)参加听证会的有关机关、组织和公民对起草的规章,有权提问和发表意见;(3)听证会应当制作笔录,如实记录发言人的主要观点和理由;(4)起草单位应当认真研究听证会反映的各种意见,起草的规章在报送审查时,应当说明对听证会意见的处理情况及其理由。

起草过程的最后一个环节是形成正式的法案送审稿。送审稿应由起草法规和规章单位的主要负责人签署,载明立法的必要性、主要思路、确立的主要制度、各方面对送审稿主要问题的不同意见、征求有关机关、组织和公民意见的情况,并附上有关材料,主要包括国内外的有关立法资料、调研报告、考察报告、汇总的意见、听证会笔录等。

三、审查

政府法制机构负责对行政法规、规章送审稿的审查,审查功效在于进一步确定立法内容的必要性、可行性、合理性与合法性,认为不符合条件的送审稿可以决定缓办或退回原起草单位。

政府法制机构应该对送审稿涉及的主要问题进行调查研究,广泛听取并协调各方面的意见,可以举行论证会、听证会,或者向全社会公布。

政府法制机构认真研究各方面意见,与起草单位协商后,对送审稿进行修改,形成行政法规、规章的草案和对草案的说明,并由主要负责人签署,提出提请审议的建议。

四、决定与公布

行政法规草案由国务院常务会议审议,或者由国务院审批。调整范围单一,各方面意见一致或者依据法律制定的配套行政法规草案,可以采取传批方式,由国务院法制机构直接提请国务院审批。国务院法制机构根据国务院对行政法规草案的审议意见,对行政法规草案进行修改,形成草案修改稿,报请总理签署国务院令公布实施,并及时在国务院公报和全国范围内发行的报纸上刊登。《法规程序条例》第 29 条规定,行政法规应当自公布之日起 30 日后施行;但是,涉及国家安全、外汇汇率、货币政策的确定以及公布后不立即施行将有碍行政法规施行的,可以自公布之日起施行。

国务院部门规章由部务会议或者委员会会议审议决定,报请本部门首长签署命令公布;地方政府规章由政府常务会议或全体会议审议决定,报请省长、自治区主席、市长签署命令公布,并及时予以公告。

行政法规和规章均应在公布后 30 日内按《立法法》和《法规规章备案条例》(2001 年 12 月 14 日公布,2002 年 1 月 1 日施行)规定进行备案,其中行政法规报全国人民代表大会常务委员会备案。

五、解释

行政法规和规章在公布实施后,主要有两种情况需要得到解释:一是,其规定的具体含义需要被明确;二是,司法实践中出现新的情形,需要明确该情形适用行政法规或规章依据需要被明确。行政法规和规章分别由国务院或规章制定机关解释。行政法规和规章的解释与行政法规和规章具有同等效力。

复习题

1. 试述行政立法的原则与作用。
2. 行政立法有哪些类型?
3. 试述我国的行政立法程序。

第十一章
行政伦理

行政伦理指行政人员的职业伦理,也是公共行政活动的道德规范。一个国家的行政伦理水平和价值取向从根本上决定该国公共管理的性质、公共服务的质量和政府廉洁的状况。行政伦理主要涉及行政人员的义务与责任、职业伦理现状与培育,行政组织伦理及其影响因素,以及公共管理和公共政策的伦理准则和价值选择。现代国家的公共行政普遍遵守三个基本伦理原则,即公共服务原则、依法行政原则和公共利益原则。行政组织的伦理状况不仅直接影响其组织成员的伦理发展,在国家伦理建设中也起关键性的作用,其伦理建设模式的选择举足轻重。

第一节 行政伦理概述

一、行政伦理的定义

国内有学者将行政伦理界定为:规范行政主体(包括行政人员与行政组织)之间以及行政主体与相对人之间的关系的道德规范。行政伦理包括八大范畴,即行政理想、行政态度、行政义务、行政技能、行政纪律、行政良心、行政荣誉、行政作风。

上述定义体现了行政伦理的终极主体和社会性本质,而且涵盖面甚广,几乎所有与行政管理相关的人伦关系都可以被包括进来。同时,这种看法也透着浓厚的中华文化气息。按照这种定义,行政伦理的核心内容是行政主体的道德品质和道德规范。这种行政伦理学研究基本上遵循德性论的发展思路。行政主体是行政道德的最终归属,主体美德行政伦理学研究是行政伦理学研究中的一个重要的组成部分,但是,美德行政伦理学却不是行政伦理学的全部。其实,行政伦理学的研究范围是十分广泛的,依其对象大致可以分为:行政人员美德伦理学(研究行政人员个体心性的内在人格)、公共政策伦理学(研究行政决策过程和公共政策本身的价值取舍和伦理抉择)、行政制度伦理学(主要研究与行政相关的法律制度、组织制度、结构和文化氛围之伦理内涵)。

以行政主体美德为基石的行政伦理学的基本立场是承认并肯定行政人员的道德自主性。肯定行政人员的伦理主体资格，就意味着行政人员应该而且也能够运用其个人的道德价值观念对行政关系、行政行为的伦理正当性，对公共决策的价值合理性做出自己的判断和评价，并有权利甚至有义务依据正当的伦理标准（其最根本的和终极的标准是公意和公共利益）采取行动，反对不正当之举——即使它们出自上司或组织的命令。因此，尽管我们可以按照常规逻辑认为，行政伦理学就是研究行政伦理的理论知识系列或学科，但是，严格来说，并非所有关注行政伦理问题，或与行政伦理问题有关的理论观点都可以纳入行政伦理学体系。

要弄清什么是行政伦理学的含义，除了搞清楚其内涵外，还有必要厘清其上位范畴。

有人认为，行政伦理是职业伦理中的一种，行政伦理学是一种职业伦理学，因为它关注作为一个职业群体的行政人员的职业道德，关注其专业化取向及其与公民乃至政治家之间的关系，关注其专业自主性的社会利弊，关注其职业团体的组织情况和社会活动等问题。但是，如上所述，行政伦理学研究又不仅仅停留在这些方面。也就是说，行政人员的职业伦理仅仅只是行政伦理的一个重要组成部分。

也有学者认为，从政治性角度分析，行政伦理在本质的意义上也是政治伦理。其理由主要有三：首先，无论主观上如何看待，政治与行政在现实生活中总是相互交融的，难以截然区分；其次，从权力的角度来看，政治权力高于行政权力，并制导着行政伦理的基本取向；最后就其文化渊源来看，政治伦理也高于行政伦理。① 然而，将行政伦理从属于政治伦理，对之一些西方学者则认为：第一，在现代国家中，公共行政日益专业化是一个十分明显的趋势。尽管职业行政人员行使着国家权力、掌控着国家行政资源，但是，他们只是经营者、管理者。正是在这种意义上，行政伦理部分地从属于职业伦理。然而，政治显然不是一种靠专业知识与技能谋生的职业。在马克斯·韦伯看来，政治家是"为"政治而存在的人，行政人员是"靠"政治而生活的人。第二，政治与行政、政治家与行政人员有截然不同的行动逻辑。公共行政的首要追求是效率，即西方人所说的"干得更好，开支更省"，公平和正义只是其必须观照的合法性基础。行政伦理学的兴起是对现行行政过于关注效率而忽视公平的批判和指正，试图绿化行政道德沙漠。相反，政治的追求是政治正义，合法性是其第一追求，合理化和科学化当属其次。据此，一些西方学者进而认为政治家重视的是选民的意志与偏好，而行政人员则关注如何按照事理、物理办事。所以，似乎不宜将行政伦理作为政治伦理的子范畴。

还有观点认为，行政伦理学是应用伦理学的一个分支。行政伦理学研究具有

---

① 参见王伟：《行政伦理概述》，人民出版社2001年版，第65—68页。

应用伦理学研究共有的五个特点,①并赋予其如下具体内涵。(1)问题取向——行政伦理学不是一种纯理论的道德哲学,而是以提出问题或解决问题为取向的;行政伦理研究的基本出发点是行政实际问题,而不是理论概念。(2)境遇取向——道德理论是"死"的,而伦理实践是"活"的,理论是抽象的,而行政伦理问题是具体的,因此,行政人员必须发挥其实践理性,对具体情景、场合、时机进行审视和判断,以决定适用何种道德原则和抉择或放弃何种价值。(3)方法取向——尽管行政伦理学相对行政学的其他知识体系而言,具有较强的理论色彩,但这只是因为它关注的问题的深度和运用的理论的深度相对较深而已。由于其问题取向和境遇取向,行政伦理学研究其实并不特别注重理论体系的构建,而更多地关注分析和解决问题的方法的科学性和可靠性。(4)责任取向——"责任"则被人称为行政伦理学的"关键概念"②,是行政管理——无论是私人还是公共部门——词汇中最为重要的一个概念。行政人员的责任意识、行政责任的基本类型、行政责任的基本机制等问题,构成了行政伦理学研究的核心内容。(5)跨学科取向——批判性地综合运用哲学、伦理学、行政学、政治学、社会学、心理学、教育学等多学科的相关研究成果去分析行政伦理问题,是行政伦理学研究的一大基本特色。

在讨论行政伦理问题时,经常会用到"伦理"与"道德"、"美德"与"品性"等词汇。在绝大多数语境下,它们是可以互换的同义词。其区别在于,"道德"概念往往更倾向于指一种社会的,因而对主体而言是外在的规范性要求。我们知道,行政人员具有多重社会角色,同时承担多重道德义务,而它们之间往往并不一致。当这些角色期望与道德义务之间相互发生冲突时,行政人员就必须做出价值判断和选择。其实,这种建立在道德自主性基础上的价值选择,才是行政伦理的实质。它从根本上需要行政人员运用其实践理性、自主伦理判断力以及其他各种内在美德的支持。可以说,伦理即指导道德主体的价值判断和人伦选择的规范。因此,相对于"道德"而言,"伦理"一词更有积极的意味,"美德"这一概念蕴含自主和内在的含义。当然,它们之间更多的可能是联系而不是区分。可以说,美德是社会道德经主体化过程的结果,而具有各种美德的道德主体的卓越行动即"实践"。"品性"一词多与"道德"连用。在内涵上,"品性"一词可能更为根本与自然,也更为广泛。

基于以上分析,可以认为,行政伦理是指公共行政管理领域中各类行政主体从事行政管理活动时必须遵循的道德规范。行政伦理学是分析行政人员作为道德主体的可能性和必要性,探究行政人员的道德品质及其价值选择与伦理责任等问题的理论学说。其扩展研究对象包括行政组织伦理、行政制度伦理、公共政策伦理三

---

① 毛羽:《应用伦理学的若干问题》,《华中科技大学学报》(人文社会科学版)2002年第4期。
② Terry L. Cooper, *The Responsible Administrator: An Approach to Ethics for the Administrative Role*, 3rd edn., San Francisco: Jossey-Bass Publishers, 1990, p. 58.

个方面。从伦理学体系来看，它属于应用伦理学；从行政学体系来讲，它属于行政哲学范畴。

二、现代行政的基本伦理

尽管由于各国在政党制度、国家结构、社会发育程度、经济发展水平、民族历史文化渊源等方面的差异，各国的行政伦理千差万别。但是，差异化的行政伦理背后仍存在共性。如，反腐倡廉是各国面临的共同问题，提高公共行政的效率、民主、回应性和服务水平也是各国的共同要求，依法行政是现代行政的一个基本要求，等等，因此，存在一些普适性的现代行政伦理原则和全球公共行政精神。撇开各国行政规范在政治、经济和文化发展水平上的差异和特殊性，我们把现代公共行政必须奉行的伦理与精神概括为如下三大原则。

（一）公共服务原则

"权力只有在其[公共服务]功能被充分实现的前提下才是合法的。"① 公共服务既是现代行政的出发点，也是其目的和归属。公共服务应当成为公共行政的第一原则。否则，公共行政将成为一种偶然性。在这种以服务为宗旨的行政理念中，行政权力的正当化和合法化的根本途径不是法律条文，也不是国家主权的代表者或上级部门所下达的命令，而是社会的需求、公众的需要。如同市场经济中企业的产品只有在符合市场的需求、顾客的需要时才能成为商品一样，公共行政（公共服务和公共产品）的各种供给与调配也只有在能够满足人民的需要、社会的需求时才是有效的行政。没有顾客的产品的生产效率是虚假的，违背人民意愿的公共行政从根本上是反民主的。

以服务为行动指南的公共行政，首先要破除的就是"主权行政"观念。在这种观念下，政府是永不犯错的具体行动者，因此，行政管理的基本模式就是一种单向的命令与服从的过程，政府及其官员分享着神性的角色，因为他们的行动往往表现为一种居高临下的"恩赐"。逐渐地，被授予他（她）的权力获得了某种人格化的权利色彩：不可剥夺，行使随意。

将公共权力界定为一项社会功能，就意味着行政行为之目的正当性和程序合法性的根本源泉是社会需求。行政行为的正当性与合法性标准由此走向民主：以"人民需要不需要、满意不满意、高兴不高兴"为衡量标准；以职责与义务取代主权权力成为公共行政的基础。

---

① 转引自[法]莱昂·狄骥：《公法的变迁·法律与国家》，郑戈、冷静译，春风文艺出版社1999年版，第45页。

（二）依法行政原则

权力从根本上说是一种凌驾于对象意志之上的能力，而且公共权力较私人权力具有更多的暴力性，其规模效能也更大，"绝对的权力导致绝对的腐败"，所以，世界各国都强调依法行政、法治原则。

"依法行政"具有多重含义与精神。首先，依法行政的直观意义就是行政人员依据国家的法律制度而不是个人的主观意志或偏好进行公共管理。其次，从政治学的角度来解释，"依法行政"的着眼点是对行政权力的来源与行使进行限制，实施"有限行政"。最后，从行政伦理学的角度看，"依法行政"要求行政人员按以下方式行事：作为道德主体和行动主体的积极性、创造性的发挥；将"依法行政"作为一种精神理念予以尊奉；着重从精神实质上把握这一原则的旨意，而不是想方设法钻法律的漏洞，或是做些形式上合法、实质上违法的事情。因此，"依法行政"作为现代行政伦理精神，既主张公共行政必须遵守、维护和贯彻实施宪法及其他各项法律，同时还要求行政人员充分发挥其主观创造性和能动性，信奉民主法治精神，真正地把"依法行政"作为一种信仰、一种理念，而不只是法律文本的阅读器和消极被动的受制约者。只有在这种意义上，"依法行政"才是一种美德。

（三）公共利益原则

从古至今，"公共利益"像精灵一样支配着我们关于公共部门一切行为的正当性的论证，充斥于各种政治宣讲之中，贯穿于我们关于行政人员的品行评价中。但是，严格说来，"公共利益"这一用法是近代以后的事情。英文"public"一词的含义具有双重来源：一是希腊词"pubes"，大致可英译为"maturity"（成熟、完备）；二是希腊词"koinon"，英语中的"common"一词就来源于这个词。而"koinon"本身又源自"kom-ois"，意指"carewith"（关怀）。显然，"public"的词源更为强调的是一种共同的、集体的关怀。综合以上两类词义来源，按照大卫·马修斯（David Mathews）的分析，"公共"一词所蕴含的成熟和超越自我的含义，既指一种事情，比如公共政策，也指一种能力，譬如执行政策、理解自他关系、知晓自己行为对他人的影响、关心他人利益等。[①] 这种词源学的解释基本上揭示了公共利益作为一种精神的伦理学理论与实践的含义。

"公共利益"这一观念对实践的推动力主要不在于其可数量化，而是作为行政人员的一种精神信仰和追求，进入行政人员的主观责任意识，进入行政人员的实践理性，从而成为指导行政行为的内在且根本的精神动力。它指导行政人员的道德

[①] David Mathews, "The Pubic in Theory and Practice", *Public Administration Review*, 1984, Vol. 44, pp. 122-123.

能力,进而指导他的正义感与责任感。作为一种指导性结构,它实际上提供了一种优先规则,从而核心地发挥它的指导意义。公共利益观念是一种内在的、近乎信仰的精神,而不应是一种"口惠而实不至的东西"。那种纯粹话语形式的公共利益是对公共利益的亵渎,比那些公然反对公共利益观念的论调更为伤害人们对于"公共利益"概念的感情。

三、发达国家的行政伦理

行政伦理的理论研究最早起源于西方国家。20 世纪后期,一些西方发达国家在公共管理实践中面临的诸多问题,催生了西方学者对行政伦理问题的理论研究,也推动了这些国家形成了相关的行政伦理准则、规范和制度。了解这些内容,明了西方发达国家行政伦理的基本状况,对于我们更深入地理解行政伦理这个公共行政学学科重要组成部分的来龙去脉,不无裨益。

当然,西方学者关于行政伦理的理论阐述,以及西方发达国家的行政伦理规范和制度,一定是建立在西方价值观的基础之上的。而中国与西方发达国家在意识形态和基本制度上存在根本性差别,我们在了解发达国家的行政伦理状况,分析其相关理论与制度规范时,必须充分注意这一点。

与发展中国家相比,发达国家的行政伦理具有以下特点。

(一) 在形式上,行政伦理规范大致有三套系统

一是通过国家立法的形式确定公共行政的道德。譬如,早在 1958 年 7 月,美国国会两院以共同决议书的形式通过了《政府工作人员伦理准则》;1978 年 10 月,美国国会通过了《美国政府行为伦理法》;1985 年,美国国会制定了《美国众议院议员和雇员伦理准则》;1989 年 4 月,美国国会通过了老布什总统提交的《美国政府行为伦理改革法案》;1992 年,美国政府又颁布了由政府伦理办公室制定的更具操作性的《美国行政部门雇员伦理行为标准》。另外,政府的一些部门根据各自的具体情况,制定了适合本部门的伦理规范和实施办法。日本在 1999 年通过并颁布了《国家公务员伦理法》和《国家公务员伦理规程》,并于 2000 年 4 月 1 日起正式实施。

二是由国际组织倡议的用于规范其成员国政府行为的伦理规范。譬如,经济合作与发展组织(OECD)早在 1989 年就将治理国际腐败问题提上了议事日程;并于 1994 年、1995 年先后提出了《关于给外国公共部门官员的贿金扣税问题的建议书》和《制止在国际商业交易中贿赂的建议书》;经过反复协商谈判,于 1997 年各成员国和五个非成员国在巴黎共同签署了《制止贿赂公约》。OECD 理事会又于 1998 年 4 月发出了《改善行政伦理行为建议书》。所有这些规范,对于改善和规范

其成员国的公共行政行为,都起到了积极的作用。

三是公务员职业社团制定的伦理准则。譬如,美国公共行政学会全国理事会经过反复讨论,于1981年通过了一系列道德原则,在此基础上,1984年理事会为会员制定了一部道德准则,并于1994年进行了修订。

(二) 在管理体制上,存在一套立体式、多层次、多方面的综合反腐倡廉体系

如上所述,像OECD这样的国际联合机构、国内公共行政职业协会与学会以及其他一些非政府组织等社会团体,甚至还有不少私人伦理咨询公司,也加入了政府伦理建设的阵营。此外,还有通过立法新创或授权成立的各种行政伦理管理机构。譬如在美国,众议院的常设机构"伦理委员会"不仅管理众议院议员及其雇员的伦理事务,而且在美国政府官员的廉政建设方面也发挥重要作用。最为重要的行政伦理管理是根据《美国政府行为伦理法》成立的美国政府伦理办公室,它在1979年成立之初隶属于人事管理部门,1989年获独立建制并直接向美国总统、国务院和国会负责。此后,伦理办公室主任由美国总统提名经国会任命,其机构、经费、人员、权力等都得到了扩张。另外,在政府的许多部门以及许多州和市的议会和政府,也设有伦理方面的工作机构。

(三) 在教育科研上,有一支强大的教育科研队伍和机构建制来保障与发展行政伦理的理论研究

以美国为例,几乎每个州都有一个实力强大的咨询机构,这些机构不仅受理政府伦理咨询,而且协助政府进行行政伦理培训。譬如,老布什总统1989年就职不久就曾邀请"美国伦理咨询中心"为美国高级公务员做行政伦理方面的报告。总部设立在洛杉矶的美国行政伦理研究会囊括了美国一大批学者、律师和政府官员,集中研究和讨论政府伦理问题。此外,美国的高等院校也成了美国行政伦理的研究、培训和咨询的重要基地。据1995年美国公共行政学会对其成员院校的调查,至少有78所院校在研究生教育中开设了行政伦理学课程。

(四) 在内容上,行政伦理往往以界定公共服务的价值观为起点

在大部分发达国家,它们的行政伦理往往将界定公共服务的价值作为起点,讨论和制定行政伦理规范,比较注重条理性和可操作性,并对公共行政的专业化服务给予了较多的关注。概括地说,发达国家的行政伦理的内容主要涉及以下几个方面的规定。

1. 界定公共服务的价值观

要制定行政伦理规定,首先要弄清楚的问题是:哪些伦理行为应当弘扬和鼓励,

哪些需要加以约束和抑制。判断的依据在于公共行政的根本价值理念。表 11-1 反映了五个西方国家的"公共行政价值观"。

表 11-1　五个西方国家的"公共行政价值观"

国家	价值观
澳大利亚	1993 年题为《建设更好公共行政》的政府报告列出了官员行为的几项原则，体现了主要的行政价值观： 1. 积极响应政府； 2. 密切关注结果； 3. 功绩为人事配备之本； 4. 廉洁、清正，坚持高标准； 5. 严格责任制； 6. 严于律己并与他人合作，精益求精。
荷兰	虽未见于正式文件，学者马斯引用的"关键词语"描述了对"公职人员的特定要求"： 1. 公正； 2. 敬业，专业化； 3. 可信赖； 4. 忠诚； 5. 公开。
葡萄牙	《公务员行为准则》将"公务员基本价值观"概括如下： 1. 服务大众； 2. 合法； 3. 中立； 4. 负责； 5. 胜任； 6. 廉政。
英国	"公共生活标准委员会"首份报告提出了"公共生活七原则"： 1. 无私； 2. 廉政； 3. 客观； 4. 责任制； 5. 公开； 6. 诚实； 7. 表率。
美国	根据老布什总统 1989 年 4 月签署的 12674 号行政令，即"政府官员和职员伦理行为原则"(共 14 条)，可以将美国的行政伦理原则概括如下： 1. 忠于宪法、法律和伦理规则； 2. 个人利益的获取不能有害公共利益； 3. 不得利用信息谋私利； 4. 不得索贿、受贿或行贿； 5. 忠于职守； 6. 秉公办事； 7. 不得以权谋私； 8. 保护联邦财产； 9. 不得违背承诺；

第十一章 行政伦理

（续表）

美 国	10. 不得从事与政府职责相冲突的职业或活动； 11. 应向有关部门检举揭发腐败； 12. 率先垂范履行公民义务； 13. 公正公平执法； 14. 力避违法乱纪行为。

资料来源　王伟：《行政伦理概述》，人民出版社 2001 年版，第 378—380 页。编入本书时有改动。

2. 实行严格的公务员财产收入申报制度

在现代社会中，行政伦理主要是一种利益伦理，绝大多数的行政腐败行为都直接或间接地与经济利益相关。因此，大多数发达国家建立了公务员财产收入申报制度，但是在申报的具体项目与形式以及公开的方式等具体做法上，各国不尽相同。表 11-2 所示是部分国家的具体做法。

表 11-2　一些国家的公务员财产收入申报要求

国家	是否要求申报 个人财产收入	申报形式	公务员能否接受 礼品或好处
澳大利亚	是	内部	须经部（局）长许可
奥地利	否，但有限定	—	不允许
比利时	否	—	不允许
加拿大	是	内部	不允许
丹　麦	—	—	不允许
芬　兰	是	内部	不允许
法　国	否，但公有企业和混合经济 公司的高级经理除外	—	不允许
德　国	是，公务员从事其他 活动须获得批准	内部	须经最高层机构许可
冰　岛	是	内部	由本人判断
爱尔兰	是	内部	贵重礼品须上交
日　本	否，公务员不得在营利性 企业兼任领导职务	—	不允许
墨西哥	是	内部	不允许
荷　兰	否	—	须经高层领导许可
新西兰	否，但有些职位例外	—	不允许
挪　威	否	—	不允许

(续表)

国家	是否要求申报个人财产收入	申报形式	公务员能否接受礼品或好处
葡萄牙	是	内部	不允许
瑞典	是	公开或内部（如购买股票、证券的情况）	—
瑞士	否	—	不允许
土耳其	是	内部	不允许
英国	是（各部、局可根据具体情况作出规定）	各部、局可根据具体情况作出规定	各部、局可根据具体情况作出规定
美国	是	公开	不允许

注：表中"—"表示相关信息缺省。
资料来源　王伟：《行政伦理概述》，人民出版社2001年版，第381—382页。编入本书时有修改。

3. 公共行政伦理改革与公共管理改革同步

二战以来，为适应迅速变化的社会经济形势，西方发达国家公共行政改革运动风起云涌：由传统行政范式到新公共行政再到新公共管理，20世纪80年代末以来，多中心治理模式又甚嚣尘上。每一种改革思潮，都会导致公共行政理念与价值的变迁，民主、效率、公平、正义等价值处于动态调适与平衡之中，不同时期各有侧重。因此，其行政伦理规范也处于不断的变动之中。现阶段，发达国家行政伦理改革表现出三方面的共同点：一是全面审查行政伦理管理体制的现状，认清新特点、新问题；二是在推行"全面公共管理"改革的同时强调伦理的管理；三是着眼于在公共行政现代化进程中建立新的伦理框架和机制。

第二节　行政组织伦理

一、行政组织伦理的含义

行政组织既是行政行为的合法主体和行政功能的集体行使者，又是个体行政人员的生活组织和最直接的责任报告对象。可以说，行政组织是行政系统道德的基本单位，也是行政人员个体道德发展的首要环境——它直接关系行政人员的道德认知、道德评价、道德习惯的生成。一言以蔽之，如果没有良好的组织环境，任何卓越的行政人员和行政实践都是不可能产生的。正如汉娜·阿伦特（Hannah

Arendt)所说的,"如果世界没有提供其适当的使用场所,任何行动都不可能是卓越的"①。

对于组织伦理研究有过杰出贡献的罗伯特·戈伦比威斯基(Robert Golembiewski)认为,"无论我们是否喜欢,越来越大的组织日趋成为'质量性、社会性和道德性的决策王国'。如果有某个地方的话,我们正是在组织中实现我们的价值,获取个体的自由"②。按照他的观点,行政组织的结构和技术牵涉的不只是"技术问题",而且还关系善的基本观念与共同体中的正义生活。因此,戈伦比威斯基劝告我们学会"从规范性的角度来审视组织结构和管理技术"③,具体包括如下三点内容。

(1)组织结构的实质是人际关系的制度化表现,其精髓就是一系列的人伦关系、伦理习惯与价值观。因此,从某种意义上说,行政组织是作为一种集体性的文化、一种精神现象,影响个体行政人员的道德心理与行为。反之,个体行政人员的伦理观念与行为也直接影响组织的技术结构和社会结构。

(2)组织又是一个认知系统,生活于其中的"组织成员总体性地内化这些系统,并且不知不觉地成为无意识地用组织观念思考问题的人",并试图"将内在于特定组织类型中的认知系统作为一般的规范性认知系统"④。行政组织的这种规范性认知结构的影响力和渗透力,又因行政人员与行政组织之间的隶属关系(不仅是权力上的,而且是生活物质上的)和亲密关系(不仅是责任上的,而且是情感上的)显得无与伦比,成为行政人员社会化、政治化的首要基地。

(3)行政组织文化对于组织集体和组织成员的伦理取向具有决定性的影响。狭义的组织文化是指"组织成员共享的基本设想和信念。它活动于潜意识之中,并以一种根本性的'想当然'的方式界定一个组织的自我观念及其对环境的看法"⑤。

J.斯蒂芬·奥特(J. Steven Ott)通过对66位学者有关组织文化的观点的分析,发现被大家所公认的组织文化的功能主要有四种,它们构成了组织文化的功能核心。其一,组织文化提供一种为组织成员共享的解释或概念范式。借此,成员方知如何依照角色期望进行思考与行动。其二,组织文化蕴含了一种共享的感情模式,一种共享的对于组织价值观和道德规则的参与和信诺的情感样式——知道什

---

① Hannah Arendt, *Eichmann in Jerusalem: A Report on the Banality of Evil*, New York: Viking Press, 1958, p. 49.
② Robert T. Golembiewski, *Men, Management and Morality: Toward a New Organizational Ethic*, New York: McGraw-Hill Book Company, 1965, p. 4.
③ Robert T. Golembiewski, "Organization Is a Moral Problem", *Public Administration Review*, 1992, Vol. 52, No. 2, pp. 99—103.
④ Alberto G. Ramos, *The New Science of Organizations: A Reconceptualization of the Wealth of Nations*, Toronto: University of Toronto Press, 1981, p. 44.
⑤ Edgar H. Schein, *Organizational Culture and Leadership*, San Francisco: Jossey-Bass, 1985, p. 6.

么是值得信仰的,什么是值得追求的。这就使成员们懂得哪些价值是应当追求的,该以何种形式表达这种情感。其三,组织文化还有标明和维持组织边界的功能。个体身上的组织文化烙印,就是他得以区别于其他组织成员的识别标志。这里所显示和强化的是组织成员的归属感、认同感,甚至某种荣誉感。其四,组织文化同时还是组织的一套系统,规范组织成员的行为。① 显然,在奥特等人看来,组织文化不啻是一种社会性力量:通过形塑组织成员对于现实与观念意义的认知和理解,为其提供有效的情感与信仰动力,提供某种归属感等,组织文化实际上调控着组织及其成员的知、情、意、行诸方面。特里·库珀(Terry Cooper)的研究也发现,组织文化"对于[组织]成员的那些偏离,有时甚至对对抗正式规章、制度、程序和管理者的角色权威的行为,有强烈的影响"②。

以上说明,组织文化对于人的道德认知、道德情感和道德意志与行为有重要的影响。这种影响是双重性的——既可能是有益的,也可能是有害的。而且即使是同一种组织文化,其影响也可能是双重性的。好的组织文化固然可以为行政人员的伦理发展提供一种良好的直接环境,促进其符合社会公德和公共利益的道德行为和道德习惯的养成。但是,倘若行政人员处于诸如是非观念淡薄或者拒绝考虑伦理问题,甚至是腐败盛行、习"恶"为常的组织之中,那么,其后果也是可想而知的。

有研究认为,任何组织文化都有其自身所倡导的"伦理"或美德,与此同时也有其固有的"病理"或缺陷。按照这样一个逻辑,组织模式从结构-文化的角度被分成了如下四种。

模式1:科层制金字塔。这种官僚制组织的结构特点是科层制、非人格化、形式主义、劳动分工、专业化、程序化决策。这里的德性就是遵纪守法、严格服从和服务精神。其主要的弊端是:"病态性的古板,个体自由受到限制;强迫性的一致……参与者的人格异化。"组织成员既不可能也不应该个体性地承担伦理责任,因为他们仅仅是"奉命行事"。

模式2:竞争性群体。这种组织奉行的是市场机制:存在一套得到公认和遵行的"游戏规则";权力中心是多元的;任何一项政策或决策的出台都是各种利益和观点之间不断冲突与妥协、讨价还价的产物。这里所奉行的伦理是"过程伦理",游戏规则是判断行为的合理性与正当性的尺度。

模式3:平等共同体。譬如自由职业者协会、小农场协会、艺术家联合会等都属于这种组织。这里奉行的是平等、互助和参与。其决策是由成员们共同协商达

---

① J. Steven Ott, *The Organizational Culture Perspective*, Chicago: Dorsey Press, 1989, pp. 68-69.
② Terry L. Cooper, *The Responsible Administrator: An Approach to Ethics for the Administrative Role*, 3rd edn., San Francisco: Jossey-Bass Publishers, 1990, p. 173.

成的。每个人的行动信条是"人人为我,我为人人"。但是,它也有自己的缺陷,那就是,这种组织往往会"一致对外":将自己封闭起来,不愿对外承担什么责任;拒绝公开"内部信息"。

模式4:夸克汤(quark soup)。"quark"一词,有两种含义:一是指构成原子的最小粒子,或是理论上设想的三种不带整电荷的更基本的粒子通称;二是指酸奶酪,它是中欧一种柔软含奶油并经酸性处理的奶酪,由全脂牛奶制成。该研究的用法似乎兼有这两方面的喻义。这种组织的特性就是爱做表面文章,不愿脚踏实地干实事。处事态度是拖沓懒散、听其自然。人与人之间基本上遵行"井水不犯河水"的原则,处于所谓的"原子"(atomic)状态。其伦理恰似中国道家的"无为而治"。伴随这种组织作风的缺陷是自私、轻视他人、无政府状态和支离破碎。①

与以上研究的偏性立场不同,奥特认为,任何组织文化都有可能培养其独特的美德,同时也可能支持与其"臭味相投"的恶习。然而,有些学者并不太赞成这种各打五十大板的看法,他们认为,存在某些组织文化类型,这些类型的组织文化格外易于导致腐败行为的发生。譬如,有研究认为,处于以下四种类型的组织文化之中的个体成员最容易滋生腐败行径。(1)自由放任型文化。正当的程序和做法未能被严格遵从,大家各自心照不宣。他们所共同达成的默契是"只要你不告发我,我就不会告发你"。(2)恐怖型组织"气候"。这种组织一般是封闭型的,如监狱,其中运行的是一种机械式管理。在这里,偏见与偏爱司空见惯、习以为常,公正和公平反而是"另类"的态度。(3)腐败型文化。组织的核心领导成员牺牲组织和顾客的利益,秘密谋取其个人利益。(4)虚伪型文化。这里有两套行为规则:对外公开的是正式的和官方的那一套,而实际遵行的是另外一套非正式的规则。组织成员往往从心底里瞧不起伪君子式的领导,对于他们的命令,也多采取阳奉阴违的两面策略。②

也有学者认为官僚制正好反映或保证了行政行为的公正、严格、统一、迅速。譬如,在维克特·汤普森(Victor Thompson)看来,正是官僚制的制度设计保证了公共行政的合法性,包括对于规则与程序的严格遵从,对待公民的一视同仁,以及严格的等级制度。③ 但更多的是批判的声音,认为官僚制恰恰是对行政人员的道德权利与义务的排斥,是对人道主义的反动。

戈伦比威斯基认为传统的科层组织是对其成员的自由、人性、德性的极大摧残。他主张在不牺牲效率或经济的条件下,用"犹太-基督教"(Judeo-Christian)的伦理去改造行政组织,使它符合以下五个条件;并认为,只有这样的组织才是合乎

---

① 转引自 Kathryn G. Denhardt, "Organizational Structures as a Context for Administrative Ethics", in Terry Cooper, ed., *Handbook of Administrative Ethics*, New York: Marcel Dekker Inc. 1994, p. 179.
② Ruth Chadwick, *Encyclopedia of Applied Ethics*, Vol. 1, California: Academic Press, pp. 533-534.
③ 参见 Victor Thompson, *Without Sympathy or Enthusiasm*, Tuscaloosa, AL: The University of Alabama Press, 1975.

人伦的，才能有助于行政人员的道德发展。

（1）工作必须是个体打心底里可以接受的，也就是说，对它的履行不会危及个体的基本权利与自由。

（2）工作必须允许人们发挥其才智。

（3）工作任务必须给予个体相当大的自主空间。

（4）员工必须能够对其作业环境实施有效的控制。

（5）组织不应该是行为的唯一和最终的裁判者，组织和个体都必须遵从外在的道德命令。[1]

既然现实中的组织文化对于行政人员的道德发展的影响，总是有这样那样的不足之处，甚至有时这种影响基本上是"恶"的。因此，一旦组织的某些行为或观念违背更高级的伦理规范，一旦组织利益侵犯了更大范围的人民利益时，行政人员对组织的"背叛"不仅是公共行政伦理所允许的，也是它所要求的。丹尼斯·汤普森（Dennis Thompson）认为，正是行政伦理"在组织结构与个体行动之间架起了桥梁"[2]。正是对于公共利益的奉献精神，对于公共伦理的信守，对于人民的负责态度，使他们有可能顶着各种压力，冒着个人利益受影响的危险，超越狭隘的组织视野。

凯瑟琳·邓哈特（Kathryn Denhardt）的观点更为激进。她十分强调行政人员个体价值判断的重要意义。她认为，组织的规定（包括它的制度与监管），不能也不应该取缔个体的规范性判断力的存在。她极力主张行政人员的道德自主性，认为这是行政伦理的一个基本要素。这种自主性源自对社会基本价值观的信仰，并在具体的组织场景中得以体现和实践，同时，又保持着批判性的张力。正是这种批判性张力使行政人员与其所在组织的结构之间维系着一种动态的关系。邓哈特认为，对这种关系的把握是理解行政人员的责任的关键。另外，为了合道德地实践其自主性，邓哈特认为，"行政人员必须既是一个管理者，又是一个哲学学人"[3]。

二、行政组织变革与伦理发展

现实行政组织中的行政人员最不应该缺乏却又最为缺乏的是伦理反思能力。因此，如何促进行政人员的伦理反思能力——实际上就是伦理知觉的觉醒——是一个更为深层次的问题。马文·鲍曼（Marvin Bowman）认为，要从组织上解决这

---

[1] Robert T. Golembiewski, *Men, Management and Morality: Toward a New Organizational Ethic*, New York: McGraw-Hill Book Company, 1965, p. 65.
[2] Dennis F. Thompson, "Moral Responsibility of Public Officials: The Problem of Many Hands", *American Political Science Review*, 1980, Vol. 74, Iss. 4, p. 6.
[3] Kathryn G. Denhardt, *The Ethics of Public Service: Resolving Moral Dilemmas in Public Organizations*, New York: Greenwood Press, 1988, p. 26.

一问题,必须发展一套觉醒机制,弄明白现行价值判断与假设的含义,用适当的伦理标准去评价它们——在一个设计优良、尊重人权的正义体系中予以开展。显然,这些活动的开展不仅需要一定的训练,而且更需要一个要求极高的组织环境。因而,问题变成了组织发展的要求或目标的问题。鲍曼认为,一种有助于行政伦理反思的组织环境,应当符合五个方面的条件。一是"权力条件",即必须赋予觉醒机制一定的正式权力,它才能有效地引导行政组织开展自我反省活动。二是"信任条件",伦理反思作为一种组织生活,其基本形式是行政人员的批评与自我批评,要将这种批评与自我批评健康地进行到底,是需要勇气的。而这种勇气又主要依托于人们之间以及个体与组织之间的相互信任。三是"包容性条件",即要求所有相关者都参与相关问题的讨论与决策。四是"角色弹性条件",即鼓励组织成员站在不同的立场,或是设身处地地为他人着想,或是从一种新的视角来看待问题,可以是为某个伦理观点作辩护,也可以是对某种伦理现象提出批判。五是"调查条件",其目的是鼓励组织成员们在对问题做出伦理判断之前,对问题进行深入的调查和了解,养成实事求是、崇尚真理的品质。①

现实中,大多数行政组织都不具备这些条件。由此,需要通过组织制度和管理变革来促进行政组织及其成员的伦理发展。T.埃德温·伯零(T. Edwin Boling)和约翰·德姆塞(John Dempsey)认为,行政伦理教育的重心应当放在组织的变革与发展上,而不是放在个体责任感的教育上。他们甚至还认为,组织才是行政伦理学的适当分析单位,必须重视组织发展对于行政伦理建设的意义。②

伯零和德姆塞认为,一个有助于行政道德发展的组织发展应努力实现三点:从概念上澄清组织的指导思想,为持异议者和举报者提供组织性的保护,以及伦理培训过程中的全体成员的参与。邓哈特则认为,一项有利于行政伦理水平提高的组织发展规划应当具备如下特征:开掘组织意识;改变个体的组织分工;保护那些[合伦理地]违背了组织政策与程序的个体;将开展伦理讨论作为组织工作的一部分。

1990年,詹姆斯·鲍曼(James Bowman)在美国开展过一个全国性的抽样调查。调查发现,许多行政人员认为,有助于伦理水平的提高的组织发展战略至少包含四点:(1)机关任务必须是值得追求的;(2)机关成员参与其伦理规则的创制;(3)机关高层行政人员言出必行、身先士卒地创造组织伦理环境;(4)采用全方位的、覆盖整个组织的伦理培训。③

---

① 参见 Marvin T. Bowman, *Working Ethics: Strategies for Decision Making and Organizational Responsibility*, San Francisco: Jossey-Bass Publishers, 1990, pp. 184-190. 引用时略有改动。
② T. Edwin Boling and John Dempsey, "Ethical Dilemmas in Government: Designing an Organizational Response", *Public Personnel Management*, 1981, Vol. 10, Iss. 1, pp. 11-19.
③ James S. Bowman, "Ethics in Government: A National Survey of Public Administrators", *Public Administration Review*, 1990, Vol. 50, No. 3, pp. 112-115.

盖利·布鲁拜克(Gary Brumback)专门研究了人事管理的伦理意义。布鲁拜克认为,绝大多数的不道德行为的成因是环境性的。在一种错误思想占主导地位的组织氛围中,即使一个受到过良好伦理教育的行政人员,也难以正确地行事。要酿造一个健康的组织气候,就必须实现法律与道德双管齐下。就伦理方面而言,应当抓好以下几个环节的工作:首先,人员录用工作要合乎伦理;其次,将伦理表现纳入行政人员的绩效评价与管理体系中;再次,伦理培训重在培养行政人员的伦理敏感性;最后,要定期或不定期地对各项伦理建设措施的实施情况与效果进行检查,尤其要经常进行民意调查,了解员工对于组织伦理氛围和伦理建设措施的反馈意见和满意度。①

卡罗尔·刘易斯(Carol Lewis)博采众家之长,认为组织对于行政人员的道德发展过程的介入,不仅要求单位"一把手"在确立正确的组织文化过程中发挥榜样示范作用,而且要求全体员工参与组织伦理规则的制定,将伦理工作渗透到组织新成员的招录、绩效评估、奖惩制度等各项工作之中,经常进行检查,广泛开展伦理问题的讨论,提供伦理咨询,以及向中高层管理干部传授伦理管理的技巧。除此以外,为了深入持续地开展组织伦理发展工作,还应当专门建立一个伦理委员会。这个委员会的职能一般包括:(1)定期举行会议讨论伦理问题;(2)处理"灰色区"问题(一些较难判断是对还是错的问题);(3)向全体成员宣传伦理准则;(4)督促伦理准则的实施;(5)检查伦理准则的贯彻情况;(6)针对实施情况进行奖惩;(7)实时监测各方面情况的变化,及时发现问题、研究问题和解决问题,及时调整建设方案和修改规则。②

就行政伦理发展而言,行政组织变革的第一目标应该是推进组织管理民主。大卫·诺顿(David Norton)在《民主与道德发展:美德政治学》一书中指出,如今的政府与官僚组织不仅阻碍道德伦理在民众之间的发展,也妨碍其组织成员的道德发展。秉承人道主义的精神,诺顿提出了一种名为"发展性民主"的构想。在这种民主制度中,政府和政治的宗旨是提高人们的生活质量,这种提升的中心环节是激发个体的自我发展,政府的首要功能是为个体的自我发展提供为其所必需的但[个体]不能自给的条件,使其机会最大化。③

库珀在其同一年出版的《公共行政的公民伦理》一书中,则力主扫除阻碍公民参与的各种障碍,破除那种父爱式样的政府机制。他认为,美国进步时期的改革提高了公民的选举权,但与此同时的行政改革对于效率、专业知识以及专业作风的强

---

① Gary B. Brumback, "Institutionalizing Ethics in Government", *Public Personnel Management*, 1991, Vol. 20, No. 3, p. 20.
② 参见 Carol Lewis, *The Ethics Challenge in Public Service*, San Francisco: Jossey-Bass, 1991。
③ David L. Norton, *Democracy and Moral Development: A Politics of Virtue*, Berkeley: University of California Press, 1991, p. 44.

调,使这些"行政性的价值成为更大范围的直接参与民主的障碍"①。然而,库珀认为,倘若能够将"公民伦理"引入行政系统,并作为一项根本性的行政原则,那么,就不仅可以提高公民的道德,还有利于将去人性化、冷冰冰的官僚制组织生活变为一种共同体生活。

需要着重指出的是,在旨在促进行政人员道德发展的组织发展过程中,倘若没有领导者的有力支持,没有他们的身先士卒的示范,是很难取得满意的效果的。因为,事实上,正是那些组织的领导者阐释着组织的目标,策动着有利于实现这些目标的行为模式。社会心理学实验证明,领导者作风的专制或民主及其程度,在很大程度上决定了组织的社会心理氛围,并对组织成员的行为改变或学习效果具有很大的影响。

三、行政组织伦理建设的模式

美国学者阿普里尔·何吉卡-艾肯斯(April Hejka-Ekins)概括出四种行政伦理建设的理论模式。他从五个方面将它们进行了对比(详见表11-3)。(1)理论分析的焦点:个体或个体与组织两者。(2)伦理建设方法的主要特点:法制性的或规范性的。(3)教育培训的预期结果:公共管理者合乎法律规定地正确行动或合乎道德地正当行动。(4)培训内容:重心是放在各项法律规章制度的宣传上,还是放在伦理标准和决策过程的伦理教育上。(5)教育风格方面:主要是一种单边的、以教育者为主导的知识灌输模式,还是双向式的、重视受教育者参与的综合教育模式。②

表 11-3 五种行政伦理建设模式

比较维度	服从模式	诚信模式	融合模式	整合模式
焦 点	个体	个体	个体	个体与组织
特 点	法律性	规范性	兼有	兼有,但更具规范性
结 果	行为的合法性	行为的合伦理性	兼有	兼有,但更具伦理性
内 容	伦理性法律规章和制度	伦理标准和合伦理的决策	兼有	兼有,但更重伦理标准和决策过程
教学风格	单边教学	综合教育	兼有	兼有,但更重综合

何吉卡-艾肯斯认为:(1)行政机关的结构越封闭、越官僚化,它就越倾向于使

---

① Terry L. Cooper, *An Ethic of Citizenship for Public Administration*, Englewood Cliffs, New Jersey: Prentice-Hall, 1999, p.99.
② April Hejka-Ekins, "Ethics in In-service Training", in Terry L. Cooper, ed., *Handbook of Administrative Ethics*, New York: Marcel Dekker Inc., 1994, pp.69-70.

用"服从型"的伦理教育模式;(2)组织越开放、越民主、越灵活,就越可能采用"诚信型"的教育模式;(3)兼有官僚制和民主制两方面特性的组织倾向于选择"融合型"教育模式;(4)而"整合型"建设模式在很大程度上只是一种韦伯所说的"理想类型"。

除此,还有比较有影响的组织伦理建设思路由理查德·哈特卫格(Richard Hartwig)于 1980 年提出。他认为,盛行权威管理风格的"X 理论"组织倾向于采用法律主义的方法解决伦理问题;而以参与管理为主导模式的所谓"Y 理论"组织,更倾向于采用"诚信伦理学"(哈特卫格称之为人际伦理学)。①

第三节　行政人员的个体伦理

一、行政人员的义务与责任

一般来说,"责任"源自"义务",两者在行政伦理问题的讨论中被交互使用。其根本特性在于:除非履行,否则不可摆脱。任何人都不会否认行政人员必须承担一定的义务和责任,从某种意义上说,行政人员这一概念本身就是由各种义务与责任汇聚而成的。然而,对于行政人员到底应当承担哪些具体的义务和责任,当它们之间发生冲突时行政人员该如何取舍等问题,人们的观点不一,既不可能也不应该完全划一,因为行政伦理选择本身是一种景况实践。但是,不能完全划一不等于缺乏基本共识,譬如,德怀特·沃尔多(Dwight Waldo)和库珀的两种观点就基本上得到了大家的公认。

沃尔多在《伦理与公共行政》一文中,将行政人员的义务分为以下十二种:(1)忠于宪法的义务;(2)遵守法律的义务;(3)对民族或国家的义务;(4)民主的义务;(5)遵守组织-官僚制规则的义务;(6)忠于职守与信守专业精神的义务;(7)对家庭与朋友的义务;(8)对自我(人格与尊严)的义务;(9)对中层集体的义务;(10)对公共利益或全民福利的义务;(11)对全人类或全世界的义务;(12)对宗教或上帝的义务。②

事实上,正如沃尔多所说的,行政人员的道德义务与伦理困境远不止这些。再加之这些义务与义务之间相互交错,在具体现实中又未必完全相容。于是,就构成了一张包罗万象的人伦网、义务网。这张网如影随形地挑战着行政人员的实践理

---

① Richard Hartwig, "Ethics and Organizational Structure", *The Bureaucrat*, 1980, Winter, pp. 48-56.
② Dwight Waldo, "The Relationship between Ethics and Public Administration", in Richard J. Stillman, ed., *Public Administration: Concept and Cases*, New York: Houghton Mifflin Company, 2000.

性。行政人员必须学会恰当地运用其自由裁量权和内在德性,在具体生活中创造性地处理它们之间的关系。另外,几乎任何一种行政义务,即使是一般人绝无半点置疑的宪法义务,都需要行政人员的意志"自由"去审视、判断、选择各种观念取向。

库珀在《负责任的行政人员:行政角色伦理探索》一书中,从主观和客观两个角度阐释行政人员责任的内容。

所谓"客观责任"是指那些由外在于责任主体的社会、组织或他人,通过法律的、道德舆论的形式,所施加的、要求责任主体务必承担的义务和责任。这些责任常常以所谓的"角色期望"的形式给人一种直观的感受。一个行政人员应当履行的客观责任,就是国家、各种组织和民众对于"公共行政管理者"这一公职角色的扮演者所赋予的期望总体。

这些内在的品质指向行动时,主体自身所感知到的那种行为"应当"就是一种"主观责任"。库珀指出,"主观责任是我们自己对责任的情感与信念……它植根于我们自己对忠诚的信念、良知和身份认同"[①]。主观责任不只是为了客观责任而存在的,也不是客观责任的应声虫。行政人员的主观责任感不仅有助于他承担自己的社会责任,其本身也是行政人员内在利益的一种主要成分——主观责任的卓越履行能给行政人员一种成就感、愉悦感、幸福感。与客观责任几乎完全源自行政人员的行政管理者身份角色这一情况不同,行政人员的主观责任可能源自行政人员在社会中的多种角色规范之整合。

库珀还进一步深入地探讨了行政人员客观责任的内容。责任一词有多种解释,但其基本含义包括两个方面:一是对于某个人或集体的责任,即"说明责任";二是对于某项任务、目标的达成,以及下属人员的行为所承担的责任,即"职务责任"。

说明责任就是行政人员应当就其某一项或一段时期内的工作向其领导机关(譬如立法机关、民众)予以汇报、报告,并对他们的询问、质询进行解释;反之,民众、立法机关、司法机关、主管领导或部门有权利或权力对行政人员履行其职责的情况进行审查,并追究其责任。

一般来说,说明责任包括实绩和伦理两个方面。对于实绩的汇报框架主要由成本效益、效率、便利性、生产率等概念构成;而其伦理的正当性则主要侧重于公正、平等、自由、人的尊严、隐私和民主等方面。责任的伦理与实绩这两个方面缺一不可。相对而言,职务责任不仅更为客观,而且更为根本,因为说明、报告、解释等只是促使行政人员履行其职务责任的一种重要手段。说明责任和职务责任两者共同构成了行政人员的客观责任,两者之间是一种辩证相向的关系:说明责任(的内容)是由近及远地由密而疏;相反,职务责任(的重要性)却是由近及远地逐级递增。

[①] Terry L. Cooper, *The Responsible Administrator: An Approach to Ethics for the Administrative Role*, 3rd edn., San Francisco: Jossey-Bass Publishers, 1990, p. 71.

据此,库珀把行政人员的责任(包括职务责任和说明责任)划分为三个层次。

首先,行政人员必须向其所在机关单位的领导负责:汇报任务的执行情况或工作目标的达成情况,包括为实现这些任务目标所采用的行动方案、政府资源和行政手段。同时,如果有的话,他还必须为其下属的工作情况承担领导责任。这是最直接的、最经常的说明责任。然而,这一层次的职务责任是最不具有根本性的。因为,这一层次的职责对象,包括组织的工作计划、具体的工作目标和任务安排,都必须服从比它们更宏观的方针政策。相对而言,这些只不过是一些工具手段而已。

其次,行政人员必须向民选政治官员汇报贯彻体现后者意志的政策方面的情况。这些政策通过整体性的法令,或单个的行政命令得以传达与实现。这一层次的职责显然比第一层次的更为重要。

最后,行政人员的责任是要理解、判明、权衡、实现民众的意愿、利益、偏好、要求等。行政人员有义务向民众报告工作,接受民众的监督、询问和质询。促进公共利益和公共福利是他们的终极职责。很显然,这一层次的责任说明最为抽象,距离最远(最为间接),周期可能也最长,而其职务责任的重要性则是终极性的、根本性的。

二、道德发展与道德教育

人们一般根据日常生活的观察,个体的道德意识发展水平被分为三个层次。一是"前道德"水平。此为道德发展的最低水平。处于这一水平的个体的行事原则是功利主义的,遵循的是"趋利避害"的本能反应程式。二是习惯道德水平,其典型特点是取向于外部规定的规范和要求,从众和模仿是他的行为律。三是自律道德水平,其对事物的认知和行为取向所遵循的是自我的实践理性的判断和内心信仰与良知。

以上述观念为衬底,不少学者提出了各具特色的观点。譬如:弗洛伊德的精神分析理论对"本我""自我"和"超我"的划分;鲁思·本尼迪克特(Ruth Benedict)在《菊花与刀》中对"罪感"与"耻感"的区分;约翰·罗尔斯(John Rawls)在《正义论》中将人的道德发展分为权威的道德、社团的道德和原则的道德三个阶段。最为著名的,同时也受到许多实证检验的是美国心理学家劳伦斯·科尔伯格(Lawrence Kohlberg)的道德发展理论。科尔伯格继承和发展了让·皮亚杰(Jean Piaget)的认知发展理论,将人的道德发展细分为三个层次六个阶段。

第一个层次是前习俗水平(对应"前道德"水平):道德价值来自外界事物或权威。行为动机出自人们的生理需要或对惩罚的规避,而不是人格和伦理标准。

阶段1:服从和惩罚定向。对于上级权力和威望的服从,或是出于利己主义的计算,或是为了避免受到惩罚;以社会、集体为社会监督和定性的主体,属于客观责任。

阶段2：幼稚的自我主义定向。其主要内容包括：判断行为正当性的标准是看它是否能工具化地满足自己，偶尔还包括他人的需要；意识到每个人的价值偏好都是不相同的；朴素的平等主义，讲求互惠互利。

第二个层次是习俗水平（相当于习惯道德水平）：道德价值来自传统上为多数人认可的是非与正误标准。这一层次的道德内容包括担当一个好的或正当的社会角色，维护传统规矩，符合他人对自己的期望。

阶段3：行为定向于获取"关系人"的欢心、赞同或欣赏，羞于受到他们的责备；墨守成规，力求使自己的行为与众人一致。

阶段4：行为定格在尽职尽责，尊重权威，维持现有秩序（符合规则的就是好的）；兼顾符合他人的期望。

第三个层次是后习俗水平（对应自律水平）：道德价值来自普遍的原则与个人内在的良知。

阶段5：信守法制-契约。这一阶段的道德发展内容包括：认识到道德规则的相对性和情景性，要求这些规则具有逻辑根据，认为功用原则便是这样的根据；以符合大多数人利益与愿望的普遍准则为判断根据。

阶段6：信守良知或原则。这一阶段的道德发展内容包括：价值判断不仅依据既定的社会规则，而且诉诸逻辑的普遍性与一致性；行动者的主心骨是良心，外加相互尊重和信任。①

科尔伯格的道德发展理论引发了一系列行政伦理学的实证研究。这些研究成果为行政伦理建设提供了实证性的指导。譬如，受科尔伯格等人研究的启发，为了验证道德发展理论在公共行政领域中的适用性以及测评行政决策中的伦理推理水平，道格拉斯·莫甘（Douglas Morgan）和亨利·凯斯（Henry Kass）的研究发现，行政人员的道德发展水平大致可以划分为三个阶段。第一个阶段是"中立理性行动"阶段，其工作是"办事"，其语文关键词是经济、效率和中立能力，其行动任务是调解冲突、化解公众情绪，避免极端行为，修改计划中的知性错误。在第二个阶段，行政人员在任务执行过程中，发现自己已经深陷各种价值冲突之中，如经济发展与环境保护就是一对让许多国家的公共管理者伤透脑筋的矛盾性价值。此时，行政人员的角色已经不只是简单的执行者了，而自知为调解各种利益竞争和意见冲突的利益平衡者和共识促成者。在最后一个阶段，即第三阶段，公共利益已经进驻行政人员的话语意识。他们似乎变成公共利益的"孤独守卫者"。他们既根基于过去又展望未来，规划现在。一旦行政人员的道德发展进入第三个台阶，他们就开始体验到一种

---

① ［美］劳伦斯·科尔伯格：《道德发展心理学：道德阶段的本质与确证》，郭本禹等译，华东师范大学出版社2004年版，第164—167页。

"角色反串的伦理危机"。①

　　黛布拉·斯蒂瓦特(Debra Stewart)和诺曼·斯皮林邵(Norman Sprinthall)进行了大量的实证性调查研究,得出了如下研究发现。(1)科尔伯格的道德发展理论基本上适用于公共行政领域。(2)而且这种适用性基本上不受人口统计学特征(如性别、教育、种族、年龄)的限制。(3)行政人员的职责大小与道德发展水平之间,也无明显的相关性。(4)无论是权限的大小,还是权限的性质(城市或乡村),甚或是伦理法令的是否存在,与被试行政人员在决策时是否进行原则性的推理之间,都不存在明显的相关性。(5)行政人员是否使用原则性推理,与其处理冲突性问题和解决问题的经验有关:一般来说,对于那些问题情景比较陌生的决策问题,行政人员往往较少采用原则性推理,较多采用自利性的理由;对于那些比较熟悉,又经过广泛讨论的问题,则很可能采用原则性推理。这里,深入、广泛的伦理讨论起关键性的作用。(6)被试行政人员的道德推理水平集中在"法律与职责"层次上,而不是依据道德原则推理。这说明行政人员中存在一种普遍的倾向,那就是,排他性地专注于法律规则和单位制度来评判事情的合理性。②

　　道德认知性判断的成熟程度与在一系列假定冲突情景中的表现有关。道德意识水平较高的人比其他人更少倾向于从众行为。在道德意识发展的较高阶段,道德意识和个人行为的联系比低级阶段更密切,而预先对道德问题进行讨论则会对行为选择发生积极影响。苏联在道德教育以及自我教育方面的研究发现:年轻人在讨论某一问题时发表的道德判断的成熟性同其现实行为表现有直接的联系;"青年在道德问题上的争论和辩论不仅预示了而且在很大程度上预先决定了解决现实生活问题的方式"。③ 无论在大学教育还是在职教育中,针对某些带有争议的伦理问题的讨论以及学生的参与和接受挑战,都有助于其伦理水平(含推理能力)的提高。由此体现了进行道德教育和伦理知识宣传的巨大意义。

　　行政伦理教育的根本目的就是培养德性行政人员。具体来说,就是要通过各种方法和途径,培养具有道德自知、自省之习惯,道德推理、判断之理智,道德行为、生活之勇气的行政人员。其中,人们研究得最多,也得到许多实证性研究肯定的是,行政伦理教育对于行政人员或拟准备加入行政人员队伍的大学生的道德认知能力的提高的积极影响。这种认知应当包括两个方面:一是知理(伦理规则和伦理

---

① Douglas F. Morgan and Henry D. Kass, "The American Odyssey of the Career Public Service: The Ethical Crisis of Role Reversal", in H. George Frederickson and John A. Rohr, eds., *Ethics and Public Administration*, New York: M. E. Sharp, 1993, pp.177-190.
② Debra W. Stewart and Norman A. Sprinthall, "Moral Development in Public Administration", in Terry L. Cooper, ed., *Handbook of Administrative Ethics*, New York: Marcel Dekker Inc., 1994, pp.325-348.
③ 转引自[苏]伊·谢·科恩:《自我论——个人与自我意识》,佟景韩译,生活·读书·新知三联书店1986年版,第451页。

推理),二是知己。

首先,道德教育可以帮助学习和理解伦理规则,提高其道德推理能力。行政人员的道德推理能力包括两个方面:伦理敏锐性和伦理问题意识。道德推理能力指,行政人员能在寻常或不寻常的、习惯的或陌生的事态、情景、作为或不作为中发现伦理问题,产生一种伦理意识,即要对事情进行伦理与道德的反思的能力。这种"有助于行政决策的伦理澄明所关涉的是去发现正确的行动标准,而不是去劝告人们遵行某种已经被宣布为正确的标准"。所以,在某种意义上,道德推理能力可能比照章行事更为重要。

拥有这种伦理性的洞察力和问题意识,是具有实践理性的行政人员的一个极其重要的特征。这种能力既不是天生的,也不是一经获取永不消退的,而是需要后天的教育与启发,需要不间断的培养与强化。尽管人类可能确实天生具有恻隐之心、同情之心,但这些只能为道德人的现实性提供潜在的、需要用理智指引的基质元素。正因为如此,亚里士多德首推理智为一切德性的指明灯。

现实中也许确实存在某些人,他们具有一种天生的气质,即使他们并不像伦理学家那样通晓各种伦理学理论的所是所非,甚至根本就没受过系统的伦理学教育与培训,但他们却能够按照某种特殊的德性行事。这种事实的存在是否可以说明伦理学教育的多余呢?我们的回答是否定的。第一,我们应该说他们很幸运,因为他们无意识中所受到的教化——熏陶与感染——并严格遵行的那种社会规范,恰好符合他们的伦理应当。第二,他们的那些合乎道德的行为及其所依据的德性恐怕也绝非严格意义上的天生而成。相反,他们受到了一种极为成功和有效的伦理教育——无意识的感染与熏陶。第三,倘若他们没有这么幸运,倘若生活的变故使他们的角色发生变化,倘若生活的变故使他们的情绪发生波折,倘若他们受到其他与此相悖的观念和理论的诱导,那么,缺乏理性意志力的他们就有可能感到迷惘、困惑,甚至误入歧途。第四,具有这种"天然的"气质的人,面临那些是非分明、善恶对峙的场合,往往能够做出正确的选择。但是,面临那些复杂的、首先需要对问题进行理性的分析的场合,以及那些如前文叙述过的必须在善与善之间、恶与恶之间做出选择的场合,凭直觉或个人偏好来处理就难免会犯错误了。正如阿拉斯代尔·麦金太尔(Alasdair MacIntyre)告诫的:"不能把这种幸运而令人愉快的天资同拥有与之相应的德性混淆起来,因为,正是由于缺乏系统训练和原则的指导,即便是这些幸运的人也会成为他们自己的情感和欲望的俘虏。"[①]总之,德性也好,伦理推理也好,都需要理智,准确地说是"实践理性"。而且,既然这种实践理性不等于天生的为善情怀,那么,它就需要后天的学习,是一种习得之内在。

其次,伦理或道德教育的另一重要功能就是引导人们反省自己的观点,认识自

[①] [美]阿拉斯代尔·麦金太尔:《德性之后》,龚群、戴扬毅等译,中国社会科学出版社1995年版,第188页。

己。行政伦理教育不是去宰割行政人员的自我,变成奴性教育。真正的德性行为是以意志自由、理性自主为前提的。唯有以尊重行政人员的权利、唤醒行政人员的尊严、相信行政人员的良知、珍视行政人员的价值为开端的行政伦理建设,才能使他们告别奴性,永诀闹剧,才能产生卓越的行政人员队伍。

尽管自知是一种极其私人化的行动,但是,这并不意味着教育的无效。否则,就无法理解柏拉图为什么那么重视教育了。柏拉图认为,教育的根本任务不是要给受教育者灌输什么真理,而只是使人们心灵之中早已存在的知识浮现出来、展现开来。引导而不是强迫或代替行政人员反思自己的言行、倾听自己良知的声音。这正是行政伦理教育要做的和能做的。尽管这里所讲的伦理教育主要是指学校教育,但它实际上包括任何有效的伦理学习、自我反思和各种社会教育形式。

行政人员的"知理"与其"知己"有直接的关联:"知理"实际上为"知己"提供了某种参照系;反过来,唯有能真正"自知"的人方能真正"知理"。只有"知己"而且"知理"的行政人员才可能成为德性行政人员,其行政行为方可堪称德性实践。因为"真正有德性的人的行为是以正确合理的判断为基础的",而这种实践理性判断——既包括对于行动情景以及与之相适的伦理的判断,也包括"知道自己正在做的是什么"——须经道德学习和教育方可生成。

三、行政人员的道德自律

(一) 道德自律的含义

"治人者"必须先"治己",中国古人所谓的"身修而后家齐,家齐而后国治,国治而后天下平",至今仍有其合理性。行政人员的道德自律是指行政人员作为道德主体,在认识其职业伦理和社会道德规范之后的一种自我立法、自我约束,是一种自愿、自觉、自决的活动。这一含义包括以下几个方面的内容。

1. 行政人员的道德自律以其道德主体性为前提

伦理实践的实质是一种自由自主的选择活动。沿用康德道德自律概念,罗尔斯说:自律是"我们作为自由平等的理性存在物的本性"①。真正意义上的道德自律总是个体出于明确的理性意识而自觉自愿选择的行为。道德行为有两点要求:一是自觉,即要遵循实践理性的指导行事;二是自愿,即要出于意志的自由。严格来说,不给个体自由,就不能要求个体为其行为承担任何伦理责任,因为责任只应归于主体。

---

① [美]约翰·罗尔斯:《正义论》,何怀宏、何包钢、廖申白译,中国社会科学出版社1988年版,第243、246、247、465、506、548、561、571页。

2. 行政人员的道德自律是一种社会性实践活动

尽管行政人员的道德自律是一种极其自我化的事情,是一种自我关系和"切己体验"。但是,行政人员的这种自我建设既非"独善其身"的自私,也不是矫情地追求标新立异。相反,自我修养应是一种真正的社会实践,其最后目的仍是自我求取在行政伦理秩序中的和谐,是为了更好地为公共利益服务。

3. 行政人员的自律与他律之间是一种辩证关系

如上所述,无论是内容还是方式,行政人员的道德自律都有其根本性的社会背景。行政人员的自律与他律之间的根本区别,不在于其内容和形式,而是看行政人员的道德主体性是否得以保存并发挥其主观能动性。所谓主体,具有双重意味:一方面,他具有意志自主与选择自由的权利;另一方面,主体既必须遵守社会规范和道德伦理,也有可能由于良心或自我知识而受到自身认同的束缚。行政主体仍然受到知识推论或社会条件的制约,并且仍然处于权力关系之中。在这种社会场中,行政主体获取自由的大小取决于他抵制各种外在诱惑、应对社会提出来的各种伦理考验,达到自我驾驭、成为其欲望的主体的能力。就现实层面而言,行政人员的自律往往可以分为三个层次:第一层次的自律已经成为行政人员的主体人格;第二层次的自律是舆论监督和道德规范约束的结果;第三层次的自律则是法律约束和权威监督的结果。① 一般认为,恰当的他律有助于行政人员道德自律的形成。尤其是处在市场经济背景中,对于那些缺乏自觉自律的行政人员来说,社会更应强化他律治理机制。

(二) 道德自律的养成

1. 自我知识

"知识即美德。"行政人员要进行道德自律,其基础与前提是自我认识、自我知识。这种"自我知识"不仅仅是行政人员对自我存在的一种(肯定性)意识即自我意识,而且更主要的是一种批判性的审视与反思。

公共行政是一种"实践",也是一种"生活"。它包含个体的持久承诺和信守,而不是一种闲暇和偶然兴趣。其最为根本与基础——也是把行政人员塑造为德性行政主体——的东西是他在其职责范围内的个人活动。这里所谓的个人活动不是相对于其行政行为的公共性而言的,而是指行政人员只有通过自由的和自愿的选择才能从事这种实践。从信守这样一种基本态度出发,行政人员必须检视其行政生活的道德性的各个方面。

所谓行政生活的道德性,就是行政人员的行为与规定他们的规则和道德价值的相符程度。每一行政道德其实都包含两个因素:行政行为准则和主观化形式。

---

① 参见周志忍、陈庆云主编:《自律与他律——第三部门监督机制个案研究》,浙江人民出版社1999年版。

行政人员的道德大致有两种类型：一是"以准则为目的"的道德，即对于那些羁束性、必须严格遵循的规则的遵从；二是"以伦理为目的"的道德，主要是指针对那些原则性的、需要行政人员发挥其主观能动性方可恰当履行的规范而言的。这两类道德几乎总是共存于行政生活的各个方面。切不可故意混淆这两类道德性标准而为自己的不道德行为开脱责任。这也是行政人员进行道德反思的一个重要内容。

要想将自己的行为确立在道德正当性的基础上，行政人员还应追问自己遵循道德要求的动机和理由，因为同样的道德行为，其动机往往并不一定一样。对于外界来说，也许这些差别并不很重要——重要的是，是否遵循了道德规则，但是，对于行政人员本人来说，则十分重要。因为，这些才是道德主体存在模式的真正特点。它是一种极其深刻的内在体验，直接影响一个人的内在快感体验。所以必须成为行政人员的自我知识和自我反思的重要内容。

2．自我修炼

古今中外，人们从生活实践中总结出了诸多自我修炼的方法。这里，我们只能挂一漏万地撷其精要予以介绍。

一是节制，即道德意志力训练。通过练习对物质享受的意志拒绝，锻炼自己拒绝诱惑的意志力，提高人们面对物质诱惑的独立能力。此所谓"无欲则刚"。古罗马思想家普鲁塔克（Plutarch）在其对话作品《苏格拉底的神灵》（"On the Daimonion of Scorates"）中曾提到过这样一个例子：某人经过激烈的体育锻炼之后，胃口大开，随后他坐到摆满美味佳肴的饭桌前，但是经过一番沉思后，他把这些佳肴都送给了仆人们，而满足于享用奴隶们的饭食。与这种禁欲主义训练不同，当时的伊壁鸠鲁主义的节制训练，旨在帮助人们在满足各种最基本的需要时能够找到一种更完全、更纯洁和更稳定的快感，而不是执着于一切多余之物的享受。而对于斯多葛主义者来说，这是为了准备各种可能的克制，重在培养一种居安思危的忧患意识，防患于未然。

二是自我反思。自我反思不是纯粹的节制和克制，也不纯粹是根据行为规则来评价自己行为的对错。它应该更加深入人的内心动机和态度。自我反思不应是一种机械的定期检查，而应是对待自我的日常行为，一种实时性的道德监督。对此，苏格拉底有句格言："一种不经检查的生活是不值得过的。"中国儒家提出，进行道德修养和立身治事须经八个步骤，通称"八目"：格物、致知、诚意、正心、修身、齐家、治国、平天下。《大学》有言："古之欲明明德于天下者，先治其国；欲治其国者，先齐其家；欲齐其家者，先修其身；欲修其身者，先正其心；欲正其心者，先诚其意；欲诚其意者，先致其知；致知在格物。物格而后知至，知至而后意诚，意诚而后心正，心正而后修身，修身而后家齐，家齐而后国治，国治而后天下平。"

3．自我激励

罗尔斯说："无论一种正义观念在其他方面多么吸引人，如果它的道德心理学原则使它不能在人们身上产生出必要的按照它去行动的欲望,那么,它就是有严重缺陷的。"[1]那么,行政人员的道德自律的动力何在呢?尽管道德自律能够给行政人员带来的他人好评以及免于受到惩罚是其现实的收益,但是,最为根本和内在的动力和收获恐怕在于我们遵规守矩、践行道义之后的心理恬适,以及"战胜自我"之后的道德成就感。这才是行政人员自我道德建设的"内燃机"。行政人员自己一定要学会对它的启动、维护、加强和修理。

尽管自制、自律经常是从负面克制人的某些欲望,让人感到有些痛苦、难堪和不适,但是,由此所产生的一种主体感(自我欲望的主体)也能给人"一种自我愉悦的经验"[2]。正是这种经验,它往往能够产生一股强大的动力,促使行政人员进行自我塑造、自我实践。而且,这种自我评价与欣赏而产生的内在快感避免了外在的依赖和奴役,从而与那些指向外在事物的享乐之间有重要的区别。所以,现实中才会有那种"舍生取义"的仁人志士,才会有不顾个人安危与罪恶势力及行为作斗争的时代英豪,才会有不为荣华富贵所动的内心澄净的人。内在的道德成就感所激起的深层愉悦与快感,才是行政人员的道德实践的本质性动力。它直接影响行政人员的成就感和人生美感。

复习题

1. 什么是行政伦理,它与政治伦理、应用伦理之间的关系如何?
2. 行政组织应当如何变革和发展,以促进行政伦理的发展?
3. 试从主观责任与客观责任的角度理解沃尔多的行政义务理论。
4. 举例说明行政人员的纵向责任冲突。
5. 结合实际,评价科尔伯格的道德发展理论。

---

[1] [美]约翰·罗尔斯:《正义论》,何怀宏、何包钢、廖申白译,中国社会科学出版社1988年版,第442页。
[2] [法]米歇尔·福柯:《性经验史》,佘碧平译,上海人民出版社2000年版,第394页。

第十二章
行 政 文 化

行政文化是行政体系中的成员在一定的社会文化背景下形成的对行政活动的态度、情感、价值观和信仰。任何一个行政体系的结构、过程、程序及行政主体的行为观念,都会直接或间接受到行政文化的影响。行政活动既体现了一定的文化因素,又受到一定文化的规范与制约。缺乏对行政文化及其所依存的社会宏观文化的理解,不仅不可能进行成功的行政管理,而且难以把握当代行政发展的一般规律。因此,研究行政文化是优化行政管理、确保有效行政的一般前提,也是推动行政学研究深入发展的必然要求。

第一节　行政文化概述

一、行政文化的含义

文化的含义广泛且复杂,在历史上和现代社会中具有不同的定义和用法。在西方思想史上,"文化"一词源自拉丁文 Cultus,原指人们在改造外部自然界,使之适应满足食住等需要的过程中,对土地的耕耘、加工和改良。后来,这一术语逐渐被转义,引申出广义的文化概念,泛指一切科学、技术和知识的总称。美国文化学家阿尔弗雷德·克罗伯(Alfred Kroeber)和克莱德·克拉克洪(Clyde Kluckhohn)曾经收集了 160 多个有关文化的不同定义。人们比较公认的定义是美国人类学者爱德华·泰勒(Edward Tylor)于 1871 年出版的《原始文化》中提出的:"所谓文化,或文明,就其广泛的民族意义来说,是包括知识、信仰、艺术、道德、法律、习俗以及包括作为社会成员的人而获得的其他任何才能、习惯在内的一种复合体。"[1]通常,我们把下列一些内容视为文化的组成部分:(1)人们的生活方式;(2)个人从其所在群体中继承的社会遗产;(3)思想、感情、信仰的活动方式;(4)积

---

① [英]爱德华·泰勒:《原始文化》,连树声译,广西师范大学出版社 2005 年版,第 1 页。

累起来的知识、学问;(5)社会组织、政治制度及经济关系;(6)伦理道德与价值标准;(7)行为方式;(8)历史的积淀。从文化的表现形态看,文化往往被分为物质文化、制度文化和精神文化三种。

文化是一种普遍的社会现象,与人类活动有密切的联系。一个社会的文化形成十分复杂,是在一个相当长的历史过程中,在自然环境、人类活动和社会环境中的各种因素相互作用过程中形成的。文化形成的长期性和复杂性,决定了每一个社会的文化都有相对的稳定性和独特性。虽然文化是由社会物质生产发展所决定的,并随社会物质生产的发展而发展,但文化的形成与发展往往滞后于社会物质生产的发展。因此,文化的改变和发展是一项较为艰巨的任务。文化产生于人类的生产、生活过程,又对产生它的各种因素具有反作用。正如恩格斯指出:"当一种历史因素一旦被其他的、归根到底是经济的原因造成的时候,它也影响周围的环境,甚至能够对产生它的原因发生反作用。"[①]文化对社会的反作用通过它的功能体现出来,包括维持生存、教育传播、整合、发展等功能。文化对社会的反作用既可以是良性的,具有良性效应,能维持、推动社会发展,也可以是非良性的,具有破坏效应,对社会发展起阻碍作用。

从文化的运动过程和运动规律来看,它具有以下一些特点:(1)文化既是人类活动的产物和结果,又是制约、指导人类活动方式的原因;(2)文化是通过后天的学习得来的,由人类构造的信息传播系统进行传递;(3)文化具有适应性,适应特定的自然与社会环境条件,而对另一些社会则不一定适应;(4)文化具有整合性,构成一个社会的文化的要素和内容相互协调一致;(5)文化是不断变迁的,随着社会物质生产的发展而不断发展。

作为影响社会生活的一种重要因素,文化在不同的社会生活领域中表现为不同的形式。行政文化是文化在行政活动中表现出来的一种独特的文化形式,它借助行政主体、行政活动、行政对象而体现相应的特质。行政文化是一个复合的整体,是人们对行政体系及其行政活动的态度、情感、信念和价值观以及人们所遵循的行政原则、行政传统和行政习惯等。具体来讲,行政文化的内容包括行政意识、行政观念、行政理想、行政思想、行政道德、行政原则、行政传统、行政习惯等。

作为文化的一种表现形式,行政文化的产生同样受到社会物质生产运动的决定性影响。但是,直接形成行政文化的,则是社会文化和具体行政活动两个因素。行政文化是在社会文化基础上,在行政体系的行政活动中形成的。在不同的行政体系中,在一定的行政活动范围内,行政主体进行具体的行政活动和从事具体的行政行为时,总是不可避免地带有社会文化的各种因素和成分,形成特定的行政文化。因此,行政文化作为文化的一种表现形式,是通过行政主体之间的相互行为和

---

① 《马克思恩格斯选集》第4卷,人民出版社1972年版,第502页。

相互关系表现出来的。通常,不同的社会有不同的行政体系,在不同的行政体系的活动中产生不同的行政文化。例如,中国传统社会在集权政治体系中形成的行政文化同西方社会在分权政治体系中形成的行政文化有全然不同的特征。行政文化虽然受制于行政体系和行政活动,但是,作为文化的一种形式,行政文化也反作用于社会环境,在很大程度上影响行政活动。这种反作用既可能是积极的,也可能是消极的。所以,"当着政治文化等等上层建筑阻碍着经济基础的发展的时候,对于政治上和文化上的革新就成为主要的和决定的东西了"[1]。

作为文化的一种表现形式,行政文化具有适应性和整合性,这又意味着行政文化总是不断变迁的。简单讲,任何社会都会经历传统行政文化向现代行政文化的变迁。行政文化随着社会环境的变化,尤其是社会物质生产运动的变化而发生的变迁,体现了行政文化的适应性特征。同时,行政文化的某个部分适应社会环境的变化而发生了变迁,则行政文化的其他部分也会发生相应的变化,这体现了行政文化的整合性特征。行政体系中的成员对行政文化的变迁也起着重要的作用。行政人员的行为变异或对行政文化规范的偏离给行政文化的变迁提供了可能。而社会环境是训练行政人员的重要场所,直接影响行政人员的观念、意识和价值观,从而间接地影响整个行政体系的活动过程。因此,良好的社会环境是形成良性的行政文化变迁的前提。建立和培养良好的社会环境,关键在于发展社会生产力,提高社会的物质文明和精神文明。由此,进一步推动行政工作的科学化和高效化。

二、行政文化的内容

根据行政文化的定义,行政文化的内容包括主观性的行政文化和规范性的行政文化。主观性的行政文化是指对行政主体的态度、情感、评价等主观层面产生影响的由行政信念、行政价值、行政意识、行政思想、行政理想和行政道德等组成的复合体。规范性的行政文化则指对行政主体的具体行政行为与观念产生规范性影响的行政文化,包括行政原则、行政传统和行政习惯等因素。

作为行政文化的组成内容,主观性行政文化和规范性行政文化处于一种不断循环的相互作用过程。一般地,特定的行政体系中的行政主体在行政活动过程中反复表现的行政行为一旦稳定下来,就会构成行政行为模式,从而形成行政原则、行政习惯延续下来。这些行政原则、行政习惯中的某些主观性成分在行政实践中便上升为具有普遍意义的主观性行政文化,对行政体系产生持久的影响力。主观性的行政文化一旦巩固下来,便会对新的行政主体和行政活动产生指导性作用,并在新时期、新条件下帮助行政体系构造新的行政原则和规范。这样,主观性的行政

---

[1] 《毛泽东选集》第 1 卷,人民出版社 1991 年版,第 326 页。

文化和规范性的行政文化在不断的相互作用、相互影响中发展。

主观性的行政文化具体包括以下几个方面。

第一,行政信念。这是指人们对行政体系中的行政组织和行政活动的信念,它包括:一是对行政规范、行政行为的信念,这种信念对确定行政行为的原则和标准起作用;二是对行政目标的信念,即对行政机构和主体所达到的预期目的的期望。行政信念是一个行政组织进行有效行政、完成行政任务的巨大的内在动力。在一个行政组织中,所有的行政人员共同一致的信念是这一组织管理活动高效率的保证。行政信念是行政组织的灵魂,坚持什么样的信念,信念的坚定性如何,直接关系到行政体系的功能发挥程度和行政活动的成败。

第二,行政价值。这是指人们对行政事物(如行政客体、行政事务)、行政现象的评价和看法。行政主体对行政事物的看法和评价在心目中的主次、轻重和排列次序,构成行政价值体系。行政价值及其体系是决定行政行为的心理基础。行政价值不仅影响行政主体的行为,也影响整个行政组织的行为,进而影响行政活动的有效性。在相同的条件下,对于同一事物,人们的价值评判标准不同,就会产生不同的行为。因此,选择合理的价值标准是行政组织生存、发展的重要条件。组织行为学家爱德华·斯普兰格(Eduard Spranger)认为,人的价值观可分为六类:(1)理性价值观,它以知识和真理为中心;(2)审美价值观,它以外形协调和匀称为中心;(3)政治性价值观,它以权力为中心;(4)社会性价值观,它以群体和他人为中心;(5)经济性价值观,它以有效和实惠为中心;(6)宗教性价值观,它以信仰为中心。[1]

第三,行政道德。行政道德是行政人员在行政活动中应遵循的调节管理主体与客体,以及管理主体之间的关系的道德准则和规范。通常行政道德是在行政信念和行政价值的基础上形成的。行政道德主要体现在行政主体的修养和具体行为中,体现在行政人员在行政活动中对一些基本的道德范畴,如义务、荣誉、责任、职业等的认识、态度和观念中。行政道德通过个人信念、社会舆论和职业道德等形式对行政人员的行为产生影响。行政道德的形成一般受国家法律、法规的调节,并在行政体系中受行政组织的规章制度、行政目标宗旨的制约和影响。在不同的社会、政治体系内部,行政道德的内容和形式有所不同。但通常,如下一些基本的道德规范是共同的:忠于国家,维护本国的政治制度;严格执行本国的法律法规,服从领导,保守国家和职务秘密;公正地履行职责,为公共利益服务,不利用职权牟取私利;忠于职守,勤勉服务,谨慎克制,不做有损名誉的事等。

第四,行政意识。行政意识是行政主体对行政体系、行政活动和行政关系在主观上的反映。作为对行政事务客观存在的反映,行政意识不是一种单一的反映形

---

[1] John W. Slocum and Don Hellriegel, *Organizational Behaviour*, Eagan, MN: West Publishing Co, 1979, pp. 83-89.

式,而是各种反映形式的总和,包括感觉、知觉、表象等感性的反映形式和概念、判断、推理等理性的反映形式。从行政活动过程来讲,行政意识体现在行政主体的认知取向、情感取向、评价取向三个方面:认知取向是对行政活动和行政关系的了解与认识,它包括人们对行政组织的结构、功能、程序、目标等的了解与认识;情感取向是对行政活动和行政关系的感情倾向,如认同程度、支持程度、参与程度等;评价取向则是根据一定的标准,对行政组织、行政活动、行政关系做出价值判断。一般地,行政意识的强弱取决于这三种取向的强弱。认知取向是行政意识的基础,情感取向和评价取向只有在充分了解和认识的基础上才能进行,因而,对行政组织、行政活动有较充分认识的人,才会有较强的行政意识。相对来讲,有较强行政意识的人,特别是具有正面评价取向的人,对行政体系的认同、支持、参与程度较高,具有较高的管理知识水平,比较适合参加行政机构的决策和管理活动。由于在不同的社会和不同的行政环境下,人们的行政意识是不一样的,并且,即使在同一行政环境下,由于所处的职位和担任工作的性质、内容不同,行政人员的行政意识也不一样。为了提高行政管理的水平,实现行政活动的目标,行政组织通常采取一定的措施,提高行政人员的行政意识,促使他们增强对行政体系、行政活动的认识水平,提高对行政体系的认同、支持和参与程度。

第五,行政理想。行政理想是指行政人员对行政组织的发展和行政活动所要达到的较高期望的理想。一般地,行政理想包含行政组织的长远目标、行政活动的规范状态、行政组织在社会中的意义与功能等方面的追求。例如,在行政组织发展的理想方面,实现行政组织的民主化、高效化、科学化是每一个行政组织和行政人员的长远的、普遍性的目标理想。与一般行政管理活动中的目标相比,行政理想是一个行政组织的根本性的、长远的期望,而行政目标则是具体管理活动所要达到的目的。但是,行政理想却是通过一个个具体的行政目标的实现而逐步达到的。行政理想对一个行政组织而言,具有十分重要的作用。设置合理的行政理想,可以引发行政人员积极参与行政活动的动机,促使他们产生想实现行政理想的内在需求,从而产生强烈的激励作用。行政组织在设定行政理想时,一般应从以下两个方面来考虑。(1)行政理想的现实性。行政理想不是随意构思的行政幻想,它必须反映行政活动的现实需求,能转化为具体目标并可以实现。(2)行政理想的可接受性。行政理想要起到指明行政活动的方向、激励行政人员的作用,必须充分考虑行政体系内成员的具体理想和要求,才能被行政人员所接受并得到切实的贯彻。

第六,行政思想。行政思想主要指有关行政体系和行政活动的思想逻辑体系,有时也被称为行政哲学。自从人类社会出现较系统的行政活动以来,行政思想就已有之。早期的行政思想不成体系,只是一些观点和原则,如古希腊哲学家亚里士多德在《政治学》一书中就已提出了一些宝贵的行政思想。20世纪初,被誉为"科学管理之父"的美国管理学家泰勒创立了科学管理理论后,行政思想就开始成为一种较完整的思想体系而引起人们的重视和研究。于是，在现代管理史上，出现了各种流派的行政思想及其代表人物，行政思想如科学管理学派、行为主义学派、管理科学学派、现代管理学派、新公共行政学派等，代表人物除泰勒外，还有法约尔、威尔逊、韦伯、巴纳德、厄威克、西蒙等。不同的行政思想尽管都存在或多或少的缺点，但在特定时期内对行政产生了巨大影响。行政思想中某些具有普遍指导意义的部分被提升为一般的行政理论和行政原则，在具体的行政活动中得到有效的运用。

规范性的行政文化主要指对行政主体和行政行为产生规范性影响的行政文化。它也是主观性行政文化得以形成的重要来源。规范性行政文化的形成可以是行政活动过程中自然形成的，如行政传统、行政习惯，也可以是人们在行政活动中总结归纳出来的。规范性行政文化因其形成的自然性，故虽不具法律的强制性，却也为大多数行政人员所自觉承认和遵守。规范性的行政文化包括以下几个方面。

第一，行政传统。行政传统是指在行政活动历史中沿袭下来的道德、观念、习惯、制度规则等。它是特定行政体系在行政活动中积累而成的稳定的规范因素，体现在行政人员的思维方式、行为方式等方面。行政传统一旦形成，成为行政活动的支柱，则具有一定的权威性和独立性，在不同时代、不同的行政体系中发挥程度不同、功能不同的效应，成为影响和调节行政活动的超稳定系统，并表现出一种内控自制的历史惯性运动。传统的交接是行政文化得以继承的形式之一，通过行政活动的再现机制，重复过去的习惯和方式。行政传统对行政活动的影响主要通过一些传统的道德、思想、价值观念、行为习惯、活动方式来影响行政人员的具体行为。作为过去行政活动的经验积累，行政传统的内容也呈现出两面性：有些是优秀的，可以提高行政活动的效率和民主，如民主集中制；也有的是糟粕，不利于组织的自我更新，如在人员使用方面的论资排辈。因此，要合理地继承行政传统，取其精华，弃其糟粕。

第二，行政习惯。行政习惯是在行政活动中由于不断重复而逐渐形成并变为需要的行为方式。它也是行政传统在行政行为方面的具体体现。行政习惯包括稳定的行政行为方式和行政行为作风。在一个行政系统中，某些经常性的活动或行为往往是有效的，故自然而然地演变为一种习惯，这种习惯能使人们得到自我满足，对行政活动产生某种功效，因而人们对此做出肯定的评价，并在行政活动中予以接受和模仿。同行政传统一样，行政习惯有好有坏。良好的行政习惯可以产生良好的行政行为方式和行政作风；不良的行政习惯只会降低行政活动的效率，如独断专行的家长制作风，办事推诿、形式主义、官僚主义的行为作风。行政习惯的一个显著特征是稳定性。人们一旦形成一定的习惯以后，不论是好是坏，均不会轻易改变。因此，要培养和形成良好的行政习惯，除了对传统进行扬弃外，还应努力将科学的管理手段、管理方式和先进技术运用到行政活动中去。

第三,行政原则。行政原则是指人们在行政活动中所应遵循的方法和准则。它是人们在行政实践活动中总结出的行之有效的普遍性规律,或上升为理论或归纳为一般准则。西方管理学研究提出了一系列指导行政管理活动的基本原则,主要有:目标原则、组织原则、效率原则、指挥系统原则、责任管理原则、管理幅度原则、例外管理原则等。我国的社会主义行政管理,除了通常遵循上述管理的基本原则外,还必须遵循以下一些原则:坚持四项基本原则、人民群众参与管理原则、社会主义法治原则,以及领导干部的革命化、年轻化、知识化、专业化原则等。

三、行政文化的分类

行政文化不是一成不变的、完全同一的整体。从宏观上可以把一定社会的行政文化视为一个整体,它总体上对社会的行政活动、行政关系发生作用。进一步分析,行政文化还可以分为一系列层次不同的、类型不同的文化。

(一) 社会总体行政文化与区域行政文化

社会总体行政文化指存在于整个社会的各种行政活动中基本的、具有全社会普遍意义的价值体系、行政观念、民族气质、行政道德等因素构成的行政文化。它往往对整个行政系统发生作用,对全社会的各个行政组织和行政活动都具有意义。

区域行政文化则是指因为一个社会中的不同地区的政治、经济发展不平衡,或由于生活于不同地区的民族之间的风俗习惯的差异,往往形成与社会总体行政文化在形式上存在一定差异的区域行政文化,又可称为亚行政文化。应该讲,每个行政区域均具有自己独特的区域行政文化。

社会总体行政文化是在整个社会不同地区的区域行政文化基础上提炼出一些共性的内容而形成的,故它是具有根本性、普遍性的行政文化。区域行政文化是社会总体行政文化在不同地区行政体系内的具体体现形式,是在社会总体行政文化的本质内涵作用下,结合本区域行政活动的具体条件和情况而形成的。两者之间往往是一般性与特殊性的关系,区域行政文化在社会总体行政文化下协调发展,但有时区域行政文化与社会总体行政文化存在较大的偏离,从而影响和阻碍整个社会的行政发展,使国家的行政活动难以协调一致。

(二) 行政机构内部的组织文化与主体文化

行政机构是构成行政体系的基本单位。在行政机构内部,存在两种相互联系的行政文化,即组织文化与主体文化。

组织文化是行政组织在进行行政活动和处理行政关系时抱持的价值观念、行为准则。行政组织文化通常是由组织的性质、活动内容以及组织成员等因素决定的。不同行政机构的组织文化存在差异。在行政活动中,组织文化通常对行政活动的内容和活动方式产生影响,如关于行政工作如何组织、职权应当如何发挥作用、管理和控制组织成员的方式等。同时,组织文化也影响不同行政机构之间的关系,如开放性组织文化通常具有比较融洽的行政关系。

主体文化是指行政人员在行政活动中体现的价值观念和行为规范等。由于行政活动的实践主体是行政人员,行政文化的载体也是行政人员,故行政主体文化是社会总体行政文化、区域行政文化、行政组织文化的基础。主体行政文化的形成有许多来源:一方面,固然受到整个社会文化的影响,包括传统伦理道德、价值观念以及总体行政文化;另一方面,也受主体自身的家庭背景、成长经历、生活经验以及知识水平、信念和价值观的影响。

当然,由于行政组织和行政人员之间的互动是最直接、最密切的,因而,行政组织文化和行政主体文化互为交融,相辅相成。

(三) 行政文化的其他类型

以上是对行政文化的几个主要类别进行的分类,除此之外,还可以按其他标准划分。

从时间上,把行政文化分为传统行政文化和时代行政文化。传统行政文化是从历史上延续下来的行政文化,对现在和未来会发生持久作用。时代行政文化则是反映当前时代发展的行政文化。在一个社会中,起主要作用的是时代文化,但是传统文化也会经常地、潜移默化地发生作用。

从状态上,可以把行政文化分为理想的行政文化和现实的行政文化。理想的行政文化是行政组织、行政主体对应该怎样进行行政活动所持的信念、价值和理想。它代表了在一定环境下,行政组织和行政主体认为是正确的事物。现实的行政文化是指行政体系在实际行政活动中体现出来的行政价值、行政原则等组成的文化。

从表现形式上,行政文化可分为精英行政文化和大众行政文化。显然,精英行政文化是指在行政系统中占有一定地位,对行政活动尤其是行政决策产生重要影响的精英所持有的价值观念和行为方式。大众行政文化则指行政活动中的执行者、接受者、旁观者对行政体系、行政活动产生的文化因素。通常,大众行政文化在行政生活中的作用并不突出。但是,一旦精英文化与大众文化处于矛盾冲突的时候,行政管理中的危机便会降临。

从行政文化作用的直接与否,行政文化可以被分为显性文化与隐性文化。显性文化是指在行政活动中直接体现出来的文化因素,如行政原则、行政习惯等。隐性文化的作用则不太明显,往往通过观念等潜移默化地影响行政行为,如行政信念、行政价值、行政理想、行政思想等。

第二节 行政文化与行政组织

一、行政文化的总体功能

组织是指一个有共同目标和一定边界的社会实体和活动过程及其活动系统。行政组织则是行政管理活动的基本单位。行政文化的功能体现和作用发挥主要是在行政组织的活动过程中实现的。行政组织是在特定的行政文化环境中建立和发展起来的,很大程度上受到行政文化的影响和制约。而一旦行政组织形成以后,在其活动过程中又会形成带有本组织特色的行政组织文化。因此,在行政组织的活动过程中,作为环境因素的行政文化与体现了这一环境文化的行政组织文化互相交错,互相贯通,共同影响行政组织的各个方面。

从总体上讲,行政文化在行政组织的形成和活动过程中,发挥以下几种功能。

第一,目标导向功能。这是指行政文化对行政组织和组织内每个成员的价值取向和行为取向起导向的作用,使组织成员的个人目标与组织的整体目标趋于一致。行政文化既是组织成员个体目标趋向组织目标的内在动因,又是个体目标的发展导向。行政文化的目标导向方式,与传统管理活动强调纪律或制度有所不同,它侧重于通过组织文化的塑造来引导组织成员的行为,使人们在文化熏陶的潜移默化过程中接受共同的价值观念,有机地把个人目标与组织目标结合起来。

第二,凝聚功能。这是指当一个组织的价值观一旦被组织成员认同接受,达成共识,则会形成一股黏合力量,从各方面把组织成员团结起来,使组织产生巨大的向心力和凝聚力。组织文化的核心内容是组织成员共同创造的一种精神文化,它包括组织价值观、组织精神、群体意识、道德规范、行为准则等。组织文化的凝聚功能,还体现为组织文化的排他性,即组织内部强大的凝聚力导致组织成员对内表现为对组织内部的依存,对外则产生对异质体的敏感性和竞争性。

第三,激励功能。以组织文化为组织的精神目标和支柱,可以激励全体成员自信自强,团结进取。现代管理理论中的组织文化强调个人的自由和全面发展。以组织文化来塑造组织成员,每个成员对组织工作积极参与,实行自主管理、自我发展,可以有效地调动组织成员的创造性和主动性,使组织的行为趋向合理,从而提高组织管理的效率。

第四,约束功能。行政文化通过非正式的、约定俗成的群体规范或共同的价值准则,发挥对组织成员的思想、行为的约束和规范的作用。与组织的正式规章制度不同,行政文化是一种"软约束",通过组织中的群体意识、大众舆论、组织的传统习惯等精神文化方面的内容,对组织成员的个体行为产生从众的心理动力和压力,从而使其产生对行为的自我约束和控制。行政文化虽然没有强制人们遵守的性质,但对个体产生的影响,往往比正式命令、权威的效力更为持久和深刻。

第五,阻抑功能。前面分析了行政文化中的积极因素对行政组织及其成员产生的一些积极而有意义的功能。不可否认,行政文化中也包含一定的消极、不良的因素,它们也可以被行政组织内的成员接受,进而在行政行为和行政活动的过程中体现出来,如独裁专断、集权式管理、官僚主义、推脱责任等行为和作风。这些行政文化中的消极因素只会给行政组织的活动带来破坏性的后果,阻抑行政组织的发展和降低行政管理活动的效率。因此,应当发扬行政文化的积极、良性的功能,避免行政文化消极因素的影响。

二、行政文化对行政组织的影响

行政文化对静态的行政组织的影响,无外乎体现在组织的目标、结构等方面。

(一) 行政文化与行政组织目标

行政文化作用于行政组织,首先表现在行政组织的目标上。目标是构成行政组织存在与活动的前提,它是行政组织在一定时间内,通过行政组织成员共同努力而达到的特定的结果。行政文化对行政组织目标的影响主要表现在以下两个方面。

第一,行政文化主要通过行政信念、行政价值、行政理想、行政道德等因素对行政组织目标的性质产生影响。对于政府组织来讲,其总的目标导向是执行政策,通过具体行政活动以规范社会,推动社会的发展。但是,由于政府内部分工的不同,不同层次、级别和性质的政府组织,其具体的组织目标有所差异,这些组织在制定自己的目标时,显然会受到行政文化的影响。

第二,行政文化对行政组织的目标体系产生影响。行政组织在不同时期、不同工作性质情况下的组织目标是不同的。即使在某一特定时期,其组织目标也不会仅仅是唯一的一个,通常是由许多不同子目标构成的一个目标体系。在这样一个目标体系中,存在目标的优先次序和目标的结构问题,也存在如何处理好各种目标间的关系问题。行政理想、价值观念等因素对组织目标优先次序的确立以及目标关系的处理起重要作用。

(二) 行政文化与组织结构

行政文化对行政组织内部的结构安排也会产生较大的影响。这里的组织结构是指行政组织内部各部分或各层级之间建立的一种相互关系的模式。组织结构体现的是组织内部的权力和责任的分配关系,体现出组织内部的人事安排和工作协调。行政文化对组织结构的影响主要表现为以下三个方面。

第一,行政价值对行政结构的影响。价值标准不同,组织的结构模式也不同。例如,持理性价值观的行政组织,其结构设计往往按科学的组织理论和组织原则来构造;坚持审美价值观的行政组织,其结构形态体现出协调、平衡的特点。在行政组织的结构模式中,最常见的两种形态是集权型组织结构和分权型组织结构,前者是按照以权力为中心的价值标准建立起来的,后者则是按照以群体的价值为中心的价值标准构造起来的。

第二,行政思想对行政结构的影响。行政组织的结构是在一定的思想、理论原则的指导下形成的。现代行政思想的发展过程中涌现出各种各样的组织理论,其中有关组织建立的原则,对行政组织结构的设计与发展有较强的指导意义。如,厄威克提出的目标原则、权力与组织相符原则、职责原则、组织层级原则、控制幅度原则、专业化原则、协调原则、明确性原则等。再如,穆尼和雷利提出的递阶原则、功能原则、参与原则、协调原则等。

第三,行政传统对行政结构的影响。行政传统对行政结构的影响通常是间接的、潜在的,通过人们的传统价值观念、行政人员的传统心理和传统习惯来发挥作用。比如,传统社会中的等级观念和集权意识,往往对行政组织结构中的等级结构和权威体制表示出相当的认同,从而加强了组织结构中的等级关系和权威的地位。又如,传统的由小农经济滋生的封闭保守的行政心态,容易导致不考虑分工、合作的大而全、小而全的行政结构模式,各个行政组织画地为牢,故步自封,不思改革。

三、行政组织文化的发展

行政文化对行政组织的渗透和影响是在该组织的长期发展过程中,逐步演化为其内部的文化因素,与组织的具体管理活动实践相结合,通过共同的行为方式、价值观念和道德规范,把组织内部的全体成员结合在一起的。这种体现在组织内部的特殊的文化倾向,就是行政组织文化。行政组织文化是行政文化的集中体现,它反映和代表了组织成员的整体精神、共同价值、普遍道德和文化素质。行政组织文化形成于行政组织的成长、变革的长期实践活动中,随着组织的发展而不断丰富、完善。它主要以观念的形式,从非计划、非规范的角度来调控组织成员的行为,对行政管理活动中的制度、规范予以补充,潜在地改变组织成员的行为。良好的行政组织文化对于增强组织内聚力、向心力和持久力,保证组织行为的合理性,以及推动组织的成长和发展具有决定性的意义。

行政组织文化建立在社会文化的基础上,具有行政文化的一般特点,同时,它又处于特定的组织活动的实践中,具有自己的特性。一般地,行政组织文化具有如下几个特征。(1)鲜明的民族特色。行政组织文化建立在特定民族文化的基础上,同本民族的物质文化发展水平密切相关。(2)整体性。行政组织文化的效用发挥表现为整体性,即组织文化是一个组织内部全体成员,包括领导者和被领导者共同恪守的信念、持有的价值和遵守的准则。组织活动中的每一种行政行为均体现了该组织的行政文化内涵。(3)历史的延续性。一个组织的行政文化,与该组织的历史发展紧密联系,是逐步形成和发展起来的。行政组织文化继承了组织在历史上形成的思维方式和行为方式。(4)一定的个性。行政组织文化的形成离不开特定组织具体的活动实践,不同组织的不同行为方式融入相应的组织文化当中,同时,由于民族文化、传统习惯不同,造成了行政组织文化具有不同的个性。

行政组织文化在一定的历史时期,反映社会经济条件下行政组织活动的内在逻辑。但是,行政组织文化除了反映社会进步、组织发展的一面,也存在被塑造、被培养的一面。由于行政组织文化对行政组织的活动过程产生重要的影响,塑造和发展良好的行政组织文化就成为行政组织的一项重要工作。要建立和发展良好的行政组织文化,一般应遵循以下一些原则。

第一,目标原则。行政组织的活动是围绕目标展开的。行政组织文化作为行政组织活动在精神观念上的反映,也必须把这一目标体现出来,使每一位组织成员的观念、意识与这一目标紧密联系,以激发他们内在的工作积极性。

第二,价值原则。行政组织文化体现组织的共同价值观念,体现全体成员共同的信仰、行为准则和道德规范。这些共同的观念或价值,有赖于行政组织有意识地引导、培养,选择有意义的、能促进组织活动绩效的价值因素作为共同的规范依据。

第三,创新原则。行政组织文化一旦形成,往往带有惰性和保守性,这对于组织发展是不利的。行政组织要保持活力,不断开拓进取,就必须培养创造精神,要在全体组织成员中培养追求卓越、永不自满的精神。

第四,参与原则。传统的行政组织文化是权威式的,领导下达命令,组织成员被动执行,缺乏主动性。现代组织文化则要求遵循参与原则,让组织成员参加组织的决策和管理,沟通上下级之间的信息交流,以促进各方面工作的积极性。

第五,以人为中心的原则。行政组织文化的重要功能之一就是增强组织的内聚力,促进组织成员之间的合作。这就要求在组织文化的建构过程中,应该把人的因素放在工作的重要位置上,尊重和关心每一位组织成员,创造各种条件使他们的自我价值得以体现,从而促进组织活动的绩效。

行政组织的发展离不开行政组织文化的发展,良好的行政组织文化则有赖于行政组织,尤其是领导者的有意引导和培养,理想的行政组织文化是现代行政组织追求的目标之一。

第三节　行政文化与行政行为

一、行政文化与行政人员行为

(一) 行政文化作用于行政人员行为的方式

1. 间接作用

行政文化对行政人员(包括行政领导者和被领导者)行为的影响,主要通过行政人员的心理和精神因素间接地影响行政人员的行为。

按照心理学的理论,心理现象分为心理过程和心理特征。心理过程包括认识活动、情感活动和意志活动。心理特征主要指个性心理特征,包括智力、能力、气质、性格等。行政文化对行政人员行为的间接影响途径体现在行政人员的心理过程和心理特征方面。

首先,行政文化通过认知、情感对行政人员的态度和行为发生影响。心理是行为发生的基础。心理过程直接决定行政行为的具体内容。行政文化主要通过对认知、情感的影响来作用于行政态度和行为。认知主要指行政个体对事物的了解、信念和思想等内容。在不同的行政文化环境中,行政个体的认知方式、认知范围、认知内容、认知深度都会有差异。如在开放、民主的行政文化中,行政个体的认知方式多元化,认知的范围也较广,对行政事务的认识更为准确和全面等。行政文化对情感的影响则主要表现在行政价值、信念、意识等方面。行政价值、信念等文化因素包含了特定的评判事物的标准,这些标准直接作用于个体的情感,如好恶、爱憎、喜怒等。总的说来,行政文化通过影响行政个体的认知和情感过程,间接地影响行政人员在行政活动中的态度与具体行为。

其次,行政文化通过主体的个性影响行政人员的行为。个性是指决定人的行为的普遍性和差异性的稳定的心理倾向性和心理特征,包括人的价值观、态度、性格、气质和能力。个性对于行为的意义在于,它决定了人的行为方式。生活在社会中的行政个体,不能不受到该社会文化传统的影响,包括行政文化。任何一种行政文化包含的价值、信念、理想以及思维方式和行为方式,均通过一定的文化作用机制输送到个体,从而影响和塑造人们的个性及其行为。因此,不同的价值观念,不同的思维方式和行为模式,产生不同的个性,进而导致不同的行为。

2. 直接作用

行政文化除了对行政人员的心理产生作用以外,在一定程度上也直接作用于行政人员的行为,即规范行政人员的行为。一个人要想成为社会中的一员,生存于社会,适应于社会,就必须使自己的行为符合社会规范,为其身处的文化接纳。这种符合社会文化要求的行为规范并非与生俱来,而是通过社会的教化与文化的熏陶才能获得的。对于行政人员而言,其行政行为除了要符合社会文化的一般规范之外,还必须符合自己所处的行政组织文化的特定规范。尽管行政文化仅仅以价值、观念或习惯等非强制的因素表现出来,但行政人员的行为必须符合这些内容所体现的要求。行政人员从组织内部多数人的行为模式中学习和体会什么是可以做的,什么是不可以做的;什么是对的,什么是错的;什么行为会受到组织的认可,什么行为会遭到否定,从而习得并遵守行为准则。

(二) 行政文化作用于行政人员行为的机制

行政文化对行政行为的影响,是通过文化的作用机制来实现的。通过这种机制,行政文化将特定的价值、观念和行为规范传输至行政人员,对其行为予以导向和制约。行政文化的作用机制包括如下两个方面。

第一,灌输机制,即行政组织通过以组织为主的机制向行政人员传递各种价值标准、行为规范。任何行政组织为了稳定、有效地开展活动,必须围绕保持制度完整和行为有效这一中心,把组织的思想精神灌输到每个成员的头脑中,使他们明白怎样的行为才是正当、合理、有效的。行政人员所在的组织是灌输行政文化的主要机构。此外,学校、家庭、大众传媒等也在传播社会文化时将某些行政文化的传统传递给行政人员。

第二,学习机制,即行政人员学习行政组织的规范和行为方式,自愿将该组织的价值标准、传统、规范等行为准则变为自己的内在标准,并自觉承担起对它的责任和义务的过程,也可称为内化机制。行政人员要成为组织的合格成员,就必须掌握该组织的文化。在学习过程中,行政人员了解和学习组织的角色规范,逐步形成自己的政治观点、道德观点、价值标准和行为方式。同样,行政人员也从社会、学校、家庭、大众传媒等学习既定的文化内容。与灌输方式比较,学习机制是行政文化得以传承的更为重要的方式。

二、行政文化与行政领导行为

行政领导在行政体系和行政组织的活动中起首要作用,因为行政领导指挥和组织行政体系的活动。行政领导在一定的观念和思想指导下,对行政组织的活动和行为做出自己的判断、抉择和设计,从而规定了行政组织的活动方式和内容,并在相当程度上决定了行政组织行为的结果。在行政组织中,领导体制、领导观念、领导素质、领导方法、领导态度、领导情绪以及具体的领导行为,都会受到社会文化和行政文化的强有力影响。考察这一影响有助于揭示行政领导活动的一般规律。

从内容上看，行政文化对行政领导行为的影响主要体现在以下三个方面。

第一，行政价值和行政信念对行政领导行为的影响。行政文化中的价值、信念因素，影响行政领导对组织体制、领导权力、领导责任、领导伦理、领导目的、领导方法、领导原则等的基本看法，如法制的观念、民主的观念、权威的观念等，都是行政文化中影响领导者的重要内容。这些价值、观念的渗透和传递，影响行政领导的具体行为和活动方式。

第二，行政知识和行政思想对行政领导行为的影响。人们在行政活动实践过程中总结出的有关行政领导的知识和理论，如领导组织、领导决策、领导方法、领导艺术等，对行政领导的能力和素质有直接的指导作用。在不同社会，每一个行政组织在一定的历史时期都会形成有关行政领导的知识和理论体系。社会和行政组织通过一定的渠道和途径向行政主体传播行政领导知识和理论，使进入领导职位的行政人员掌握一定的领导知识和理论，进而将这些知识和理论运用于具体的行政领导活动过程中。

第三，行政传统对行政领导行为的影响。在历史发展过程中累积而成的行政文化传统在当前的行政领导活动中发挥着重要的作用，尤其是行政文化中的传统道德观念、传统价值标准、传统的思维方式和行为方式，往往对行政领导的观念、领导目标、领导责任、领导作风、领导方式产生直接的作用。

从影响方式来看，行政文化对行政领导行为的影响主要表现在领导权威、领导素质以及领导行为方式和领导作风三个方面。这三个方面也是领导者实施有效领导的决定性因素。

首先，领导权威是领导者能够实施有效领导的基础。行政文化对领导权威的影响，主要是对权威的来源、权威的行使产生一定的作用。马克斯·韦伯曾经将权威的类型划分为三种：合理的权威、传统的权威、魅力的权威。[①] 在不同时期和不同社会中，人们对权威来源的认同是有差异的，由此形成不同的权威文化。在法理型权威文化中，如在现代资本主义社会，通过正式规章和程序，经过民主选举的行政领导，显然可以得到广泛认可和支持。而依靠其他途径获取领导职位的方式，则不会得到认同。类似地，在一个民主观念较浓厚的社会中，领导者在行使权威时，充分考虑被领导者的想法和见解，采取参与式的管理方式，一般可取得较为理想的领导效果。反之，领导者专断独裁，不考虑下属的意见随意发布命令，强制实施某些计划，则领导的目标很难得以实现，领导效果也难以保障。

其次，领导素质是指领导者具有的品德、能力、知识、修养和领导艺术等。有效的领导者应具备什么样的素质，众说纷纭。美国学者威廉·鲍莫尔（William Baumol）的观点较为典型，他认为，一个较成功的领导者必须具备以下几种素质：

---

① ［德］马克斯·韦伯：《经济与社会》上卷，林荣远译，商务印书馆1997年版，第241页。

(1)合作精神;(2)决策才能;(3)组织能力;(4)恰当地授权的能力;(5)善于应变的能力;(6)勇于负责的精神;(7)敢于创新的精神;(8)敢冒风险的精神;(9)尊重他人;(10)品德超人。当然,现实中完全具备上述几种素质的人很少。领导者的素质是后天作用的结果,是可以学来的。这主要是通过以文化为主要内容的社会化过程逐步形成的。

最后,行政文化对行政领导行为方式的作用主要体现在领导行为方式和领导作风两方面,这两者直接决定了领导行为的结果。领导者的行为方式和领导作风的形成,不可避免地受到其自身的价值观、知识能力水平、心理特征和个性以及领导者对组织内部的成员、工作环境、工作目标的认知与评价等文化和心理因素的影响,而上述因素又与领导者所处的行政文化背景密切相关,相当程度上接受后者的调适。反过来,行政领导的行为和作风对整个行政组织的文化产生重要影响。领导者的决策和管理核心的地位,使领导者的行为在具体的管理活动过程中被仿效和学习,领导者的价值观念、态度、行为作风对整个组织的文化形成和演变起举足轻重的作用。因此,行政文化和领导者的行为是一种相互作用和相互影响的关系。

三、行政文化与行政组织行为

行政组织的行为是多方面的,包括行政领导、行政决策、行政计划、行政用人、行政沟通、行政监督、行政发展等,这些行为均会受到行政组织内部文化因素的影响。行政文化对行政组织行为的影响主要表现在如下三个方面。

第一,行政文化对行政组织行为的目标、价值标准产生影响。任何一个行政组织在进行活动时,都是以特定的目标为指向,以一定的价值标准为前提的。行政组织的目标选择和价值确定与行政组织所处的文化环境密切相关。行政组织的领导、决策、计划、发展等行为都是在明确的目标指导下进行的,行政目标是在该组织的行政信念、行政理想作用下确立的,且随着行政组织的信念和理想的变化而改变。

第二,行政文化对行政组织行为实施者的心理产生影响。行政组织行为是以行为实施者的心理和动机为基础的。与行政个体心理不同,行政组织行为由组织成员共同实施,其行为的心理基础是群体心理。群体心理的形成,一方面来源于组织个体成员的价值观念、信念、个性、知识水平、能力等,另一方面则来源于组织成员共同的心理倾向性,这种倾向性由行政组织文化传输的共同需要、共同价值、共同信念、共同理想和奋斗目标决定。不同的行政文化对组织内部群体心理的影响有明显不同。如在开放型的行政文化环境下,组织成员一般具有主动积极的态度,不怕困难,勇于创新,组织成员对组织活动具有较强的行政意识和参与意识,对组织的发展充满信心,从而该组织的活动积极有效、富有创造性,能较好地实现组织的既定目标。而在保守型的行政文化背景下,组织成员缺乏个性和理想,对行政体系缺乏认知与情感,评判事物的价值标准简单平庸,做事墨守成规、不思进取、抱残守缺,在这样的心理因素作用下,该组织的行为只能停留在组织维持的层次上,谈不上组织的发展和有效实现特定目标。

第三,行政文化对行政组织行为方式产生影响。组织的行为方式通常决定了组织达到特定目标的程序、速度、质量和理性程度等。行为方式的不同,反映了该组织所处的行政系统或社会系统中的人们的思维方式、观念与理念系统的差异。比如,在行政决策行为中,有理性主义决策、渐进主义决策、经验主义决策、官僚主义决策、精英主义决策、大众主义决策、民主决策等方式。不同的决策方式反映了不同的行政观念。在重视科学、理性的文化背景下,行政决策者一般利用科学的方法,在充分论证的基础上进行决策。而在缺乏民主气氛的背景下,集体讨论和表决的程序是不存在的,精英主义或官僚主义决策方式成为主要的决策方式。再如,在行政沟通行为中,采用聚联式沟通或分联式沟通方式反映的行政文化内涵是不同的。前者以单一的信息沟通中心和有力的组织领导而展示权力集中型的行政理念,后者则是以多个信息沟通中心和分散化的行政活动而展示权力分散型的行政理念。

第四节 行政文化的比较

一、西方行政文化举要

行政文化是在一定的社会历史文化背景下,在行政组织的成长、发展、变革的长期实践中形成的。不同的社会历史文化,不同的组织,必然使行政文化呈现出不同的性质和特点。一般来讲,不同的历史时期、不同地域、不同民族中形成的行政文化之间的差异要大一些,而同一时期、同一地域、同一民族内部不同行政组织的行政文化之间的差异相对小一些。因此,我们通常把不同地域、不同民族的文化用"文化模式"一词相区别。在同一种文化模式下,各种行政组织的文化表现出一定的相似性,呈现某种稳定的特征。譬如,按宏观的地域划分,行政组织文化大体上可分为东方行政文化和西方行政文化。传统意义上的东方行政文化讲究天道观念、伦理道德、集权等;西方行政文化则讲求实证、法治、规范等。在西方行政文化内部,按不同的民族和国家,又可分为美国行政文化、英国行政文化、欧洲大陆行政文化、日本行政文化等几大类型,以下分别介绍这几种西方行政文化。

美国行政文化具有自己明显的风格。美国是当今世界资本主义发展的龙头,在数百年的发展历程中,造就了自己独特的行政文化。美国行政文化的精要大体上可以归纳为以下几点:(1)开放性的人才观,以能力为本位的用人原则;(2)组织和正式规章具有权威性的作用;(3)重视竞争;(4)以人为中心的管理方式;(5)尊重专业知识;(6)承认选举或任命的管理者;(7)提倡开拓和创新精神。

英国是较早出现行政组织的国家,其行政文化的历史较长,以讲究规范为主要特征,但同时也不可避免地染上了一定的官僚主义成分,如繁文缛节、互相推诿等。英国行政文化具体包括以下特点:(1)将实证精神纳入行政活动;(2)对行政组织的高度忠诚;(3)决策活动过程中各方密切合作;(4)重视通才,轻视专业技能。

欧洲大陆的行政文化主要包括法国、德国的行政文化,其主要特点是:(1)行政组织具有明确的目标,并为之而奋斗;(2)组织内部具有严格的规范、制度,一切行政活动按章办事;(3)行政人员忠于职守,忠于组织,具有高度的责任感和职业道德;(4)善于将行政管理与现代科学技术结合起来。

日本在二战后的经济奇迹是与其独特的行政文化分不开的。日本在行政活动中十分注重继承本民族优秀的文化传统、价值观念和道德规范,同时也积极汲取别国行之有效的经验和思想。日本行政文化的特点是:(1)强调民族精神为行政文化的基石;(2)以人为中心,推崇"仁义礼智信"信念;(3)忠于组织,依赖领导者,把个人的奋斗目标同集体、组织的目标结合起来;(4)具有较高的职业道德,热爱本职;(5)具有相当高的团队精神;(6)积极进取、努力工作的精神。

二、中国传统行政文化与行政文化的现代化

(一)中国传统行政文化

数千年的文明使中国积淀了丰厚的行政文化。传统行政文化为中国历代行政体制的维持和发展提供了深层次的精神来源。同时,随着社会物质生产力的不断进步,传统的中国行政文化也日趋成型,逐步演绎为一个完整的文化体系。

中国传统的行政文化来源于中国传统的生产方式和生活方式。其中,决定中国传统行政文化发展的主要因素有如下三个方面。

第一,自然经济和小农生产方式。自给自足的农业经济和以家庭经济为主要表现的小农生产方式是中国数千年来社会生产的主要特征。自然经济的长期存在养成了人们对土地和农业、对家庭和家族以及对男性家长的依赖心理,以及在此基础上又形成了封闭保守、安土重迁的心理和崇尚经验、依附顺从的心理。自然经济条件下的低生产力水平和社会分工不发达的延续,同中国所处的相对隔绝的自然地理环境不无关系,再加上封建社会政权的政策因素,如重农抑商、对土地自由买卖的限制和城市对农村的控制等,阻抑了商品经济和市民社会的成长。反过来,传

统的行政文化也加强和巩固了自然经济和小农生产方式。

第二,宗法制与国家政权的同构。从氏族社会延续下来的以血亲关系为基础形成的宗法制是传统中国社会的主要组织构造。这种以父系家长为中心、以嫡长子继承为原则的宗法制在同封建政权的碰撞中巧妙地融合在一起,创造了家天下、家国同构的独特效应。家国同构的初期表现是分封制,但是,这一极易瓦解的政治结构形式,被后期同样以宗法制为基石的封建君主集权与官僚政治的结合体所取代,后者稳固地支撑着近代以前的传统政治体系。由于宗法制以血缘为基础,宗法社会在社会结构、社会心理和文化精神方面和谐一体,特别是当国家政权屡屡处于危机时,宗法制便成为修复旧政治体制的脉络。传统的行政文化直接发端于宗法制与君权制的结合。

第三,意识形态化的儒家学说。儒家学说成为中国封建社会的主导意识形态并不是偶然的。在诸子百家的学说和理论流派中,儒学以其与自然经济和宗法血缘因素的紧密契合而获得生命力,随后又因其巨大包容性而吸纳了诸子学说中的精华,最终形成内在逻辑完整、体系完美的学说。在封建君主专制政权寻求合法性的过程中,儒家学说实现了伦理权力化,以其符合大一统国家政治的内容从民间学说变为官方意识形态,其理论体系中的治国治民之道日趋成熟。历代科举制度的推行和封建王朝的思想专制,终使以三纲五常、四维八德为核心的儒家学说成为中国传统文化,包括传统行政文化的主要组成部分。

正是在自然经济和小生产方式、宗法制与国家政权的同构、意识形态化的儒家学说基础上,中国传统行政文化形成了一个基本的体系,其主要内容包括如下四个方面。

第一,大一统的信念。"溥天之下,莫非王土;率土之滨,莫非王臣"(《诗经·小雅·北山》)是中国历代封建政权梦寐以求的理想和信念。汉代董仲舒曾提出"春秋大一统者,天地之常经,古今之通谊也"(《汉书·董仲舒传》)。儒家学说从"天命最高,主权不可分割"这一前提出发,主张"天下定于一尊",使维护国家统一成为中国传统政治文化的主要特征之一。对国家统一的重视,确保了中国历史上大部分时期基本上保持了全国范围内的行政统一。同时铸就了国民视国家统一为必然、分裂割据为异端的政治心理和价值观念。这种大一统的观念,要求在政治、行政上保持地域的完整、政权的集中统一、行政活动的一致,在当时的情况下,它导致了君主专制和大规模官僚制行政的局面,造成了封建时代长期思想专制、文化禁锢的结果。

第二,集权主义的价值和原则。中国的集权主义源于早期父系社会分工体系下的组织管理方式,后经宗法制与国家政权的同构而得以成型,所谓"天子作民父母,以为天下王"(《尚书·周书·洪范》)。传统的集权主义首先体现为社会的高度整合。与西方中世纪开始的政教分离不同,中国几千年来始终保持着政治、行政和宗教的高度整合。君主既是全国的政治、行政首脑，又是天意的唯一代表。宗教是政治权力的附庸，不存在凌驾于皇权之上的力量。其次体现为权力的集中，即社会政治、经济、宗教等权力集于君主一人手中。为了确保集权，在政治、行政体制安排上以中央集权和官僚体制为主要内容。同样，在地方政府层次，地方行政长官除了服从君主外，在管辖区域内集政治、行政、宗教权力于一身，行使最终的决定权。

第三，人治与礼治的原则。中国传统的社会秩序，不是靠法律来维系，而是靠宗法、靠纲常、靠下层对上层的绝对服从来维持，也即人治和礼治代替了法治，这是集权专制的统治体制得以运作的重要基础。君主集权制的逻辑结果是人治，君主的命令即为最高的法令。人治又与礼治密切相关。《左传·隐公十一年》云："礼，经国家，定社稷，序民人，利后嗣者也。"礼是一种社会规范和道德规范，是社会实现秩序的保证。儒家学说中的礼治在中国传统社会中起稳定社会结构、政治结构和文化结构的作用，全体社会成员无不被以礼为中心的一套规范和秩序所覆盖。有关礼的种种观念内化为传统国民的精神思想，支配他们的选择和行为，决定传统行政体系的基本秩序。

第四，官僚主义的行政方式。自秦朝以来，中国在高度集权的行政体制下形成了一套庞大的官僚体系。按照官僚体制进行运作的行政管理形成了等级化、专业化、形式化等一系列机制，为专制集权的传统政治制度提供了重要保障。但是，传统官僚制运行的结果更多的是滋生了官僚主义的行政方式和行政作风，严重阻滞了社会发展。邓小平曾经深刻地指出："官僚主义现象是我们党和国家政治生活中广泛存在的一个大问题。它的主要表现和危害是：高高在上，滥用权力，脱离实际，脱离群众，好摆门面，好说空话，思想僵化，墨守陈规，机构臃肿，人浮于事，办事拖拉，不讲效率，不负责任，不守信用，公文旅行，互相推诿，以至官气十足，动辄训人，打击报复，压制民主，欺上瞒下，专横跋扈，徇私行贿，贪赃枉法，等等。"[①]应该说，官僚主义是中国传统封建行政文化最具影响力的要素之一。

（二）中国行政文化的现代化

社会主义制度在中国确立以后，社会、政治、经济的基础发生了根本性变化，中国的行政文化也发生了质的变革。在行政体系内部，人民利益原则、民主集中制、议行合一、依法行政、勤政廉政成为当代中国行政文化的主流，民主参与意识空前高涨，追求科学、效率成为基本的行政价值。但是，数千年沉淀下来的传统行政文化作为历史而不可避免地对今天产生影响，尤其是在观念、心理与思维层面。过去的大一统观念、集权主义、官僚主义等在计划经济体制下，依然对中国的行政文化有较大的影响力。一些具体的行政行为方式和作风，如人情至上、任人唯亲、家长

---

① 《邓小平文选》第2卷，人民出版社1994年版，第327页。

制、特权现象、以权代法、腐败等负面效应,在相当长的一段时期内仍将对中国行政管理的现代化发展产生严重影响。20世纪后半期是中国社会急剧变革的时期,社会、经济、政治发生了重大的转折。但是,传统的行政体制和实践对社会的干预和影响,成为社会现代化的一大障碍。因此,行政改革也成为社会全面改革的一个重要组成部分。而行政改革首先要解决的是改变传统的行政观念和行政模式,发展新型的行政文化。中国自近代即已开启从传统社会向现代社会变革的大门,也引发了传统行政文化的变迁。社会主义现代化战略目标的确立和改革发展所取得的成就,从根本上规定了我国行政文化发展的基本方向,为行政文化的改革奠定了基础。我国目前的行政文化要实现现代化这一目标,必须实现以下几个方面的转变。

第一,由集权型向民主型转化。传统行政文化中的集权主义最大的弊端是行政主体地位的缺失和行政决策的非民主性,导致了传统政治、行政体制的专制主义和权力滥用现象。现代行政文化要求的是一种参与型的行政文化,要求行政主体和客体积极参与行政活动,从而加强行政活动的民主化、科学化,这样一个目标的实现将会有益于我国当前的行政文化在经历近些年来的变化发展后,更加适应现代化的客观要求。

第二,由管制型向服务型转化。管制型行政文化从传统的管制型行政体制演变而来,适合于集权型的管理方式。在这一体制下,政府是全能的,具有无所不包的行政责任,政府与社会的关系是控制与被控制、领导与被领导的关系。随着现代市场机制的建立与运行,传统的管制型行政失去了意义,转换政府职能、强调政府能力的有限性,要求政府增强对社会的服务意识与服务行为,从管制型行政向服务型行政转变,已经成为必然趋势。

第三,由一般型向专业型转化。传统体制下的行政主要是执行权力,推行政务,行政的形式和内容简单易行。随着现代市场经济的发展,行政的内容和职能已经扩大到社会的所有领域,每一个领域的行政管理活动都要求具备相应的专业知识和专业能力,尤其是政府在制定财政、金融、产业政策等时,更是需要高深、系统的专业知识,才能做出科学、合理的决策。

第四,由人治型向法治型转化。人治型行政文化的主要特征是无法可依,有法不依,主观臆测,缺乏对权力的约束,政策多变等。这种行政文化给中国社会带来了诸多弊端。法治型行政文化是行政程序化、科学化、规范化的体现,它要求以法律为至上原则,依法行政,明确界定各种行政权力,对权力运行依法监督、严格控制。法治型行政文化是现代行政的基石。

第五,由保守型向进取型转化。传统行政体系是一个封闭、保守的系统,在严格、陈旧的规范、体制约束下,行政体系的功能发挥有限。在迈向现代化进程中,旧有的保守型行政已明显不适应。伴随社会经济的发展、政府职能的扩大,政府不仅应打破旧有的体制、建立和完善新的管理体制和规范,而且在行政活动中要积极进取,勇于开拓,主动地适应现代化发展的需要,为社会进步创造良好的环境。

复习题

1. 影响行政文化产生的因素有哪些?
2. 主观性和规范性文化分别包含哪些内容?
3. 行政文化的总体功能是什么?
4. 行政文化如何影响行政组织?
5. 试分析行政文化与行政人员之间的关系。
6. 行政文化与行政组织的行为之间存在什么关系?

第十三章
行 政 发 展

行政总是在一定的环境中进行的,而行政的环境又总是处在不断变化之中。因此,行政必须不断地发展,以适应变化了的环境。行政发展与整个社会的发展呈现出一种互动态势,行政发展的路径依赖是行政改革,改革与发展相伴而生。本章主要阐述行政发展的含义和原则、模式、行政改革、发展趋势以及相关理论。

第一节 行政发展概述

一、行政发展的含义

行政发展是指行政系统为了适应行政环境的变化和提高行政效率,按照行政管理的客观规律,变革行政体系,改善行政活动方式和行政关系,以改善生存状态、提升行政能力、更好地执行国家政治意志、促进社会协调发展的过程。行政发展在内涵上大都具备四个方面的内容:一是行政体系的能力发展过程,二是行政体系的功能改善过程,三是行政关系的改善过程,四是行政体系的结构优化过程。

行政发展是多维度的发展,行政体系、行政制度、行政组织、行政规范、行政功能、行政环境、行政文化等的发展都属于行政发展的范畴。但在诸因素中,行政主体及其所要达到的目标是行政发展的重点。

20世纪50年代,美国哈佛大学教授里格斯提出了发展的行政和行政发展两个概念,并且将这两个概念作为发展行政学的两个研究对象。发展的行政是指政府为了推动和配合社会变迁,为了推动和促进社会经济、政治、文化发展,实施的各种行政行为。而行政发展是为了加强行政能力所实施的一种改革过程。行政发展是指通过一定的方式改变既存的行政系统及其活动方式,使其过渡到一种新的状态,以期行政系统能够更好地与社会取得动态平衡,从而发挥更大的能量的一系列活动。显然,发展的行政强调的是行政体系对于社会的推动;而行政发展则是一个强调行政体系在行政环境的作用下进行变革,并与行政环境取得再次动态平衡的过程,行政发展的主要目的是提升行政能力。

行政发展是为了实现发展行政,但在发展行政的过程中,行政环境又对行政体系提出了更新的要求,行政体系又必须不断地发展,才能满足与行政环境保持平衡这一客观要求。从这个意义上说,行政发展并不是行政体系孤立的变化,而是同社会发展联系在一起的,是社会发展的一个组成部分。社会发展既包括行政发展,也包括政治发展、经济发展、文化发展等,所以行政发展同政治发展、经济发展、文化发展之间存在相互联系、相辅相成的关系。作为行政环境的重要组成部分,政治发展、经济发展和文化发展必然要求和推动行政发展,行政发展也必然引起和推动其他方面的发展。

20世纪70年代以来,各国政府面临许多新的挑战,政府必须处理的公共事务日益增多,而可资利用的公共资源却日益减少,公众希望政府提供更多、更好的服务,但政府却因为无法获得充足的资源以及政府本身的种种痼疾而疲于应付。因此,为了摆脱困境、提高政府绩效,各国政府都十分注意通过"政府再造"即行政改革来实现行政发展,以此来迎接全球化、信息化、国际竞争加剧的挑战。西方国家率先启动和实施了各种改革方案,如法国的"革新行政管理计划",日本的"关于行政改革的具体方针政策",葡萄牙的"公共选择计划",美国的"国家绩效评估报告",加拿大的"行政管理2000年",英国的"效率稽核""财务管理改革方案""续阶方案"等。通过这些行政改革措施,西方各国的行政体系在多方面实现了较大的发展,主要表现是:通过放权或者分权,进一步扩大了公民参与;通过减少各种不必要的规章制度,实现了从重视规章到重视结果的转变;通过引进企业家政府的管理理念,实现了从不讲管理成本到注重行政管理产出的转变;通过打破政府对公共服务和社会事务的垄断,实现了从重管理、轻服务到公共服务社会化、多样化、标准化和长期化的转变等。这些行政改革措施有效地提高了行政绩效和公民对于政府施政的满意度,进一步推动了社会的协调发展,巩固了政府权威的正当性与合法性。中国自20世纪80年代以来,在厘清国家社会市场关系、转变政府职能、提高公共服务质量、合作治理、扩大公民参与、建设人民满意政府等行政改革和发展方面也取得了令人瞩目的进展。

二、行政发展的原则

各国行政发展和改革的实践都表明,行政发展和改革是随着本国的政治、经济、文化、社会的变迁而产生的。从宏观上讲,这是上层建筑必须符合经济基础的需要,是为了保证上层建筑更好地为经济基础服务而发展的。具体到微观层面,行政发展应遵循的原则主要如下。

（一）良性互动原则

行政发展不是孤立存在的，它离不开政治、经济和社会等因素的影响，因而行政发展必须与政治、经济和社会发展建立互为前提、互为基础的发展关系。在某种程度上而言，行政发展是政治发展的一个组成部分，行政发展会促进与推动政治发展、经济发展与社会发展；反之，政治、经济、社会的发展也需要有行政发展，才能最终实现社会的全面发展与变迁。

（二）稳定性原则

行政发展的稳定性原则包括两方面内容。其一，指行政体系各部分之间相互依存、相互协同，获得一种和谐发展，是一种渐进、稳定、健康的发展。其二，行政发展必须在保持改革、发展和稳定三者协调关系下展开，行政发展涉及多种利益的再分配过程，必然会面临各种矛盾和冲突，如何使行政发展始终在稳定的政治、经济和社会环境下有序进行则变得十分重要。显然最重要的是在稳定中推进改革与发展，在改革与发展中实现社会稳定。

（三）制度化原则

行政发展需要一种连续的制度支持即制度化来保证。行政发展的目标之一就是把非正规化和低组织化的行政行为转变为高度正规化和高度组织化的行政行为。在这个目标的制约下，行政体系的运作和结构都应该尽量制度化。换言之，行政发展需要一种连续的制度支持来保证。非制度化的行政行为往往会带来行政组织的无序化，进而会带来社会结构和秩序的无序化。为了保证行政组织的有序化，必须坚持行政发展的制度化。这就要求行政发展必须按照一定的发展目标，有计划、有秩序地进行。在稳步推进的前提下，尽量保持政策的连续性和稳定性。制度本身所体现出的稳定、规范和有序应该成为行政发展的价值取向与制度保障。

（四）适度化原则

行政发展是一项复杂的系统工程。既要有制度的支持，还要注意发展的"度"。什么部门、什么时间、发展的性质、发展程度和速度等都要遵循系统的整体性和相关性原则进行。一般而言，行政体系是社会大系统的一个子系统，行政体系中的任何部分又是行政体系的子系统。行政体系子系统的任何发展和变化都会引发整个行政系统的发展和变化，也会引发社会大系统的变化。社会大系统的发展和变化也会引发行政系统的发展和变化，如政府职能转变会引起政府职能的调整，人事制度的改革会促进政府职能和机构的完善。因此，行政发展具有整体性和相关性等系统所具有的所有特征。行政系统的发展是靠各个部分的发展形成的，所以应该注意保持行政体系内部各个部分的协调发展和适度发展。对于发展的时间、性质、程度、速度等，应该具有一定的整体安排，应该注意它们的相关性和适度性，不能某个部分过度发展而其他部分滞后发展或不发展。

第二节 行政发展的模式及其特征

行政发展是一个国家根据自身的状况而实施的一种管理活动。在行政发展的过程中，世界各国都进行了适合自身国情的探索，积累了一定的经验与教训。在此基础上，形成了一些具有代表性的行政发展模式。所谓行政发展模式，是指行政发展的特点、方式、途径与过程的总称。从不同的视角出发，行政发展模式可以被归纳为不同的类型。下文分别从地区视角和内容视角做介绍。

一、基于区域的行政发展模式及其特征

按照地区来划分，行政发展模式主要包括英美模式、法德模式、希腊模式、新兴工业化国家模式和发展中国家模式五种。

（一）英美模式

行政发展的英美模式源于盎格鲁-撒克逊文化圈的国家对韦伯"科层制"理论的质疑。其认识经历了从"传统公共行政"向"新公共管理"的变化。改革的深度、广度、持续性及其影响因国而异，但都涉及公共管理方式的根本变革。英美模式的基本特点是利用私营部门的管理理念来重塑政府，其核心在于大力推进政府职能的市场化，以带动行政功能、内部机构和行为方式的全面改革。

改革方式包括：以权力分散和放松规制为主要内容的公共行政的民主化；以国有企业和事业单位等公共部门的民营化为主要内容的公共部门民营化；以把市场竞争机制引入公共服务为主要内容的公共服务市场化；以将企业文化有条件地移植到公共行政当中，从而改善政府工作效率为主要内容的公共管理企业化；以推行电子政务为主要内容的公共运营信息化等。

英美模式的主要特征是：以调控代替直接提供公共服务；以行政程序的简化与灵活化代替繁文缛节，节约资金以开展革新实践；行政决策与行政执行机构相分离，并建立自治执行局；由竞争带来的私有化政策得到更加广泛的应用；领导风格与人事管理程序（录用、解聘、动员等）更加灵活；决策权放宽使公务员责任制更加明确；以客观事实、既定结果和顾客为导向的行政运作模式。

英美模式的发展经历了一个从传统公共行政向新公共管理范式的变化，其主

要特征是公共管理方式的根本性变革。

(二) 法德模式

法德模式是以法国和德国的行政发展为代表的一种行政发展模式。这一模式除法德之外，还存在于那些行政文化植根于科层制传统的国家，颇受管理主义的影响。这种模式的特点是不打乱各个行政机构的运作，而只是对行政机构实行更严格的管理监控，以非连续性的渐进主义改革为主导。

行政发展的法德模式的主要手段为：调整公共事业；压缩人事开支；转变组织机构。

从目的上看，法德模式也体现行政管理走向现代化的进程；但从发展的时空上看，法德模式却反映出行政改革是一项长期的现代化进程。

(三) 希腊模式

除了希腊外，意大利、西班牙等国的行政发展模式也属于希腊模式。这些国家的公共机构要么组织不完善，要么刚刚脱离前韦伯制状态。这就决定了行政发展必然以行政合法性和制度化作为改革与发展的当务之急。这些国家零星地引进了一些管理主义的改革措施，有的则把韦伯制作为更现实的改革目标。

(四) 新兴工业化国家模式

行政发展的新兴工业化国家模式也称为内源式发展模式，主要存在于新兴工业化国家的行政发展过程中。这种行政发展模式是指将本国、本地区的文化传统同市场经济的特殊要求有机地结合起来，充分调动社会各方面的积极性和创造性。内源式发展模式以韩国为代表。

在这种模式下，行政发展的主要动因来自政府内部的生存需要。这种模式在实施行政发展时，十分重视本国的社会、文化环境对行政发展的制约和影响，对于行政发展目标的确定、步骤和措施的设计，强调立足于本国的文化特性，尽量缩小从国外引进的价值观念与本国价值观念之间的差距。在借鉴国外的行政发展经验时，也比较注意其所处的历史条件和本国历史条件之间的差异。

这一模式具有以下四个基本特点。第一，政府始终把自身的改革同自身的生存结合起来，危机意识比较强，如韩国。第二，政府与民间的互动比较协调。一方面，通过公共部门的民营化来为政府的职能和机构"瘦身"；另一方面，政府同民间特别是私营企业保持良好的关系，以此来发挥其管理经济的职能。第三，将传统行政文化和现代文官制度有机地结合起来，使公务员制度始终保持较强的生命力。第四，行政改革与发展大多是在一党执政的情况下推行的，这有利于保持行政发展的连续性，不至于由于政党的更替而导致行政发展出现断层。

(五) 发展中国家模式

行政发展的发展中国家模式也可称为外源式发展模式,是被为数不少的发展中国家所实践的行政发展模式。这种模式是指以发达国家的经验和做法为基础,在不考虑本国历史、文化、社会现实的情况下,完全输入发达国家的制度、文化、技术、思想方式和行为方式等,来实现本国的行政发展。

这种模式的特点主要呈现为如下三个方面。其一,行政改革与行政发展起点很低,是以比较落后的社会经济条件为基础的。其二,行政改革是在外力强迫下的"自我手术",因缺乏改革与发展的内源性和自发性,大多套用其他国家的行政发展模式,往往忽视了本国的国情,结果适得其反,造成专制与官僚腐化,严重缺乏社会中介组织或中介组织发育不良,政府权力高度集中。其三,动荡不安的社会局面造成了行政改革与行政发展的极大障碍,导致政府缺乏权威,体制不健全,机构涣散,效率低下。

综观以上五种比较具有代表性的发展模式,显然前三种模式也可以统称为西方行政发展模式,它们都是在比较完善的市场经济体制下的行政发展模式,也是一种在比较稳定的社会条件下进行的行政发展。前三种行政发展的模式在与市场选择相对应的公共领域选择中,无一例外地贯穿着韦伯式的传统公共行政与标志行政现代化的"新公共管理"这两种基本取向的比较和争论。它们的共同特征主要如下。第一,市场经济发达,社会中介组织成熟,产权制度明确,政府与企业、政府与市场之间的界限明晰,市场机制逐渐被引入行政系统。而发达的市场经济是西方行政发展模式得以成立的根本基础。第二,知识经济与信息产业的发达,不仅改变了传统的行政价值与观念,而且为行政发展提供了雄厚的物质基础和技术基础。第三,制度创新能力强。西方的每一次行政发展都是一次制度创新。这种制度创新不仅有利于巩固改革成果,而且有助于推动下一轮行政改革,实现持续的行政发展。然而,进入21世纪以来,不少西方国家面临比较严重的政治与社会危机,这对当代西方的行政发展产生了严重影响。后两种模式建立在市场经济尚不成熟的基础上,许多方面有待完善,社会矛盾较为突出,行政发展一度存在问题。

二、基于内容的行政发展模式及其特征

以内容为划分的依据,行政发展模式则主要包括放松政府管制模式、企业家政府模式、授权改革模式和灵活政府模式。

(一) 放松政府管制模式

行政发展的放松政府管制模式通常是与政府改革相联系的。其主要内容包

括：在组织规章方面，废除公共部门不必要的规章制度，依靠公务员的责任心和能力来从事新的创造性工作，提高办事效率，增进社会的整体利益；在管理决策方面，强化行政官员的决策作用，弱化政治家的决策作用，让行政官员做出更多的决策，在执行规章制度时赋予行政官员更多的灵活性，在理论上突破传统的科层官僚制把决策视为政治家特权的理念；在组织结构方面，淡化行政组织结构，强化有效行动的能力；在公共利益方面，强调协调各方面的利益关系，促进社会整体福利水平的提高。

（二）企业家政府模式

行政发展的企业家政府模式可以从组织结构、政府官员管理、公共政策制定、政府与公众的关系四个方面来理解。

在组织结构上，这种行政发展模式包括两方面内容。首先，把政府机构市场化，引入竞争机制，主张下放决策权力和执行权力，把过于庞大的政府公共部门分解为若干可以相互竞争的运作部门，把大量的服务职能下放给低层机构，甚至于让民营部门来承担，打破公共部门的垄断性控制，降低管理成本，减少服务费用，提高服务质量和效率。其次，减少政府的机构和结构层次，使多层次的金字塔式的结构逐步变成层次少的扁平结构。

在政府官员管理上，这种行政发展模式实行合同聘用制和建立以功绩制为原则的个性化绩效工资制度。对政府官员的管理的发展也体现在两个方面：一是打破终身雇佣制，主张仿效企业雇用经理的做法聘用政府部门主管人员，并在雇佣合同中明确官员的绩效标准；二是彻底改变传统的做法，打破"大锅饭"式的工资分配制度，建立个性化绩效工资制度，以此来作为调动公务员工作积极性的有效手段。

在公共政策的制定上，这种行政发展模式主张按照市场游戏规则制定公共政策。因为该模式主张将官僚机构的诸多职能转移给具有企业家理念的公共部门来履行，为此，公共政策也必然要以市场信息为导向，并由具有企业家理念的公共部门根据自己的价值判断来制定。但在具体的运作过程中，存在政治家意志和企业家理念的价值冲突。政治家难以放弃政治控制，希望具有企业家理念的公共部门与自己的意志保持一致，但具有企业家理念的公共部门的价值判断与政治家的意志未必完全一致，这就难免出现矛盾冲突。同时，在维护社会公平与公正等方面，企业家政府的行政发展模式仍然有许多力不从心之处。这些理论和实践的矛盾表明这种行政发展模式虽然具有可取的一面，但也具有过于理想化的一面，在实践中如何协调政治家意志和企业家理念、如何维护社会的公平与公正，依然是这种行政发展模式值得研究的一个较大问题。

在政府与公众的关系上，这种行政发展模式主张以公众为中心，政府围绕公众的需求提供服务。而传统官僚体制则是以政府为中心，由政府来规范公众行为。

企业家政府模式视公众为"消费者",由公众来规范政府的行为。企业要根据消费者的需求来生产产品,政府也要根据公众的要求来提供公共服务。

(三)授权模式

授权模式是在对传统官僚制模式进行深刻反思的基础上推出的一种行政发展模式。该模式十分重视公民的参政权力和基层公务员的决策权力。该模式认为,传统科层官僚制固有的组织结构和管理方式是影响行政效率提高的主要障碍。

传统科层官僚制认为,行政只是执行政治决策,这样,行政体系的主要工作内容就是以执行为特征的运作过程。于是,在行政体系内部,行政执行必然按照层级逐级下达指令。这样不利于调动各个层级公务员的积极性和创造性,是导致行政效率低下并因此而引起社会公众不满的主要原因。因此,行政发展的授权模式主张:分权于基层,吸收原来被排斥在决策过程以外的社会团体和政治力量参与政府管理活动,让长期处于被动执行地位的管理者具有参与权和决策权;放权于服务对象,给服务对象更多的权利;实行共同协商,吸收社会团体、各阶层公众进行参政议政。

授权模式反映了政府重视公民参与行政管理的价值理念,其特点表现为三个方面。在决策上,授权模式主张按自下而上的分权方式进行决策,充分发挥低层机构和人员的积极性和创造性,不赞成利用自上而下的集权方式进行决策。在体制结构上,授权模式极力反对传统金字塔式的组织结构,主张减少中间层次,尽可能地缩短组织高层与低层的沟通路径,给低层组织更多的灵活决策的权力。在管理理念上,授权模式推崇内部参与管理,尤其强调给低层公务员更多参与权力分配的机会;在业务管理上,提倡全面质量管理并强调以组织内的小组或其他小集体为单位进行评估和奖惩,这样既可以提高整体行政质量和效率,又可以增强团体协作意识。

(四)灵活政府模式

行政发展的灵活政府模式主要是针对传统科层官僚制带来的政府僵化弊端而设置的。这种行政发展模式认为,政府机构的常设性和公务员的终身雇佣制是政府僵化的主要原因之一。因此,这种行政发展模式主张:在组织上建立临时性机构,完成一些日常事务和专门性的特别任务,如一些一般和特别(专门)工作委员会、工作小组或项目小组等;在人事上搞短期的或临时雇(聘)佣制,任务完成后即解雇(聘);在权力上根据地缘管理原则下放权力,使权力也具有灵活性和多样性。这一模式特别强调在政府内部应该不断创新组织结构,取消部分过时、僵化的机构,建立临时性的充满活力的机构,通过这种方式来不断整合、创新政府的组织机构,以实现政府职能目标。这种行政发展模式的要旨是强调基层公务员和社会公众在政府决策中发挥作用。这实际上是强调政府公共决策的民主化。

综上可见,任何国家都有自己的国情,也都有自己行政发展的条件和原因,在借鉴他国的行政发展模式进行行政发展时,最主要的还是立足本国,将他国的经验和本国国情进行整合,不断开拓创新,最终形成具有本国特色的、适合本国国情的行政发展模式,以此来推动行政体制创新,实现社会协调发展。结合中国的国情而言,当下,我国的社会市场经济体制依然在不断的发展与完善过程中,我们尚未完全进入高度发达的知识经济时代,如果说西方行政发展模式对中国目前的行政改革与发展具有一定的启示与参考价值;那么行政发展的新兴工业化国家模式对中国的行政改革与发展就具有一定的借鉴意义。无论是何种行政发展模式,都有其优、缺点。不存在最优的、放之四海而皆准的行政发展模式,因为不同的国家有不同的社会历史与文化传统,不同的国情会催生出不同的行政发展模式。不过有一点可以肯定的是,那种既反映人类共同的价值观念与社会追求,又符合本国国情特征的发展模式将会成为各国的首选。

第三节 行政发展的动力及路径:行政改革

一、行政改革及其内容

当今世界,科学技术的日新月异和社会发展速度的不断提升无疑对政府的作用提出了新的要求。因此,政府的行政改革不论是在发达国家还是在发展中国家,都成了政府行政的重要内容之一。行政发展在相当程度上而言是同行政改革相伴随的,行政改革是行政发展的最主要的动力和路径。行政改革通常是指行政系统在组织体系结构、运作功能等方面进行的变革,以使行政系统适应变化的环境。行政改革也会带来观念的变化,本节主要从行政系统的功能、结构和制度创新方面论述行政改革的内容。

(一) 行政系统的功能更新

行政系统的功能更新涉及转变政府职能,由"划桨"转为"掌舵"并引入市场机制。具体表现在如下三个方面。

1. 政府生产职能的更新

按照新制度学派的国家理论,政府也是"企业",它从纳税人那里获得收入,然后去生产社会产品。当然,与一般的企业相比,它是一种非常特殊的"企业",其特殊性主要在于它的经营方式、所生产的产品以及消费者的付费方式均与一般的企业不同。就经营方式而言,政府作为"企业"具有高度的垄断性。尽管一个合法的政府也常常会面临国内外各种不同的竞争,但是这种方式在政治市场上的竞争与发生在经济市场上企业之间的竞争是完全不同的。譬如,每届政府在其有效执政期内,政府生产是具有完全垄断性的,没有一个非政府机构能够像政府一样生产出如法律和秩序之类的公共产品。

从政府生产的产品来看,它们主要是一些公共的消费品,如国防、法律、秩序、道路、桥梁等。政府所生产的各种公共消费品大都具有强制消费的性质,每一位公民,不管其是否需要国防和法律方面的服务,只要政府生产了这类新产品,就得接受。又如灯塔、道路、路灯等公共设施则都具有不可排他的性质,即任何一位公民在消费或使用此类产品的过程中,并不能排除他人的消费和使用。从"消费者"的付费方式来看,也大都具有强制性。这是因为消费或使用政府生产的产品,通常总是在事先以交税的方式付费的,而交税是带有强制性的。

政府生产活动的以上特点告诉我们,政府在规范市场经济中生产私人消费品显然是无效率的,政府生产行为的垄断性与交换过程中的非自愿性将彻底毁坏市场,从而导致社会经济资源的低效率甚至错误配置。为此,必须在政府与企业之间进行职能分工,由政府来生产企业所不能生产的公共产品,由企业来生产政府所不能生产的私人消费品,同时将竞争的市场机制引入政府的生产领域。

基于上述分析,显然对于走向市场经济新体制的中国政府而言,首先需要做的,是从充满竞争的微观生产领域中退出,从事公共产品的生产。然而,政府生产公共产品的过程在本质上是一个政府财政过程,因而转换政府的生产职能,归根结底就是要把政府从传统计划经济体制下的投资与经营主体转变为市场经济体制下的财政主体。

2. 政府调控职能的更新

现代市场经济是一种需要政府从宏观上调控的法治经济。只有当适应市场经济发展所需要的政治体系与行政体系存在,才能保证市场经济的有效运行,防止市场机制的失灵。在新时期,政府对市场经济进行宏观调控的职能是:(1)实现市场经济体系与社会政治和行政体系的结合,创造市场经济得以运行的经济制度与社会政治条件;(2)生产市场经济正常运行所必不可少的公共产品,求得社会经济资源在公共产品与私人产品之间的均衡配置;(3)纠正市场失灵现象,保持市场经济的有效运转与国民经济的稳定增长。然而,在中国传统的计划经济体制下,政府执行的并非以上各项调控职能,而是抑制市场、限制企业与个人市场行为的调控职能。

3. 将企业家精神逐渐引入政府部门

首先,把掌舵与划桨分开。成功的组织总是把高层管理与具体操作分开,因为这样就可使高层管理者集中精力进行决策和指导；否则，主管便会被具体的操作任务分散精力，从而无法做出基本的指导性决策。将这一原理应用到政府部门，要求政府把作为掌舵的决策和作为划桨的服务分开，以使政府的决策能力与服务效率都可得到提高。此外，将掌舵与划桨分开并不是要否认政府的治理，而是需要善治。

其次，将竞争机制引入政府部门，可以提高效率，迫使公营的垄断组织对顾客的需求做出反应，有助于提高政府雇员的自尊心和士气。

再次，使政府官僚变成企业家。官僚的行为动机是膨胀政府部门的支出，而企业家的行为动机则是尽可能地减少和节约投资支出。若要使政府官僚成为精明的管理者或"企业家"，就应当允许政府各部门分享预算结余，用作个人奖励，来激励政府公务员的工作积极性和责任心。

最后，在政府公营部门内重组市场。市场不仅在民营部门存在，而且也在公共部门内存在。当市场在公共部门出现时，我们通常称之为系统，如教育系统、职业训练系统等。但它们都是市场，如同金融、保险系统一样。如果把市场的供求关系和竞争法则引入这些公共系统，那么就可使政府部门的运作绩效与工作效率得到改观。

（二）行政系统的结构改革

组织结构是指组织系统各个部分的构成方式。它是国家行政组织内部的权责关系、分工协作方式、职权职能划分、机构设置、岗位设置等的综合表现。结构改革涉及政府结构和规模的改革，是行政改革中最为复杂的改革。组织结构方面的改革常常是行政改革的一个主要内容，其基本形式是机构改革和机构调整。它包含四个相关部分的内容：组织重构、自上而下的分权、私有化改革（在西方盛行）、规模适度化改革。

1. 组织重构

组织重构主要是指如何在各级政府和国家行政机关内部合理调整机构设置，划分职权和职能范围。组织重构的形式一般有三种情况：分设或增设内部机构；合并减少内部机构；原有机构数目不变，改变其隶属关系或对某些职能加以调整。无论是哪一种情况，其目的都在于合理调整国家行政组织内部的分工协作关系，保证行政执行活动的顺利进行。但是需要指出的是：在西方国家，组织变革的过程通常不和西方绝大多数发达国家的选举周期一致，并且在一个总统或者部长任期内，经常不可能达到预期目标。然而，在官僚体制纷繁变化的世界中，组织重构十分重要并具有象征意义。

2. 自上而下的分权

自上而下的分权，即合理调整权力结构。在此主要指中央政府和地方政府之间的权责关系的配置,这可以说是国家行政组织内部结构中的核心问题。换言之,分权主要是指把中央政府的职能转移到地区或地方政府以及半公共组织中去。分权带来的好处很多,包括提高行政效率,提高官员接触民众与获取信息的机会,以及使政府与公民之间的距离更近,从而可以更好地增强政府的责任感。以新西兰20世纪80年代以来的行政改革为例,部级的主要管理权转移到司局一级。每个局的执行主管"在大多数的人事管理领域中享有独立的权威,如在任命、提升和惩罚方面"。此外,还可以通过适当的分权来提高政府的决策能力与效率。为了适应日渐增加的环境问题的复杂性和不确定性,可通过向"下面"或"外围"分权与放权,以及减少等级来应对政治的未来震荡。因此,对于已经实行对外开放,并正在快速融入国际社会的中国而言,通过分权改革来提升政府的决策能力是非常重要的。而事实上,中国的改革在相当程度上也是按分权的思路进行的。通过适当分权,加强信息交流,并在此基础上形成有效决策,这有助于提高行政效率。当然,分权不当也会造成——就中央政府与地方政府的关系而言——中央政府的权威受到削弱。其结果是政府的能力与效率并未因此而得到提高与改善,同时也不利于中央政府加强宏观调控,这是中国在分权改革中应当尽力避免的。

3. 政府私有化改革

行政系统的结构改革在西方国家几乎都涉及私有化改革。私有化就是将先前的公共职能与服务交由私营组织去运作。这一改革措施结合了国家主义与管理主义的传统。一般而言,私有化与效率相伴随,即产生了企业家模式。这是一种新型政府模式,在该模式中,属于核心部分的公共服务将以出租合同的形式,由富有冒险精神和企业家创新精神的私营组织来提供。大幅度精简后的公共机构成为一个授权者,而不是公共服务的供给者,其职能浓缩为确定和监督合同的执行。私有化计划在提高效率、增强活力以及拓宽所有权范围的政府战略中是一个关键的组成部分,即把国有企业变为私人所有,以及允许雇员在所工作的企业中拥有投资从而共担风险,从而改变雇员工作态度,并为每一个人在国有资产中拥有股份提供了平等的机会。

作为西方私有化改革的另一种方式,新西兰、芬兰和其他一些国家采取了公司化政策:政府保留财产所有权,但制定了更为企业化的运作流程。如新西兰在1990年以平等的方式使国家企业与私有企业竞争,大大提高了生产率,政府作为股份持有者也得到红利。东欧在改革中也明显地求助于私有化,将私有化作为治疗官僚机构臃肿的药方。总之,20世纪末以来,无论是英美还是东欧等国家,它们的共同之处无不是把私有化作为削减政府规模的有效药方。

4. 规模适度化

与私有化相连的是压缩政府规模和规模适度化。它们深深地植根于经济现实与政治理想的冲突之中。自 20 世纪 80 年代以来,这类改革非常受欢迎且相当激进。西方有学者指出:至少从托克维尔对政府的分析以来,政府的规模和开支一直受到责难。他们还发现,尽管英国"20 世纪 20 年代的紧缩意味着雇员人数和开支两方面严格和不懈的削减,但自 70 年代和 80 年代中期以来,大刀阔斧的削减只是临时的,随后又重新开始长期向上攀升"[①]。与世界各国一样,中国也不例外,经历了类似的改革,始终在"精简—膨胀—再精简—再膨胀"的怪圈中循环。毕竟,庞大的国家行政机器给国家财政所造成的负担,是无论发达国家还是发展中国家同样面临的问题。

(三) 行政制度的创新

行政制度的创新是行政改革中最为核心的组成部分。它与社会政治制度、经济制度的改革相联系,是整个社会变革的组成部分,比单纯的行政系统功能和结构方面的改革具有更深远的社会影响。制度创新本身涵括了行政系统的结构与功能方面的变革,它把这两个方面的改革有机地结合在一起,通过变革旧制度的方式推动这两个方面的改革,并以建立新制度的方式保持和巩固改革成果。在实践中,行政制度创新涵括的两个部分通常指政府决策体制的创新和政府公务员制度的完善。

1. 政府决策体制的创新

全球各国有效的政府都具有如下一些普遍性的特点:中央拥有制定宏观经济和战略决策的强大能力;政府各机构之间存在进行授权、约束和决策辩论等的机制;政府同外部的利益相关者存在相互沟通的制度化联系渠道,这表现为政府决策具有透明度和可信度,并鼓励信息反馈。然而,在一些发展中国家,政府的决策体制恰恰缺少这些特点,造成政府的行政决策能力薄弱与缺乏有效的行政监督机构。因此,为了适应社会的发展,需要创新和加强政府决策体制。中国政府的决策过程尽管已经开始逐步地走向规范化,但决策体制中的透明度和公民参与依然是未来需要通过体制创新解决的问题。

首先要改革行政价值观。当代行政发展已经从价值理念转向工具理念,这一转变要求政府在克服自身缺陷的基础上提高行政能力。其次是决策体制的创新。这一创新要求行政系统能对变化的环境做出迅速反应,并使行政系统不犯大的错误。

2. 政府公务员制度的完善

公务员是政府事务的直接承担者,他们在相当程度上决定着政府活动的状况,

[①] 国家行政学院国际合作交流部编译:《西方国家行政改革述评》,宋世明等译,王诞庆等校,国家行政学院出版社 1998 年版,第 53—55 页。

完善公务员管理是我国公务员制度面临的一个基本问题。尽管我国的行政系统完成了从干部到公务员身份的转换,但是由于种种原因,在相当程度上还是保留了与新体制相左的运作方法与手段。此外,新体制本身还有许多方面需要加以完善,这是转型时期中国行政发展的制度改革与创新的主题之一。

3. 制度创新的其他方面

制度创新还涉及其他方方面面的内容,它是由改革过程中持续的制度供给不足所引发的。与功能、结构方面的变革不同,制度方面的改革必须以立法的形式进行。旧体制的改革、调整或废除,新体制的建立,必须有严格的法律规定和法律程序作保障。在行政制度创新与改革过程中,执政党、国家立法机关等外力的作用和影响显得更为突出。虽然政府既是制度的供给者与创新者,又是制度的执行者,但是政府在行政制度的改革与创新方面仍然受到比进行功能更新和机构改革更多的限制和制约。制度创新的目标是提高效率、扩大民主、增进公平。它是对权力和利益关系的调整,是为了创造有利于行政发展的外部环境、调整行政组织内部的结构关系、建立健全行政组织与运行的规则体系。

二、行政改革的阻力与动力分析

行政发展的路径依赖是行政改革。在改革与发展的历程中既有动力又有阻力。换言之,行政发展有其客观的动力系统,无论是在西方发达国家还是在发展中国家,无一例外。

(一) 行政改革的阻力

行政改革在某种程度上是一种利益的分配和再分配的过程,因而会受到来自各方面的阻力和影响。这一阻力可以分为行政系统的外部制约和内部制约。

1. 行政改革的外部阻力

对于发展中国家而言,行政改革的外部阻力主要有以下方面。

一是市场经济发展不完善的制约。一般认为,要建立适应市场经济发展的政府体制,必须正确处理政府与社会、政府与市场、政府与企业之间的关系,合理地界定政府的职能范围。要实现这样的目标,重要的前提条件是自主市民社会的成长和市场机制的完善。然而对于发展中国家而言,这种市场经济发展的不充分性是普遍存在的,它制约了政府能力与行政发展的速度。

二是改革配套制度与因素的制约。行政组织机构是上层建筑中的一个子系统,同时它又是经济基础和上层建筑的结合部。它的变革必须与政治制度和经济制度的改革相配套、相适应,并协同进行,否则任何一方的改革滞后都会影响整个社会改革与发展的进程,其直接表现必然是各种矛盾在不同系统之间或系统的不同层级之间上下左右移动。显然,行政系统外部的阻力,是一种"客观"的外在因素,它对行政改革与发展的影响不具有实质性和决定性的意义,而且随着社会经济的发展,会自发减弱。

2. 行政改革的内部阻力

政府及其公务员是行政改革的内部制约和阻力的主要来源。行政改革的一个悖论是:政府既是行政改革的设计者、组织者、实施者和推动者,又是被改革的对象和客体。这无疑促成了改革主体与客体的合二为一。因而,行政改革在很大程度上是一种基于外部压力的、被动的"自我手术",当改革涉及政府及其一些成员的既得利益时,行政改革的内在阻力就会产生,并得以强化。具体而言,行政改革的内部阻力主要如下。

首先是来自既存制度方面的阻力。既存的体系和制度往往具有很强的社会惯性。一方面,这种巨大的惯性能使一种行政体系生存下去,并保持稳定的生命力;另一方面,它又是一种巨大的保守力量。它的稳定性与惰性使行政系统在接受动力刺激时保持着一种半隔离的状态,而不是直接承受发展力量的冲击。因此,行政体系在体制上自然就具有一种阻抗行政发展的惰性力量,表现为传统体制、传统程序、传统习惯、传统观念等给行政体系带来的各种内耗、扯皮、推诿、文山会海、机构重叠、政出多门以及各种繁文缛节。

其次是来自政府雇员与公务员的阻力。众所周知,改革是权力和利益的重新调整与分配。这种调整和分配的任何举措均会涉及现存的权力格局和某些政府雇员的既得利益。政府雇员是国家行政权力的载体,然而利益又是权力的伴生物。某些政府雇员因其自身的既得利益必然会滋生"经济人"行为,并且公务员属于社会中权力和利益的既得者群体,任何危及他们既得利益的发展,无疑都会遇到阻力,即直接的对行政发展的抵制与反抗。这种情况又可分为四个层次:作为行政发展直接的对立力量,顽强地对抗和破坏行政发展;为保有既得利益固有关系而反对发展,主要表现为昏庸守旧、不思进取;不懂得发展的目标和意义,认识模糊,态度暧昧;怀疑行政发展的领导者的责任心和能力,对发展的前途持怀疑态度,也怀疑自己能否跟上发展的步伐,因而不愿积极主动地加入发展进程。

最后是来自行政价值的制约。行政价值作为政府行政对行政体系和行政行为存在的理想状态的稳定信念,是整个行政系统的灵魂。就一定意义而言,行政价值观体现对行政行为的认同,决定行政功能及其内在构造。然而,在行政发展的实际进程中,由于行政价值的偏向和意识观念落后所带来的损害,往往不可避免。当然,这种损害并不是主观上蓄意要阻挡行政发展,而是由于凭主观意志办事,不顾发展的客观规律,超出现实环境所提供的条件和可能承受的压力,盲目地倡导行政发展,最后导致了"激进后遗症",反而阻碍了正常的行政发展。或者是由于错误地坚持了某种不合时宜的理想模式,从而把行政发展引上了歧途。

简言之,对行政改革的阻力和制约因素的分析有助于我们找到克服阻力的方法和路径,消解阻力。行政改革的任务就在于不断地克服阻力,激活行政发展的动力,给行政体系注入新的活力以抵消或消除其惰性因素,形成新的行政结构以取代旧的结构。

(二) 行政改革的动力

行政改革的动力是指推动决策者和行政领导采取措施,实现行政发展的力量。这种力量来源于对改变行政系统现状的需求。它也可以被概括为一种客观的需要或潜在的利益。就像自然界中任何事物都存在新陈代谢的过程一样,行政系统也存在新旧更替、不断发展的过程。具体而言,行政系统与行政环境之间始终保持一种动态的平衡,这种平衡的维系力量也就是行政发展与外部环境之间的相互适应。在不同的国家,行政改革与发展的动力因素因其国情不同而有别,但不可否认的是,各国行政改革与发展的动力因素也存在如下共性。

1. 行政改革的外部动力

行政改革的外部动力来自行政系统与环境的互动,环境中的政治、经济和文化因素往往是推动行政改革的力量。

首先是政治因素。政治同行政有最为紧密的关系,政治发展对行政发展的影响最为直接,如面临国际性危机时,各国行政体系往往会对之做出紧急反应,确保社会稳定和人民生活不受或少受影响。以自2020年起几乎影响世界各国的新型冠状病毒肺炎(以下简称"新冠")疫情为例,它对各国政府体制的管理能力而言都是一场巨大的考验。政治因素对行政改革的影响或者推动力体现在四个方面:一是政治制度的变更与发展必然导致行政制度的相应变化;二是政体类型也对行政体系有重要的影响,专制政体和民主政体下的行政体系显然是不同的,通常民主政体是行政民主化、科学化改革的推动力量;三是当宪法的修正内容涉及行政体系时,行政体系随宪法修正内容进行调整;四是政治决策的变动,也必然要求行政体系做出相应变化。

其次是经济因素。经济制度的变化必然导致行政制度的变革。经济政策的变化会对行政体系提出不同的要求,一定的经济状况需要有与之相适应的行政制度。经济的发展必然伴随行政的发展。

最后是文化因素。任何一个行政体系的结构形式、运转程序、决策过程以及行政人员的行为、态度、价值观等,都直接或间接地受到文化的影响和制约。当一种新的行政文化、行政价值取代旧的行政文化、行政价值时,行政发展已经由可能成为现实。

2. 行政改革的内部动力

行政改革的内部动力主要来自行政体系本身的自主发展规律,即行政体系本身的一种自然生长的趋势。

首先是新技术与管理理念的推动。当下,对行政发展带来最直接冲击的是信息技术。信息技术和网络平台在行政领域得到了广泛的运用,并展示了巨大的影响力和不可替代的作用。以新冠疫情为例,信息网络技术的运用极大地遏制了风险的传播,并提升了政府和公民的风险预判能力。信息网络技术带来了新的政府管理模式和组织方法,从而极大地提高了行政效率,并影响政策制定者和执行者之间的关系,改变了管理主体与客体之间的关系与互动方式,增加了行政管理的经济效益;同时,由于信息网络技术在管理中的运用与信息传递的便捷性和及时性,减少了人力资本的投入,降低了管理的成本与风险,它必然会使机构和人员更为精简。当前人工智能(AI)技术的迅速发展将在更大的范围里改变行政的生态。

其次是政府内部改革人士的推动。政府内部一些有使命感和责任心的人往往也是行政改革和发展的中坚力量,对行政改革和行政发展起推动作用。促使他们进行改革的是他们对国家的责任,在自上而下的改革和发展中,这一部分力量举足轻重。

最后是政府雇员的利益诉求。每一位行政管理人员都具有各自的利益诉求。这种利益诉求既有较低层次的生理需求,也有较高层次的尊重与自我实现的需求。这就要求政府雇员通过努力地工作来获得自身利益诉求的满足。故而政府雇员自我实现的需要,无疑是行政发展的巨大内驱力。

总之,只有当改革的动力超过其阻力时,发展才有可能产生。毋庸置疑,在推动行政发展的诸多动力之中,经济动力最为根本,改革通常都能在经济领域中找到它的动因,而政治支持是最直接的原因,对于改革的形成、确定和实施是必不可少的。在现实中,领导行政改革的机构往往要依靠执政党或执政集团乃至最高领导的参与和支持,才能推动行政系统的进一步发展。

第四节　行政发展的前景与趋势

一、信息社会与行政发展

人类社会已经进入信息社会,并正在向智能社会迈进。这是一种以知识阶层为社会主体、以知识和信息为主要资源、以高技术产业和服务业为支柱产业、以人力资本和科技创新为动力、以可持续发展为宏观特征的新社会形态。其特征主要表现为四个方面。(1)社会主体知识化。在信息社会,知识成为推动生产力进步和社会发展的最重要因素之一,知识阶层成为社会的主体。(2)社会组织网络化。传统的社会组织和行政组织是金字塔形的封闭结构,信息社会的社会组织和行政组织是前所未有的网络化组织。(3)民主参与大众化。在信息社会,绝大多数人拥有知识和信息,出现了大众参与的行政民主范式。(4)政务信息公开化。在农业社会和工业社会,政府信息是封闭式的,但在信息社会,互联网上的信息都是公开的。信息社会不仅促进了市场和贸易的往来自由,也促进了思想和信息的交流自由。

信息社会为行政发展提供了以下契机。

1. 行政环境的优化

组织的变革常常以环境的变化为诱因。知识经济的发展,信息社会的来临,使行政环境发生了深刻的变迁,从而诱发了行政系统的变革。从政治环境来看,信息社会中知识和智力在整个社会权力结构中占有越来越大的比重,其他社会团体和公民越来越有可能摆脱对政府的依附关系,并且对政府形成强大的监督力量。随着教育的普及和公民受教育程度的提高,公民的民主意识、政治参与意识也进一步增强,推动了政府行为的理性化、民主化和法治化进程。就经济环境而言,知识经济以发达、成熟的市场经济作为基础,知识和信息在资本运营和商品流通过程中占有越来越重要的地位。这要求政府按照成熟市场经济的本质要求调整其职能结构,强化对知识和信息的管理和调控职能,其中以加强知识产权的保护,以及引导、培育和扶持高科技产业的发展为重点。职能结构的变化必然会引起组织结构、人员结构和权力结构的变化。

2. 行政价值观的重塑

在西方,传统社会公共行政的基本价值体系可以概括为效率、代议制度、政治中立、科层式组织的行政领导。其中,效率是传统公共行政的核心价值。而在信息社会,公共行政的价值观念发生转变,公平正义与行政效率并重,行政民主与政治民主共存。公共行政价值观的重塑为行政发展的范式变迁奠定了理论基础。

3. 行政技术的创新

计算机信息技术、卫星通信技术、光纤通信技术的进步,尤其是电子计算机技术与通信技术的密切结合,使人类对信息的提取、传递、存储和处理以令人难以置信的速度得到提高。政府可以通过互联网充分获取决策信息,整合社会利益要求,利用政府外部的专家、学者等智力资源,推动决策的科学化和民主化。人工智能的进步和未来的发展将对公共行政的思想和运作再次产生颠覆性影响。这一幕已被拉开。简言之,行政技术的创新为信息社会的行政发展奠定了物质基础。

二、政府治理理念的重构

信息社会加剧了市场竞争和政府间的效能竞争,对政府治理的理念提出了挑战。政府治理范式创新是应对这一挑战的路径,具体而言主要包括如下内容。

(一) 树立高效管理的理念

信息社会的政府治理必须是高效的。它对政府效能的要求比传统工业经济时代更高。21世纪的政府面对的管理对象,不仅是现实社会中的公众,而且还有虚拟社会的公众。由于全球化信息高速公路的建立,国际竞争更趋激烈。新技术、新产品、新事务和新问题层出不穷,时代发展节奏快、变化多,要求政府管理必须讲究时效性、合理性、服务性和法治性。没有高效的政府管理,国家就会在国际竞争中败北,就不会促进经济的快速发展。

政府高效管理首先要表现在对新事务、新技术、新产品和新问题的战略敏感性上。这是对技术创新的一种战略眼光。没有这种战略眼光无法驾驭社会经济的发展,无法参与国际竞争。其次表现为政府能果断、迅速、及时而又合理合法地决策,且具有前瞻性。毕竟,文牍主义、形式主义、官僚主义的低效管理,会失去经济发展的先机之利。政府对经济的高效管理就是知识再生产,在这个意义上讲,管理就是生产力。

(二) 树立公平治理的政府理念

随着社会发展和知识普及,公众对公平的要求会愈来愈强烈。公平虽然作为社会哲学的一个基本范畴来说,是一个很复杂的问题,但从社会实践的角度来讲,它对社会稳定和社会发展的影响是巨大的。在信息社会,公众对社会公平更具敏感性,要求会更加强烈,表达也更为便利。公众要求得到公正平等的对待,这是天经地义的。这就要求机会均等原则、平等原则、贡献原则和努力原则在每位公众身上都应有体现,尤其在利益分配上。在信息社会,不公平、不平等将成为社会不稳定的主要因素。以特权为基础的独裁统治,以不平等为基础的资本主义统治,必然会引发社会冲突,甚至暴力行为,也会引发网上的愤怒表达。种族歧视、分配不公、独断专行、践踏人权同样会引起公众的愤怒,甚至引起社会冲突。因此在信息社会,政府作为社会公平的调节器的作用十分明显。

(三) 树立知识管理的政府治理理念

信息社会是以知识为资本的,社会也是一个知识社会。对经济和社会的管理无疑离不开法律制度,但其主要管理方式是知识管理方式。知识管理方式与传统工业社会的管理方式有本质区别。虽然两者都要用法律与政策来进行管理,但知识管理方式的最大特点是:知识含量要高,法律和政策必须增加知识含量;政府必须尊重知识,尊重社会发展和管理的规律,并以此来规范科技创新活动和社会行为;要用引导、疏导的方式进行管理,要给科技创新活动留有足够的空间。不能用强制式方式进行管理,因为一项创新技术的发展前景和社会意义不是短时期能见到的,有的也不是用现有知识能判断的。必须符合知识规律和社会发展规律。这对法律和政策制定乃至决策者都是崭新的课题。信息社会的政府必须是一个高智能的政府,官员必须是高智能的官员,管理方式必须是知识管理方式。

(四)树立"人本主义"的政府治理思想

传统的政府治理注重以"物"或"任务"为中心。领导者要求下属成为标准的"行政人",以便实行规范的标准化管理。但这种使人异化为物的治理方式,不利于发挥人的创造性。随着组织成员受教育程度和素质的提高,人的需求也日趋多样化,人的个性化特征也越来越明显,尤其是网络信息技术使组织管理更多建立在知识和能力之上,只有充分调动工作人员的积极性、创造性,才能取得更好的组织绩效。换言之,如果说传统行政组织强调的是以物质为中心的政府治理观,那么信息社会政府更强调以知识和人才为中心的治理观。该治理观强调:发挥行政组织内部专家学者的智囊作用;强调行政人员不断地获取知识和增强能力,甚至把组织本身都看作"学习型组织",发挥组织或团队的整合效应。

在理想状态下,组织的效率来自组织中每一个人是否能够最充分地发挥自己的聪明才智。每个人自由发挥自己的才智,又能够分工协调,这便是组织的奥妙所在。为此,信息社会的政府强调"人本主义"的管理理念,把传统的"管人"变为"解放人""开发人的智能空间",重视知识和人才作用的发挥。

简言之,信息社会的政府治理必须实现科学化、知识化、网络化、全球化、一体化、人性化(柔性化)与价值化。之所以如此的原因有四:一是政府治理的理念发生了新的变化,由传统的行政管理向服务、创新的理念过渡。强调的是制度创新、组织创新、战略创新等。二是政府治理的内容随着社会形态的信息化、网络化的发展而更新:由过去以实物形态为中心的静态管理转变为以信息、知识、人才为中心的动态管理;由过去行政部门和上下级之间的直接管理转变为纵横交错的网络化、信息化的矩阵式管理;整个社会组织强调以政府治理为中心的"离散型管理",更加强调管理的系统化、科学化。三是政府组织由传统的直线职能式结构,向小型化、灵活化、矩阵网络化组织结构发展,政府治理的目标是实现社会的可持续发展,故强调以知识管理与人本管理为中心。四是随着人工智能的进步,我们甚至可以看到人类的智能在公共行政的一些领域里将被机器的智能所取代。

三、行政现代化的模式建构

行政现代化涵指的内容十分丰富,而且从行政现代化的不同阶段来看,行政现代化可以有不同的模式,从一般意义上而言,行政现代化的模式主要应涵括以下内容。

(一) 行政组织的高度完善化

就现代化的管理和科学决策而言,现代化的政府机构应当是一个巨大的组织系统,是由决策机构、咨询机构、信息机构、执行机构和监督机构之间互相连接、互相依赖、互相制衡、联成一体组成的。结构齐全、功能完整的现代化组织系统是现代管理的社会化与高效化的客观要求。唯有这样,它才能自我组织、自我调节和自我适应。

行政组织的高度完善化,需要政府职权高度分化,政府机构设置高度合理化,需要改变因人设事、因人设职的弊端,根据现代经济社会发展的客观要求,科学地设置政府机构,分化政府职权,使政府各个机构能各就其位、各司其职,促使彼此提高适应外部环境变化和内部发展变化的能力。

(二) 行政决策的高度科学化

政府决策是行政活动中最为经常和频繁的行为。科学决策除了要有完善的组织系统作保障外,还必须具备两个基本条件:一是决策必须借助高科技的物质手段,即具备能及时收集、整理、传输、编辑、存贮、检索、发送、显示有关信息的计算机信息网络系统;二是需要有科学的决策程序。

(三) 行政法治化

行政法治化是行政现代化最重要的标志,是保证政府行政效能、行政组织制度化与程序化的需要。法治化包括:行政机构的设置必须有法律法规予以规范,机构的性质、职权、责任以及机构编制、数额等用制度的形式予以明确规定,行政机构的运行程序也须纳入法治化的轨道,即行政机构的行为程序化。为使政府运转有制度保障,使政府活动能依法行政,政府在行政法治化方面需作出的努力有:一方面,政府在行使权力、管理国家公共事务中,能遵循法律授予的权限并依据法律规定,忠实地执行人民的意志,为保护人民权利而正确行使行政权力;另一方面,政府应当积极创造社会民主化的政治环境,让民众参政、议政,没有广大群众的政治参与,行政就会缺乏压力与监督,缺乏有效的自律机制。

(四)行政管理人员的专业化与知识化

现代社会,管理成了一门专门的科学知识和一种职业,管理人才流入社会的各个部门。在西方,政府中形成了所谓的"专家集团""职业管理集团",政府内中上层以下的行政管理权逐渐被专业化的行政人员所掌握。其结果不仅使整个社会结构和社会关系在许多方面发生了人们意想不到的变化,而且为各级政府的社会化管理奠定了坚实的基础。虽然西方的这种发展模式不能被照搬到所有国家,但行政管理人员的专业化和知识化是行政现代化的一个重要标尺,离开它,就无法谈论行政现代化问题。[①]

复习题

1. 行政发展应遵循哪些原则?
2. 行政系统的功能更新表现在哪些方面?
3. 行政系统的结构改革包括哪些内容?
4. 试析行政改革的阻力与动力。
5. 政府治理理念的重构表现在哪些方面?

[①] 刘丹等:《政府行为论》,湖南人民出版社1998年版,第298页。

图书在版编目(CIP)数据

公共行政学/竺乾威主编.—4版.—上海：复旦大学出版社,2024.9
新时代公共管理学教材系列
ISBN 978-7-309-16238-7

Ⅰ.①公… Ⅱ.①竺… Ⅲ.①行政学-高等学校-教材 Ⅳ.①D035-0

中国版本图书馆 CIP 数据核字(2022)第 101464 号

公共行政学(第四版)
Gonggong Xingzheng Xue
竺乾威　主编
责任编辑/孙程姣

复旦大学出版社有限公司出版发行
上海市国权路 579 号　邮编：200433
网址：fupnet@fudanpress.com　http://www.fudanpress.com
门市零售：86-21-65102580　团体订购：86-21-65104505
出版部电话：86-21-65642845
上海四维数字图文有限公司

开本 787 毫米×1092 毫米　1/16　印张 22.5　字数 441 千字
2024 年 9 月第 4 版第 1 次印刷

ISBN 978-7-309-16238-7/D・1120
定价：68.00 元

如有印装质量问题,请向复旦大学出版社有限公司出版部调换。
版权所有　　侵权必究